高等院校会计学本科系列教材

管理会计学

黄亿红　王加灿　仇丹虹　主　编

中国财经出版传媒集团
中国财政经济出版社

图书在版编目（CIP）数据

管理会计学/黄亿红，王加灿，仇丹虹主编．—北京：中国财政经济出版社，2018.10

高等院校会计学本科系列教材

ISBN 978-7-5095-8571-9

Ⅰ.①管… Ⅱ.①黄… ②王… ③仇… Ⅲ.①管理会计—高等学校—教材 Ⅳ.①F234.3

中国版本图书馆 CIP 数据核字（2018）第 233122 号

责任编辑：王丽等　　　　　　　责任校对：黄亚青
封面设计：陈宇琰

中国财政经济出版社 出版

URL：http://ckfz.cfeph.cn

E-mail：cfeph@cfeph.cn

（版权所有　翻印必究）

社址：北京市海淀区阜成路甲28号　邮政编码：100142

营销中心电话：010-88191537

天猫网店：中国财政经济出版社旗舰店

网址：https://zgczjjcbs.tmall.com

北京财经印刷厂印刷　各地新华书店经销

710×1000 毫米　16 开　23.5 印张　490 000 字

2018 年 11 月第 1 版　2020 年 8 月北京第 2 次印刷

定价：66.00 元

ISBN 978-7-5095-8571-9

（图书出现印装问题，本社负责调换）

本社质量投诉电话：010-88190744

打击盗版举报热线：010-88191661　QQ：2242791300

前　言

管理会计是会计的重要分支，主要服务于各企业和行政事业单位等内部管理需要，其通过利用相关信息，有机融合财务与业务活动，在单位规划、决策、控制和评价等方面发挥重要作用。随着经济全球化、新技术不断创新，组织结构也在不断创新，特别是在互联网经济竞争环境下，各单位面临着更多、更大的挑战，对管理会计信息的要求也在不断提高。

管理会计诞生于美国，并在美英等西方发达国家不断发展完善。我国自新中国成立以来，建立了一系列具有中国特色的管理会计制度，如20世纪50年代初班组经济核算；20世纪60年代的资金成本归口管理；20世纪80年代的内部结算；20世纪90年代的"模拟市场、成本否定"等。但真正系统介绍管理会计这门课程，是从20世纪80年代初。经过高校管理会计理论界及社会管理会计实务界的共同努力，管理会计在不断消化、吸收、应用中，在各单位特别是企业的规划、决策、控制和评价等方面发挥着越来越重要的作用，其受重视程度日益增强。财政部于2014年10月发布了《财政部关于全面管理会计体系建设的指导意见》，标志着管理会计元年的到来，随后于2016年6月颁布了《管理会计基本指引》，提出"争取3~5年内，在全国培养出一批管理会计人才，基本建成中国特色的管理会计体系"的总目标，这标志着我国管理会计指引体系建设迈出了实质性步伐；2017年9月，财政部又陆续发布了22项管理会计应用指引，分别从战略管理、预算管理、成本管理、营运管理、投融资管理、绩效管理和其他领域介绍了不同领域的管理会计工具方法，开辟了国际管理会计标准建设的先河，初步形成了具有中国特色的管理会计指引体系。

在此背景下，管理会计教材也需进行相应的修改、调整，我们编写这本管理会计教材的主要目的旨在结合我们从事二十多年的管理会计丰富的教学经验和实践，将管理会计的基本理论与基本方法进行一个较为全面的梳理，力求讲清、讲细、讲实，为普及管理会计的知识与应用尽绵薄之力。

本教材在结构体系设计上，为方便读者理解和掌握管理会计的基本理论与方法体系，主要从管理会计基本方法＋基本内容来设计，即管理会计概述、贯穿管理会计的成本性态分析、变动成本法和本量利分析三个基本方法以及决策性管理会计、执行性管理会计及战略管理会计三大模块先后顺序来设计。每章设计思路是先结合大量例子讲述相关知识点，然后小结本章讲述内容，最后通过案例分析和课后练习加强相关知识点的应用和巩固，真正让读者达到学以致用的目的。

本教材由黄亿红副教授统筹教材的整体设计及最后定稿。具体编著分工是：第一章、第三章、第五章及第六章由黄亿红副教授编著；第七章、第九章、第十章及第十一章由王加灿副教授编著；第二章、第四章及第八章由仇丹虹副教授编著。

本教材可供高等院校会计类专业、管理类专业和经济类专业教学使用，还可以作为企业管理人员培训使用。

本书在编写过程中得到南昌大学经济管理学院的经费支持，也得到中国财政经济出版社会计分社樊清玉社长的关心与大力支持，在此深表谢意。同时，本书编写过程中参阅了大量国内外管理会计文献（在每章后都有标示），在此一并感谢各位同仁。当然，尽管我们在编写过程中尽了很大努力，但疏忽甚至错误之处在所难免，敬请广大读者批评指正。联系邮箱是：huangyihong@ncu.edu.cn。

编者

2018 年 8 月

目 录

第一章 概论 ……………………………………………………………（ 1 ）
  第一节 企业管理目标及对会计信息的需求 ………………………（ 1 ）
  第二节 管理会计的定义 ……………………………………………（ 7 ）
  第三节 管理会计的形成与发展 ……………………………………（ 9 ）
  第四节 管理会计与财务会计的区别与联系 ………………………（ 15 ）
  第五节 美英两国管理会计师简介 …………………………………（ 18 ）

第二章 成本习性与变动成本法 ………………………………………（ 27 ）
  第一节 成本分类 ……………………………………………………（ 27 ）
  第二节 成本性态分析 ………………………………………………（ 33 ）
  第三节 变动成本法 …………………………………………………（ 37 ）

第三章 本量利分析 ……………………………………………………（ 53 ）
  第一节 本量利分析概述 ……………………………………………（ 53 ）
  第二节 盈亏临界点及盈亏临图的分析 ……………………………（ 56 ）
  第三节 实现目标利润的分析 ………………………………………（ 69 ）
  第四节 本量利的敏感性分析 ………………………………………（ 73 ）
  第五节 本量利分析进一步扩展的分析 ……………………………（ 79 ）

第四章 预测分析 ………………………………………………………（ 91 ）
  第一节 预测分析概述 ………………………………………………（ 91 ）
  第二节 销售预测 ……………………………………………………（ 94 ）
  第三节 成本预测 ……………………………………………………（101）
  第四节 利润预测 ……………………………………………………（103）
  第五节 资金需要量预测 ……………………………………………（105）

第五章 短期经营决策 (114)
- 第一节 决策分析概述 (114)
- 第二节 短期经营决策的相关成本与收入概念 (117)
- 第三节 短期经营决策的一般方法 (122)
- 第四节 生产决策 (128)
- 第五节 定价决策 (145)
- 第六节 存货决策 (152)
- 第七节 不确定条件下的经营决策 (156)

第六章 长期投资决策 (164)
- 第一节 长期投资决策的概述 (164)
- 第二节 影响长期投资决策的四个因素 (167)
- 第三节 长期投资决策常用的指标 (185)
- 第四节 长期投资决策的分析方法及应用 (197)
- 第五节 长期投资决策的敏感分析 (208)

第七章 全面预算管理 (217)
- 第一节 预算管理概述 (217)
- 第二节 编制预算的方法 (220)
- 第三节 预算编制 (228)
- 第四节 预算的执行与调整 (245)
- 第五节 预算的分析与考核 (247)

第八章 标准成本控制 (255)
- 第一节 标准成本系统概述 (255)
- 第二节 标准成本的制定和成本差异计算分析 (257)
- 第三节 成本差异的账务处理 (264)

第九章 作业成本法与作业成本管理 (270)
- 第一节 作业成本计算法 (270)
- 第二节 作业成本管理方法 (279)
- 第三节 估时作业成本法 (286)

第十章 业绩评价 (303)
- 第一节 企业分权管理 (303)
- 第二节 责任中心与责任会计 (304)

第三节　责任中心的业绩评价 ·· (307)
　　第四节　企业内部转让价格的制定 ·· (315)
　　第五节　综合业绩评价体系 ··· (317)
　　第六节　战略业绩评价：平衡计分卡 ······································· (321)

第十一章　战略管理会计 ·· (336)
　　第一节　战略管理基本原理 ·· (336)
　　第二节　战略管理方法 ··· (342)
　　第三节　战略管理会计的基本理论 ·· (351)
　　第四节　战略管理会计实践 ·· (352)

附录 ··· (364)

第一章

概 论

【本章学习目标】

通过本章的学习
1. 了解企业管理目标和对会计信息的要求
2. 了解管理会计形成与发展
3. 了解美英两国管理会计师相关内容
4. 理解管理会计的不同定义
5. 理解并掌握管理会计与财务会计的区别与联系

第一节 企业管理目标及对会计信息的需求

一、企业管理目标和管理活动

(一) 企业管理目标

组织是人们为某一目的而形成的群体,是确保人们社会活动正常协调进行、顺利达到预期目标的体系。组织包括营利性组织和非营利性组织。

自从出现人群组织,管理也就产生了,管理是人类各项活动中最重要的活动之一。尽管关于管理的定义国内外专家有不同的观点,但综合来说,管理的实质就是对组织资源进行有效整合以达到组织既定目的动态的创造性活动。企业是属于营利性组织,是不同的利益关系者由于存在共同目标而聚合在一起的一系列契约的组合。

因此,企业管理是对企业资源进行有效整合以达到企业组织既定目的动态的创造性活动。这种共同的目标,就是企业的使命。使命指明了企业存在的目的或理由,使命回答了企业的用户、产品或服务、经营宗旨、发展目标和希望树立的公众形象等方面的问题,从而区别于其他类似企业的业务。企业的使命之一是通过从事经济活动来谋求利润或是实现企业价值最大化。

明确企业的使命之后，企业的目标也随之建立。目标是对使命的具体化和明确化的阐述，反映企业在在完成使命过程中所追求的最终结果。企业价值最大化是企业总体目标，具体也可以转化为追求利润最大化、追求顾客满意或是力争成为行业中的领导者等分目标。企业目标的建立有助于企业员工了解企业的总体发展方向，并为业绩评估和资源配置等活动进行有效的管理提供标准和依据。企业目标包括长期目标和短期目标，短期目标是对长期目标的阶段性分解。

目标的实现取决于企业的不同战略。战略是实现企业既定目标的行动过程，它提供总体的计划思路和方法，指出如何完成企业的使命，以及实现长期目标的手段和途径。在战略制定过程中必须确定企业的长期目标，而战略的实施过程则包括了企业短期的年度经营目标的制定，以作为资源分配的基础。对于企业而言，战略的制定十分重要。一着不慎，满盘皆输。在新技术变革的时代，影像巨头柯达在20世纪末期难舍传统胶卷市场的高利润，错误估计市场对数码技术的接受程度，迟迟不愿进行战略转型，等到失去市场时才如梦初醒。虽然在2003年年底柯达宣布全力进军数码领域，可惜积重难返，连年亏损，最终不得不在2012年年初宣布申请破产保护，柯达战略失误的例子便是惨痛的教训。

值得注意的是，企业既是一个经济性组织，同时又是社会的组成单元，是一个社会性组织。企业所从事的活动是有目的的，也就是企业依一定目标而组成，围绕这一定目标进行经营活动。企业所具有的双重性，决定着企业目标也有双重性。作为经济实体，其目标是追求营利，实现企业价值的最大化，而作为社会的组成单元，企业同时也要承担着一定的社会责任。随着利益关系集团势力的增强，社会责任也会对企业的经济性行为产生决定性影响。因此，许多企业在明确自己的使命时，不仅要关注经济责任，也要关注社会责任，确定其社会责任目标，如纳税、环境保护等。

（二）企业管理活动

企业完成使命，实现目标、战略制定和实施等需要一系列管理活动来参与完成。决策、计划、控制等活动是有效整合资源所必需的管理过程，也表现为管理的基本职能。其中决策是管理过程的核心，且贯穿于企业管理的全过程。

决策就是为了实现一定的目标，提出解决问题和实现目标的各种可行方案，依据评定准则和标准，在多种备选方案中选择一个方案进行分析、判断并付诸实施的管理过程。简单来说，决策就是针对问题和目标来分析问题、解决问题。

计划是组织根据环境的需要和自身的特点，确定组织在一定时期内的目标，通过计划的编制、执行和监督来协调组织各类资源以顺利达到预期目标的过程。计划的内容包括确定组织的目标；制定全局战略以实现这些目标，开发一个全面的分层次的计划体系以综合协调组织的各项活动。因此计划既涉及目标（做什么），也涉及实现目标的方法（怎么做）。

控制是监督、检查工作是否按既定的计划、标准和方法进行，发现偏差，分析原因，进行纠正，从而保证组织目标实现的过程。这个概念至少包含三方面含义：（1）

控制的目的是保证组织中的各项活动按既定的计划或标准进行，控制具有很强的目的性，控制与计划密不可分；（2）控制是通过"监督"和"纠偏"来实现的，这就要求控制系统具有良好的信息系统，一方面可以预警，一方面可以探查出"偏差"产生的原因；（3）控制是一个过程。不难看出，控制与计划的关系相当紧密，计划为控制提供依据，控制是计划实现的保证。

总之，管理即是决策，决策过程一般包括了以下七个阶段：①确定组织的目标；②提出各种可能的备选方案；③收集与备选方案有关的信息；④在不同的备选方案之间进行选择；⑤实施选定的方案；⑥将实际执行结果与所确定的计划目标进行对比；⑦根据实际结果与计划目标的差异，调整行动或修正目标方案。

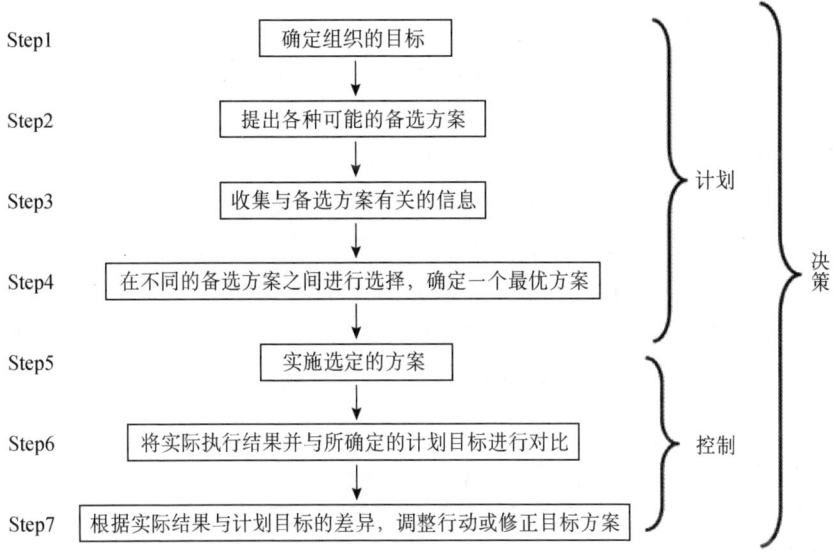

图 1-1 决策过程

从图 1-1 可以看出，贯穿于这 7 个步骤的决策过程包括了计划和控制这两个基本职能。其中，前四个步骤是企业的计划过程，而后三个步骤则是控制过程，帮助企业实施计划目标。进行计划时，管理者需要在预测未来的基础上设定目标，收集备选方案和相关信息，并最终选择方案。其本身就是一个决策过程，即在不同的备选方案之间进行选择的过程。控制指的是对经营活动进行监督，以确保其朝着既定的方向发展的过程。实施控制时，企业必须进行合理组织、实施激励，并对过程进行监督。组织指的是建立企业经营活动中所必须遵循的框架，它包括指派员工和确定管理者的职责及权限等内容。激励指的是根据员工的需求设立某些目标，并以此来促使员工的行为或活动合组织的期望，以利于实现企业的目标。监督指的是检查工作是否按照既定的计划、标准和方法进行，调整实际与计划之间的偏差，并考虑应当采取的改进措施。

二、会计目标与管理的受托责任

企业要实现目标就要进行管理,而管理是决策、计划和控制的过程,这些管理的过程需要建立在对大量信息的占有基础之上。而会计是一种规范性叙述、衡量和解释经济活动的信息系统,是开展决策、计划与控制等管理活动的主要数量信息系统之一。

因此,会计信息是为完成企业各利益相关者的各层次受托责任的一种手段,是为企业管理服务的,即会计目标是企业管理目标的制约条件,服从于企业目标。根据企业目标,可引出会计相应的两个目标,以分别满足企业两大基本目标的需要。第一个会计基本目标是为企业管理当局提供制定短期、长期决策和指导、控制生产经营活动所需的信息;第二个会计基本目标是为政府、股东、债权人、企业管理当局和其他利益相关者(包括潜在的)提供企业有关资源配置状况、使用效果和应用情况的信息。由于会计目标的服务对象不同,要求有两套并存的会计信息系统,即管理会计信息系统和财务会计信息系统。

为了获取利益相关者的信任,管理者需要提供决策相关信息以及决策结果。财务会计的财务报表为管理者和外部利益相关者提供了经营成果、财务状况以及现金流的相关信息。财务会计为投资者、债权人、监管机构、客户和社会公众等几个方面满足了管理问责制。而管理者的受托责任提供了计划和控制运营活动的相关信息。管理者需要对利益相关者负责,因此他们必须制订详细的运营计划和控制措施。制定决策在表1-1的不同群体中的影响是逐渐下降的,从投资者到债权人,甚至对整个社会都有一定的经济影响。

表1-1　　　　　　　　　管理会计对于相关利益相关者受托责任

利益相关者	提供	管理会计
经营活动		
供应商	产品和服务	确定对供应商的付款时间
员工	时间和技术	提供安全、高效的工作环境
客户	现金	提供安全、无缺陷的产品和服务,支持产品和服务的提供
投资活动		
资产的供应商	长期资产	确定对供应商的付款时间
融资活动		
投资者	现金和其他资产	提供投资报酬
债权人	现金	归还本金和利息
行为对社会的影响		
政府	营业许可	遵守法律法规、缴纳税费
社区团体	人力和物力资源	以道德的方式支持社区团体,确保公司行为不会损害社区团体的利益

资料来源:由机械工业出版社出版的《享格瑞会计学管理会计分册》。

三、企业管理对管理会计信息的需求

企业是一系列委托代理契约的组合体，一方面是企业高级管理者与企业外部利益相关者之间的委托代理契约关系；另一方面是企业组织体系内部多层次的委托代理契约关系。在这些委托代理链中，代理人由于直接参与相关事务，处于信息优势地位；而委托人则远离具体事务，从而处于信息劣势地位，这就客观上造成了信息不对称，产生了委托代理问题。同时，由于委托人和代理人的目标函数不同，加之机会主义倾向的存在，代理人便有可能凭借其拥有的信息优势，进行逆向选择从而出现道德风险。委托人为了防范代理人这种行为的发生，就需要进行监督与激励，从而产生了对代理人行为过程和业绩结果信息的需求。财务会计通过对会计信息的确认、计量、记录，最终以财务报告的形式反映财务状况、财务成果和现金流及股东权益增减变动，进而完成高管人员对现有（或潜在的）投资者、债权人等的受托责任；而管理会计就是通过提供与管理活动有关的决策、计划、控制及业绩评价等方面的会计信息，供企业内部各级管理者更好地了解各部门的管理情况，从而减少信息不对称，旨在协助企业的管理人员确定问题、解决问题和评价业绩，帮助企业管理者发挥管理决策、计划、控制职能，完成内部各级层次的受托责任。

因此，企业各层次的管理人员，包括高层决策者和部门经理以及一线管理人员管都是会计信息的使用者。他们在管理的各个阶段，包括计划、决策、控制和业绩评价阶段，都需要管理会计信息。同时，企业越大，管理者对信息的需求也就越多，但企业中不同层次的管理人员对管理会计信息的需求有较大不同。基层管理人员对管理会计信息的要求主要体现在日常经营控制与改善上，所需要的信息是具体的、频繁的、定量的，并主要是非财务信息，如生产产品所耗用原材料的数量、所需人工工时和产品的合格率等；中层的管理者对于管理会计信息的需求相对于基层管理人员对管理会计信息需求来说，不那么频繁、具体，且倾向于财务信息，用于计划与决策；高层管理者对管理会计信息的需求需提供整体的、战略性的管理会计信息，信息提供的频率较低，同时，高层管理者不仅关注财务信息也关注非财务信息。如投资报酬率、企业增加值（EVA）、客户满意度与市场占有率；产品质量与产品创新；员工流失率与培训等信息。

具体来说，从管理职能的角度看，企业开展管理活动，管理人员主要需要以下四类管理会计信息：

（一）制定决策和计划需要的管理会计信息

在面临激烈竞争之际，企业必须做出各种各样的战略决策，例如夏新在扭亏方案中必须做出进行资产重组或者产业转型的决策，确定多元化战略中必须进行哪种产业的决策，乐凯必须就是否与外商合资进行决策；战略定下后，企业必须做出更具体的计划，例如铁路系统每到春运就必须做出提价多少、何时提价、何时恢复正常价格、如何安排列车车次、是否增加临时客车等决策。此时，决策者需要管理会计信息，以

便了解每个可能的备选方案的成本和收益,以及实施方案对于企业目标和使命的可能影响。

(二)控制经营活动需要的管理会计信息

高层管理者根据企业的目标所做出的决策以及所制定的计划,需要通过管理会计信息传递给中层的管理者和基层的执行者,以确定后者的责任。各个中低层单位通过制定其计划(预算),以便让管理者合理分配有限的资源。该预算同时也是基层单位的业绩评价指标,例如未来的收入、利润、成本、质量水平等方面的指标。对于实际执行情况,则通过业绩报告逐层进行传递,使管理者对执行过程进行实时监控,找出业绩存在的不足和可能的改进措施,从而确保行动方案向着既定目标前进。

(三)业绩评价和激励需要的管理会计信息

尽管企业有整体明确的目标,但是构成企业的各个部门与个人自身的目标各不相同,并且不总是与企业的目标相一致。管理会计的一个重要职能就是激励管理人员和其他员工努力完成企业的目标,使员工的个人目标与组织的目标达成一致,达成这一目标的方式之一是全面预算管理。在编制全面预算时,高层管理人员应当明确如何分配资源和哪些业务活动应作为重点。

为激励人们达到企业目标,计量他们的绩效是行之有效的。这种计量结果可以作为表扬、加薪和升职等奖励的基础。例如,许多大公司都在一定程度上依据各高级管理人员所管理的部门取得的利润来确定他们的报酬。除了计量个人的绩效以外,管理会计也要对企业各部门的绩效进行计量,如对科室、生产线、事业部的绩效进行计量。这种计量帮助各责任单位了解其自身所能取得的最高绩效水平,也可以帮助高层管理人员确定某个投资项目是否经济可行。例如,这种计量有可能会显示,尽管训练有素的管理团队付出了很大的努力,但是新生产线的成本仍然过高,无法继续经营。

(四)评价企业竞争地位需要的管理会计信息

全球化、信息化和科技的突飞猛进,使得当今企业所面临的经济环境变化很快,致使企业当前盈利的业务活动到了第二年可能遇到困难,管理会计的一项主要职能就是不断评价企业的竞争力。

综上所述,经理人员和其他人员需要管理会计信息。管理会计信息能帮助经理们确定问题所在、解决问题和评价业绩。另外,对管理会计信息的使用并不局限于制造性企业。所有的企业,包括商业性企业和服务性企业,都要用到管理会计信息。在西方发达国家,管理会计在管理中非常重要,几乎所有的管理会计人员都是管理队伍的成员。管理会计不再只是被动的信息提供者,他们在战略和日常决策中都起着重要的、积极的作用。随着我国社会主义市场经济体制的不断完善,现代企业制度的建立,企业对管理会计的需求也在日益增长。

第二节 管理会计的定义

管理会计是会计的一个重要分支。关于管理会计的定义，国内外有不同的表述。

1966 年，美国会计学会（American Accounting Association，简称"AAA"）在其《基本会计理论说明书》（Statement of Basic Accounting Theory）中认为：管理会计是利用适当的技术和观念，加工历史和未来的经济信息，以帮助管理人员制定合理的经济目标方案，并协助管理部门为达到此经济目标而制定合理的经济决策。显然，他们将管理会计的活动领域限定于"微观"，即企业环境。

1981 年，全美会计协会（National Accountants Association，简称"NAA"）下设的管理会计实务委员会指出，管理会计是向管理当局提供用于企业内部计划、评价、控制，以及确保企业资源的合理使用和经营责任的履行所需财务信息的确认、计量、归集、分析、编报、解释和传递的过程，并指出管理会计同样适用于非营利的机关团体。这一定义扩大了管理会计的活动领域，指明管理会计的活动领域不应仅限于"微观"，还应扩展到"宏观"。

1981 年，美国管理会计师协会（Institute of Management Accountants，简称"IMA"）认为：管理会计是向在管理层提供用于企业内部的计划，评价和控制，并保证合理地、负责地利用企业的各种资源及经营责任的履行所需的财务信息进行确认、计量、汇总、分析、编制、解释和传递的过程。

1982 年，英国成本与管理会计协会（Institute of Cost and Management Accountants，简称"ICMA"）给管理会计下了一个更为广泛的定义，认为除了外部审计以外的所有会计分支（包括簿记系统、资金筹措、编制财务计划与预算、实施财务控制、财务会计和成本会计等）均属于管理会计的范畴。

1988 年，在国际会计师联合会（International Federation of Accountants，简称"IFAC"）下设的财务和管理会计师委员会发表的《论管理会计概念（征求意见稿）》一文中明确表示："管理会计可定义为：在一个组织中，管理部门用于计划、评价和控制的（财务和经营）信息的确认、计量、收集、分析、编报、解释和传输的过程，以确保其资源的合理使用并履行相应的经营责任"。

1997 年，美国管理会计师协会（IMA）新的定义为：管理会计是提供价值增值，为企业规划、设计、计量和管理财务与非财务信息系统的持续改进过程，通过此过程指导管理行动、激励行为、支持和创造达到组织战略、战术和经营目标所必需的文化价值。

2008 年，美国管理会计师协会（IMA）在管理会计公告中所给出的定义是："管理会计是一种参与企业决策、计划和业绩管理系统的职业，以财务报告形式提供专业知识以帮助管理层定和实施组织的战略。"

2014 年，英国皇家特殊会计师公会（The Chartered Institute of Mangagement Accountants，简称"CIMA"）与美国注册会计师协会（American Institute of Certified Public Accounts，简称"AICPA"）共同发布的《全球管理会计原则》中指出：管理会计以高质量的决策为中心，它将最相关的信息与相关分析放在显著的位置，是为组织创造价值和保值而对与决策相关的财务和非财务信息的收集、分析、传递和使用。

从国外的管理会计定义发展可以看出，管理会计已经从记录经济业务，为管理者提供信息的辅助作用向参与战略决策的管理活动转变，通过企业业绩管理、计划预算，提供风险管理、内部控制、财务报告、成本管理等专业知识和技能，提高企业的竞争力，促进企业成功，并最终为企业的价值创造做出贡献。

1982 年，我国著名管理会计学家余绪缨教授认为，管理会计是从传统的、单一的会计系统中分离出来，与财务会计并列的独立学科，是一门新兴的综合性的边缘科学。

1984 年，我国学者李天民教授认为，管理会计主要是通过一系列专门方法，利用财务会计提供的资料及其他资料进行整理、计算、对比和分析，使企业各级管理人员能据以对日常发生的一切经济活动进行规划与控制，并帮助企业领导做出各种决策的一套信息处理系统。

1987 年，汪家祐教授认为，管理会计是西方企业为了加强内部经济管理，实现利润最大化这一企业经营目标的最终目的，灵活运用多种多样的方式方法，收集、储存、加工和阐明管理当局合理计划和有效控制经济过程所需要的信息，围绕成本、利润、资本三个中心，分析过去、控制现在、规划未来的一个会计分支。

1999 年，我国著名管理会计学家余绪缨教授认为，管理会计是将现代化管理与会计融为一体，为企业的领导者和管理人员提供管理信息的会计，它是企业管理信息系统的一个子系统，是决策支持系统的重要组成部分，是为企业内部使用者提供管理信息的会计，它为企业内部使用者提供有助于正确进行经营决策和改善经营管理的有关资料，发挥会计信息的内部管理职能。

2000 年，管理会计专家胡玉明教授认为，21 世纪的管理会计应是为企业（组织）核心能力的诊断、分析、培植和提升提供相关信息支持的信息系统。

2002 年，管理会计专家孙茂竹教授认为，管理会计是以使用价值管理为基础的价值管理活动，它运用一系列专门的方式方法，通过确认、计量、归集、分析、编制与解释、传递等一系列工作，为管理和决策提供信息，并参与企业经营管理。

2014 年 10 月 27 日，财政部发布的《关于全面推进管理会计体系建设的指导意见》中认为，管理会计是会计的重要分支，主要服务于单位（包括企业和行政事业单位）内部管理需要，是通过利用相关信息，有机融合财务与业务活动，在单位规划、决策、控制和评价等方面发挥重要作用的管理活动。

从上述国内定义可以看出，管理会计的概念在不断进化。综合起来，最近比较一致的观念是：管理会计是一个信息系统，其处理的信息不仅包括财务信息，而且包括非财务信息，它使用一系列专门的方法对企业所收集到的信息进行加工处理，主要提供给企业内部管理者用于决策。

总之，从国内外的管理会计定义来看，管理会计的概念随着外部环境及管理活动的不断变化而做了相应调整。传统的管理会计信息是以货币表现的财务信息，而目前管理会计信息已经大为扩展，除了包括财务信息外，还包含了越来越多的非财务信息。这些非财务信息有客观的信息和主观的信息。客观信息包括运营信息和实物信息，比如产品质量方面的信息和生产时间信息；主观信息包括消费者满意度评价、员工的能力、员工满意度评价和新产品的表现等等。

第三节　管理会计的形成与发展

管理会计是从会计系统中分化出来，成为与财务会计并列存在而又相对独立的一门新兴的综合性交叉学科，它的形成和发展，不仅是社会经济环境变迁的产物，同时也是新方法、新理论与实践共同作用的结果。

纵观20世纪、21世纪社会经济环境的变迁历程我们发现：社会市场需求是引发技术创新的原动力，而技术创新引发和促进了管理创新，从而进一步引发和促进管理会计实践与理论创新。同样，管理会计的实践与理论创新反过来又促进了管理理论与实践的发展。正是市场需求、技术创新、管理创新、管理会计实践与理论创新之间所存在的这种共生性，构成了管理会计形成和发展的主体脉络，同时也决定了管理会计随着社会经济环境的变迁而变迁，是社会经济环境变迁的必然结果。

一、管理会计的形成

管理会计的起源可以追溯到受产业革命影响而产生的层级式组织，如创立于19世纪初期的美国纺织工厂和钢铁公司。层级式组织使经营和交易活动内部化，从而使内部产品缺乏相应的"市场价格"，由此提出了既能满足衡量劳动效率、又能激励和评价管理者业绩的管理会计信息需求。当时的管理会计着重于加工成本，提供诸如每种加工工序及每名劳工的每小时成本，以及衡量加工工序效率的标准。同时，利用管理会计信息，激励员工实现生产力目标。19世纪中期，铁路和电报的发明，为大批量生产和分销提供了快速、正常而可靠的运输与通信服务。同时，铁路和电讯行业的内在要求又首先在这些行业引发了组织创新，使这两个行业成为最早出现现代大型企业的领域。铁路和电报的采用很快就引起了生产与行销方式的变革。铁路提供了快速、正常以及批量运输的可能，使大规模行销与生产有了空间保证；电报、电话和邮政服务的改善，则为在更大范围内传递信息、进行协调和控制提供了技术前提。由此大批量生产和分销的工商企业应运而生。现代企业的特点是将许多单位置于其控制之下，这些单位经营于不同地点，通常进行不同类型的经济活动，处理不同类型的产品和服务，它们的活动和它们之间的交易因而被内部化，它们是由支薪雇员而非市场机制所控制并协调的。由此也对管理会计信息提出了新的要求：只有有效的管理会计系统，才能有效率地协调运输、加工及配销等活动，并且评价各地区分部经理人员的业绩。当时各产业中都有相应的管理会计创新。例如：铁路业为监督多样且分散的营业，创造了控制现金收支的新程序，以及汇总其内部营运与业绩的考核指标。如每吨公里成本、每位顾客公里成本、经营比率等，用以帮助管理当局评价各业务单位的获利能力和经营业绩。钢铁企业则在铁路业所创造的管理会计方法的基础上加以应用和扩展。典型的例子有重视成本管理的钢铁企业家安德鲁·卡内基，他不仅利用应付凭证编制成本报告，而且将成本报告作为主要控制工具。卡内基十分重视成本，他认为，看好成本便不需担心利润；而且不断要求部门主管说明单位成本变动的理由。他把全部精力放在营业比率的成本面上，不仅将每个营业个体当期成本与前几个月的成本比较，而且与其他企业的成本比较。除了利用成本计算资料评价部门管理者经营业绩外，还依靠成本计算检查原材料质量及组合，并作为定价的依据。在大型商业企业，也自行发展出一套衡量内部业绩的方法，如销货毛利、存货周转率等指标。

20 世纪初期，集权功能式企业体制（U 型组织结构）开始出现，为管理会计系统的进一步创新提供了机会。垂直式多元化经营的杜邦公司是一个典型。杜邦公司在合并之初，面临如何协调一个垂直整合的，融制造、销售于一体的各项活动，以及如何将资本分配于这些不同的活动以实现最大的利润等问题。杜邦公司设计出许多经营预算、固定资本投资预算制度，以协调各部门的经营活动，并将资源有效地在各部门之间进行分配。其中，影响最深远的管理会计创新是投资报酬率（ROI）指标。投资报酬率为企业整体及各部门业绩评价提供了依据，同时也为管理当局进行资源分配提供了依据。杜邦公司的财务主管 F. D. 布朗又将这一指标进一步分解为营业利润率与资产周转率两部分。

1921 年，美国《预算与会计法案》颁布，推动"预算控制"引入管理会计；1922 年，奎因坦斯在其《管理会计：财务管理入门》一书中首次提出"管理会计"的名称。

二、管理会计在西方国家的发展

在西方，管理会计萌芽于 20 世纪初，随着经济社会环境、企业生产经营模式以及管理科学和科技水平的不断发展而逐步演进，至今大致经历三个阶段：

（一）20 世纪 20 年代~50 年代的成本控制阶段

20 世纪初，生产专业化、社会化程度显著提高，竞争日益激烈，企业强烈地意识到，要想在竞争中生存和发展必须加强内部管理，提高生产效率，以降低成本、费用获取最大限度的利润。为适应该阶段社会经济发展的客观要求，产生了泰罗的科学管理理论。科学管理运动始于金属制造业，其发动者是一群工程师。以泰罗为代表的工程师开展此项运动的目的在于：企业内部如何通过实现各项生产和工作的标准化，来提高生产和工作效率，尽可能减少一切可能避免的浪费，据此达到提高企业利润的目的。他们通过详细的作业分析和对有关工作工时和动作的研究，建立起详细、准确的原材料和劳动力的使用标准，并可以很简单地换算为人工及原材料成本的标准，最后将这些人工与原材料成本以及分摊的间接制造费用加总，计算出产成品的单位成本，据此决定产品价格。

20 世纪 20 年代，被 O. 威廉姆森（O. Williamson）称为"美国资本主义在 20 世纪最大的一项创新"的分权式企业组织结构——事业部制（M 型组织结构）开始出现。事业部制的目的，在于克服以杜邦公司为代表的集权功能式企业体制存在的两大弱点：垂直整合公司的复杂性；经营管理人员对所有者的目标漠不关心。在多事业部门组织中，分派给高层主管的任务是规划公司的战略，而对其下属的经理人员，则指派他们对公司不同生产线，或不同行销区的经营活动进行协调与控制。为使这些各自独立的经理人员一起向公司整体的目标努力，多事业部门组织必须靠管理会计系统归集资料，以便评价各事业部门及公司整体业绩，并制定公司未来的政策。以通用公司为代表的事业部制公司，进一步发展管理会计的技术与方法，使之更好地适应事业部制公司管理的需求。通用汽车公司的管理会计系统的主要特征，在于以分权式责任制度来执行集权式的控制。具体包括：第一，它提供一套年度经营预测，使得各部门的经营目标可与高层主管的财务目标作一事前比较。第二，此系统提供了销售报告与弹性预算的信息，当实际结果偏离预期结果时，可立即反映出来而引起管理者的注意。第三，管理会计系统使高层主管可基于单一的业绩衡量标准，分配部门资源及管理业绩奖金。第四，使管理者与所有者利益一致化。

（二）20 世纪 50 年代 ~ 70 年代的管理控制与决策阶段

世界经济进入第二次世界大战后发展的新时期以来，技术革命的浪潮日益高涨，迅速推动社会生产力的进步。表现在新装备、新工艺、新技术得到广泛采用，产品更新换代周期普遍缩短；新兴产业部门层出不穷，资本集中规模越来越大，跨国公司大批涌现；生产经营的社会化程度空前提高，企业内部各部门乃至职工个人之间的联系普遍增强。全球市场经营环境瞬息万变，传统营销手段失灵，竞争愈演愈烈。

这种情况迫使人们必须考虑如何转变观念、适应市场需要的问题。无数实践证明：只有尽快实现管理现代化，将过去以生产为中心的生产型管理模式调整转变为以开发市场、调动各方面积极性和取得最大可能经济效益为中心的经营决策型管理模式，实现市场经济条件下的良性循环，才能在强手如林的竞争中立于不败之地。从此世界进入了现代经济管理的崭新阶段。

20 世纪 50 年代，除管理科学、组织理论、行为科学等对管理会计产生一定的影响外，作为现代微观经济学核心的新古典经济学，尤其是边际原理对管理会计起了主要影响，并由此使短期经营决策的经济效益分析评价原理和方法得到进一步丰富和发展。另外，由于数理经济学家的加入，使运筹学在 50 年代得到了空前发展，并对管理会计产生了影响。在 1960 ~ 1975 年，关于运筹学在管理会计中应用的研究达到顶峰。例如，应用数学线性规划技巧，决定产销限制下的最佳产品组合；应用概率理论和决策理论，在不确定情况下做本量利分析；借助数学规划模式，分摊各种成本；利用统计方法来估计固定成本和变动成本等。

20世纪60年代末期开始，由于受统计决策理论和不确定条件下的经济学研究成果的影响，西方管理会计学者开始对以新古典经济学为基础的管理会计进行重新检讨，并逐步放松了管理会计原有的基本假定，将不确定因素和信息成本概念引入管理会计，进而开始将信息经济学、代理人说和行为科学等引入管理会计的研究中来，使管理会计的研究领域进一步拓宽。加上新技术如电子计算机大量应用于企业流程管理，管理会计向着精密的数量化技术方法方向发展。一批计划决策模型得到发展，流程分析、战略成本管理等理论与方法体系纷纷建立，极大地推动了管理会计在企业的有效应用，管理会计职能转向为内部管理人员提供企业计划和控制信息。但由于管理会计对高新技术发展重视不足，且依旧局限于传统责任范围。为改变这一状况，管理会计学者对新的企业经营环境下管理会计发展进行了探索，质量成本管理、作业成本法、价值链分析以及战略成本管理等创新的管理会计方法层出不穷，初步形成了一套新的成本管理控制体系。管理会计完成了从"为产品定价提供信息"到"为企业经营管理决策提供信息"的转变，由成本计算、标准成本制度、预算控制发展到管理控制与决策阶段，这标志着现代管理会计的形成。

在现代管理会计阶段，不仅管理会计的实践内容及其特征发生了较大的变化，其应用范围日益扩大，作用越来越明显，越来越受到重视，而且一些国家还相继成立了专业的管理会计团体，这标志着现代管理会计进入成熟期。

早在20世纪50年代，美国会计学会就设立了管理会计委员会。1969年，全美会计师协会（NAA）成立了专门研究管理会计问题的高级委员会——管理会计实务委员会（MAPC），陆续颁布了一系列指导管理会计实务的公告（SMAs），以"促进管理会计师的职业化和提高会计学的教学水平"。在这些公告中，涉及管理会计目标、术语、概念、惯例与方法、会计活动管理等诸多方面内容。这些团体大多出版专业性刊物，如《管理会计》月刊，并在全世界发行。现在已有许多国家出版发行管理会计专业杂志。

1972年由美国管理会计协会主持，举行了全美第一届执业管理会计师资格考试；几乎与此同时，英国也安排了类似的考试。从此，西方出现了有别于"注册会计师（CPA）"的"执业管理会计师（CMA）"职业。

（三）20世纪70年代~20世纪90年代以重视环境适应性为基本特征的战略管理会计阶段

进入20世纪70年代，竞争要求企业进行"顾客化生产"。市场全球化使企业面临更加激烈的市场竞争，企业面临的市场已从过去的已知顾客群转向包括潜在顾客群在内的多样化的顾客群体。为适应这种变化，企业的生产组织必须从以追求规模效益为目标的大批量生产方式转向能对顾客不同需求迅速做出反应的"顾客化生产"，即以顺客为中心,以顾客的满意程度为判断依据,在对顾客需要进行动态掌握的基础上,在较短的时间内完成从产品设计、制造到投放市场的全过程,科学技术的发展为"顾客化生产"提供了可能。数控机床、电脑辅助设计、电脑辅助制造、电脑管理系统等的广泛应用,使得产品的订货、设计、制造、销售等各环节综合成一个整体,设计人员可以据此取得新产品的功能、形状、成本构成等的最佳结合,从而实现新产品技术先进性和经济可行性的统一。这不仅为企业进行灵活多样的"顾客化生产"提供了技术上的可能,而且提高了劳动生产率和产品的市场竞争力。

由于市场竞争的日趋激烈,人们认识到,对外部环境的准确预测几乎是不可能的,企业的计划必须以外部环境的变化为基础,更加留心市场变化的动态,更加密切关注竞争对手。与此相适应,战略管理的理论有了长足的发展。战略管理是管理者确立企业长期目标,在综合分析全部内外相关因素的基础上,制定达到目标的战略,并执行和控制整个战略的实施过程。战略管理过程一般分为三个阶段:战略的制定、战略的实施、战略的评估和控制。

20世纪70年代以来,实务界和学术界一直致力于建立管理会计新方法的研究,以适应新的技术变革和全球性竞争所带来的挑战。随着战略管理理论的发展和完善,著名管理学家西蒙于1981年首次提出了"战略管理会计"一词,之后很多学者的研究成果也在不断丰富和完善战略管理会计,并形成了以价值链、SWOT分析、战略成本、人为资源管理及战略性绩效评价为主体内容的基本体系。这些管理会计新方法包括全面质量管理、适时供应、生产及分析系统、流程再造与持续改善、学习型组织、团队管理及战略意图与战略柔性分析等。这些新的方法被用来支持企业适应技术条件的变化和新的管理战略与程序的实施。

(四) 20世纪90年代至今的以强调价值创造为基本特征的战略管理会计阶段

随着经济全球化和知识经济的发展,世界各国经济联系和依赖程度日益增强,企业之间分工合作日趋频繁,准确把握市场定位、客户需求等尤为重要。在此背景下,管理会计越来越容易受到外部信息以及非财务信息对决策相关性的冲击,企业内部组织结构的变化也迫使管理会计在管理控制方面要有新的突破,需要从战略、经营决策、商业运营等各个层面掌握并有效利用所需的管理信息,为此管理会计以强调价值创造为核心,发展了一系列新的决策工具和管理工具。一些国家也尝试将管理会计引入公共部门管理之中,并随着新公共管理运动的兴起在全世界范围推广。

从1925年至1985年这60年间,管理会计系统没有得到明显的发展。但到了20世纪80年代后半期,制造业的创新又为管理会计系统的发展提出了新的挑战。这一时期,就全球经济的发展而言,买方市场已较充分地形成,顾客为满足其多样化、多层次的要求,变得越来越挑剔而在生产技术方面,以计算机辅助设计、辅助制造和数控技术为基础,为满足顾客的挑剔需求提供了生产技术支持,企业的生产组织方式由此就从大规模大批量生产转向适时制(Just in Time,简称"JIT")和大规模定制生产与分配。在管理控制思想和实践中,企业开始重视产品质量、产品设计、降低存货水平等，所有这些都强调持续改善企业经营活动。在新的市场与制造环境下，许多企业发现原有的管理、会计方法无法很好地适应新的制造技术的应用。例如，计量每个工人工作效率和机器利用效率的方法，与企业改善产品质量、增加定制生产能力和降低存货水平等目标相冲突。因此，管理会计系统必须经过重新设计，以支持和促进新的制造技术在企业中的应用。业绩计量系统和决策权力的分配系统都必须考虑改善产品质量、提高生产能力、适应适时制生产系统和计算机集成生产系统的需要，并能支持管理者在新的技术环境下进行有效投资。

20世纪90年代以后，"为股东创造价值"几乎成了公司管理人员的"圣经"。例如，全球知名的日本索尼公司的目标是："以提高索尼集团的企业价值作为经营根本。"许多企业实施以价值为基础的管理，取得了巨大成功。Wallace 1997年的研究发现，那些实施了基于价值的管理系统的企业比在其他方面与其相似而没有实施基于价值的管理系统的企业更为成功。

这一阶段管理会计的特点是引入了一套"新"的侧重于提升价值的管理会计技术。这些技术包括平衡计分卡和经济增加值等。尽管研究者一般将作业成本、平衡计分卡以及经济增增加值（EVA）的计量视为截然不同的技术，但是越来越多的公司运用一个综合的"基于价值的管理"框架将这些不同的方法整合在一起。基于价值的管理强调：①制定和实施能够最大限度为股东创造价值的战略；②实施信息系统，该信息系统强调价值创造以及公司所有部门、产品和客户分部的根本价值动因；③根据价值创造的需要调整管理程序，如业务计划和资源分配；④设计反映价值创造的业绩计量系统和激励补偿计划。

综上所述，管理会计的发展应为企业在生产创新、市场创新及组织设计创新等方面提供信息支持。管理会计的最终目标是为企业创造价值。好的管理会计系统并不能绝对保证企业在竞争中处于优势，但不好的管理会计系统却会很容易使一个具备产品、生产和市场优势的企业陷于困境。

三、管理会计在我国的发展

在我国，虽然管理会计相关理论引入较晚，但我国实践早已有之，不乏成功探索和有益尝试。如我国20世纪50年代建立起来的责任会计制度，一直延续到20世纪90年代。其标志性成果包括20世纪50年代初的班组经济核算、20世纪60年代的资金成本归口分级管理、20世纪80年代与经济责任配套的厂内经济核算。20世纪90年代后的成本性态分析、盈亏临界点与本量利依存关系、经营决策经济效益的分析评价等，都属于管理会计的范畴。90年代，河北邯郸钢铁公司实行的"模拟市场，成本否决"可谓成本管理在我国企业应用的典范。宝钢集团于1993年起推行标准成本制度，历经多年探索，不断完善，在增强员工成本意识、控制成本、支持决策等方面发挥了重要作用。如今，包括全面预算管理、平衡计分卡等绩效评价方法，作业成本法、标准成本法等成本管理方法在内的管理会计工具方法陆续在我国企业中运用，单位对管理会计的应用意识有所增强,应用水平有所提高。国家开发银行、中国电信、北汽福田、三一重工等一批企业专门设置了管理会计机构或岗位,积极开展管理会计工作,取得了较好成效。同时,管理会计在行政事业单位预算编制、执行、决算分析和评价等工作中也得到了一定应用。一些行政事业单位建立了适应单位内部财务和业务部门畅通联系的信息平台,及时掌控预算执行和项目进度,深入开展决算分析与评价,及时发现预算执行中存在的问题并提出改进意见和建议,财政财务管理水平和资金使用效益不断提高。

在计划经济体制下,国家以企业的成本为基础确定产品统一价格,这使得国家必须重视企业成本管理会计制度建设,通过企业成本管理会计制度,确定企业成本项目和成本开支范围。否则,企业成本失控,将导致产品价格失控。因此这一时期的企业管理会计制度是外界"强加"给企业的,而不是企业自身的内在需求。

随着我国社会主义市场经济体制的建立,我国企业的管理会计制度改革也基本沿着企业化和市场化的方向展开。不少企业纷纷借鉴学习国外的管理会计经验。但是,原本诞生于西方市场化程度较高国家的管理会计方法在我国"水土不服"。如何将国外先进的管理会计方法与中国国情相结合是迫切需要解决的问题。

为了推动我国管理会计的发展,财政部于 2014 年 10 月发布《财政部关于全面推进管理会计体系建设的指导意见》,提出"争取 3~5 年内,在全国培养出首批管理会计人才,力争通过 5~10 年的努力,基本建成中国特色的管理会计体系的总目标"。2016 年 6 月 22 日,财政部印发《管理会计基本指引》,从管理会计的应用环境、管理会计活动、工具方法和信息与报告四个方面构建了管理会计的框架,对推动管理会计的理论研究和实践工作必将产生重要的影响。企业应用管理会计,首先应了解和分析其所处的内外部环境,包括商业模式、治理结构、组织架构、信息系统、经济环境、法律环境和文化环境等。管理会计环境是从事管理会计活动的土壤。管理会计活动贯穿于企业规划、决策、控制、评价等各个管理环节,形成完整的管理会计闭环。管理会计工具方法是从事管理会计活动、实现管理会计目标的具体手段,包括战略地图、本量利分析、作业成本管理、全面预算管理和平衡计分卡等。管理会计信息和报告,向企业管理层提供管理所需要的信息。

第四节 管理会计与财务会计的区别与联系

现代会计通常被分为财务会计和管理会计两个基本分支,其关系可以概括地理解为"同源不同流"。因此,财务会计和管理会计既相互联系又相互区别,各有其自身的特点。通过分析管理会计与财务会计之间的区别与联系,可以帮助我们深刻理解管理会计特点的关键所在。

一、管理会计与财务会计的区别

(一) 服务对象的侧重点方面不同

财务会计主要侧重于对外部利益相关者（如债权人、投资者、股东以及税务机关等相关政府部门等），提供有关企业的财务状况与经营成果等财务信息，属于"对外报告会计"。

而管理会计主要是为企业内部使用者（Internal User，管理人员）提供企业内部管理相关财务信息。目的是强化单位内部经营管理、提高经济效益服务，属于"对内报告会计"。

(二) 会计职能定位方面不同

财务会计侧重"记录价值"，通过确认、计量、记录和报告等程序提供并解释历史信息，主要是帮助外部使用者了解企业组织在特定会计期间的财务状况与经营结果，它反映的是已经发生的（过去的）经济交易事项，属于"报账型会计"。

而管理会计侧重在"创造价值"，其职能是解析过去、控制现在与筹划未来的有机结合，主要是面向未来，支持管理者从事决策管理与控制活动，属于"经营型会计"。

(三) 会计主体的层次方面不同

财务会计的会计主体往往只有一个层次，即主要以整个企业作为会计主体，对外反映整个企业财务状况、经营成果和资金变动的会计资料，通常不以企业内部各部门、各单位为会计主体提供相关资料，从而能够适应财务会计所特别强调的完整反映、监督整个经济过程的要求。

而管理会计的会计主体可分为多个层次，它既可以以整个企业为会计主体，又可以将企业内部的某区域或某部门甚至某一工序作为其会计主体。实际在多数情况下，管理会计主要以企业内部责任单位（如投资中心、利润中心、成本中心、费用中心）为会计主体。

(四) 约束条件方面不同

财务会计由于通过会计确认、计量、记录和报告，最终对外提供公共的会计信息，因此，必须受一般公允会计原则（简称GAAP）如会计准则、会计制度及其他法规的约束，其处理方法只能在允许的范围内选用，灵活性较小。

而管理会计由于是对内提供各个企业自身的经营管理方面的会计信息，因此不受会计准则、会计制度等一般公允会计原则的制约，但可接受相关管理会计原则的指引（如2016年来我国财政部颁发的《管理会计基本指引》和2017年10月开始陆续发布的《管理会计22项应用指引》，但没有强制执行的约束。其处理方法可以根据企业管理的实际情况和需要确定，具有很大的灵活性。

(五) 会计信息特征方面不同

财务会计由于反映已经发生或已经完成的经济活动，因此其提供的信息应力求精确，数字必须平衡；同时会计信息基本上全是定量信息，且主要以货币作为其计量单位。

而管理会计的工作重点是面向未来，未来期间影响经济活动的不确定比较多，加之管理会计对信息及时性和相关性的要求，这决定了管理会计所提供的信息不能绝对精确，一般只能相对精确。同时会计信息既包括定量信息，也包括定性信息；其计量单位既可以使用货币单位，又可以选择实物量单位、时间量单位等非货币性单位。

（六）会计信息载体方面不同

财务会计由于对外提供公共的会计信息，故具有一定的法律效应，同时，由于成本节约的考虑，只定期向与企业利益相关者提供较为全面的、连续的、系统的和综合的财务信息。因此，财务会计的信息载体表现为具有统一格式的凭证系统、账簿系统和报表系统，尤其是财务会计最终成果的财务报告需要统一规定财务报告的种类和格式，统一规定发布时间。

管理会计所提供的信息往往是为满足内部管理的特定要求而有选择的、部分的和不定期的管理信息。由于它们往往不向社会公开发表，故不具有法律效能，只有参考价值。管理会计的信息载体大多为没有统一格式的各种内部报告，而且对这些报告的种类和时间也没有统一的规定。

（七）方法体系方面不同

财务会计的方法比较稳定，通过确认、计量、记录和报告可反映其方法体系，且其核算时往往只需运用简单的加、减、乘、除算术方法。

而管理会计可选择灵活多样的方法对不同的问题进行分析处理，即使对相同的问题也可根据需要和可能采用不同的方法进行处理。在信息处理过程中，由于未来经济活动的复杂性和不确定性，管理会计在进行预测、决策时，要大量应用如微积分、线性规划、概率论等现代数学方法和计算机技术。

（八）观念的取向方面不同

财务会计主要是全面、系统、连续地反映过去已发生的经济活动，因此，将其着眼点放在如何真实、准确地反映企业生产经营过程中人、财、物要素在供、产、销各个阶段上分布、使用及消耗情况上，十分重视定期报告企业的财务状况和经营成果的质量，而不太关心管理过程及结果对企业内部各方面人员心理和行为的影响。

而管理会计不仅看重实施管理行为的结果，而且更为关注管理的过程。在管理会计观念中，企业中的每一个人都是财富和效益的创造者，属于可开发的人力资源，决不能仅将其看成是被管制的对象，一味机械地实行"管、卡、压"。因此，会密切关注管理过程及结果对企业内部各方面人员心理和行为的影响，并千方百计地调动起他们的积极性和工作热情，设法充分发挥他们的主观能动性。

（九）会计人员素质的要求方面不同

财务会计工作的质量会受会计人员素质高低的影响，但相比之下，对财务会计人员素质的要求没有对管理会计人员的要求高，而且侧重点也不同。财务会计工作需要由对会计准则、会计制度通晓,且操作能力较强、工作细致的专门人才来承担。

而管理会计鉴于其方法灵活多样,又没有一般公允会计原则的约束,其体系缺乏统一性和规范性,这就决定了管理会计的水平在很大程度上取决于会计人员素质的高低。同时,由于管理会计工作需要考虑的因素比较多,涉及的内容比较复杂,也要求从事这项工作的人员必须具备较宽的知识面和较深厚的专业造诣,具有较强分析问题、解决问题的能力和果断的应变能力。再加上管理会计所涉及的问题大多关系重大,尤其是决策工作绝不允许素质较低的人员"瞎参谋、乱指挥"。因此,管理会计工作需要由复合型高级会计人才来承担。可见,管理会计对会计人员素质的要求起点比较高。

二、管理会计与财务会计的联系

(一)起源相同

从逻辑上看,在管理会计产生之前,也无从谈起财务会计,因此从发展历程来看,管理会计与财务会计两者源于同一母体,都属于现代企业会计,共同构成了现代企业会计系统的有机整体。两者相互依存、相互制约、相互补充。

(二)目标相同

尽管管理会计、财务会计分别向企业内部和外部提供信息,但它们都必须服从现代企业会计的总体要求,共同为实现企业和企业管理目标服务。因此,管理会计与财务会计的最终奋斗目标是一致的。

(三)基本信息同源

管理会计所使用的信息尽管广泛多样,但在实践中,管理会计所需要的许多资料来源于财务会计系统,有的是财务会计资料的直接使用,有的则是财务会计资料进行深加工和再利用。

(四)服务对象交叉

虽然管理会计与财务会计有内外之分,但服务对象并不严格、唯一,在许多情况下,管理会计的信息可以为外部利益集团所利用(如盈利预测),财务会计信息对企业内部决策也至关重要。

(五)某些概念相同

管理会计使用的某些概念,如成本、收益、利润等与财务会计完全相同,有些概念则是从财务会计的概念中引出来的,如边际成本、边际收益、机会成本等。

第五节 美英两国管理会计师简介

一、管理会计师考试

管理会计在以英、美为代表的西方主要先进发达国家明显地具有职业化与专业化特征。

（一）美国的管理会计师考试

随着管理会计人员发挥的作用日益扩大，为使管理会计作为一种专门职业及其专业地位得到会计职业界和社会的承认，同时也为加强全国会计师协会（National Association of Accountants，NAA）的社会地位，美国会计师协会于1972年设立了"管理会计资格证书（Certificate in Management Accounting，CMA）"项目，并专门为此设置了"管理会计师协会（Institute of Management Accountants，简称'IMA'）"具体负责该项目。

全国会计师协会就设立管理会计证书项目的目的指出：会计以及会计师在企业中的作用已发生了重大变化。目前，会计人员在企业决策的制定、未来计划的编制以及企业经营活动的几乎每个方面都发挥了积极的作用，他们已不再单纯是企业历史的记录人。与高层管理人士平起平坐的管理会计师，在为协助管理当局做出正确决策，收集、加工和分析信息方面担负着重要（主要）职责，许多管理会计师和财务经理已步入了高层管理的地位。

为适应企业界的需要和应学术界的要求，全国会计师协会特设立了"管理会计资格证书"项目。按规定，申请者必须通过一系列的资格考试，并需符合特定的教育标准和专业标准，方能获得授予及持有管理会计证书的资格。

管理会计证书资格考试的内容包括：

（1）经济学、理财和管理学（Economics，Finance，and Management）；

（2）财务会计及报告（Financial Accounting and Reporting）；

（3）管理报告、分析与行为问题（Management Reporting，Analysis，and Behavioral Issues）；

（4）决策分析与信息系统（Decision Analysis and Information Systems）。

全部考试时间计16小时，分2天举行。

申请者必须符合下列三个要求的其中一个，方可参加资格考试：

（1）在立案学院或大学获得学士学位；

（2）达到执业管理会计师协会证书委员会规定的"研究生入学考试（GRE）"或"管理研究生入学考试（GMAT）"成绩；

（3）注册会计师或在别国取得证书委员认可的相应专业资格证明。要求取得管理会计师证书和成为执业管理会计师的申请人必须在三年内通过上述四个部分的考试，并在参加考试前或考试后七年内，具有连续两年从事管理会计工作的经验，且遵守管理会计师职业道德规范标准。

管理会计资格证书项目自1972年设立以来，已取得了巨大的成就，执业管理会计师已和注册会计师（CPA）一样得到社会的公认。近年来，报考CMA的人数已有超过报考CPA之势，许多人首先取得的是CPA执照，然后成为管理会计师。因此，许多管理会计师同时也是CPA。在美国，已有越来越多的人同时具有CMA和CPA证书；许多大学也把 CMA 和 CPA 列为大学教师的必备条件。申请者一旦取得管理会计证书，即被承认已具有较高的专业水平和能力，即可受到许多大公司的青睐，并为社会所尊重。

（二）英国管理会计师资格考试

英国"特许管理会计师协会（Chartered Institute of Management Accountants，简称'CIMA'）"是英国管理会计师的组织。凡申请加入该协会并成为会员者，必须通过一系列的资格考试，并需符合一定的教学标准和专业标准。1987 年以前，该协会的成员资格考试由基础阶段和专业阶段的两个部分组成，其中，基础阶段由两个部分构成，而专业阶段则由三个部分组成。具体考试内容及时间安排如下：

基础阶段

第一部分（9 小时）

（1）财务会计（一）；（2）成本会计；（3）经济学。

第二部分（9 小时）

（1）数学和统计；（2）商法；（3）生产组织。

专业阶段

第一部分（12 小时）

（1）财务会计（一）；（2）经济分析；（3）定量方法；（4）成本会计。

第二部分（12 小时）

（1）公司法和税收；（2）组织理论和市场管理；（3）财务会计；（4）管理信息系统及数据处理。

第三部分（12 小时）

（1）管理会计（一）；（2）管理会计（二）；（3）财务管理；（4）公司计划编制和控制。

1987 年该协会对其成员资格考试内容作了修改，考试内容及考试时间具体安排如下：

（1）管理会计（8.5 小时）；

（2）财务会计（8 小时）；

（3）成本会计（3 小时）；

（4）财务管理（3 小时）；

（5）管理学、公司发展战略及市场学（6 小时）；

（6）法律、税收及经济学（12 小时）；

（7）数量分析技术和信息技术处理（7.5 小时）。

该协会规定，申请参加资格考试的成员必须至少达到大学入学标准或相当学历。

凡通过资格考试，并具有三年从事管理会计工作实践经验，方可申请非正式会员。申请正式会员，除通过资格考试外，还须具有三年财务经理或财务主任等工作经验。申请者一旦取得正式会员资格，持有特许管理会计师证书，就被认为具有广泛的理论知识和丰富的实践经验，往往成为许多大公司猎取的目标。因此，具有较高的社会地位，为社会所尊重。

二、管理会计师的专业机构

在美国，规模最大的管理会计师组织是管理会计师协会。该协会前身是"全国会计师协会"，1991年7月1日起改名为管理会计师协会。该协会的管理会计实务委员会（Management Accounting Practice Committee）已陆续颁布了一系列的"管理会计实务公告（Statements on Management Accounting Practice）"，同时编辑出版《管理会计（Management Accounting）》月刊，探讨当前的会计实务，已成为管理会计人员的重要读物。

在英国，管理会计的职业化和专业化特征，可从英国特许管理会计师协会自身的发展过程中得到充分体现。该协会最初成立于1919年，是适应第一次大战后工业发展的需要，特别是适应军需行业引进成本控制制度以提高生产率的需要而设立的。当时该协会的名称是"成本会计师协会"。其后于1972年更名为"成本和管理会计师协会（Institute of Cost and Management Accounting）"。由于它具有不同于传统财务会计的专业化特征，1975年被英国皇家特许机构接受为正式成员，并于1986年再次更名为现在的"特许管理会计师协会"。其机关刊物亦始称为《管理会计》，也在世界范围内发行，具有较广泛的影响。特许管理会计师协会的目标在于：①促进和建立管理会计科学；②提供一个管理会计的专业组织。

三、管理会计师职业道德

管理会计师在对其服务机构——专业团体、公众及其本身履行职责时，有必须遵循最高职业道德标准的义务。为使这一义务得到公认，有关专业机构通常会颁布相关的职业道德准则。如美国最大的管理会计机构——美国全国会计师协会于1982年颁布了"管理会计师职业道德标准（SMA IC Standards of Ethical Conduct for Management Accountants）"，遵守这些标准是实现管理会计目标的有机部分。管理会计师不得从事违反这些标准的行为，也不应听任其他人员违反这些规则。这些职业道德标准有：

（一）技能（Competence）

管理会计人员有如下义务：

（1）通过不断提高自身的知识和技能，保持适当的专业技术水平；

（2）按照各有关法律、规章和技术标准，履行其职业任务；

（3）在对相关和可靠的信息进行适当分析的基础上，编制完整而清晰的报告，并提出建议。

（二）保密（Confidentiality）

管理会计人员有如下义务：

（1）除法律规定外，非经核准，不得泄露工作过程所获得的机密信息；

(2) 告诉下属要适当注意工作中所得信息的机密性并监督其行为，以确保严守机密；

(3) 禁止将工作中所获得的机密信息，经由个人或第三者用于获取不道德或非法利益。

（三）廉正（Integrity）

管理会计师有如下义务：

(1) 避免介入实际的或明显的利害冲突并向任何可能的利害冲突各方提出忠告；

(2) 不得从事道德上有害于其履行职责的活动；

(3) 拒绝收受影响其行动的任何馈赠、赠品或宴请；

(4) 严禁主动或被动地破坏企业组织的合法和道德目标的实现；

(5) 了解并沟通不利于做出认真负责的判断或顺利完成工作的某些专业性限制或其他约束条件；

(6) 沟通不利及有利的信息以及职业判断或意见；

(7) 禁止从事或支持任何有害于职业团体的活动。

（四）客观性（Objectivity）

管理会计师有如下义务：

(1) 公允而客观地沟通信息；

(2) 充分反映信息，帮助使用者对各项报告、评论和建议获得正确的理解。

（五）道德行为的解决

应用各项道德行为准则时，管理会计师会遇到怎样确认非道德行为，或者怎样解决违反道德的问题，如遇到严重的职业道德问题，管理会计师应遵循组织制定的有关这种问题的各种政策。如果这些政策不能解决职业道德问题，管理会计师应采取如下行动：

(1) 除涉及有关上级者外，与直接上级商讨这些问题。在此情况下，应在开始就把问题提交高一层主管。如果问题得不到解决，上述问题应提交更高层的主管人员；

(2) 如果直接上级是总经理或相当于总经理，那么可取的复议当局可能是审计委员会、执行委员会、董事会、理事会或业主。假定上级与问题无关，应在上级知情下，越级上告；

(3) 与客观的顾问进行机要性讨论，澄清相关概念，以明确可能的行动方针；

(4) 如果通过各层次内部的彻底检查，依然存在不符合道德准则问题，管理会计师对此重要问题无法解决，只得向组织提出辞职，并向组织的适当代表提交其信息备忘录。

除法律另有规定外，把这些问题告知当局或非服务于组织的个人，一般认为是不合适的。

【本章小结】

　　自从出现人群组织，管理也就产生了。企业各层次的管理人员，包括高层决策者和部门经理以及一线管理人员在管理的各个阶段，包括计划、决策、控制和业绩评价阶段，都需要管理会计信息。

　　企业所从事的活动是有目的的，也就是企业依一定目标而组成，围绕这一定目标进行经营活动。企业既是一个经济性组织，又是一个社会性组织。企业所具有的双重性，决定着企业目标也有双重性。

　　会计目标是企业管理目标的制约条件，服从于企业目标。根据企业目标，可引出会计也相应有两个目标，以分别满足企业两大基本目标的需要。由于会计目标服务对象不同，要求有两套并存的会计信息系统，即管理会计信息系统和财务会计信息系统。

　　关于管理会计的定义，国内外有不同的表述，从国内外的管理会计定义来看，管理会计的概念随着外部环境及管理活动的不断变化而做了相应调整。管理会计实践与理论创新之间所存在的共生性，构成了管理会计产生和发展的主体脉络，同时也决定了管理会计随着社会经济环境的变迁而变迁，是社会经济环境变迁的必然结果。

【案例分析】

管理会计工作组织案例

　　利开公司是一家纸制品生产公司，主要生产各种复印纸、包装纸等。每一类纸张又有许多规格，如复印纸又区分为 A4、B5 等，包装纸又可区分为普通包装纸和专用包装纸。以前由于竞争不激烈，公司的成本会计系统只按大类计算成本，业绩报告分别反映复印纸和包装纸的业绩。从去年开始，镇里开设了一家新的包装纸生产厂——特惠公司，生产利开公司所生产的包装纸中的普通纸系列产品。由于其报价低于利开公司，所以利开公司的一些普通包装纸业务开始流失。面对此情此景，利开公司的领导层坐不住了，责令会计十人员立刻提供详细的业绩分析报告。会计人员经过一番努力，调整了包装纸的成本计算体系，终于拿出了反映各规格包装纸利润率的业绩报告。原来的业绩报告表明，包装纸的平均利润率达到了 40%，重新分析后却发现，其中普通包装纸的利润率为 50%，而专用包装纸几乎不赚钱。于是利开公司决定，将包装纸生产部门划分为两个责任中心：普通包装纸责任中心和专用包装纸责任中心。对于普通包装纸，采取了降价措施，同时要求管理会计人员密切关注竞争对手的业绩信息，每周提供一次报告，以便及时根据特惠公司的财务业绩、定价策略和市场渗透情况做出反馈；而对于专用包装纸，则要求管理会计人员提供相应的建议，以便帮助监督和控制其成本，以提高该部分生产的利润率。管理会十人员明显感到，身上的责任重了，迫切需要掌握新的管理会计技能来适应管理者的新需求。

案例资料来源：郭晓梅：《管理会计》，[M]．北京师范大学出版社 2006 年版。

讨论

1. 案例中管理会计的内容与目标是什么？
2. 利开公司的管理会计工作组织是如何安排的？管理会计师的职责是什么？

【课后练习】

一、思考题

1. 管理目标与会计信息需求之间的关系；
2. 管理会计概念的变迁；
3. 管理会计是如何形成与发展的？
4. 管理会计与财务会计之间的联系和区别是什么？
5. 管理会计人员必须遵循哪些职业道德？

二、单选题

1. 现代管理会计体系形成于（　　）
   A. 21 世纪初　　　　　　　　　B. 21 世纪 30 年代
   C. 21 世纪 50 年代　　　　　　D. 21 世纪 50 年代以后
2. 下列不属于管理会计内容的有（　　）。
   A. 预测分析　　　　　　　　　B. 全面预算
   C. 责任会计　　　　　　　　　D. 资金筹集
3. 管理会计的服务侧重于（　　）。
   A. 股东　　　　　　　　　　　B. 外部集团
   C. 债权人　　　　　　　　　　D. 企业内部的经营管理
4. 现代管理会计中占核心地位的是（　　）。
   A. 预测决策会计　　　　　　　B. 规划控制会计
   C. 成本会计　　　　　　　　　D. 责任会计
5. 下列各项中，与传统的财务会计相对立概念而存在的是（　　）。
   A. 现代会计　　　　　　　　　B. 企业会计
   C. 管理会计　　　　　　　　　D. 管理会计学
6. 能够作为管理会计原始雏形的标志之一，并于 20 世纪初在美国出现的是（　　）。
   A. 责任会计　　　　　　　　　B. 预测决策会计

C. 科学管理理论　　　　　　　D. 标准成本计算制度
7. 管理会计不要求（　　）的信息。
　A. 相对精确　　　　　　　　B. 及时性
　C. 绝对精确　　　　　　　　D. 相关性

三、多选题

1. 执行管理会计阶段以（　　）为主要内容。
　A. 标准成本　　　　　　　　B. 预算控制
　C. 成本性态分析　　　　　　D. 差异分析
2. 管理会计属于（　　）。
　A. 现代企业会计　　　　　　B. 经营型会计
　C. 外部会计　　　　　　　　D. 报账型会计
　E. 内部会计
3. 下列项目中，属于在现代管理会计阶段产生和发展起来的有（　　）。
　A. 规划控制会计　　　　　　B. 管理会计师职业
　C. 责任会计　　　　　　　　D. 管理会计专业团体
4. 下列项目中，可以作为管理会计主体的有（　　）。
　A. 企业整体　　　　　　　　B. 分厂
　C. 车间　　　　　　　　　　D. 班组
5. 下列各项中，属于管理会计职能的有（　　）。
　A. 预测经济前景　　　　　　B. 参与经济决策
　C. 规划经营目标　　　　　　D. 控制经济过程
　E. 考核、评价经营业绩
6. 下列各项中，属于管理会计与财务会计的区别的是（　　）
　A. 会计主体不同　　　　　　B. 基本职能不同
　C. 工作依据不同　　　　　　D. 具体工作目标不同
　E. 方法及程序不同

【本章参考文献】

1. 郭晓梅：《高级管理会计理论与实务》［M］，东北财经大学出版社 2016 年版。
2. 郭晓梅：《管理会计》［M］，北京师范大学出版社 2006 年版。
3. 陆宇建，李冠众：《管理会计学（第三版）》［M］，东北财经大学出版社 2016 年版。
4. 孙茂竹，文光伟，杨万贵：《管理会计学（第七版）》［M］，中国人民大学出版社 2015 年版。

5. 毛付根：《管理会计（第二版）》[M]，高等教育出版社2008年版。

6. 贺颖奇，陈佳俊：《管理会计》[M]，上海财经大学出版社2003年版。

7. 吴大军：《管理会计（第三版）》[M]，东北财经大学出版社2013年版。

8. 特蕾西、诺布尔斯等编，张永冀等译：《享格瑞会计学管理会计分册（原书第4版）》[M]，机械工业出版社2017年版。

9. 芮明杰：《管理学——现代的观点（第二版）》[M]，上海人民出版社2008年版。

第二章

成本习性与变动成本法

【本章学习目标】

通过本章的学习
1. 了解管理会计的成本概念及其主要分类
2. 了解成本性态的含义、分类
3. 掌握固定成本、变动成本、混合成本的概念及其构成内容
4. 掌握混合成本的分解方法
5. 理解变动成本法的意义,掌握变动成本法与完全成本法的区别及其对分期损益的影响

第一节 成本分类

成本问题在管理会计中占据特别重要的地位,成本是衡量经济效益的一个综合性指标。什么是成本?传统意义上的成本或者说财务会计中的成本,是指企业为生产一定种类、一定数量的产品所发生的各种生产耗费,即制造成本。从内容上包括直接材料、直接人工、制造费用。

管理会计对成本的概念不同于财务会计,管理会计中成本的含义是随着管理上的需要而发展的。管理会计的职能与财务会计不同,它着重为企业管理部门提供预测、决策、控制和业绩考核等职能服务。由于各种管理职能的目的不同,因而履行这些职能所需的成本信息也不同,这样就需要根据管理职能的要求来核算和提供符合各种用途的成本信息,从而促成了管理会计成本概念和成本计算口径的多样化。

根据企业管理的不同要求,管理会计所需提供的成本信息可以通过以下标志进行成本分类而获得。

一、成本按经济用途分类

在财务会计中,为了正确确定产品生产过程中的实际耗费和计算损益,通常将生

产经营成本按经济用途分为产品成本和期间成本两大类。

（一）产品成本

产品成本是指在产品生产（制造）过程中发生的各项耗费，又称制造成本或生产成本，是对象化的成本，通常包括：直接材料、直接人工和制造费用三部分。

（1）直接材料，是指直接用于产品生产、构成产品实体的原料及主要材料、外购半成品、有助于产品形成的辅助材料以及其他直接材料。

（2）直接人工，是指在产品生产中直接改变原材料的性质或形态所耗费的人工成本。

（3）制造费用，是指为制造产品或提供劳务而发生的各项间接费用。制造费用包括直接人工、直接材料以外的为制造产品或提供劳务而发生的全部支出，这部分支出一般情况下需分配计入不同产品。

制造费用可进一步划分为间接材料、间接人工和其他间接费用三部分。间接材料，是指在产品生产过程中耗用，但不能归属于某一特定产品的材料成本，如各种物料用品的消耗；间接人工，是指为生产服务而不直接进行产品生产所发生的人工成本，如维修、清洁及警卫人员的工资；其他间接费用，是指在产品生产过程中发生的，除间接材料、间接人工以外的其他各项间接费用，如固定资产折旧费、设备保险费、设备租赁费、维修费等。

（二）期间成本

期间成本，又称非制造成本，是指不计入产品成本的生产经营成本。期间成本不能经济合理地归属于特定产品，因此只能在发生当期全部计入损益，是"不可存储的成本"，是期间化的成本，因此也被称为"期间费用"。期间费用包括销售费用、管理费用和财务费用。

（1）销售费用是企业销售商品或提供劳务过程中发生的费用，包括运输费、装卸费、包装费、保险费、展览费和广告费、商品维修费、预计产品质量保证损失以及由销售本企业商品而专设的销售机构（含销售网点、售后服务点等）的职工薪酬、业务费、折旧费等经营费用。

（2）管理费用是企业为组织和管理企业生产经营所发生的费用，包括企业在筹建期间内发生的开办费、企业的董事会和行政管理部门在企业经营管理过程中发生的或者应由企业统一负担的公司经费（包括行政管理部门职工薪酬、修理费、物料消耗、低值易耗品摊销、办公费和差旅费等）、工会经费、待业保险费、劳动保险费、董事会费（包括董事会成员津贴、会议费和差旅费等）、聘请中介机构费、咨询费（含顾问费）、诉讼费、业务招待费、房产税、车船使用税、土地使用税、印花税、技术转让费、矿产资源补偿费、研究费用、排污费等。

（3）财务费用是企业为筹集生产经营所需资金而发生的费用，包括利息支出（减利息收入）、汇兑损失（减汇兑收益）以及相关的手续费等。为构建固定资产的专门借款所发生的借款费用，在固定资产达到预定可使用状态前按规定应予资本化的部分,不包括在财务费用内。

无论是产品成本还是期间成本,都是生产经营的耗费,都必须从营业收入中减除,但它们减除的时间不同。期间成本与营业收入的取得并不存在明显的直接因果关系,直接从当期收入中减除,而产品成本要待产品销售时才能减除。

产品成本按经济用途分类,有利于制造成本与期间成本的划分,有利于直接成本和间接成本的划分。这种分类方法,不仅是计算成本、确定期间损益的前提,而且能够反映产品成本的构成,便于考核成本计划的完成情况,分析成本升降的原因并寻求降低成本的途径。但是,这种分类不能从数量上揭示产品成本与产销量之间的内在联系,不能有效地将成本信息应用于经营决策过程,也不利于进一步挖掘企业的生产潜力。

二、成本按成本性态分类

成本性态,是指在一定条件下成本总额与业务量之间的依存关系,亦称为成本习性。

这里的"业务量"可以是产量、销量,也可以是直接人工工时、机器工作小时等。为简化核算,管理会计中业务量大多指产销量。这里的"成本总额"包括产品成本和期间成本。这里的"一定条件"是指相关范围,不会改变或破坏特定成本项目固有特征的时间和业务量的变动范围,即一定时间和一定业务量范围内。

成本按成本性态可分为固定成本、变动成本和混合成本三类。

(一)固定成本

1. 固定成本的特征。固定成本是指在一定时期和一定业务量范围内成本总额不受业务量的变动影响而保持不变的成本。企业按直线折旧法计提的固定资产折旧费、管理人员的固定工资、财产保险费、房屋租赁费、广告费、土地使用税等均为固定成本。

固定成本总额不因业务量的变动而变动,所强调的是成本总额保持不变,从单位成本看则恰恰相反,随着产量的增加,每单位产品分摊的固定成本份额将相应减少,因此,单位产品固定成本随业务量的变化而呈现反比例的变动。固定成本的特性如图2-1、图2-2所示。

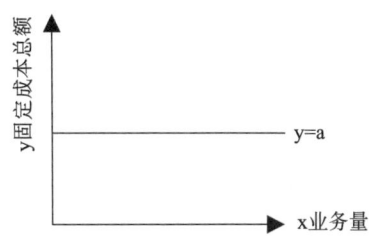

图 2-1 固定成本总额与业务量间的关系

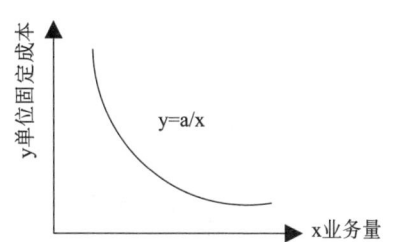

图 2-2 单位固定成本与业务量间的关系

2. 固定成本的分类。企业在一定时期的固定成本按其支出数额大小是否受管理当局短期决策行为的影响，可进一步分为"约束性固定成本"和"酌量性固定成本"两类。

（1）约束性固定成本，亦称经营能力成本，是指支出数额不受管理当局短期决策行为影响的固定成本。如固定资产折旧费、保险费、财产税、管理员工的工资等都属于这一类。这些成本是企业生产经营活动中必须负担的最低成本，它是和整个企业生产经营能力的形成及其正常维护直接相联系的，直接受到企业已经形成的生产经营能力的制约，随着生产经营能力的形成，这类成本在短时期内不能轻易改变，具有较大程度的约束性。如果硬性追求约束性固定成本的降低，可能削减企业的生产经营能力。降低此类固定成本通常不宜采用降低总额的措施，而应从经济合理地利用企业的生产经营能力，提高产品质量，降低其单位成本入手，从而提高企业经济效益。

（2）酌量性固定资本，亦称为选择性固定成本，是指通过管理当局的短期决策行为能够改变其数额的固定成本，如企业的研究开发费、广告费、职工培训费等。从较长的经营期间看，这类成本支出数额的多少可以依据企业每一会计期间的生产经营实际需要和财务负担能力而改变，但一经确认，一般在一个特定的预算期内不变，并存在和发挥作用。它是由企业管理部门按照经营方针的要求，通过确定未来某一会计期间的有关预算形式而形成的，因此，降低酌量性固定资本的有效途径就是降低其总额的支出，在预算时精打细算、厉行节约，在不影响生产经营能力的前提下，尽量减少其绝对额的支出。

（3）固定成本的相关范围。固定成本总额不受产销量变动的影响是有条件的，即业务量在"相关范围"内，固定成本总额保持不变；业务量超过这个范围，固定成本也将发生变动。如果业务量超过现有的生产能力，势必要扩大生产经营能力，例如，扩建厂房、增加设备或扩充必要的人员、机构，从而使原属于固定成本中的固定资产折旧费、租赁费、维修费、管理人员工资、广告宣传费等相应地增加。上述情况变化可以通过图2-3来表示。

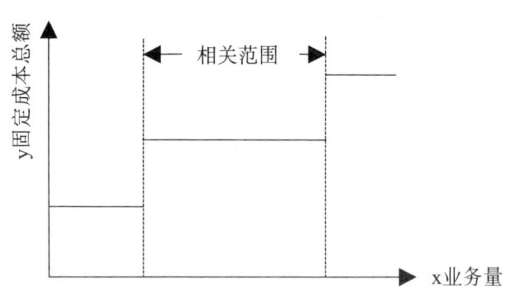

图2-3 相关范围与固定成本的关系

（二）变动成本

（1）变动成本的特征。变动成本是指在一定时期和一定业务量范围内成本总额随业务量的变动而呈正比例变动的成本。企业生产经营过程中发生的直接材料、计件工资制下的直接人工、产品包装费,以及按销量多少支付的推荐佣金等均属于变动成本。

变动成本的特性是成本总额将随产量或销量的变动而呈正比例变动,而单位变动成本保持不变。变动成本的特性如图2-4、图2-5所示。

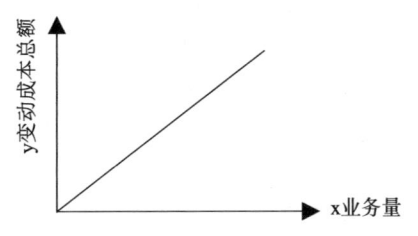 

图2-4 变动成本总额与业务量之间的关系　　图2-5 单位变动成本与业务量之间的关系

（2）变动成本的相关范围。与固定成本一样,变动成本也要研究成本与产量之间变动的"相关范围"。也就是说,成本总额与产量之间完全的线性关系,通常只能在一定的相关范围内存在,在相关范围之外,就只能表现为非线性的关系。例如,当企业的产品产量较小时,单位产品的材料成本和人工成本可能比较高。但当产量逐渐上升到一定范围内时,由于材料的利用可能更加充分、工人的作业安排可能更加合理等原因,单位产品的材料成本和人工成本会逐渐降下来。而当产量突破上述范围继续上升时,可能使某些变动成本项目超量上升（如加倍支付工人的加班工资）,从而导致单位产品中的变动成本由降转升。上述情况变化可以通过图2-6来表示。

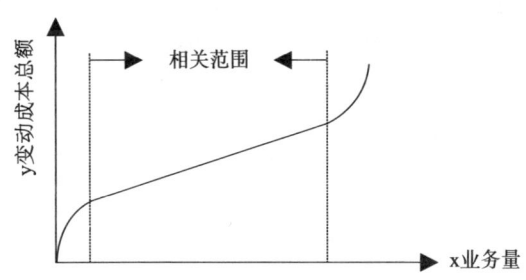

图2-6 相关范围与变动成本的关系

（三）混合成本

混合成本顾名思义是指那些"混合"了固定成本和变动成本两种不同性态的成本。这类成本的基本特征是,其发生额的高低虽然直接受业务量大小的影响,但不存在严格的比例关系,人们需要对混合成本按性态进行近似的描述,只有这样才能为决策所用。常见的混合成本有以下几种类型。

（1）半变动成本。这类成本通常有一个不变的基数,即初始量,它类似于固定成本,在这个基数上,业务量增加,成本也随之增加,又类似于变动成本。如公用事业费（包括水电、冷气、电话及其他相关服务）、机器设备的维护、修理费等基本上都属于这种情况。如企业租用一台机器，租约规定租金同时按两种标准计算：按年支付租金 5000 元；机器每运转 1 小时支付租金 0.5 元。则该机器某年累计运转了 4000 小时，共支付 7000 元（ = 5000 + 0.5 × 4000）租金。半变动成本性态模型如图 2 - 7 所示。

（2）延期变动成本。这类成本在一定的业务量范围内总额保持不变，一旦突破这个业务量限度，其超出部分的成本就相当于变动成本。此类成本通常有一个基数，该基数也就是业务量未超出一定限度时保持不变的固定成本。如加班工资或津贴、超产奖金等就属于此类成本。其性态模型如图 2 - 8 所示。

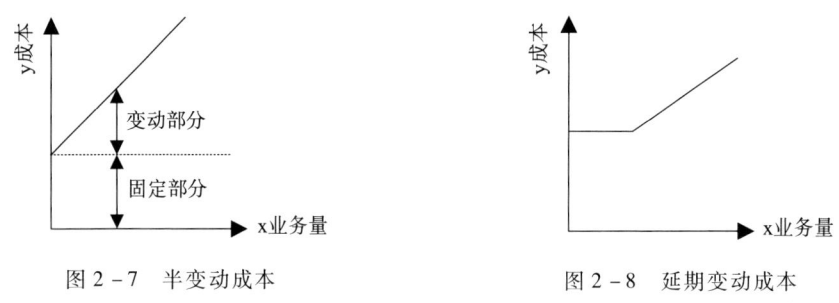

图 2 - 7　半变动成本　　　　　　　　图 2 - 8　延期变动成本

（3）半固定成本。此类成本的特征是在一定业务量范围内，其发生额的数量是不变的，体现着固定成本性态；但当业务量的增长达到一定限额时，其发生额会突然跃升到一个新的水平；然后在业务量增长的一定限度内（即一个新的相关范围内），其发生额的数量又保持不变，直到另一个新的跃升为止。如保养工、化验员、检验员的工资，当产量增加超过一定限度就增加人员，这些人员的工资就突然增加，这一类成本我们称为阶梯式混合成本。其性态模型如图 2 - 9 所示。

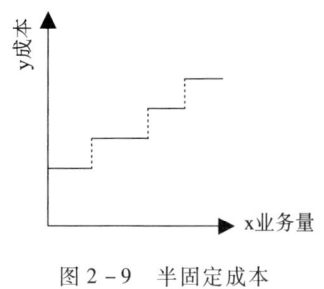

图 2 - 9　半固定成本

三、成本按决策相关性分类

按是否与决策相关，成本可以分为相关成本与无关成本两类。

（一）相关成本

相关成本顾名思义就是与决策有关联关系的成本，也就是在进行决策分析时必须认真考虑并加以计量的各种形式的未来成本,如后面将讲到的付现成本、差量成本、机会成本、边际成本、专属成本、可延缓成本等。

(二) 无关成本

无关成本则是指过去已经发生,或者虽未发生但对决策没有影响,因而在进行决策分析时无须加以考虑的各种成本,如后面将讲到的沉没成本、历史成本、不可递延成本、共同成本等。

需要指出的是,某项成本到底属于相关成本还是无关成本,必须结合具体的决策来讨论,抛开决策内容而论成本的相关性是没有意义的。换句话说,成本的无关性是相对的,相关性是绝对的。举例来说,假设一条货船不幸沉入海底,当决策内容是应购买一条多大吨位、哪里生产、以什么作为燃料的货船时,沉没货船的公允市价当然是无关成本;但当决策内容是应否将沉船打捞上来时,沉没货船的公允市价当然就是相关成本,人们至少会将其与打捞费用进行比较。

第二节 成本性态分析

一、成本性态分析概述

成本性态分析是指在明确各种成本性态的基础上,最终将企业的全部成本区分为固定成本和变动成本两大类,并建立相应的成本函数模型的过程。

成本性态分析需要以成本性态分类为前提,但两者在性质和最终结果上不同,成本性态分析既包括定性分析又包括定量分析,成本性态分类仅仅是定性分析;成本性态分类只要求将全部成本分为固定成本、变动成本和混合成本三大类,成本性态分析最终将企业的全部成本区分为固定成本和变动成本两大类,即需要对混合成本进行分解。

在管理会计中,总成本与混合成本有着相同的性态,即两者同时都包含着固定成本与变动成本这两种因素。为了便于进行定量分析,我们用简单的线性方程来描述总成本和混合成本的性态,即 $y = a + bx$。其中:y 是总成本,x 是业务量;a 是总成本中的固定成本,包括真正意义上的固定成本与混合成本中的固定部分之和;b 是单位变动成本,bx 代表变动成本总额,包括真正意义上的变动成本与混合成本中的变动部分之和。

二、混合成本的分解方法

混合成本的分解方法,一般有历史成本法、账户分析法和工程分析法。这里我们只介绍常用的高低点法和直线回归法,它们都属于历史成本分析法。

历史成本法的基本做法,就是根据以往若干时期(若干月或若干年)的数据所表现出来的实际成本与业务量之间的依存关系来描述成本的性态,并以此来定决策所需要的未来成本数据。历史成本法的基本原理,是因为在既定的生产流程和工艺设计条件下,历史数据可以比较准确地表达成本与业务量之间的依存关系,而且只要生产流程和工艺不变,这种相互变动关系还可以应用到现在或将来的决策当中。

(一) 高低点法

高低点法是历史成本法中最简便的一种分解方法。基本做法是,以某一期间内最高业务量(即高点)的混合成本与最低业务量(即低点)的混合成本的差数,除以最高与最低业务量的差数,得出的商数即为业务量的成本变量(即单位业务量的变动成本额),进而可以确定混合成本中的变动成本部分和固定成本部分。

如前所述,混合成本是混合了固定成本与变动成本的成本,在一定的相关范围内,总可以用这样一个数学模型 $y = a + bx$ 来近似的描述它,这也是高低点法的基本原理。在这个相关范围内,固定成本 a 既然不变,那么总成本随业务量的变动而产生的变化量就全部为变动成本。高点和低点的选择完全是出于尽可能覆盖相关范围的考虑。

高低点法分解混合成本的运算过程如下:

设高点的成本性态为:

$$y_1 = a + bx_1 \tag{2.1}$$

低点的成本性态为:

$$y_2 = a + bx_2 \tag{2.2}$$

用式 (2.1) 减式 (2.2),有:

$$y_1 - y_2 = b(x_1 - x_2) \tag{2.3}$$

式 (2.3) 表明总成本的差量是业务量的差量与单位变动成本的乘积,即全部为变动成本。

移项后则可求解 b:

$$b = \frac{y_1 - y_2}{x_1 - x_2} \tag{2.4}$$

将式 (2.4) 求解的结果代入式 (2.1) 并移项,则可求解 a

$$a = y_1 - bx_1$$

将式 (2.4) 求解的结果代入式 (2.2) 并移项,则可求解 a

$$a = y_2 - bx_2$$

【例 2 - 1】

假定某企业去年 12 个月的产量和电费支出的有关数据如表 2 - 1 所示。

表 2 - 1

月份	产量(件)	电费(元)
1	800	2000
2	600	1700

续表

月份	产量（件）	电费（元）
3	900	2250
4	1000	2550
5	800	2150
6	1100	2750
7	1000	2460
8	1000	2520
9	900	2320
10	700	1950
11	1100	2650
12	1200	2900

要求：用高低点法对混合成本进行分解。

【解答】

该年产量最高在 12 月份，为 1200 件，相应电费为 2900 元；产量最低在 2 月份，为 600 件，相应电费为 1700 元，按前面的运算过程进行计算如下：

$$b = \frac{2900 - 1700}{1200 - 600} = 2 \text{（元/件）}$$

$$a = 2900 - 2 \times 1200 = 500 \text{（元）}$$

或　$a = 1700 - 2 \times 600 = 500$（元）

以上计算表明，该企业电费这项混合成本中，固定成本为 500 元；单位变动成本为每件 2 元。以数学模型来描述这项混合成本即为：

$$y = 500 + 2x$$

高低点法虽然具有运用简便的优点，但它仅以高点和低点的数据来描述成本性态，其结果会带有一定的偶然性（事实上高低两点的偶然性较之其他各点一般要大），根据这种带有一定偶然性的成本性态模型进行决策，势必会造成一些偏差，因此，这种方法通常只适用于各期成本变动趋势较稳定的情况。

（二）回归直线法

回归直线法是根据一系列历史成本资料，运用数理统计中常用的最小平方法的原理，计算能代表平均成本水平的直线截距和斜率，以其作为固定成本和单位变动成本，对混合成本进行分解。较之高低点法，它是一种更为精确的方法。

利用这种方法之前，必须先通过绘制散点图和计算相关系数的方法，大概确定 x 与 y 之间有无线性关系。若 x 与 y 线性相关性较强，则可进行分解；若 x 与 y 相关性较弱，则需要选择非线性模型进行分解。相关系数 r 的计算公式如下：

$$r = \frac{n\sum xy - \sum x \cdot \sum y}{\sqrt{[n\sum x^2 - (\sum x)^2] \cdot [n\sum y^2 - (\sum y)^2]}}$$

r 绝对值的大小说明 x 与 y 这两个变量相关程度的密切与否。相关系数 r 的取值范围在 0 与 ±1 之间，当 r = 0，说明变量（成本 y 与产量 x）之间不存在直线相关关系；当 r = ±1，说明变量之间存在完全的线性相关关系。

回归直线法的一般步骤如下：

设产销量为自变量 x，混合成本为因变量 y，它们之间关系可表示为：

y = a + bx

列方程组如下：

$$\begin{cases} \sum y_i = na + b\sum x_i \\ \sum x_i y_i = a\sum x_i + b\sum x_i^2 \end{cases}$$

解得：$a = \dfrac{\sum y_i - b\sum x_i}{n}$，$b = \dfrac{n\sum x_i y_i - \sum x_i \sum y_i}{n\sum x_i^2 - (\sum x_i)^2}$

【例 2 - 2】

某企业 2017 年 1 ~ 5 月的某项混合成本与产量的有关资料如表 2 - 2 所示。

表 2 - 2

月份	产量（万件）	维修费（万元）	月份	产量（万件）	维修费（万元）
1	6.0	500	4	6.5	520
2	5.5	475	5	7.0	550
3	5.0	450			

要求：根据以上资料，进行混合成本的分解。

【解答】

首先，计算相关系数 r，以检验 x 与 y 的相关程度如何。为了便于进行计算，现将有关数据计算列于表 2 - 3 中。

表 2 - 3　　　　　　　　数据计算表

月份	产量 x_i（万件）	混合成本 y_i（万元）	$x_i y_i$	x_i^2	y_i^2
1	6.0	500	3000	36	250000
2	5.5	475	2612.5	30.25	225625
3	5.0	450	2250	25	202500
4	6.5	520	3380	42.25	270400
5	7.0	550	3850	49	302500
n = 5	$\sum x_i = 30$	$\sum y_i = 2495$	$\sum x_i y_i = 15092.5$	$\sum x_i^2 = 182.5$	$\sum y_i^2 = 1251025$

$$r = \dfrac{n\sum xy - \sum x \cdot \sum y}{\sqrt{[n\sum x^2 - (\sum x)^2]\cdot[n\sum y^2 - (\sum y)^2]}}$$

$$= \frac{5 \times 15092.5 - 30 \times 2495}{\sqrt{(5 \times 182.5 - 30 \times 30)(5 \times 1251025 - 2495 \times 2495)}} \frac{612.5}{613.4} = 0.9985$$

r = 0.9985，接近于 1，说明 x 与 y 之间存在较密切的线性相关关系，可用直线方程 y = a + bx 描述其变动趋势。

其次，根据直线方程 y = a + bx，建立回归方程。a、b 值的求解如下：

$$b = \frac{n \sum x_i y_i - \sum x_i \sum y_i}{n \sum x_i^2 - (\sum x_i)^2} = \frac{5 \times 15092.5 - 30 \times 2495}{5 \times 182.5 - 30 \times 30} = 49 \text{（元/件）}$$

$$a = \frac{\sum y_i - b \sum x_i}{n} = \frac{2495 - 49 \times 30}{5} = 205 \text{（万元）}$$

得出混合成本的回归方程为：y = 2050000 + 49x

利用回归直线法进行混合成本分解，相对而言比较麻烦，但与高低点法相比，由于选择了包括高低两点在内的全部观测数据，因而避免了高低点法中高低两点的选取带来的偶然性，所以结果更为精确，是一种比较好的混合成本分解方法。实际中上述过程可借助 Excel 计算机软件来实现。

第三节 变动成本法

一、变动成本法的意义和理论依据

变动成本法是与完全成本法相对应的一个新概念。完全成本法即我国目前采用的制造成本计算法，是指在计算产品成本时，把生产过程中所消耗的直接材料、直接人工和全部制造费用都包括在内的一种成本计算方法。而变动成本法，是指在计算产品成本时，只包括在生产过程中所消耗的直接材料、直接人工和变动性制造费用，不包括固定性制造费用，将固定性制造费用作为期间成本一种成本计算方法。

美国学者哈里斯在 1936 年率先提出了变动成本法的概念，但由于当时完全成本法在企业中已经普遍应用，所以，那时变动成本法的概念没有受到社会的广泛关注。到了 20 世纪 50 年代，随着企业环境的改变，竞争日趋激烈，要求会计能够提供决策有关的信息，使人们逐渐认识到传统的完全成本法所提供的信息越来越不适用于管理人员的内部决策。因此，西方的一些会计师和管理人员重新研究变动成本法并在生产实践中加以运用，并取得了很好的效果。从此，变动成本法开始受到重视。20 世纪 60 年代以后，变动成本法风靡整个西方管理会计界，成为人们决策控制的重要工具。

变动成本法认为，固定性制造费用是为企业提供一定的生产经营条件而发生的费用，同产品的实际生产量没有数量上的联系，不会随产量的增加而增加，也不会随产量的减少而减少。但它却随会计期间的到来而发生，随会计期间的消逝而结束，因而它与会计期间联系密切，当期发生的固定性制造费用实际上是当期的期间费用，不应该延期到下一个会计期间。所以,把当期发生的固定性制造费用列入期间成本,作为当期实现收益的减除项目,更符合"收益与费用相配比"的会计原则,更能准确地评价企业在当期的经济效益。

二、变动成本法与完全成本法的区别

变动成本法与完全成本法对固定性制造费用的不同处理方式导致了两种方法的一系列差异,主要表现为以下三个方面。

（一）在成本划分的标准和成本构成上的区别

完全成本法将总成本按经济用途分类,区分为生产成本和非生产成本;变动成本法将全部成本按成本习性来分类,区分为变动成本和固定成本。

两种成本法下产品生产成本的构成内容不同,完全成本法的产品生产成本是指产品生产过程中发生的全部生产成本,包括直接材料、直接人工、变动性制造费用和固定性制造费用;而变动成本法的产品生产成本只包括生产过程中发生的变动生产成本,即直接材料、直接人工和变动性制造费用。两者的不同在于固定性制造费用的归属对象,前者将固定性制造费用归属于产品,计入产品成本;后者将固定性制造费用归属于会计期间,作为期间成本处理。

两种方法的成本划分如表2-4、表2-5所示。（为简化起见,本章财务费用合并计入管理费用,不再单独列示）

表2-4　　　　　　　　变动成本法（按成本习性划分成本）

变动成本	直接材料	产品成本
	直接人工	
	变动制造费用	
	变动销售及管理费用	期间成本
固定成本	固定制造费用	
	固定销售及管理费用	

表2-5　　　　　　　　完全成本法（按成本经济用途划分成本）

生产成本	直接材料	产品成本
	直接人工	
	全部制造费用	
非生产成本	销售及管理费用	期间成本

下面,举例说明两种成本计算方法在产品生产成本构成内容上的不同。

【例2-3】

某企业2017年生产一种产品,其年产量、销量和成本资料如表2-6所示。

表 2-6　　　　　　　　　　产量、销量和成本资料

生产量（件）	20000
销售量（件）	18000
制造成本（元）：	
直接材料	120000
直接人工	100000
制造费用	140000
其中：变动制造费用	80000
固定制造费用	60000

【解答】

根据上述资料，两种成本计算法在产品生产成本构成内容上的差异如表 2-7 所示。

表 2-7　　　　　两种成本计算法下的产品生产成本比较表　　　　　（单位：元）

成本项目	变动成本法		完全成本法	
	总成本	单位成本	总成本	单位成本
直接材料	120000	6	120000	6
直接人工	100000	5	100000	5
变动制造费用	80000	4	80000	4
固定制造费用			60000	3
合计	300000	15	360000	18

由于固定性制造费用归属于期间成本，变动成本计算法的产品生产总成本比完全成本计算法低 60000 元，单位产品生产成本低 3 元。

（二）在营业成本和存货成本计算上的区别

由于产品生产成本的构成内容不同，两种成本计算法下的营业成本、存货成本也不同，在上例中假设 2017 年无年初存货，年末无产品存货，2017 年生产量 20000 件，销售量 18000 件，那么期末存货有 2000 件，两种成本计算法下的营业成本、存货成本比较见表 2-8。

表 2-8　　　　两种成本计算法下的营业成本、存货成本比较表　　　　（单位：元）

成本计算方法	营业成本			存货成本		
	销售量（件）	单位成本	总成本	存货量（件）	单位成本	总成本
变动成本法	18000	15	270000	2000	15	30000
完全成本法	18000	18	324000	2000	18	36000

表 2-8 显示，变动成本法下的营业成本比完全成本法低 54000 元（324000 - 270000），存货成本低 6000 元（36000 - 30000），这是因为变动成本法将全部固定性

制造费用作为期间成本在当期全部转销；而完全成本法将固定性制造费用作为产品成本，当年发生固定成本共 60000 元，其中的 54000 元（3×18000）随出售产品转入当期营业成本，其余的 6000 元（3×2000）反映在期末存货中并递延到下一会计期间。

由于变动成本法的营业成本全部是由变动生产成本构成的，所以在期初存货量为零或者前后期成本水平不变，亦即各期固定成本总额和单位变动生产成本均不变等情况下，可以在不计算期末存货成本的情况下，直接计算出本期营业成本，即

本期营业成本 = 单位变动生产成本 × 本期销售量

因为在这种情况下，期初单位存货成本、期末单位存货成本、本期单位产品成本和本期单位营业成本这四个指标可以用统一的用单位变动生产成本指标来表示。

在完全成本法下，必须先计算出期末存货成本后，才能计算本期营业成本，即

本期营业成本 = 期初存货成本 + 本期发生的产品生产成本 − 期末存货成本

（三）在损益计算方法及利润表格式上的区别

两种成本计算法的区别不仅限于成本方面，它们还会影响到损益的计算方法。

在变动成本法下，按贡献式损益确定程序计量营业损益。首先用营业收入补偿本期实现销售的产品的变动成本，从而确定贡献边际，然后再补偿固定成本，以确定当期营业利润。

在贡献式损益确定程序下，营业利润按下列步骤和公式计算：

第 1 步：贡献边际 = 营业收入 − 变动成本总额

第 2 步：营业利润 = 贡献边际 − 固定成本总额

完全成本法下，按传统式损益确定程序计量营业损益。首先用营业收入补偿本期实现销售的产品的营业成本，从而确定营业毛利，然后再补偿期间费用，以确定当期营业利润。

在传统式损益确定程序下，营业利润按下列步骤和公式计算：

第 1 步：营业毛利 = 营业收入 − 营业成本

第 2 步：营业利润 = 营业毛利 − 期间费用

由于变动成本法和完全成本法的产品成本构成以及损益计算方法上的不同，使得他们所使用的利润表格式存在一定的差异（见表 2−9）。

【例 2−4】

仍用【例 2−3】资料，假设期初产品存货为零，单位售价为 25 元，销售费用、管理费用共计 28000 元，其中变动部分为 10000 元，则两种利润表见表 2−9。

表 2−9　　　　　　　　　　利润表比较　　　　　　　　　　（单位：元）

变动成本法（贡献式）		完全成本法（传统式）	
营业收入（18000×25）	450000	营业收入（18000×25）	450000
减：变动成本		减：营业成本	

续表

变动成本法（贡献式）		完全成本法（传统式）	
变动生产成本（18000×15）	270000	期初存货	0
变动销售、管理费用	10000	本期生产成本（20000×18）	360000
变动成本总额	280000	期末存货（2000×18）	36000
贡献边际	170000	营业成本总额	324000
减：固定成本		营业毛利	126000
固定制造费用	60000	减：期间费用	
固定销售、管理费用	18000	变动销售、管理费用	10000
固定成本总额	78000	固定销售、管理费用	18000
		期间费用总额	28000
营业利润	92000	营业利润	98000

由上可见两种方法在损益计算上的差异，采用变动成本法计算比采用完全成本法计算的营业利润少 6000 元（98000 – 92000），这 6000 元差异产生的原因在于：变动成本法将当期的固定性制造费用 60000 元作为期间成本全部用以抵减当期收益，而完全成本法将固定性制造费用归属于产品成本，60000 元固定性制造费用中的 54000 元（3×18000）计入营业成本，抵减当期收益，其余 6000 元（3×2000）则仍然保留在期末存货中，因而产生了 6000 元的利润差异。

三、变动成本法与完全成本法对分期损益的影响

变动成本法与完全成本法对分期损益的影响，表现为在不同方法计算出的利润会产生差异，其差异的金额为期末存货与期初存货所包含的固定性制造费用的差额。我们可以进行如下的推导。

变动成本法下：

营业利润 = 营业收入 – 变动成本总额 – 固定成本总额

= 营业收入 –（变动生产成本 + 变动销售与管理费用）–（固定制造费用 + 固定销售与管理费用）

= 营业收入 – 单位变动生产成本×销量 – 变动销售与管理费用 – 固定制造费用 – 固定销售与管理费用 (2.5)

完全成本法下：

营业利润 = 营业收入 – 营业成本 – 期间成本 (2.6)

营业成本 = 期初存货成本 + 本期生产费用 – 期末存货成本

= 期初存货单位成本×期初存量 + 本期单位产品成本×本期产量 – 期末存货单位成本×期末存量 (2.7)

如前所述，完全成本法下，产品的单位成本是单位变动生产成本和单位固定制造费用之和，且单位变动生产成本各期保持不变。将（2.7）式变形，得：

营业成本 =（单位变动生产成本 + 期初单位固定制造费用）× 期初存量 +（单位变动生产成本 + 本期单位固定制造费用）× 本期产量 -（单位变动生产成本 + 期末单位固定制造费用）× 期末存量

= 单位变动生产成本 ×（期初存量 + 本期产量 - 期末存量）+ 期初单位固定制造费用 × 期初存量 + 本期单位固定制造费用 × 本期产量 - 期末单位固定制造费用 × 期末存量 (2.8)

因此：

营业利润 = 营业收入 -（单位变动生产成本 × 销量 + 期初单位固定制造费用 × 期初存量 + 本期固定制造费用 - 期末单位固定制造费用 × 期末存量）- 期间成本

=（营业收入 - 单位变动生产成本 × 销量 - 本期固定制造费用 - 期间成本）+ 期末单位固定制造费用 × 期末存量 - 期初单位固定制造费用 × 期初存量 (2.9)

式（2.9）中括号内的部分与变动成本法计算的利润相等。因此

完全成本法下的利润 = 变动成本法下的利润 + 期末存货单位固定制造费用 × 期末存货量 - 期初存货单位固定制造费用 × 期初存货量

由此可知两种成本计算法下的利润差异的金额为期末存货与期初存货所包含的固定性制造费用的差额。下面举例作分析说明。

（一）连续各期生产量稳定而销售量变动的情况下，两种方法对分期损益的影响

当各期产量不变时，单位固定性制造费用各期相同，即期初与期末存货的单位固定性制造费用相等，因此完全成本法和变动成本法的利润差额可简化为：单位固定性制造费用 ×（期末存量 - 期初存量）。具体可以分为以下3种情况：

（1）当产量大于销量，即期末存量大于期初存量时，完全成本法下的营业利润大于变动成本法下的营业利润。

（2）当产量小于销量，即期末存量小于期初存量时，完全成本法下的营业利润小于变动成本法下的营业利润。

（3）当产量等于销量，即期末存量等于期初存量时，完全成本法下的营业利润等于变动成本法下的营业利润。

【例2-5】

假定某企业最近3年只产销乙产品，有关资料见表2-10。

表2-10　　　　　　　　　乙产品产销量统计表　　　　　　　　（单位：件）

项目	第1年	第2年	第3年	合计
期初存货量	0	0	1000	0

续表

项目	第1年	第2年	第3年	合计
本年生产量	6000	6000	6000	18000
本年销售量	6000	5000	7000	18000
期末存货量	0	1000	0	0

其他资料如下：单价为10元；单位变动生产成本5元，固定性制造费用24000元，销售与管理费用假设全部为固定成本，每年发生额共计为1000元。

要求：根据以上资料，分别采用两种成本计算方法确定各年的营业利润。

【解答】

在变动成本法下，各年单位产品成本 = 5（元/件）。

在完全成本法下，各年单位产品成本 = 5 + 24000 ÷ 6000 = 5 + 4 = 9（元/件）。

两种成本计算方法下的利润计算过程如表 2 – 11 所示。

表 2 – 11　　　　　　　　某企业利润表　　　　　　　　（金额单位：元）

变动成本计算法	金额（第1年）	金额（第2年）	金额（第3年）
营业收入（单价10元）	60000	50000	70000
减：变动生产成本（单位成本5元）	30000	25000	35000
贡献边际	30000	25000	35000
减：固定成本			
固定制造费用	24000	24000	24000
固定销售与管理费用	1000	1000	1000
营业利润	5000	0	10000
完全成本计算法			
营业收入（单价10元）	60000	50000	70000
减：营业成本			
期初存货成本	0	0	9000
加：本期生产成本（单位成本9元）	54000	54000	54000
可供销售产品成本	54000	54000	63000
减：期末存货成本	0	9000	0
营业成本总额	54000	45000	63000
营业毛利	6000	5000	7000
减：销售及管理费用	1000	1000	1000
营业利润	5000	4000	6000

上述计算结果表明：

第1年，产量等于销量，期初、期末存货相等，两种成本计算法下的营业利润相等，均为5000元。这是因为在变动成本法下，固定性制造费用24000元全部计入了当期损益；在完全成本法下，当年发生的固定性制造费用也由于产销平衡且各年产品成本相等而全额从收入中扣除，因而不同方法下的利润相等。

第2年，产量大于销量，按变动成本法计算的营业利润比按完全成本法计算的营业利润少了4000元。这是因为在变动成本法下，固定性制造费用24000元全部计入了当期损益；而在完全成本法下，只有已实现销售的产品所负担的固定性制造费用20000（4元/件×5000件）计入了当期损益，从收入中扣除了，另外的4000元（4元/件×1000件）固定性制造费用则被期末存货所吸收，作为存货成本的构成部分，列入了期末资产负债表，从而导致利润多了4000元。

第3年，情况正好和第2年相反，产量小于销量，按变动成本法计算的营业利润比按完全成本法计算的营业利润大了4000元。这是因为在变动成本法下，计入第3年损益的固定性制造费用仍为24000，而在完全成本法下，本年销售的产品不仅包括本年生产的6000件，还包括期初存货1000件，因而从收入中扣除的固定性制造费用不仅包括本年发生额24000元，期初存货所吸收的固定性制造费用4000元随着产品的销售也在本年释放，从而导致成本多扣除了4000元，因此营业利润少了4000元。

从表2-11中可以看出，两种成本法下，3年营业利润之和都是15000元。也就是说，从较长时期看，两种成本法下的营业利润的差异可以相互抵消。

（二）连续各期销售量稳定而生产量变动的情况下，两种方法对分期损益的影响

【例2-6】

假定某企业最近3年只产销乙产品，有关资料见表2-12。

表2-12　　　　　　　　　乙产品产销量统计表　　　　　　　　（单位：件）

项目	第1年	第2年	第3年	合计
期初存货量	0	0	2000	0
本年生产量	6000	8000	4000	18000
本年销售量	6000	6000	6000	18000
期末存货量	0	2000	0	0

乙产品其他资料如下：

单价20元；单位变动生产成本5元；固定制造费用48000元；销售及管理费用8000元（假设全部为固定成本）。

要求：根据以上资料，分别采用两种成本计算方法，据以确定各年的营业利润。

【解答】

在变动成本法下，单位产品成本=5（元/件）。

在完全成本法下，第1年的单位产品成本=5+48000/6000=5+8=13（元/件）；

第2年的单位产品成本=5+48000/8000=5+6=11（元/件）；

第3年的单位产品成本=5+48000/4000=5+12=17（元/件）；

两种成本计算方法下各年利润的计算过程见表2-13。

表 2-13　　　　　　　　　　　某企业利润表　　　　　　　　　（金额单位：元）

变动成本计算法	金额（第1年）	金额（第2年）	金额（第3年）
营业收入（单价20元）	120000	120000	120000
减：变动生产成本（单位变动成本5元）	30000	30000	30000
贡献边际	90000	90000	90000
减：固定成本			
固定制造费用	48000	48000	48000
固定销售及管理费用	8000	8000	8000
营业利润	34000	34000	34000
完全成本计算法			
营业收入（单价20元）	120000	120000	120000
减：营业成本			
期初存货成本	0	0	22000
加：本期生产成本	78000	88000	68000
可供销售产品成本	78000	88000	90000
减：期末存货成本	0	22000	0
营业成本总额	78000	66000	90000
营业毛利	42000	54000	30000
减：销售及管理费用	8000	8000	8000
营业利润	34000	46000	22000

第1年，两种方法计算出来的营业利润相等。这是因为当年的销售量等于生产量且期初存货与期末存货均为0，无论采用哪种方法，当年发生的固定性制造费用均全额从收入中扣除了，因此两种方法计算出来的营业利润相等。

第2年，按变动成本法计算的营业利润比按完全成本法计算的营业利润少了12000元。这是因为在变动成本法下，固定性制造费用48000元全部计入了当期损益；而在完全成本法下，只有已实现销售的产品所负担的固定性制造费用36000元（6元/件×6000件）计入了当期损益，另外12000元（6元/件×2000件）固定性制造费用则被期末存货所吸收，作为存货成本的构成部分，列入了期末资产负债表，因而利润多了12000元。

第3年，按变动成本法计算的营业利润比按完全成本法计算的营业利润大了12000元。这是因为变动成本法下，计入第3年损益的固定性制造费用仍为48000元，而在完全成本法下，本年销售的产品不仅包括本年生产的4000件，还包括期初存货2000件，因而从收入中扣除的固定性制造费用不仅包括当年发生额48000元，期初存货所吸收的固定性制造费用12000元随着产品的销售也在本年释放，从而导致营业利润少了12000元。

因此，连续各期销售量稳定而生产量变动的情况下：

（1）变动成本法计算出的各期的营业利润相同。

（2）完全成本法和变动成本法的利润差额为："期末单位固定制造费用×期末存量—期初单位固定制造费用×期初存量"。具体又可以分为3种情况：

①在期末存货所包含的固定性制造费用等于期初存货所包含的固定性制造费用的情况下，两种方法计算出的营业利润相等。

②在期末存货所包含的固定性制造费用大于期初存货所包含的固定性制造费用的情况下，完全成本法计算出的利润大。

③在期末存货所包含的固定性制造费用小于期初存货所包含的固定性制造费用的情况下，完全成本法计算出的利润小。

四、变动成本法和完全成本法的优缺点

（一）变动成本法的优缺点

变动成本法从无到有、到被人们普遍重视并且被广泛应用，根本原因在于其本身所具有的突出的优点，而这恰恰是传统的成本计算方法所不具备的。

（1）能够增强成本信息的有用性，有利于企业进行正确的预测和决策。在一般的决策分析过程中，要根据业务量与成本的依存关系来判断各种备选方案的预期效益。变动成本法是在对业务量与成本的依存关系进行科学分析的基础上来计算和提供有关重要经济信息的。利用这些信息，有利于企业管理部门深入进行本量利分析和贡献边际分析，以便于进行预测和决策。显然，采用完全成本法无法做到这一点。

（2）更符合"收益与费用相配比"这一公认的会计原则。按照"收益与费用相配比"的原则，会计记录在一定期间内发生的收益和费用，必须归属于这一会计期间，以便客观公正地计算和评价这一期间的经济效益。变动成本计算法一方面把与产量有密切联系的直接材料、直接人工和变动制造费用计入产品成本，使它们随产品的销售而转做销售成本，若当期产品销售的比例大，则转移的成本比例也大；另一方面则把与产量无直接关系但与会计期间相关的固定制造费用计入当期损益，将其与当期的收益相配合，比较符合"收益与费用相配比"的会计原则。

（3）促使企业重视销售环节，防止盲目生产。按变动成本法计算的单位产品成本，不包括固定生产成本，使产品不受固定成本和产量的影响，产量的高低与存货的增减对税前利润没有影响，在售价、单位变动成本和固定成本总额不变的情况下，税前利润的多少与销售量有着直接的关系，有助于促使企业的管理者重视销售环节，做好销售预测，防止因盲目生产而带来的产品大量积压。

（4）便于分清各部门的经济责任，有利于进行成本控制和业绩评价。一般来说，变动生产成本的升降能够反映供应部门和生产部门的实际业绩。采用变动成本法计算的成本，便于实行标准成本制度，便于分清有关因素对成本升降的影响和寻求降低成本的途径，正确评价各部门的业绩，找到降低成本的途径和措施。

(5) 简化产品成本的计算。采用变动成本计算法，由于把所有的固定成本都列作期间成本，从边际贡献中一笔扣除，使得产品成本计算中的费用分配大为简化，节省了许多间接费用的分摊手续，简化了成本核算工作，同时，也防止了间接费用分摊中的主观随意性。

变动成本法主要有以下几点缺点。

(1) 不符合公认成本概念的要求。按照目前世界各国的会计原则要求，产品成本应包括固定成本。我国会计准则也提出同样要求。如果企业按变动成本计算产品成本，其会计报表就不能被企业外部有关各方所承认。在资产评估时，企业存货如果根据变动成本估价，就会低估了资产价值。

(2) 变动成本与固定成本的划分，不是一种非常精确的计算，特别是混合成本项目的分解只能做到相对准确，有时可能并不能完全说明企业生产经营的真实情况。

(3) 变动成本计算法只能对短期决策提供重要的管理信息，不适应长期决策的需要。因为从长期来看，固定成本和单位变动成本不可能不变，而且变动成本率一般也将随着技术进步而呈下降趋势。

(二) 完全成本法的优缺点

完全成本法有如下优点。

(1) 能完整地计算产品成本和存货价值，有利于企业定价。

(2) 便于直接编制对外会计报表满足企业外部利益相关者的需要，完全成本法是企业对外提供财务会计报表的主要依据。

(3) 可以激励企业提高产品产量。由于在完全成本法中，固定性制造费用按产量分摊，这样会大大刺激企业提高产品生产的积极性。

完全成本计算法的缺点可以归纳为以下几点。

(1) 完全成本法计算的单位成本易于掩盖企业生产部门在节约和浪费上的真实情况。固定成本对生产部门来讲，一般属于不可控成本，在完全成本法下，由于增加产量就能降低单位成本，即产量越大成本则越低，那么不设法降低单耗，甚至浪费一些，只要能增加产量就能降低单位产品成本，但努力降低单耗和节约能源反映在单位成本上的降低却越小，因此由于固定成本和产量的增减而引起的产品成本的升降不能反映生产部门的业绩和责任，容易掩盖或夸大企业生产部门的业绩。

(2) 采用完全成本法计算的分期损益，其结果令人费解。采用完全成本法时，利润的多少和销售量的增减不能保持相应的比例，易使管理者产生"重生产、轻销售"的片面观点。采用完全成本法时，当销售量大于生产量时，所计算的税前利润反而少；而当销售量小于生产量时，计算所得的税前利润反而多。有时当年销售量远远超过往年，售价、单位变动成本和固定成本总额也无变动，但只要期末存货减少，就会出现税前利润减少的现象，这也是令人费解的。有时在销售量下降、期末存货增加的情况下，售价、单位变动成本和固定成本总额均无变动，但由于产量的增长，反而会造成税前利润增加的奇怪现象。在这种利润与销售量脱节的情况下，就容易使管理者产生"增产就能盈利"的片面观点，会导致企业盲目增加产量，以致造成产品大量挤压和资源的严重浪费。

（3）完全成本法不能为企业提供变动成本和固定成本的资料，不利于企业进行预测、决策分析，也不利于企业对经济活动的规划和控制。

（4）采用完全成本计算法时不利于简化成本核算，产品成本带有一定的主观性。由于采用完全成本法时，固定制造费用的分配往往比较复杂，手续比较麻烦，成本分摊的工作量较大，分摊方法具有多样性，且结果往往有一定的主观性，从而会影响产品成本的正确性。

【本章小结】

管理会计对成本的概念不同于财务会计，管理会计中成本的含义是随着管理上的需要而发展的。根据企业管理的不同要求，管理会计所需提供的成本信息可以通过不同的标志进行成本分类而获得。成本按经济用途分为产品成本和期间成本两大类；成本按成本性态分为固定成本、变动成本和混合成本三类。

成本性态，是指在一定条件下成本总额与业务量之间的依存关系，亦称成本习性。成本性态分析是指在明确各种成本性态的基础上，最终将企业的全部成本区分为固定成本和变动成本两大类，并建立相应的成本函数模型的过程。常用的混合成本分解方法是高低点法和回归分析法。

变动成本法有着与完全成本法不同的意义及理论根据，它与完全成本法在诸多方面存在着差异，对产品成本、分期损益等指标会产生不同影响。两者各有不同的优缺点。

【案例分析】

L公司宣告业绩考核报告后，二车间负责人李杰情绪低落。原来，二车间负责人李杰任职以来积极开展降低成本活动，严格监控成本支出，考核却没有完成责任任务，严重挫伤了工作的积极性。财务负责人了解情况后，召集了有关成本核算人员，寻求原因，将采取进一步行动。

L公司自1997年成立并从事工艺品加工销售以来，一向以"重质量、守信用"在同行中经营效果及管理较好。近期，公司决定实行全员责任制，寻求更佳方法。

材料消耗实行定额管理，产品耗用优质木材，单件定额6元；工人工资实行计件工资，计件单价3元；在制作过程中需用专用刻刀，每件工艺品限领1把，单价1.3元；劳保手套每生产10件工艺品领用1付，单件1元。

当月固定资产折旧费8200元，推销办公费800元，保险费500元，租赁仓库费500元，当期计划产量5000件。

车间实际组织生产时，根据当月订单组织生产 2500 件，车间负责人李杰充分调动生产人员工作积极性，改善加工工艺，严把质量关，杜绝了废品，最终使材料消耗由定额的每件 6 元，降低到每件 4.5 元；领用专用工具刻刀 2400 把 3120 元。但是在业绩考核中却没有完成任务，出现了令人困惑的结果。

试分析出现这种考核结果的原因。

案例资料来源：崔国萍：《成本管理会计（第 2 版）》［M］，北京：机械工业出版社 2012 年版。

【课后练习】

一、思考题

1. 什么是成本性态？成本按照成本性态怎么分类？
2. 什么是混合成本？常见的混合成本分为哪几类？常用的混合成本分解方法有哪些？
3. 什么是变动成本法？它的理论依据是什么？
4. 试举例说明变动成本法和完全成本法在计算营业利润方面的差异。
5. 采用完全成本法和变动成本法各有什么优缺点？

二、单选题

1. 将成本区分为固定成本、变动成本和混合成本三大类，这种分类的标志是（　　）。
   A. 成本的可辨认性　　　　　　　B. 成本的可盘存性
   C. 成本的性态　　　　　　　　　D. 成本的时态
2. 在变动成本法下，固定性制造费用最终应当在损益表中列作（　　）。
   A. 非生产成本　　　　　　　　　B. 期间成本
   C. 产品成本　　　　　　　　　　D. 直接成本
3. 下列费用中属于酌量型固定成本的是（　　）。
   A. 房屋及设备租金　　　　　　　B. 技术研发费
   C. 行政管理人员的薪金　　　　　D. 不动产税金
4. 混合成本分解高低点法中的"低点"是指（　　）。
   A. 成本总额最小的点　　　　　　B. 单位成本最小的点
   C. 业务量最小的点　　　　　　　D. 成本与业务量都最小的点
5. 按照管理会计的解释，成本的相关性是指（　　）。
   A. 与决策方案有关的成本特性　　B. 与控制标准有关的成本特性
   C. 与资产价值有关的成本特性　　D. 与归集对象有关的成本特性

6. 下列各项中,能构成变动成本法产品成本内容的是( )。
   A. 变动成本   B. 固定成本
   C. 生产成本   D. 变动生产成本

7. 在变动成本法下,其利润表所提供的中间指标是( )。
   A. 营业毛利   B. 贡献边际
   C. 营业利润   D. 期间成本

8. 若某企业连续三年按变动成本法计算的营业利润分别为10000元、12000元和11000元,则下列表述中正确的是( )。
   A. 第三年的销量最小   B. 第二年的销量最大
   C. 第一年的产量比第二年少 D. 第二年的产量比第三年多

9. 在相同成本原始资料条件下,变动成本法下的单位产品成本比完全成本法下的单位产品成本( )。
   A. 相同   B. 大
   C. 小   D. 无法确定

10. 如果某期按变动成本法计算的营业利润为5000元,该期产量为2000件,销售量为1000件,期初存货为零,固定性制造费用总额为2000元,则按完全成本法计算的营业利润为( )。
    A. 0元   B. 1000元
    C. 5000元   D. 6000元

三、多选题

1. 变动成本法下,产品成本包括( )。
   A. 变动管理费用   B. 变动销售费用
   C. 变动制造费用   D. 直接材料
   E. 直接人工

2. 在相关范围内,固定不变的是( )。
   A. 固定成本   B. 单位产品固定成本
   C. 变动成本   D. 单位变动成本
   E. 历史成本

3. 混合成本根据发生的具体情况,通常可分为( )。
   A. 半变动成本   B. 半固定成本
   C. 延伸变动成本   D. 延伸固定成本
   E. 非制造成本

4. 下列费用中,属于约束性固定成本的有( )。
   A. 折旧费   B. 保险费
   C. 广告费   D. 职工培训费

E. 财产税

5. 在完全成本法下，期间费用应当包括（　　）。
A. 制造费用　　　　　　　　B. 变动性制造费用
C. 固定性制造费用　　　　　D. 销售费用
E. 管理费用

四、判断题

1. 酌量性固定成本与经营能力成本均与企业的业务量水平无直接关系。（　）
2. 相关成本与无关成本的区别并不是绝对的。（　）
3. 固定成本在任何条件下，其总额均不随业务量的增减变动发生变化。（　）
4. 混合成本的分解方法，一般有历史成本法、账户分析法和工程分析法。
（　）
5. 采用完全成本法，有助于企业以销定产，减少或避免因盲目生产带来的损失。
（　）
6. 客观上变动成本有刺激销售的作用。在一定意义上，变动成本法强调固定性制造费用对企业利润的影响。（　）
7. 变动成本法的前提是产品成本按习性分类。（　）
8. 回归直线法可以使各观测点的数据与直线相应各点的误差的平方和实现最小化。（　）
9. 变动成本法既有利于短期决策，也有利于长期决策。（　）
10. 无论哪种成本计算法，对非生产成本都作为期间成本处理，必须在发生的当期全额计入利润表；所不同的只是计入利润表的位置或补偿的顺序上有差别。
（　）

五、计算题

1. 资料：A 厂 2017 年上半年设备维修成本与机器工作小时的数据如下表所示：

机器工时（小时）	设备维修成本（元）
11000	1490
14000	1700
10000	1400
13000	1640
15000	1920
16000	1650

要求：
（1）用高低点法分解设备维修成本。

（2）用回归直线法分解设备维修成本。

2. 已知：某企业本期有关资料如下：单位直接材料成本 10 元，单位直接人工成本 5 元，单位变动性制造费用 7 元，固定性制造费用总额 4000 元，单位变动性销售与管理费用 4 元，固定性销售与管理费用 1000 元。期初存货为零，本期生产量 1000 件，销售量 600 件，单位售价 40 元。要求：分别按两种成本法的有关公式计算下列指标：（1）单位产品成本；（2）期间成本；（3）销货成本；（4）营业利润。

3. 资料：C 公司 2015 年、2016 年、2017 年连续 3 年的产销量及成本资料如下表所示：

项目	2015 年	2016 年	2017 年
期初存货（件）	0	2000	2000
本期产量（件）	10000	10000	10000
本期销量（件）	8000	10000	12000
期末存货（件）	2000	2000	0
销售单价（元）	10	10	10
单位变动成本（元）	5	5	5
固定性制造费用（元）	10000	10000	10000
固定性销售及管理费用（元）	10000	10000	10000

要求：根据以上资料，分别采用完全成本法和变动成本法计算营业利润，并分析利润产生差异的原因。

【本章参考文献】

1. 孙茂竹，文光伟，杨万贵：《管理会计学》［M］，北京：中国人民大学出版社 2015 年版。

2. 孙茂竹，文光伟，杨万贵：《管理会计学学习指导书》［M］，北京：中国人民大学出版社 2015 年版。

3. 赵书和：《成本与管理会计》［M］，北京：机械工业出版社 2012 年版。

4. 温素彬：《管理会计（第 2 版）》［M］，北京：机械工业出版社 2014 年版。

5. 万寿义，任月君：《成本会计》［M］，大连：东北财经大学出版社 2016 年版。

6. 单昭祥，韩冰：《新编管理会计学》［M］，大连：东北财经大学出版社 2017 年版。

7. 崔国萍：《成本管理会计（第 2 版）》［M］，北京：机械工业出版社 2012 年版。

第三章

本量利分析

【本章学习目标】

通过本章的学习
1. 了解本量利分析的基本意义和基本假设
2. 理解和掌握本量利分析中的相关概念
3. 掌握和应用单一产品和多种产品下的保本点和保利点的计算方法
4. 理解和应用单一产品的盈亏平衡图分析
5. 理解和应用本量利关系中的敏感性分析
6. 了解本量利分析进一步扩展的一些方法

第一节 本量利分析概述

早在1904年美国就已经出现了有关最原始的本量利分析图的文字记载，1922年美国哥伦比亚大学一位会计学教授提出了完整的保本分析理论。进入20世纪50年代以后，本量利分析技术在西方实践中得到广泛应用，20世纪80年代后，我国也逐渐引入本量利分析技术。本量利分析是一种非常实用的经营管理方法。由于本量利分析技术理论浅显且操作简单，成为现代管理会计学的重要组成部分。目前，在西方和我国各行各业实务界被广泛应用。

一、本量利分析概述

企业长期不断谋求企业价值的最大化，短期努力实现企业利润的最大化，是每个处在市场经济中的企业所实现的目标。那如何实现企业利润的最大化呢？我们知道，企业的利润最主要的来源是主营业利润，本章要分析的利润指的就是主营业利润即产品销售利润。主营业利润是由主营业收入和主营业成本相减得到的，而主营业收入是由产品销售量和产品销售价格决定，在成本按成本性态划分后，产品销售成本则可分为销售产品的变动成本和固定成本。这样，主营业利润的多少就由产品销售量、产品销售价格、产品销售的变动成本和固定成本等因素决定。通常，产品销售价格降低，产品销售量就会增加。在相关范围内，由于固定成本总额不变，产品销售量增加（在产销平衡情况下），就会使产品单位成本下降。产品销售价格降低，会使利润减少，而产品销售量增加、单位成本下降又会使利润增加；反之，产品销售价格提高，利润也会增加；产品销售量减少，单位产品成本的提高，又会使利润减少。总之，利润与产品销售量、产品销售价格、产品销售的变动成本和固定成本等因素之间存在错综复杂的关系。

本量利分析（CVP分析）是成本（cost）、业务量（volume）、利润（profit）关系分析的简称，也称量本利分析，是指在成本性态分析和变动成本计算法的基础上，以会计数学计算模型与图式来揭示固定成本、变动成本、销售量、单价、利润等变量之间的内在规律性联系，为企业规划、控制和决策提供必要的财务信息的一种定量分析方法。

二、本量利分析基本假设

本量利分析是管理会计中最基本的定量分析方法之一，而定量分析需建立相关的数学模型，但企业是在现实经济生活中生存与发展的。因此，为避免现实条件的复杂性，简化模型的建立，本量利分析的基本数学模型应建立在一定假设条件下进行基本分析，然后再根据实现条件加入，在基本数学模型上进一步扩展进行深入分析，这样更科学和合理。

本量利分析所依据的基本假设主要有体现如下几方面：

第一，成本性态分析的假定。假设所有成本在一定时期内，业务量范畴内，可以准确、可靠地按成本性态分类划分为变动成本和固定成本两部分。实际上，现实中这种成本分类划分有一定的难度，而且划分方法带有一定人为因素，因而并不准确可靠。

第二，销售收入、变动成本、固定成本呈线性函数假定。

（1）假设产品销售收入是线性函数。即销售价格在一定业务量范围内保持不变，销售收入只随产品销售量增减而成正比例变化。在实际生活中，并非如此，特别是在市场竞争日益剧烈的当今，价格竞争往往是竞争的主要手段，使价格相对波动较大。因此，现实中，销售收入与销售量并不是完全的正比例关系。

（2）假设变动成本总额在一定时期内、业务量范畴内是呈线性变化。即单位变动成本不变，变动成本总额与产销量成正比例变化。但在实际生活中，变动成本往往受经营规模和生产效率的影响呈曲线变化的。

（3）假设固定成本总额保持不变。事实上固定成本保持不变。只是相对于在一定时期内，在较长的时间范围内，固定成本总额会呈阶梯状变化。

经济学家认为在实际经济活动中，成本线与收入线并不是直线而应当是曲线，但这与管理会计的本量利分析并不矛盾。因为经济学家描述的是相当长的时期内成本和收入的变动情况，而管理会计学家描述的则是较短的时期内成本和收入的变动情况。在相关范围内，如果把经济学家所描述的曲线取一段，也可以近似地将其表现为直线。

第三，采用变动成本计算法的假定。假定产品成本的计算是按变动成本法计算的，即产品成本中只包括直接材料、直接人工和变动性制造费用等变动生产成本，而将本期发生的固定性制造费用作为期间费用全部计入当期损益中去。产品成本计算的方法有完成成本计算法和变动成本计算法。管理会计以变动成本计算法作为产品成本计算的主要原因是，在变动成本计算法下，能真实地反映企业盈利情况。而采用完全成本计算法可能会存在利润操纵行为。

第四，产销平衡的假定。假设产销平衡情况下，存货水平没有变化。即生产多少就销售多少，不存在任何存货。或者即使有存货，但期初期末存货从数额上讲是微乎其微的。这种假设是使变动成本法计算出来的利润和完全成本法计算出来的利润相一致，从而避免管理人员对从企业内部管理角度分析的利润与传统计算的利润相矛盾的疑虑，减轻分析问题的复杂性。但是，在现实生活中，由于市场变幻不定，风云莫测，即使再科学的预测方法也难保事先预测的销售量与事后的实际销售量相等。

第五，产销品种结构稳定的假定。产销品种结构稳定的假定是指企业生产和销售多品种产品情况下，假设各种产品的销售收入在总收入中所占的比重或各产品的产销量比不会发生变化。在实际中，由于企业每种产品具有不同的盈利能力和产品寿命周期，且随着市场竞争程度不同，企业为实现组织目标，产品品种结构是需要根据情况调整变化的。

第六，以息税前利润（即营业利润）为目标利润的假定。利润这个指标可有不同的表示方式，常见的有营业利润（息税前利润）、利润总额和净利润三种形式，考虑到营业利润与成本、业务量的关系比较密切，因此，为了简化分析过程，在本书的本量利分析中，除了特殊说明外，目标利润是指息税前利润。

从上面六点假设可知，本量利分析的数学模型是从理论上建立的线性数学模型，与实际情况有一定差距，从而影响分析结果的可靠性。但将数学模型建立在线性本模型基础上，将分析问题的复杂性简单化，易于计算，突出某些重要的结论。由简单到复杂，在掌握线性条件下的量本利可分析的数学模型上，接近实际的非线性条件下的量本利分析数的数学模型也就较好掌握了。非线性条件下的本量利分析的数学模型在本章最后一节介绍。

三、本量利分析的基本数学模型

根据上述假设条件设：产品销售收入总额函数线为 $S = PX$

产品变动成本总额函数线为 $VC = bx$

产品固定成本总额函数线为 FC = a
销售总成本函数线为 TC = VC + FC = a + bx
则：本量利分析的基本数学模型如下：
目标利润 = 息税前利润 = 销售收入 – 变动成本 – 固定成本
EBIT = S – VC – FC = px – bx – a
以上有关字母分别表示如下：
EBIT——息税前利润；S——产品销售收入；TC——总成本
VC——变动成本总额；FC——固定成本总额
p——产品单位售价；x——产品销量；
b——单位变动成本；a——固定成本总额

四、本量利分析的意义

通过本量利分析可以为加强企业经营管理、进行利润预测和规划，提供一些重要的信息资料，具体来讲，主要从以下几个方面来提供相关信息资料：

1. 在不同销售量情况下，能获得多少利润？
2. 要获得一定数额的目标利润，需要完成多少销售量？
3. 成本、售价、销售量变化对实现目标利润有何影响？
4. 实现目标利润可以采取何种措施？

上述这些资料，对企业经营管理具有重要意义：

1. 可以处理好产品与成本之间关系，从而采取措施、控制并降低成本，提高利润。
2. 可以揭示市场需求的变化情况，以便及时地确定产品销售量，制定合理的销售价格等经营决策，提高利润。
3. 通过比较不同经营方案的预测利润，进行经济评估，做出正确的经营决策。

可见，本量利分析对经营管理人员无疑是一种很有用的管理工具。

第二节　盈亏临界点及盈亏临图的分析

盈亏临界分析是本量利分析的最基本形式，即假设利润等于零时，相关因素之间的分析。

一、盈亏临界点概念及意义

（一）盈亏临界点的概念

盈亏临界点（Breakeven point）是指企业不盈不亏的那点销售量（销售额）或利润等于零，即产品销售收入等于销售成本的那点销售量（销售额）；也即贡献边际总额等于固定成本总额的那点销售量（销售额），盈亏临界点也称保本点或损益两平点。

（二）盈亏临界点分析意义

盈亏临界点是企业的一个重要经营指标，是企业生存的基本条件。它客观地反映一个企业必须在市场至少销售多少产品，取得多少收入，刚好弥补为生产销售产品所付出的各种耗费时，企业才能不亏不盈。企业管理者知道了本企业的盈亏临界点，才能做到心中有数，只有超过盈亏临界点以上的销售量（销售额），企业才能获利。在盈亏临界点不变情况下，销售量（销售额）越大，企业获利越多，反之，则越少。所以要想知道企业是否能获利，需确定盈亏临界点。

由于每个企业的生产经营模式不同，既单一产品的生产，又多种产品的生产。无论是哪种生产经营模式，确定产品的盈亏临界点方法是一样的，只不过是复杂程度难易而已。下面分别介绍单一产品和多种产品的盈亏临界点计算方法。

二、单一产品盈亏临界点的计算方法

根据盈亏临界点定义可知，单一产品盈亏临界点既可用销售量表示，也可用销售额表示，故有两种表示方式。

根据盈亏临界点的定义三种表述方式可得出下面等式：

利润 = 0　　　　　　　　　　　　　　　　　　　　　　　　　　(3.1)

产品销售收入 = 产品销售成本　　　　　　　　　　　　　　　　(3.2)

贡献边际总额 = 固定成本总额　　　　　　　　　　　　　　　　(3.3)

将上式公式分别展开为：

销售单价 × 销售量 − 单位变动成本 × 销售量 − 固定成本总额 = 0　　(3.4)

销售单价 × 销售量 = 单位变动成本 × 销售量 + 固定成本总额　　　(3.5)

单位贡献边际 × 销售量 = 固定成本总额　　　　　　　　　　　　(3.6)

不管用上式（3.4）、（3.5）、（3.6）公式哪一个都可推出：

$$盈亏临界点销售量(X_{bep}) = \frac{固定成本}{单价 - 单位变动成本} \times 100\%$$

盈亏临界点销售额(S_{bep}) = 盈亏临界点销售量 × 单价

三、盈亏临界点计算的其他相关指标

（一）贡献边际、贡献边际率及变动成本率

在本量利分析中，贡献边际及贡献边际率是一个十分重要的概念。

（1）贡献边际。贡献边际概念在第二章变动成本法计算中已经出现过。贡献边际额也称为边际贡献额或贡献毛益额或创利额。它可用总额和单位两种表示方式：一种是单位贡献边际（contribution margin，简称"CM"）即产品单位售价与单位变动成本之差；另一种是贡献边际总额（total contribution margin，简称TCM），即产品销售收入与产品变动成本总额之差。用公式可表示如下：

单位贡献边际（CM）= 单价 − 单位变动成本 = p − b

贡献边际总额（TCM）= 销售收入 − 变动成本 = S − VC = px − bx =（p − b）x
= 单位贡献边际 × 销售量
= 固定成本总额 + 营业利润 = FC + EBIT

（2）贡献边际率。贡献边际率（ratio of contribution margin，简称"RCM"）是指贡献边际总额占销售收入总额的百分比或单位贡献边际与产品单位售价之比。也称为边际贡献率（贡献毛益率）。

$$贡献边际率(RCM) = \frac{贡献边际总额}{销售收入} = \frac{TCM}{S}$$

$$贡献边际率(RCM) = \frac{单位贡献边际}{单价} = \frac{CM}{P}$$

相应地，单位贡献边际 = 销售单价 × 贡献边际率

贡献边际总额 = 销售收入 × 贡献边际率

贡献边际和贡献边际率在本量利分析中具有重要作用。企业创造的贡献边际总额首先应补偿固定成本总额，若刚好能补偿，则此时的销售量就是盈亏临界点。若超过固定的成本，则超过盈亏临界点的那部分销售量所创造的贡献边际总额就是企业实现的利润。

（3）变动成本率。与贡献边际率密切关联的一个指标是变动成本率。所谓变动成本率（Ratio of Variable Cost，简称"RVC"）是指变动成本占销售收入的百分比，或指单位变动成本占单价的百分比。计算公式如下：

$$变动成本率(RVC) = \frac{变动成本}{销售收入} = \frac{VC}{S}$$

$$变动成本率(RVC) = \frac{单位变动成本}{单位价格} = \frac{b}{p}$$

将贡献边际率与变动成本率这两个指标联系起来考虑，可以得出以下关系式：

贡献边际率(RCM) = 1 − 变动成本率 = 1 − RVC

贡献边际率 + 变动成本率 = RCM + RVC = 1

可见，贡献边际率与变动成本率属于互补性质，若变动成本率高的企业，则其贡献边际率低，创利能力小；反之，变动成本率低的企业，则贡献边际率高，创利能力大。

故盈亏临界点销售量也可计算如下：

$$盈亏临界点销售量(X_{bep}) = \frac{固定成本}{单位贡献边际} \times 100\%$$

如果将上式两边同乘以单价，则可得到盈亏临界点销售收入，即：

$$盈亏临界点销售额(S_{bep}) = \frac{固定成本}{贡献边际率} \times 100\%$$

以上指标的计算公式及其变形公式在管理会计中十分重要，必须在理解的基础上熟练掌握，以便灵活运用。

【例 3 – 1】

某工厂生产甲产品，单位产品售价为 100 元，单位变动成本为 60 元，全厂每月固定成本总额为 5000 元，则企业每月至少销售多少产品才能保本？

【解答】

根据上述有关公式，代入相关数据，得：

单位贡献边际 = 100 – 60 = 40（元）　贡献边际率 = 40/100 = 40%

盈亏临界点销售量 = 5000/40 = 125（件）

盈亏临界点销售额 = 100 × 125 = 12500（元）

　　　　　　　　 = 5000/40% = 12500（元）

（二）安全边际指标

（1）安全边际销售量（额）与安全边际率。企业在计算盈亏临界点的基础上，还要通过确定安全边际指标，来考虑企业经营的安全程度。

安全边际指标可用绝对量和相对量两种形式来反映。其中安全边际的绝对量，又包括安全边际销售量（以下简称安全边际量，记作 X_{sm}）和安全边际销售额（以下简称安全额，记作 S_{sm}）。具体形式；即安全边际是指正常销售量（销售额）或者现有销售量（销售额）超过盈亏临界点销售量（销售额）的差额。而安全边际相对量，也即安全边际率（记作 RSM）它指安全边际的销售量（销售额）占正常销售量（销售额）或者现有销售量（销售额）的百分比。它们的计算公式分别是：

安全边际销售量（X_{sm}）= 现有（实际）或预计（计划）的销售量 – 盈亏临界点销售量

安全边际销售额（S_{sm}）= 现有（实际）或预计（计划）的销售额 – 盈亏临界点销售额

安全边际销售额（S_{sm}）= 单价 × 安全边际销售量（X_{sm}）

$$\text{安全边际率} = \frac{\text{安全边际销售量}}{\text{现有或预计销售量}}$$

$$\text{安全边际率} = \frac{\text{安全边际销售额}}{\text{现在或预计销售额}}$$

$$\text{安全边际率} = \frac{\text{现有或预计销售量} - \text{保本销售量}}{\text{现有或预计销售量}} = \frac{\text{现有或预计销售额} - \text{保本销售额}}{\text{现有或预计销售额}}$$

安全边际量与安全边际率都是正指标，即越大越好。西方一般用安全边际率来评价企业经营的安全程度，表 3 – 1 列示了企业经营安全性检验标准。

表 3 – 1　　　　　　　　　企业经营安全性检验标准

安全边际率	10% 以下	10% ~ 20%	20% ~ 30%	30% ~ 40%	40% 以上
安全程度	危险	值得注意	比较安全	安全	很安全

（2）保本作业率指标。企业也可利用"保本作业率"指标来评价企业的经营安全程度。

保本作业率又称盈亏临界作业率，是指保本点销售量（额）占现有或预计销售量（额）的百分比。该指标是一个反指标，越小说明企业经营越安全。该指标其实也是保本点的相对指标。其计算公式为：

$$\text{保本作业率} = \frac{\text{保本销售量}}{\text{现有或预计销售量}} = \frac{\text{保本销售额}}{\text{现有或预计销售额}}$$

（3）安全边际率与保本作业率的关系。安全边际率与保本作业率之计存在以下关系：

安全边际率 + 保本作业率 = 1

【例 3 - 2】

某工厂生产甲产品，单位产品售价为 100 元，单位变动成本为 60 元，全厂每月固定成本总额为 5000 元，若企业预计每月能销售 200 件产品，则企业安全边际的销售量（额）、安全边际率和保本作业率分别是多少？

【解答】

根据前面已计算好的盈亏临界点销售量 125 件和上述有关公式，代入相关数据后，

得：安全边际的销售量 = 200 - 125 = 75（件）

安全边际的销售额 = 75 × 100 = 7500（元）

安全边际率 = 75/200 = 37.5%

或 7500/(200 × 100) = 37.5%

保本作业率 = 125/200 = 62.5%

安全边际率 + 保本作业率 = 37.5% + 62.5% = 1

（三）销售利润率

根据上述介绍的相关指标，在变动成本法下的利润计算可用以下形式表示：

利润 = 销售收入 - 变动成本 - 固定成本

利润 = 销售量 ×（单价 - 单位变动成本）- 固定成本

利润 = 销量 × 单位贡献边际 - 固定成本

利润 = 贡献边际总额 - 固定成本

利润 =（预计销售量 - 保本销售量）× 单位贡献边际

利润 = 安全边际量 × 单位贡献边际

利润 =（预计销售收入 - 保本销售收入）× 贡献边际率

利润 = 安全边际额 × 贡献边际率

相应地，销售利润率的计算也有以下表示方式：

$$\text{销售利润率} = \frac{\text{利润}}{\text{销售收入}}$$

$$销售利润率 = \frac{安全边际量 \times 单位贡献边际}{销售量 \times 单价}$$

销售利润率 = 安全边际率 × 贡献边际率

四、关于盈亏临界点状态的进一步阐述

通过上面单一产品的盈亏临界点计算可知,在一定时期内,若某企业不盈不亏、收支相等、利润为零、贡献边际等于固定成本、安全边际销售量(额)等于零、保本作业率等于100%时,则可以确定该企业处于盈亏临界点。

五、多种产品盈亏临界点分析

现代企业往往不只生产销售一种产品,而是多品种的生产销售,以便相互补充,减少经营风险,适应市场竞争的需要。但确定多种产品的盈亏临界点比确定单一产品盈亏临界点要复杂。因为在多种产品存在的情况下,每种产品的单位售价、单位变动成本、单位贡献边际及贡献边际率一般都是不相同的,同时,企业在确定盈亏临界点时,不仅只是确定每种产品的盈亏临界点,更多的是从企业整体角度来确定企业综合盈亏临界点。企业综合盈亏临界点并不能轻易将每种产品的盈亏临界点相加,因为在多种产品情况下,企业发生的固定成本一般都是为各种产品共同提供服务的,采用一定分摊方法分配到每种产品中有一定难度,需采取其他方法来求企业综合盈亏临界点。

在计算单一产品盈亏临界点时,既可用实物量表示,也可用金额表示。而对存在多种产品的企业,企业的盈亏临界点,只能用金额表示。因实物量对多种产品是不可比的,不能直接相加。本部分主要介绍加权平均贡献边际率法、联合单位法、主要产品法和分别计算法。

(一) 加权平均贡献边际率法

加权平均贡献边际率法,又称综合贡献边际率法,是将每种产品本身的贡献边际率按该产品销售收入占全部销售收入的比重进行加权平均,求得企业的综合贡献边际率。然后计算企业综合的盈亏临界点的销售额,再按每种产品的销售比重乘上企业综合的盈亏临界点销售额,求出在企业达到盈亏临界点时,每种产品各自应实现的销售额和销售量。

综合贡献边际率法的基本程序如下:

1. 计算全部产品的销售总额

销售总额 = $\sum$(各种产品的单价 × 预计销售量)

2. 计算各种产品销售额在总销售额中的所占比重

$$某产品的销售比重 = \frac{该种产品的销售额}{销售总额}$$

3. 计算各种产品的加权平均贡献边际率

加权平均贡献边际率 = $\sum$(某产品的贡献边际率 × 该产品的销售比重)

4. 计算整个企业的综合保本销售额

$$综合保本销售额 = \frac{固定成本总额}{加权平均贡献边际率}$$

5. 计算在企业达到保本点时，各种产品应完成的销售额与销售量

每种产品应完成的销售额 = 企业综合保本销售额 × 该产品各自的销售比重

$$每种产品应完成的销售量 = \frac{该种产品的保本销售额}{该种产品的销售单价}$$

【例 3 - 3】

某企业计划生产并销售 A、B、C 三种产品，其售价、成本和产量数据如表 3 - 2 所示，计划期内企业固定成本总额为 21200 元。

表 3 - 2　　　　　　　　　　相关数据表

项目	A 产品	B 产品	C 产品
单价（元）	60	20	10
单位变动成本（元）	48	15	6
预计销量	1500 件	3000 套	5000 台

要求：计算 A、B、C 三种产品的盈亏临界点销售额与销售量。

【解答】

（1）预计全部产品的销售总额 = 60 × 1500 + 20 × 3000 + 10 × 5000 = 200000（元）

（2）计算各种产品的销售比重：

$$A 产品销售比重 = \frac{1500 \times 60}{200000} = 45\%$$

$$B 产品销售比重 = \frac{3000 \times 20}{200000} = 30\%$$

$$C 产品销售比重 = \frac{5000 \times 10}{200000} = 25\%$$

（3）计算各种产品的贡献边际率及加权平均贡献边际率：

$$A 产品贡献边际率 = \frac{60 - 48}{60} = 20\%$$

$$B 产品贡献边际率 = \frac{20 - 15}{20} = 25\%$$

$$C 产品贡献边际率 = \frac{10 - 6}{10} = 40\%$$

加权平均贡献边际率 = 20% × 45% + 25% × 30% + 40% × 25% = 26.5%

（4）计算整个企业的综合保本销售额 = $\frac{21200}{26.5\%}$ = 80000

（5）计算在企业达到保本点时，三种产品应完成的销售额与销售量：

A 产品应完成的销售额 = 80000 × 45% = 36000（元）

A 产品应完成的销售量 = 36000 ÷ 60 = 600（件）
B 产品应完成的销售额 = 80000 × 30% = 24000（元）
B 产品应完成的销售量 = 24000 ÷ 20 = 1200（套）
C 产品应完成的销售额 = 80000 × 25% = 20000（元）
C 产品应完成的销售量 = 20000 ÷ 10 = 2000（台）

（二）联合单位法

运用联合单位法确定多品种盈亏平衡点的基本思路是：将多品种问题转化为"单一产品"问题，从而能直接使用单一产品的盈亏平衡点计算公式计算多产品盈亏平衡点。具体步骤如下：

（1）确定用销售量表示的各产品销售组合比。当企业同时产销多种产品时，如果企业产销的多个产品之间的实物量之间存在着稳定的数量关系，那么就可以用联合单位代表按实际实物量比例构成的一组产品。如企业生产的甲、乙、丙三种产品的销量比为 1∶2∶3，则一个联合单位的产品就相当于由 1 个单位的甲产品、2 个单位的乙产品和 3 个单位的丙产品的组成。若企业产销 9 个单位的联合单位产品中，则由 9 个单位的甲产品、18 个单位的乙产品和 27 个单位的丙产品的组成，其中甲产品为标准产品。以这种销量比可计算出每一联合单位的联合单价和联合单位变动成本。

（2）确定销售组合的联合单位贡献边际。销售组合的联合单位贡献边际的计算公式是：

销售组合的联合单位单价 = $\sum$ 某产品的单价 × 该产品在一个联合产品中所占的数量

销售组合的联合单位变动成本 = $\sum$ 某产品的单位变动成本 × 该产品在一个联合产品中所占的数量

销售组合的联合单位贡献边际 = 联合产品单价 – 联合产品单位变动成本

或 = $\sum$ 某产品的位贡献边际 × 该产品在一个联合产品中所占的数量

（3）确定企业处在盈亏平衡点时的联合产品销量。

企业处于盈亏临界点时联合产品销量 = 固定成本/联合产品单位贡献边际

注意：这时的盈亏平衡点销售量的计量单位不是实物单位，而是虚拟的"联合组合"。

（4）确定在企业处于盈亏平衡点下，各个产品应完成的销量和销售额。

各产品应完成的销量 = 企业处于盈亏临界点时联合组合的销量 × 该产品在一个联合产品中所占的数量

【例 3-4】

假设虹运公司产销两种产品，甲产品和乙产品，产销平衡，固定成本总额为 172000 元，其他有关资料如表 3-3 所示。

表 3-3　　　　　　　　　　　　　　相关数据表

项目	甲产品	乙产品
产销量（个）	5000	10000
单位售价（元）	40	100
单位变动成本（元）	25	40

要求：用联合单位法计算该公司达到盈亏平衡点时两种产品组合的销售量和销售额。

【解答】

根据以上资料和计算原理，虹运公司盈亏平衡点计算如下：

（1）确定用销售量表示的各产品销售组合比。由表3-3中的数据可知，甲产品的销售量为5000个，乙产品的销售量为10000个，故甲、乙产品销售组合比简化得1:2。

（2）确定销售组合的联合单位贡献边际。根据以上销售组合比、已知条件和有关计算公式，可以计算联合单位的贡献边际，如表3-4所示。

表 3-4　　　　　　　　联合单位贡献边际计算表　　　　　　　　（单位：元）

产品	价格 (1)	单位变动成 (2)	单位贡献边际 (3) = (1) - (2)	销售比 (4)	销售组合下的联合单位贡献边际 (5) = (3) × (4)
甲产品	40	25	15	1	15
乙产品	100	40	60	2	120
合计					135

（3）确定在企业处于盈亏平衡点下，各个产品应完成的销量和销售额。由于固定成本总额为172000元，销售组合下的联合单位贡献边际为135元，则企业处在盈亏临界点时联合产品销量 = 固定成本/联合产品单位贡献边际

$$= 172000/135 = 1275（联合产品单位）$$

（4）确定在企业处于盈亏平衡点下，各个产品应完成的销量和销售额。

利用以上计算结果可得：

甲产品应完成的销售量 = 1 × 1275 = 1275（个）

甲产品应完成的销售额 = 40 × 1275 = 51000（元）

乙产品应完成的销售量 = 2 × 1275 = 2550（个）

乙产品应完成的销售量 = 100 × 2550 = 255000（元）

注意：用联合单位法计算的结果与加权平均法计算的结果有一定误差，这主要是由于近似计算造成。此外，在实际销售活动中，价格的变化会引起需求的变化，进而引起销售组合的变化。另外，以上例子只考虑最简单的销售组合情况，实际上当企业销售的产品种类较多时，手工计算过程会变得更加困难。但目前计算机系统的广泛使

用可以解决这个问题。

（三）主要产品法

如果在企业的各种产品中，有一种是主要产品，其他产品的销售收入比重极小，或者其他产品的贡献边际率与主要产品十分接近，可以视同单一产品，按主要产品的贡献边际率进行分析。其特点是简便，但计算结果存在一些误差，需要事先掌握误差的方向和大致幅度。

（四）分别计算法

该方法是指将固定成本按照适当标准分配给各种产品，然后就每种产品分别按照单一产品的方法进行计算分析盈亏临界点的方法。当产品品种较多时，可以先按贡献边际率大小适当分类，再按类别进行分析。其优点是能够提供分品种的本量利资料，这也是基层管理者按品种进行计划和控制所需要的；缺点是不能提供企业总括的资料，固定成本的分配往往带有主观性和假定性，而且当企业品种繁多时，工作量会很大，所以运用时有一定局限性。

六、盈亏临界图分析

通过前面用公式对盈亏临界点的计算，可以知道盈亏临界点受固定成本、单位售价和单位、变动成本等因素影响。用公式计算虽准确，但不能清晰直观地反映。因此，我们可以借绘制坐标图的方法用盈亏临界图来弥补这个不足。该图具有简明、直观的特点，利用盈亏临界图不仅能反映盈亏临界点，而且可以围绕盈亏临界点，形象的将影响企业利润的有关因素及其相应关系表现出来，并能看到有关因素变动对利润的影响，从而提高决策者在经营管理中预见性和主动性。盈亏临界图，又称保本图或损益平衡图。单一盈亏临界图的绘制方法根据盈亏临界点的三种定义可有：传统式盈亏临界图，贡献边际式盈亏临界图，量利式盈亏临界图三种方法。多种产品盈亏临界图的绘制方法一般采用量利式法。

（一）传统式盈亏临界图

该方法是最基本的绘制方法，是根据当销售收入等于销售成本时的销售就是盈亏临界点绘制的，其绘制步骤如下：

1. 选定直角坐标系，以横轴表示销售量，以纵轴表示成本和销售收入和利润等的金额。
2. 根据总成本函数即 $TC = a + bx$ 在坐标图上绘出绘制总成本线。
3. 根据收入函数线即 $S = px$ 在坐标图上绘出绘制销售收入线。
4. 总成本线与销售收入线两直线交叉点，即为盈亏临界点。
5. 在此基础上，增加销售量，销售收入超过总成本，销售收入线与总成本线的距离为利润值，形成利润区，反之，形成亏损区。
6. 实际（预计）销售量与盈亏临界点销售量的距离为安全边际，实际（预计）销售收入与损益平衡点销售收入的距离为安全边际。

有关数据绘制盈亏临界图如图3-1所示。

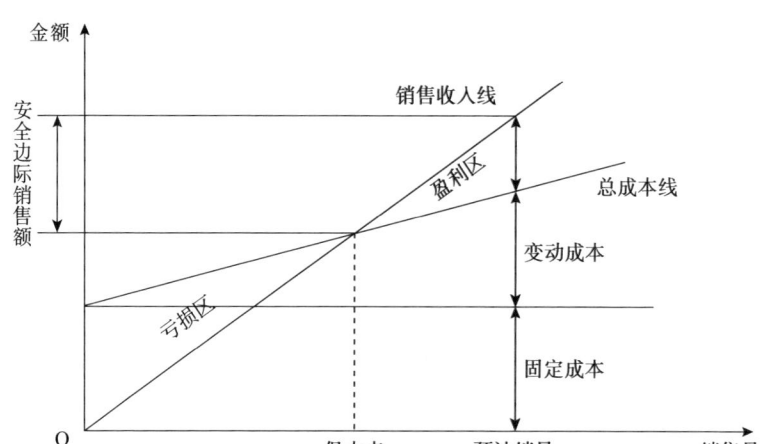

图3-1 传统盈亏临界图

从图3-1可以看出,销售量、成本与利润之间的相互关系。

1. 盈亏临界点不变,销售量越大,安全边际销量越大,实现的利润越多,或亏损越少;反之,销售量越小,能实现的利润也越少,或亏损越多。

2. 销售量不变,盈亏临界点越低,能实现的利润就越多或亏损越少;反之,盈亏临界点越高,能实现的利润就越少,或亏损越多。

3. 在销售总成本既定的条件下,盈亏临界点受单位售价变动的影响。单价越高,表现为销售总收入线的斜率越大,盈亏临界点就越低;反之,盈亏临界点就越高。

4. 在销售收入既定的条件下,盈亏临界点的高低取决于固定成本和单位变动成本的多少。固定成本越多,或单位产品的变动成本越多,盈亏临界点就越高;反之,盈亏临界点就越低。

5. 当销售量超过盈亏临界点时,销售量越大,安全边际销量越大,反之,销售量越小,安全边际销量越小。

传统式盈亏临界图的特点是,它所反映的总成本是以固定成本为基础,能在图中清晰地反映出固定成本总额不变性的特点;同时能揭示安全边际、保本点、利润三角区与亏损三角区的关系。

(二)贡献边际式盈亏临界图

贡献边际式盈亏临界图的绘制方法是先确定销售总收入线和变动成本线,在纵轴上确定固定成本值并以此为起点画一条与变动成本平行的直线,即为总成本线,它与销售总收入的交点为盈亏临界点。如图3-2。

其绘制步骤如下:

1. 选定直角坐标系,以横轴表示销售量,以纵轴表示成本和销售收入和利润等

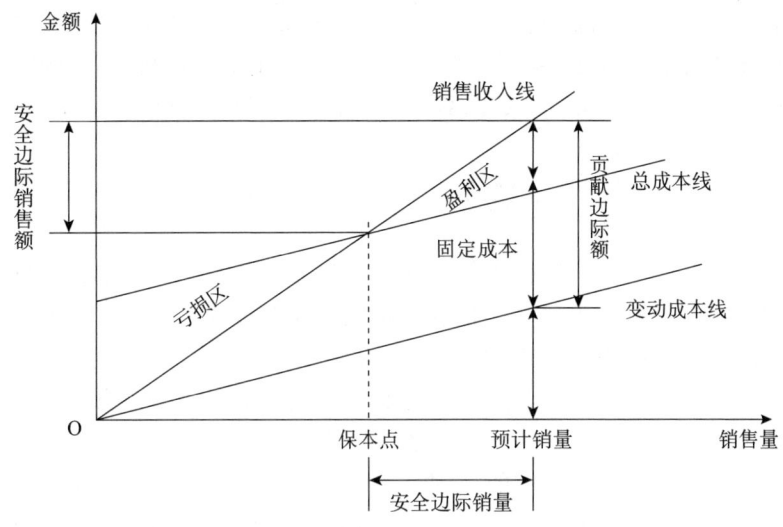

图 3-2 贡献边际式盈亏临界图

的金额。

2. 根据收入函数线即 S = px 在坐标图上绘出绘制销售收入线。

3. 根据变动成本函数即 VC = bx 在坐标图上绘出绘制变动成本线。

4. 根据变动成本线整体向上平移固定成本总额 a 个单位即得出总成本函数线 TC = bx + a。

5. 销售收入线与变动成本线之间的距离即形成贡献边际区域,总成本函数线与变动成本线平时之间的距离即形成固定成本区域。

6. 当贡献边际总额等于固定成本总额时所对应的销售量,即为盈亏临界点。

7. 在此基础上,增加销售量,贡献边际总额超过固定成本总额间的距离为利润值,形成利润区,反之,形成亏损区。

8. 实际(预计)销售量与保本点销售量的距离为安全边际。

从图 3-2 可以看出,只有当销售收入线与变动成本线之间距离恰好等于固定成本总额时,即贡献边际总额等于固定成本总额时,销售量即为保本点。在保本点的右方,销售收入线与变动成本线之间的距离大于固定成本总额,即贡献边际总额除能弥补固定成本总额外,剩余的就是企业的获利。凡是销售量超过保本点多少个单位,就可获得同样个单位的贡献边际的利润。故右方那段收入线与变动成本之间的距离扣除固定成本总额后就盈利。反之,在保本点的左方,由于销售收入线与变动成本线之间的距离小于固定成本总额,即贡献边际总额小于固定成本总额,不能弥补固定成本总额。未能弥补的部分就是亏损,而且销售量越在左边,越远离保本点,亏损就越多。因此,这种图可以形象的对贡献边际和安全边际两个概念进一步理解,并能充分说明两个概念的作用。

贡献边际式盈亏临界图的特点是,将固定成本置于变动成本之上,清楚地显示出贡献边际的形成，直观地说明企业取得的收入首先应弥补变动成本总额，剩余则形成贡献边际总额，贡献边际总额弥补固定成本后，才能形成企业利润，否则就形成企业亏损。缺点是，无法直接反映固定成本线及销量与利润间的直接关系。

（三）量利式盈亏临界图

量利式盈亏临界图是直接反映利润与销售量之间的关系，但不考虑其成本、价格的关系。其绘制步骤如下：

1. 以横轴代表销售量或销售额，以纵轴代表利润等金额，建立直角坐标图。

2. 当销售量或销售额为零时，企业固定成本照常发生，因此企业仍亏损，亏损额恰好等于固定成本总额，将点（0，－a）在图中描出。

3. 当预计的销售量或销售额等于盈亏临界点的销售量或销售额时，企业利润等于零，将点（X_{bep}，0）或点（S_{bep}，0）也在图中描出。

4. 最后，根据两点决定一线的原理，用一条射线连接此两点，即可绘制出量利式盈亏临界图。其中该射线与横轴的交点即为盈亏临界点或保本点。如图3-3。

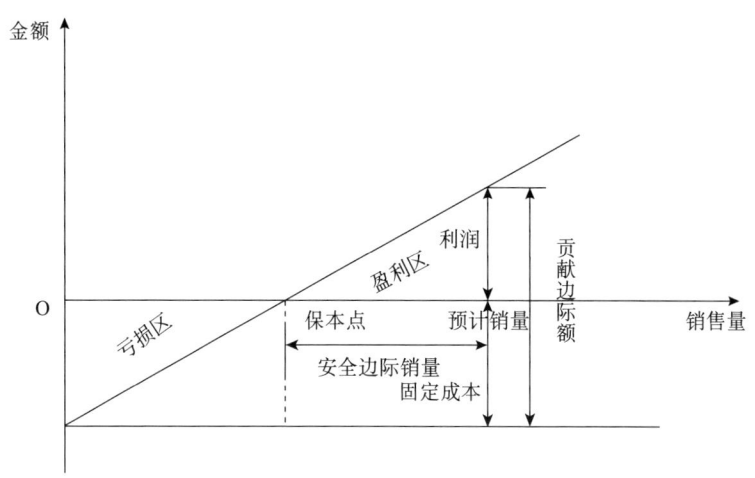

图3-3 量利式盈亏临界图

从图3-3可以清楚地反映，在其他条件不变的况下，销售数量变动对利润的直接影响。注意：这图同在财务会计中分析销售量对利润的影响不一样，在财务会计中，当销售量为零时，利润也为零，而不是亏损，不能如实反映真实企业盈利情况。

量利图的特点是可直观反映销量与利润之间的关系，也可反映销量与贡献边际、销量、贡献边际、固定成本与利润的关系，但省略了销售收入线和变动成本线，不能反映销售收入、变动成本与销售之间的关系。

需注意的是，在量利式盈亏临界图中，如果横轴代表销售量，利润线的斜率是单位贡献边际；如果横轴代表销售额，则利润线的斜率是贡献边际率。此外，我们还可以看到，在贡献边际指标大于零的条件下，当销售业务量为零时企业将发生最大的亏损额，其数额就是固定成本。

第三节　实现目标利润的分析

上一节盈亏临界点的分析是以利润为零、企业不盈不亏即保本为前提条件。但在现实生活中，作为独立核算、自负盈亏的经济实体，企业经营的目的在于盈利而不是要保本经营，否则就无法发展壮大，甚至影响未来的生存。因此有必要在盈亏临界点分析基础上进一步扩展，以揭示企业为实现目标利润应达到的产销水平，这种扩展分析方法，我们可称之为实现目标利润的分析或保利点分析。

一、不考虑税收因素实现目标利润的保利点分析

企业必须通过销售活动来实现利润目标，因此，我们可以用变动成本法计算的税息前利润来计算实现目标利润所需要的销售量或销售额，即：

$$实现目标利润的销售量(或保利点销售量) = \frac{固定成本 + 目标利润}{单位贡献边际}$$

$$实现目标利润的销售额(或保利点销售额) = \frac{固定成本 + 目标利润}{贡献边际率}$$

从上述两公式看出，盈亏临界点销售量或销售额的计算公式实际上是目标利润等于零时保利点分析模式的一种特殊情况。

二、考虑税收因素实现目标利润的保利点分析

以上目标利润没有考虑所得税因素，但在现实经济生活中，一般企业是需交纳所得税的，因而，企业在制定目标利润时，往往还会考虑税后目标利润实现的情况。

根据，税后利润 = 税前利润 × （1 - 所得税率）

故税前利润转化为税后利润的计算公式是：

$$税前利润 = \frac{税后利润}{1 - 所得税率}$$

$$实现目标利润的销售量 = \frac{\frac{税后的目标利润}{1 - 所得税率} + 固定成本}{单位贡献边际}$$

$$实现目标利润的销售收入 = \frac{\frac{税后的目标利润}{1 - 所得税率} + 固定成本}{贡献边际率}$$

【例 3-5】

某公司只产销甲产品，预计的单位产品售价为 100 元，单位变动成本为 60 元，公司每月固定成本总额为 50000 元，若企业规划下月税前目标利润为 20000 元。则企业需要销售多少产品，取得多少收入？

【解答】

根据上述公式,单位贡献边际 = 100 - 60 = 40(元)

贡献边际率 = 40/100 = 40%

盈亏临界点销售量 = 50000/40 = 1250(件)

盈亏临界点销售额 = 100 × 1250 = 125000(元)

　　　　　　　　= 5000/40% = 125000(元)

实现目标利润的销售量 = (20000 + 50000)/40 = 1750(件)

实现目标利润的销售额 = (20000 + 50000)/40% = 175000(件)

【例 3-6】

在【例 3-5】基础上,若考虑企业所得税率为 25%,税后的目标利润为 30000 元,其他条件不变。则企业需要销售多少产品,取得多少收入?

【解答】

根据以上资料和有关计算公式可以计算:

单位贡献边际 = 100 - 60 = 40(元)　　贡献边际率 = 40/100 = 40%

税前利润 = 30000/(1 - 25%) = 40000(元)

实现税后目标利润的销售量 = (40000 + 50000)/40

　　　　　　　　　　　　= 2250(件)

实现税后目标利润的销售额 = (40000 + 50000)/40%

　　　　　　　　　　　　= 225000(元)

以上计算表明公司要实现税后目标利润 30000 元,其销售量要达到 2250 件,或销售收入达到 225000 元。计算结果可以用贡献式利润表验证。如表 3-5 所示。

表 3-5　　　　　　　　　　贡献式利润表　　　　　　　　　　(单位:元)

项目	金额
销售收入 (2250 × 100)	225000
减:变动费用 (2250 × 60)	135000
贡献边际	90000
减:固定费用	50000
税前利润	40000
减:所得税 (税率 25%)	10000
税后利润	30000

三、相关因素变动对实现目标利润的影响

从上面相关公式可知,销售量、固定成本、变动成本、单位价格及所得税等因素影响着企业目标利润的实现。

1. **销售量变动对实现目标利润的影响**

在其他因素不变的情况下,销售量的变动对安全边际产生影响,从而对利润产生

影响。当销售量增加时,安全边际的销量也相应增加,从而使目标利润增大。反之,若销售量减少时,安全边际的销量也相应减少,从而使目标利润减少。

2. 固定成本变动对实现目标利润的影响

在其他因素不变的情况下,固定成本的变动,对盈亏临界点和目标销售量均会发生影响。当固定成本增加时,盈亏临界和目标销售量也随之增加;反之,固定成本降低,将使盈亏临界点和目标销售量减少。

【例 3 - 7】

某企业产销一种产品,固定成本为 50000 元,产品单价 50 元,单位变动成本 25 元。预计目标利润为 40000 元。计算保利点为多少?

【解答】

根据以上资料和有关计算公式可以计算:

实现目标利润的销售量(或保利量) $= \dfrac{50000 + 40000}{50 - 25} = 3600$ (件)

若其他因素不变,固定成本由 50000 元降低到 40000 元,则计算保利点为:

实现目标利润的销售量(或保利量) $= \dfrac{40000 + 40000}{50 - 25} = 3200$ (件)

3. 单位变动成本变动对实现目标利润的影响

在其他因素不变的情况下,变动成本的变动,对贡献边际会产生影响,从而对盈亏临界点也必然发生影响。当单位变动成本提高时,单位产品的贡献边际相应减少,从而使盈亏临界点提高,目标利润的保利点销售量也随之增加;反之,单位变动成本降低将使产品的贡献边际增加,从而使盈亏临界点降低,目标利润的保利点销售量减少。

【例 3 - 8】

某企业产销一种产品,固定成本为 50000 元,产品单价 50 元,单位变动成本 25 元,预计目标利润为 40000 元,计算保利点为多少?

【解答】

根据以上资料和有关计算公式可以计算:

实现目标利润的销售量(或保利量) $= \dfrac{50000 + 40000}{50 - 25} = 3600$ (件)

若其他因素不变,单位变动成本由 25 元降低到 20 元,则计算保利点为:

实现目标利润的销售量(或保利量) $= \dfrac{50000 + 40000}{50 - 20} = 3000$ (件)

4. 单位售价变动对实现目标利润的影响

在其他因素不变的情况下,单位售价提高将使产品的单位贡献边际增加,从而使盈亏临界点降低,目标利润的保利点销售量减少;反之,单位售价降低将使产品的贡献边际减少,从而使盈亏临界点提高,目标利润的保利点销售量增加。

【例 3-9】

某企业产销一种产品，固定成本为 50000 元，产品单价 50 元，单位变动成本 25 元。预计目标利润为 40000 元。计算保利点的销售量。

【解答】

根据以上资料和有关计算公式可以计算：

$$\text{实现目标利润的销售量(或保利量)} = \frac{50000 + 40000}{50 - 25} = 3600 \text{（件）}$$

若其他因素不变，单价由 50 元降低到 45 元，则计算保利点为：

$$\text{实现目标利润的销售量(或保利量)} = \frac{50000 + 40000}{45 - 25} = 4500 \text{（件）}$$

5. 所得税税率变动对实现目标利润的影响

以上所述的各有关因素变动对实现目标利润的影响，一般都指目标利润为税前利润，其实，从税后利润来进行目标利润的规划和分析，更符合企业生产经营的需要。所以，还要进一步分析所得税率变动对实现目标利润的影响。一般来说，在其他因素不变的情况下，当所得税率提高时，实现目标利润的保利点销售量也要相应提高；反之，当所得税率降低时，实现目标利润的保利点销售量也要相应降低。

【例 3-10】

某企业产销一种产品，固定成本为 50000 元，产品单价 50 元，单位变动成本 25 元。预计税后目标利润为 26800 元，企业所得税率为 25%。计算保利点为：

【解答】

根据以上资料和有关计算公式可以计算：

$$\text{实现目标利润的销售量(或保利量)} = \frac{50000 + \dfrac{26800}{1 - 25\%}}{50 - 25} \approx 3430 \text{（件）}$$

若其他因素不变，所得税率由 25% 元降低到 15%，则计算保利点为：

$$\text{实现目标利润的销售量(或保利量)} = \frac{50000 + \dfrac{26800}{1 - 15\%}}{50 - 25} \approx 3262 \text{（件）}$$

6. 多种因素同时变动对实现目标利润的影响

以上所述的是为了保证实现目标利润，从影响利润的各个因素来分析。但在现实生活中，各个因素并不是孤立存在的，而是相互制约、相互影响的。因此，为如实反映客观实际情况，往往还要综合计算各因素同时变动时对实现目标利润的影响。如提高单价同时增加固定成本等措施时，如何影响目标利润的实现。这要具体情况具体分析。

【例 3-11】

某小型企业产销一种产品，当前月固定成本为 50000 元，产品单价 50 元，单位变动成本 25 元，当前月销售量 3000 件。预计目标利润为 40000 元。企业目前的生产能力为3500件,但如果全部出售需降价4%。根据测算,企业可通过提高生产率而降低单位变动成本,但仅仅能够让单位变动成本降低到23元;固定成本也存在降低的空间,最低可下降到40000元。要求:如何实现目标利润?

【解答】

根据以上资料和有关计算公式可以计算:

措施一:通过扩大销售

若其他因素不变,预计目标利润为40000元。则实现目标利润的销售量为:

实现目标利润的销售量(或保利量) $= \dfrac{50000+40000}{50-25} = 3600$(件)

若扩大销产量,且最大量是3500件。但单价需下降4%,此时,

可实现利润 $= 3500 \times [50 \times (1-4\%) - 25] - 50000 = 30500$(元)

大于当前利润,但未达到目标利润的要求。

措施二:在措施一基础上,同时,降低单位变动成本

若降低单位变动成本至23元/件。此时,

可实现利润 $= 3500 \times [50 \times (1-4\%) - 23] - 50000 = 37500$(元)

虽然增加了利润,但仍未实现目标利润。

措施三:在措施一、措施二基础上,同时,降低固定成本总额

若降低固定成本,此时,

可实现利润 $= 3500 \times [50 \times (1-4\%) - 23] - 40000 = 47500$(元)

此时实现的利润超过目标利润,固定成本只需下降到42500元,即可刚好实现目标利润。

结论:当产销量增至3500件,降价4%,单位变动成本降至23元,固定成本降低7500元,才能保证目标利润40000元实现。

第四节 本量利的敏感性分析

一、敏感性分析的含义及意义

敏感性分析是一种"如果这样的条件,那么结果就会怎样"的分析方法,它广泛应用于许多领域。该研究方法的思路是,在该模型中的某个或某几个参数允许变化到最大值或最小值时,原优解仍然保持不变;或者当某个参数的变化已经超出允许范围、原有的最优解不再"最优"时,怎样用简捷的方法重新求得最优解。

在量本利分析中运用敏感性分析,主要目的是分析当企业经营由盈利转为亏损时,各因素变化的临界状态以及利润水平对各个因素变化反应的敏感程度,如单位价格增加或减少10%,利润会怎样变化、变化多少,以及当其他因素变动时如何调整

销量或成本等因素,以保证计划目标利润得以实现等。因此,本量利的敏感性分析主要研究两个方面的问题:一是有关因素发生多大变化时会使企业由盈利变为亏损,即有关变量临界值的确定;二是有关因素变化对利润变化的影响程度。即利润的敏感性分析。

通过敏感分析,可以为管理人员提供一种直接而快速、简便而经济的财务预测,获取公司可能的财务预测误差的后果是多少?利润对哪些因素最为敏感等相关信息,以帮助管理人员做出相应的决策。

二、有关因素临界值的确定

1. 临界值的概念

在量本利分析中,影响利润的主要因素有单价、销售量、单位变动成本和固定成本总额,这些因素的临界值是指当企业由盈利状态转为亏损状态时的最大或最小允许值,具体地说,就是企业达到盈亏临界点的销售量和单价的最小允许值以及单位变动成本和固定成本的最大允许值,即为各因素的盈亏临界点。

2. 临界值的计算

在量本利分析中,由于销售量和单价与利润的变化方向相同,而单位变动成本和固定成本总额与利润的变化方向相反,因此,销售量、单价、单位变动成本和固定成本总额的临界值分别表现为销售量、单价的最小允许值以及单位变动成本和固定成本总额的最大允许值。具体计算方法是根据本量利分析的基本公式,分别求出利润等于零时,销售量、单价、单位变动成本和固定成本总额的临界值。为推导各变量的允许值和表述简便起见,我们用符号表示有关变量和盈亏平衡点公式的推导过程。

假设:

EBIT——利润   x——销量   p——单价   b——单位变动成本   a——固定成本

根据本量利关系的基本公式:

$EBIT = x \cdot (p - b) - a$

当 $EBIT = 0$ 时,即 $x \cdot p - x \cdot b - a = 0$ 时,便可求出各因素的盈亏临界点。

(1) 销售量的最小允许值 x_{min}

$$X_{min} = \frac{a}{p - b}$$

(2) 销售单价的最小允许值 P_{min}

$$P_{min} = \frac{bx + a}{x}$$

(3) 单位变动成本的最大允许值 b_{max}

$$b_{max} = \frac{px - a}{x}$$

(4) 固定成本的最大允许值 a_{max}

$$a_{max} = x(p - b)$$

【例 3-12】

某小型企业产销一种产品,当前固定成本为 50000 元,产品单价 50 元,单位变动成本 25 元,预计当前月量销售 3000 件。则预计当月利润为:

EBIT = 3000 × (50 - 25) - 50000 = 25000 (元)

根据以上数据,分别代入上述 4 个公式,即可求得:

1. 单位变动成本的最大允许值

$$b_{max} = \frac{px - a}{x} = \frac{3000 \times 50 - 50000}{3000} = 33.33 \text{ (元)}$$

即当单位变动成本由 25 元上升到 33.33 元时,企业由盈利 25000 元,转为不盈不亏,单位变动成本上升越出这个临界点,就转为亏损,即单位变动成本只能增加 33.33 - 25/25 = 33.33%。

2. 固定成本的最大允许值

$$a_{max} = x(p - b) = 3000 \times (50 - 25) = 75000 \text{ (元)}$$

即固定成本最高只能是 75000 元,超过了就会发生亏损。此时固定成本增加了 75000 - 50000/50000 = 50%。

3. 销售量的最小允许值

$$X_{min} = \frac{a}{p - b} = \frac{50000}{50 - 25} = 2000 \text{ (件)}$$

即 2000 件是销售量的最小允许值,小于 2000 件就会发生亏损,或者说,销售量下降率不超过 33.33% [(3000 - 2000)/3000],企业就可以保本。

4. 销售单价的最小允许值:

$$P_{min} = \frac{bx + a}{x} = \frac{3000 \times 25 + 50000}{3000} = 41.67 \text{ (元)}$$

即单价不能低于 41.67 元,即下降幅度不能超过 16.67% [(50 - 41.67)/50],否则会发生亏损。除了以上 4 个因素外,产品结构也是影响利润的一个因素,因此企业应及时调整产品结构,尽量增加贡献边际率大的产品的生产与销售,降低贡献边际率小的产品的生产与销售。

三、利润的敏感性分析

从上面的分析可知,单价、单位变动成本、销售量和固定成本这些因素的变化,都会对利润产生影响,但它们的敏感程度不同。有的因素只要有较小的变化就会引起利润产生较大的变化,而有的因素虽有较大的变化,但对利润的影响却不大,我们可以将引起利润较大变化的因素称为强敏感因素,利润对此类因素的变动较敏感;引起利润较小变化的因素称为弱敏感因素,利润对此类因素的变动不敏感或较小敏感。可以用敏感系数来反映其大小。

敏感系数是指某指标对影响该指标的各因素的敏感程度,一般用变动百分比来表示。

$$某因素敏感系数 = \frac{目标值变动百分比}{因素值变动百分比}$$

其中：

$$变动百分比 = \frac{变动后的值 - 变动前的值}{变动前的值}$$

值得注意的是，当分析某因素对该指标的影响时，是假设其他因素均不变动。

相应地，测定利润对各因素敏感程度的指标可称为利润的敏感系数，通过计算利润的敏感系数，相关管理人员可以了解在影响利润的诸因素中，哪个因素敏感程度强，哪个因素弱，以便分清主次，及时采取调整措施，提高决策的时效性，确保目标利润的实现。

其基本计算公式如下：

1. 销售量的敏感系数

$$销售量的敏感系数 = \frac{利润变动百分比}{销售量变动百分比}$$

2. 单价的敏感系数

$$单价的敏感系数 = \frac{利润变动百分比}{单价变动百分比}$$

3. 单位变动成本的敏感系数

$$单位变动成本的敏感系数 = \frac{利润变动百分比}{单位变动成本变动百分比}$$

4. 固定成本的敏感系数

$$固定成本的敏感系数 = \frac{利润变动百分比}{固定成本的变动百分比}$$

假设：

EBIT——利润　x——销量　p——单价　b——单位变动成本　a——固定成本

1 代表变动后，0 代表变动前

各因素的敏感系数也可以通过以下公式计算而得（推导过程略）：

$$销售量的敏感系数 = \frac{(p_0 - b_0) \cdot x_0}{EBIT_0}$$

$$单价的敏感系数 = \frac{p_0 \cdot x_0}{EBIT_0}$$

$$单位变动成本的敏感系数 = -\frac{b_0 \cdot x_0}{EBIT_0}$$

$$固定成本的敏感系数 = -\frac{a_0}{EBIT_0}$$

【例 3 – 13】

某产品预计销售量 5500 件，单价 100 元，单位变动成本 60 元，固定成本总额 120000 元。计算该产品预计利润？如果销量、单价、固定成本、单位变动成本各增长 10%，要求：分析各影响因素单独变动，对利润的影响程度。

【解答】

根据题目，可知：

预计利润 = 5500 × (100 - 60) - 120000 = 100000（元）

(1) 当销量增长 10%，则此时的利润为：

利润 = 5500 × (1 + 10%) × (100 - 60) - 120000 = 122000（元）

利润的增长率 = $\dfrac{122000 - 100000}{100000}$ = 22%

因此可知，销售量的敏感系数 = $\dfrac{22\%}{10\%}$ = 2.2

上述销量变动对利润的影响，也可先计算销售量的敏感系数，再确定利润的变动。

即：

销售量的敏感系数 = $\dfrac{(p_0 - b_0) \cdot x_0}{EBIT_0}$ = $\dfrac{(100 - 60) \times 5500}{100000}$ = 2.2

又根据，销售量的敏感系数 = $\dfrac{利润变动百分比}{销售量变动百分比}$

得出，利润的增长率 = 销售量变动百分比 × 销售量的敏感系数
                = 10% × 2.2 = 22%

(2) 当单价提高 10%，则此时的利润为：

利润 = 5500 × [100 × (1 + 10%) - 60] - 120000 = 155000（元）

利润的增长率 = $\dfrac{155000 - 100000}{100000}$ = 55%

因此可知，单价的敏感系数 = $\dfrac{55\%}{10\%}$ = 5.5

(3) 当单位变动成本提高 10%，则此时的利润为：

利润 = 5500 × [100 - 60 × (1 + 10%)] - 120000 = 67000（元）

利润的增长率 = $\dfrac{67000 - 100000}{100000}$ = -33%

因此可知，单位变动成本的敏感系数 = $\dfrac{-33\%}{10\%}$ = -3.3

(4) 当固定成本提高 10%，则此时的利润为：

利润 = 5500 × (100 - 60) - 120000 × (1 + 10%) = 88000（元）

利润的增长率 = $\dfrac{88000 - 100000}{100000}$ = -12%

因此可知，固定成本的敏感系数 = $\dfrac{-12\%}{10\%}$ = -1.2

从上面计算可以看出，单价每变动 1%，利润就会变动 5.5%；单位变动成本每

变动1%，利润就会变动3.3%；销量每变动1%，利润就会变动2.2%；固定成本每变动1%，利润就会变动1.2%。按其敏感系数（绝对值）大小排列，其顺序依次是：单价（5.5）、变动成本（3.3）、销售量（2.2）和固定成本（1.2）。

若上例中，将各因素均降低10%时，它们的敏感系数排列顺序仍是单价、单位变动成本、销售量和固定成本，只是正负号相反。由以上敏感分析可知，单价和单位变动成本是利润的最敏感因素，是管理人员要注重影响盈利的两个重要环节。但也不能拘泥于敏感系数的高低，而忽视了销售量的影响。在销路看好、生产又有保障的情况下，可以大幅度增加销售量，而单价的增幅可能很小甚至不动。尤其是在市场供大于求，销路欠佳，销量大幅下跌时，宁可降低售价以打开（或保证）销路。

从上面利润的敏感性分析中可得出以下结论：

1. 敏感系数的大小应以绝对值来判断，因为正负号只代表影响方向。若为正值，表示该因素与利润同方向增减关系；若为负值，表示该因素与利润反方向增减关系。因此，在进行敏感程度分析时，敏感系数是正值或负值无关紧要，关键是绝对数的大小，越大则敏感程度越高。

2. 在影响利润的各因素中，一般最敏感的是单价，最不敏感的是固定成本。也就是说涨价是企业提高盈利的最直接、最有效的手段，而价格下跌则是企业最大的威胁。

3. 在各因素对利润的敏感性分析时，是假设其他因素不变的情况。但实现中各因素可能会相互影响，如单价与销量之间就是如此，因此，在实际分析中，需考虑这方面的变动影响。

敏感系数提供了利润对有关因素变动而变动的敏感程度，但不能直接反映变动后的利润值。为弥补这种不足，也为了有关决策人员能更直观地了解有关因素的敏感程度，可以编制有关因素变动的敏感分析表和敏感分析图形象、直观地反映各个因素在一定变动率下的利润值。如表3-5，图3-4所示。

表3-5　　　　　　　　　　　利润敏感分析表

项目＼变动百分比＼利润	-20%	-10%	0	+10%	+20%
单价	-10000	45000	100000	155000	210000
销售量	56000	78000	100000	122000	144000
单位变动成本	166000	133000	100000	67000	34000
固定成本	124000	112000	100000	88000	76000

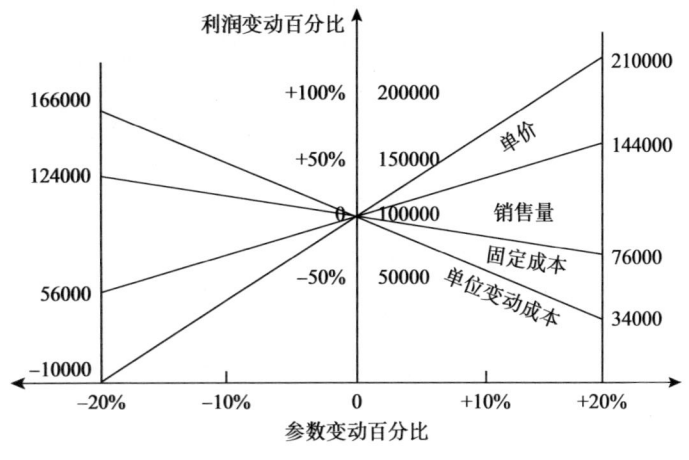

图 3-4 敏感分析图

第五节 本量利分析进一步扩展的分析

本量利分析的扩展分析是，在不完全满足本量利分析基本假设条件下的复杂情况时，如何运用本量利分析的基本原理和方法去确定盈亏临界点和确定目标利润的问题。

一、不完全线性关系下的本量利分析

本量利分析的一个基本假设就是模型线性假设。即，销售收入与销售数量呈完全线性关系假设；变动成本与业务量呈完全线性关系假设及固定成本不变假设。

所谓不完全线性关系主要表现在以下几个方面：

1. 销售收入与销售量的关系在现实中不是完全的线性关系

因为价格会市场或数量折扣而波动。表现在盈亏临界图中，就是销售收入不再是由原点出发的射线，而是一条折线。实践中，企业为了扩大销售也会利用价格这一杠杆，如规定购买数量达到一定程度时可以给予一定的优惠价格（如图 3-5，假定产销平衡）。

2. 变动成本在现实中也并非在整个产量范围内都与产量呈线性关系

当企业一般在产量很低时，由于难以获取采购环节和生产环节的批量经济效益，其单位变动成本会较高；当产量达到一定的水平之后，批量效益开始显现并不断提高，加上存在学习曲线，单位变动成本会逐渐降低；而当产量继续上升超过正常的生产能力之后，各种不经济的因素就会出现，单位变动成本又会逐渐升高，并且上升的幅度可能还较大。若用图形来反映，在图形上就不再是从原点引出的一条射线，而是一条折线，这是比较符合实际情况的，如图 3-6。

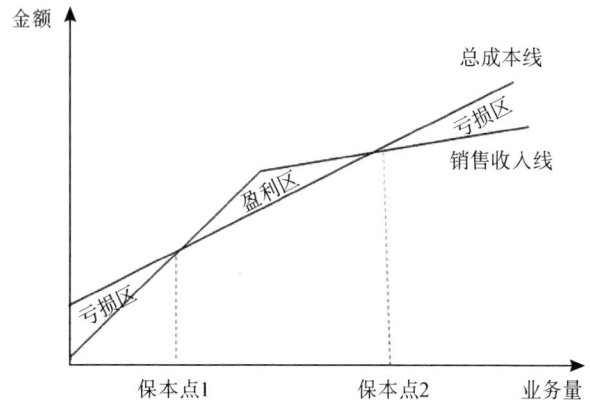

图 3-5　销售收入呈不完全线性情况下的盈亏图

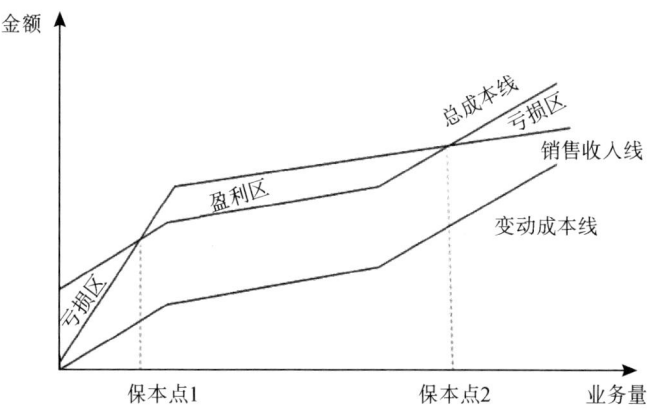

图 3-6　销售收入与变动成本呈不完全线性情况下的盈亏图

3. 固定成本并不是在整个业务量范围内都是固定不变的

固定成本并不是在整个业务量范围内都是固定不变的，而可能呈阶梯形的变化，也就是我们在进行成本习性分析时所说的半固定成本，如图 3-7。

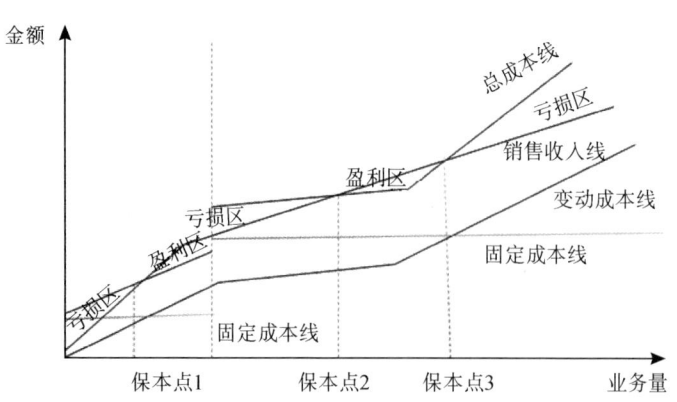

图 3-7　销售收入与成本呈不完全线性情况下的盈亏图

因此，当收入线和总成本线表现为不完全的线性关系时，收入线和总成本线就会表现为一条折线或两条折线的交点就可能不止一个，而且图中的数值还会变得更加模糊；也即盈亏临界点及亏损区域与盈利区域都可能不止一个，区域界限也会变得模糊。

二、非线性关系下的本量利分析

在不完全线性关系下的本量利分析中，虽然固定成本、变动成本以及收入在整个业务量范围内与业务量不是呈线性关系，但是在不同业务量的区间内还是线性相关的。

事实上，成本函数和收入函数在整个业务量范围内也有可能与业务量呈非线性关系，因此，无法按照前述完全线性关系下本量利分析的方法来进行分析。但我们可以根据本量利分析最基本的思想就是确定作为业务量函数的利润的特性，并借助经济学和高等数学的相关知识进行分析。一般而言，根据经济学理论，价格随销售量的变化而反方面变化，即：$p = f(x)$，函数 $f(x)$ 对应于经济学中需求函数的反函数即为 $x = P(x)$。同样，当产量超过一定的限度时，随着边际成本的变动和固定成本的跳跃，总成本 $TC(x)$ 也可以是产量的非线性函数。

对于这些更具有一般性的收入和成本函数，可以用下面的公式来描述利润与产量的关系：

$$P(x) = TR(x) - TC(x)$$
$$= x \cdot f(x) - TC(x)$$

采用曲线分析方法，也就是首先用曲线方程公式来描述收入与成本，再据以建立利润方程式，进而进行本量利的有关分析

非线性回归分析中最常用的方程式是：$y = a + bx + cx^2$

非线性关系下的本量利分析，就是通过对有关数据的搜集和加工，求取非线性回归方程的系数；再分别求 x 的一阶和二阶导数，以分别计算盈亏临界点和预计目标利润。

有以下三种情况：

1. 收入为直线而成本为曲线。
2. 成本为直线而收入是曲线。
3. 收入和成本都为曲线。

必须说明的是，非线性回归分析所采用的方程式，不仅限于前述的一元二次方程，如图 3-8。

三、不确定状况下的本量利分析

不确定状况下的本一量一利分析就是将概率分析方法应用到本量利分析中。具体地说，就是首先确定各个因素在不同概率条件下的预计数值，然后计算各种组合情况

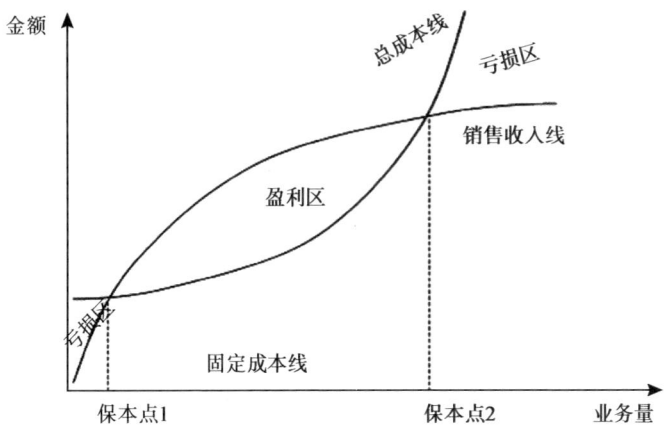

图 3-8 销售收入与变动成本呈曲线情况下的盈亏图

下的盈亏临界点或目标利润,再根据各种组合下的组合概率计算组合期望值,最后以各组合期望值的合计数作为最终的预测值。

【例 3-14】

某企业计划开发生产销售一种新产品甲,根据市场调查和技术测定,预计下一年的相关资料如表 3-6 所示。

表 3-6 相关数据表

项目	销售量(件)		单位价格(元)		单位变动成本(元)			固定成本总额(元)	
预计值	4000	5000	22	20	10	12	14	5000	6000
概率	0.5	0.5	0.8	0.2	0.5	0.3	0.2	0.4	0.6

要求:确定该公司新产品甲的预计的盈亏临界点和预计实现的利润。

【解答】

具体计算如表 3-7、表 3-8 所示。

表 3-7 期望盈亏临界点计算表

单价(元)	概率	单位变动成本(元)	概率	固定成本(元)	概率	保本点(件)	联合概率	期望值(元)
22	0.8	10	0.5	5000	0.4	416.67	0.16	66.67
				6000	0.6	500	0.24	120
		12	0.3	5000	0.4	500	0.096	48
				6000	0.6	600	0.144	86.4
		14	0.2	5000	0.4	625	0.064	40
				6000	0.6	750	0.096	72

续表

单价（元）	概率	单位变动成本（元）	概率	固定成本（元）	概率	保本点（件）	联合概率	期望值（元）
20	0.2	10	0.5	5000	0.4	500	0.04	20
				6000	0.6	600	0.06	36
		12	0.3	5000	0.4	625	0.024	15
				6000	0.6	750	0.036	27
		14	0.2	5000	0.4	833.33	0.016	13.33
				6000	0.6	1000	0.024	24
总期望值								568.4

表3-8　　　　　　　　　期望利润计算表

销售量（件）	概率	单价（元）	概率	单位变动成本（元）	概率	固定成本（元）	概率	实现利润（元）	联合概率	期望值（元）
4000	0.5	22	0.8	10	0.5	5000	0.4	42999.96	0.08	3440.00
						6000	0.6	42000	0.12	5040
				12	0.3	5000	0.4	35000	0.048	1680
						6000	0.6	34000	0.072	2448
				14	0.2	5000	0.4	27000	0.032	864
						6000	0.6	26000	0.048	1248
		20	0.2	10	0.5	5000	0.4	35000	0.02	700
						6000	0.6	34000	0.03	1020
				12	0.3	5000	0.4	27000	0.012	324
						6000	0.6	26000	0.018	4680
				14	0.2	5000	0.4	19000.02	0.008	152.00
						6000	0.6	18000	0.012	216
5000	0.5	22	0.8	10	0.5	5000	0.4	54999.96	0.08	4340.00
						6000	0.6	54000	0.12	6480
				12	0.3	5000	0.4	45000	0.048	216
						6000	0.6	44000	0.072	3168
				14	0.2	5000	0.4	35000	0.032	1120
						6000	0.6	34000	0.048	1632
		20	0.2	10	0.5	5000	0.4	45000	0.02	900
						6000	0.6	44000	0.03	1320
				12	0.3	5000	0.4	35000	0.012	420
						6000	0.6	34000	0.018	612
				14	0.2	5000	0.4	25000.02	0.008	200.00
						6000	0.6	24000	0.012	288
总期望值										42508

【本章小结】

本量利分析是指在成本性态分析和变动成本计算法的基础上，以会计数学计算模型与图式来揭示固定成本、变动成本、销售量、单价、利润等变量之间的内在规律性联系，为企业规划、控制和决策提供必要的财务信息的一种定量分析方法。量本利分析的基本数学模型应建立在一定假设条件下。本量利分析可以为加强企业经营管理、进行利润预测和规划，提供一些重要的信息资料。

盈亏临界分析是本量利分析的最基本形式，盈亏临界点，贡献边际及贡献边际率是企业的一个重要经营指标。所以要想知道企业是否能获利，需确定盈亏临界点。盈亏临界点的计算方法有单一产品和多种产品的盈亏临界点计算方法。在计算单一产品盈亏临界点时，既可用实物量表示，也可用金额表示。而对存在多种产品的企业，其盈亏临界点只能用金额表示。多产品盈亏临界点的计算方法有综合贡献边际率法或加权平均贡献边际率法、联合单位法、按主要产品法和分别计算法。

盈亏临界图具有简明、直观的优点，不仅能反映盈量临界点，而且可以围绕盈亏临界点，形象地将影响企业利润的有关因素及其相应关系表现出来，并能看到有关因素变动对利润的影响，从而提高决策者在经营管理中预见性和主动性。单一产品盈亏临界图的绘制方法有传统式盈亏临界图，贡献边际式盈亏临界图，量利式盈亏临界图三种方法。

作为独立核算、自负盈亏的经济实体，企业经营的目的在于盈利而不是要保本经营。实现目标利润的分析或保利点分析。

本量利的敏感性分析主要研究两个方面的问题：一是有关因素发生多大变化时会使企业由盈利变为亏损，即有关变量临界值的确定；二是有关因素变化对利润变化的影响程度。即利润的敏感性分析。

本量利分析的扩展分析是在不完全满足本量利分析基本假设条件下的复杂情况时，如何运用本量利分析的基本原理和方法去确定盈亏临界点和确定目标利润的问题。

【案例分析】

Calva 制造公司的动力输出分公司为农机设备生产动力输出装置。总部设在 Peoria 市的动力输出分公司在该市拥有一个重新改造过的工厂，在 Moline 市则有一个比较旧的自动化程度较低的工厂。这两家工厂均生产相同的农用拖拉机的动力输出装置并向国内外大多数的拖拉机制造商销售。

动力输出分公司预计下一年能产销 192000 台动力输出装置。该分公司的生产部经理有两家工厂的单位成本、单位价格和生产能力的如下数据：

	Peoria 市工厂	Moline 市工厂
销售价格（美元）	150.00	150.00
变动制造费用（美元）	72.00	88.00
固定造费用（美元）	30.00	15.00
佣金（5%）（美元）	750	7.50
一般费用和管理费用（美元）	25.50	21.00
合计单位成本（美元）	135.00	131.50
单位利润（美元）	15.00	18.50
日生产率（单位）	400	320

所有固定成本都基于正常年份的 240 个工作日。当工作日数量超出 240 天时，Peoria 市工厂的变动制造费用每台增加 3 美元，而 Moline 市工厂的变动制造费用每台增加 8 美元。每一工厂的生产能力都为 300 个工作日。

Calva 制造公司按产品台数向它的每个工厂收取职工工资造册、总账、采购等管理服务的费用，因为 Calva 公司认为这些服务是在各工厂工作的一个函数。对每一个工厂而言，每台 6.50 美元的费用代表了日常费用和管理费用中的变动部分。

动力输出分工的生产部经理希望能实现 Maline 市工厂较高单位科润的最大化，决定每个工厂都造 96000 台机器。这一生产计划致使 Moline 市以其最大生产能力运作，而 Peoria 市则以它正常的生产能力运作。Galva 公司的主计长并不满意这一方案，他想知道如果在 Peoria 市的自动化工厂生产相对较多的产品是否会更好。

要求：

1. 确定每一个动力输出分公司工厂的年盈平衡点销售量。
2. 计算分公司生产部经理计划每个工厂生产 96000 单位产品会产生多少营业利润。
3. 如果动力输出装置的销售为 192000 台，其中 120000 台在 Peoria 市的工厂生产，其余由 Moline 市的工生产，计算产生的营业利润为多少？

案例资料来源：（美）唐 R. 汉森玛丽安娜. M. 莫温著，陈良华、杨敏译：《管理会计（第 8 版）》北京出版社 2010 年版。

【课后练习】

一、思考题

1. 本量利分析的概念及作用是什么？
2. 本量利分析的基本假定是什么？
3. 盈亏临界点的确定方法有哪些？
4. 盈亏临界图的含义及其类型有哪些？

5. 各因素变动对盈亏临界点及目标利润有哪些影响？

二、单选题

1. 已知企业只生产一种产品，单价5元，单位变动成本3元，固定成本总额600元，则保本销售量为（　　）。
   A. 200件   B. 300件
   C. 120件   D. 400件

2. 已知某企业本年目标利润为2000万元，产品单价为600元，变动成本率为30%，固定成本总额为600万元，则企业的保利量为（　　）。
   A. 61905   B. 14286
   C. 50000   D. 54000

3. 在销售量不变的情况下，保本点越高，能实现的利润（　　）。
   A. 越多   B. 越少
   C. 不变   D. 越不确定

4. 已知企业只生产一种产品，单位变动成本为每件45元，固定成本总额60000元，产品单价为120元，为使安全边际率达到60%，该企业当期至少应销售的产品为（　　）。
   A. 2000件   B. 1333件
   C. 800件   D. 1280件

5. 某企业生产A产品，单位变动成本为5元，固定成本为5000元，目标利润为1000元，预计销量为300件，则保利价格为（　　）元。
   A. 20   B. 30
   C. 25   D. 35

6. 安全作业率与保本作业率的关系是：两者相加之和为（　　）。
   A. 等于0   B. 小于或大于0
   C. 等于1   D. 视公司具体经营而定

7. 在各种盈亏临界图中，（　　）更符合变动成本法的思路。
   A. 传统式   B. 贡献边际式
   C. 量利式   D. 单位式

8. 计算贡献边际率，可以用单位贡献边际去除以（　　）。
   A. 单位售价   B. 总成本
   C. 销售收入   D. 变动成本

9. 下列因素单独变动时，不对保利点产生影响的是（　　）。
   A. 成本   B. 单价
   C. 销售量   D. 目标利润

10. 在量利式盈亏图中，若横轴代表销售量，则利润线的斜率代表（　　）。

A. 变动成本率 B. 单位贡献边际
C. 单位变动成本 D. 贡献边际率

三、多选题

1. 下列各项中，可据以判定企业是否处于保本状态的标志有（   ）。
   A. 安全边际率为零 B. 贡献边际等于固定成本
   C. 收支相等 D. 保本作业率为零
   E. 贡献边际率等于变动成本率
2. 下列因素中，其水平提高会导致保利点升高的有（   ）。
   A. 单位变动成本 B. 固定成本总额
   C. 目标利润 D. 销售量
   E. 单价
3. 下列措施中既能提高安全边际又能降低盈亏临界点的是（   ）。
   A. 提高单价 B. 增加销售量
   C. 降低单位变动成本 D. 压缩固定成本开支
4. 下列（   ）因素变动会影响企业保本点的变动。
   A. 销售单价 B. 单位变动成本
   C. 固定成本 D. 目标利润
5. 在多种条件下，能够影响企业加权平均综合贡献毛益率大小的因素有（   ）。
   A. 企业固定成本总额 B. 各种产品销售比重
   C. 各种产品的贡献毛益率 D. 全厂目标利润
6. 下列式子中，结果是贡献毛益的是（   ）。
   A. 销售收入 − 变动成本 B. 固定成本 + 营业净利润
   C. 销售收入 × 贡献毛益率 D. （1 − 安全边际率）× 销售收入
7. 在盈亏临界图中，盈亏临界点的位置取决于（   ）等因素。
   A. 固定成本 B. 单位变动成本
   C. 销售量 D. 销售单价
   E. 产品成本
8. 利润 =（实际销售量 − 保本销售量）×（   ）。
   A. 边际利润率 B. 单位利润
   C. 单位售价 D. 单位贡献边际
   E. 单价 − 单位变动成本
9. 本量利分析的基本假设包括（   ）。
   A. 相关范围假设 B. 线性假设
   C. 产销平衡假设 D. 品种结构不变假设

E. 目标利润假设

四、判断题

1. 企业的综合盈亏临界点有两种表示方法，一种为实物表示，另一种是用金额来表示。（　）
2. 盈亏临界点不变，销售量越大，则能实现的利润也越多。（　）
3. 当贡献毛益总额等于固定成本时，达到盈亏临界点的作业率为100%，安全边际为零（　）。
4. 当其他因素不变，目标利润因素单独变动时，会使保本点指标发生相应变动，但不改变保利点。（　）
5. 保本作业率越大，表明企业的业务量越大，因而越安全。（　）
6. 单一品种情况下，盈亏临界点的销售量随着贡献边际率的上升而上升。（　）
7. 变动成本计算法是量本利分析的前提。（　）
8. 以贡献边际总额减去固定性制造费用就是利润。（　）
9. 在传统式盈亏临界图中，总成本既定的情况下，销售价格越高，盈亏临界点越高；反之，盈亏临界点越低。（　）
10. 某一因素的敏感系数为负号，表明该因素的变动与利润的变动为反方向关系；为正号则表明是同向关系。（　）

五、计算题

1. 国泰公司1998年的销售额是1200000元，单价为12元，固定成本为400000元，变动成本总额为600000元。

要求：

（1）公司应销售多少件时，方可达到保本点？

（2）当销售量为120000件，安全边际的销量是多少？目标利润是多少？

2. 某企业经营一种产品，正常的月销售量为8000件，本月实际销售7000件。销售价格为50元/件，单位变动成本为每件30元，固定成本120000元。

要求：

（1）计算盈亏临界点作业率、安全边际率和销售利润率。

（2）如果其他条件不，要求销售利润率达到16%，销售量应达到多少？

3. 下表中所列的四个案例是四个工厂分别在过去一年中的生产和销售情况，假定每个工厂产销平衡，同时都只产销一种产品。

案例	销售数量	销售收入总额	变动成本总额	单位贡献边际	固定成本总额	营业利润
1		50000 元		4 元	10000 元	10000 元
2	8000 件		40000 元	3 元		9000 元
3	3000 件	45000 元			18000 元	(3000) 元
4	9000 件	81000 元	45000 元		20000 元	

要求：将有关数据填入上表空白栏内，并分别写出其计算过程。

4. 某企业每月固定成本为 1000 元，生产下列三种产品：

序号	售价（元）	单位变动成本（元）	销售比重
甲	10	5	50%
乙	5	3	30%
丙	8	6	20%

要求：

（1）计算综合贡献边际率。

（2）计算公司保本点销售额。

（3）计算销售额为 3000 元时的目标利润。

5. 已知：某公司产销一种产品，本年有关资料如下表所示：

（单位：元）

单位售价	20
单位变动成本：	
直接材料	4
直接人工	7
变动制造费用	3
单位贡献边际	6

要求：

（1）若每月销售额为 25000 元时可以保本，计算当年固定成本总额；

（2）若直接人工增加 10%，要维持目前的贡献边际率，则单位售价应提高多少？

【本章参考文献】

1. 孙茂竹，文光伟，杨万贵：《管理会计学》[M]，北京：人民大学出版社 2015 年版。

2. 贺颖奇,陈佳俊:《管理会计》[M],上海:上海财经大学出版 2003 年版。

3. 温素彬:《管理会计·理论·模型·案例》[M],北京:机械工业出版 2017 年版。

4. 毛付根:《管理会计》[M],北京:高等教育出版社 2008 年版。

5. 吴大军:《管理会计》[M],大连:东北财经大学出版社 2013 年版。

6. (美)唐 R. 汉森,玛丽安娜. M. 莫温,陈良华,杨敏译:《管理会计(第 8 版)》[M],北京:北京大学出版社 2010 年版。

第四章

预测分析

【本章学习目标】

通过本章的学习
1. 了解预测的含义、作用、方法和基本程序
2. 理解销售预测与成本预测、利润预测、资金需要量预测的关系
3. 掌握销售、成本、利润、资金需要量等指标的预测

第一节　预测分析概述

一、预测分析的含义

预测就是根据客观准确的历史资料和现在的信息，运用人们的知识、经验和科学方法，对未来进行预计，并推测事物未来的发展趋势。

在对经济活动进行预测的过程中，需要针对不同的预测对象，选择合适的预测方法，通过对经济数据和其他信息资料的分析，预测未来经济活动的发展趋势，并对预测结果的正确与否及其可靠程度进行科学的分析和判断，这个过程叫作预测分析。就企业而言，预测分析一般是针对其重要的经济指标，如利润、销售、成本、资金等来进行，通过预测将企业的目标利润、目标销售量、目标成本以及资金需求量等确定下来，达到实现全面目标管理的目的。

二、预测分析的作用

首先，预测是加强企业全面管理的首要环节。随着市场竞争的加剧，在企业内部管理工作上要求对企业的经济活动进行时间上和空间上的全面管理。单靠事后分析和评价等手段已经远远不能适应客观的需要，管理工作必须将事前的预测、决策和计划、事中的控制与事后的分析和评价结合起来，这对促进企业内部管理效率的提高具

有非常重要的作用。

其次，预测是进行决策和编制计划的前提。通过预测，掌握企业未来经济活动的变动趋势，有助于将未知因素转化为已知因素，帮助管理者提高主动性，减少盲目性。通过预测，可以对生产经营活动中可能出现的有利与不利情况进行全面和系统分析，避免决策的片面性和局限性。另外，预测的过程，同时也是为计划提供客观指导的过程。有了科学的预测，就可以进行正确的事前计划，可以使计划建立在客观实际的基础之上。

所以，预测是决策与计划的基础和前提条件，决策和计划则是预测的后续环节。

三、预测分析的方法

预测分析的方法种类繁多，大体上存在着一百多种预测方法，但常用的只有十几种。每一种预测方法都有它的适用范围，有时可以用几种方法来预测同一个对象，以进行相互补充和验证，提高预测结果的精确度。预测方法的选择因预测的内容和期限不同而有所不同。按预测方法本身的性质划分，可以将预测方法分为定性预测法和定量预测法两大类。

（一）定性分析法

定性预测法是指依靠个人的经验和综合分析能力，对事物的未来状况和发展趋势进行预测和推测的预测方法。

由于定性预测法一般无须繁杂的技术测算，都是通过预测者的经验和主观判断进行的预测，因而又常被称为直观预测法。定性预测法的优点是简单直观、适应性强。缺点是科学性差，主观臆断强。因此，这种方法一般在资料缺乏或影响因素复杂多变而无法进行定量分析，以及企业经营活动中一些主观因素起主要作用的情况下采用。如判断分析法、调查分析法等。

（二）定量分析法

定量分析法是根据过去的比较完备的资料，运用一定的数学方法建立反映相关变量之间数量关系的模型，并利用这一模型对未来进行预测。

常见的定量分析法有趋势分析法和因果分析法。

（1）趋势分析法。趋势分析法又称时间序列分析法，是以某项指标过去的变化趋势作为预测的依据，将未来作为过去历史的延伸。即根据某项指标过去的、按发生时间的先后顺序排列的历史数据，应用一定的数学方法进行加工处理，找出随时间而发展变化的趋势，从而预测未来发展趋势的分析方法。如简单平均法、移动平均法、指数平滑法等。

（2）因果分析法。因果分析法是指对某项指标和其他有关指标之间的规律性联系进行分析研究，将它们之间的规律性联系作为预测依据的依据。如回归分析法等。

定量预测法和定性预测法并不是相互排斥的，两者相互补充。在预测过程中经常需要将定性预测法和定量预测法结合使用，以提高预测分析结果的准确性和可信性。

四、预测分析的基本程序

预测的效果主要看预测结果是否符合客观实际，也就是看它的可靠性。由于预测涉及未来，本身就有一定的不确定性，加之影响因素复杂，要提高预测的可靠性，除了选择合适的预测方法外，正确组织预测分析工作也是十分重要的。通常预测分析工作应当遵循以下程序。

（一）确定预测目标

根据企业决策的目标，按照决策和计划的需要，提出需要进行预测的项目，确定预测要解决的具体问题、预测的内容、预测期限，提出基本假设，拟订预测提纲。

（二）调查、收集和整理资料

进行预测，需要广泛收集预测所需的资料和数据。获得资料是预测的第二步工作。有些资料可能是经过加工整理的资料，但更多的可能需要通过调查来获得。调查是一项基础性工作，要采用适当地调查方法，设计好调查样本和调查表，保证调查资料全面、可靠。

（三）选择预测方法

在预测过程中，应根据不同的预测项目，选择适当的预测方法。对于那些可以建立数学模型的预测对象，应反复分析比较，以确定最恰当的定量预测方法；对于那些缺乏定量模型的预测对象，应结合以往经验选择最佳的定性预测方法。预测方法并非越复杂越好，只要被选择的预测方法能最大限度地与预测对象相匹配，就是最好的方法。

（四）分析、评价预测结果并修正预测值

为了使预测结果更加完善，要分析企业内部和外部的各种因素的影响，并要对那些已经发生变化的因素进行分析评定。通过分析，认定预测结果与未来实际可能的误差后，对已有的预测结果进行修正。

（五）提交预测报告

将预测分析的完整过程进行整理、总结和归纳，撰写预测报告，提交给决策者。在实际的预测分析工作中，以上过程可能需要或者说是必须反复多次。也就是说，只有经过多次的预测、比较以及对初步预测目标和预测方法的不断修改、完善，才能最终获得比较理想的预测结果。

五、预测分析的内容

预测分析的内容包括销售预测、成本预测、利润预测和资金预测等几个方面。

（一）销售预测

销售预测是其他各项预测的前提，是根据市场调查所得到的有关资料，通过有关因素的分析研究，预计和测算特定产品在一定时期内的市场销售量及变化趋势，进而

预测本企业产品未来销售量的过程。

（二）成本预测

成本预测是根据企业本来发展目标和其他相关资料，运用专门方法，预计企业未来成本水平及发展趋势的过程。

（三）利润预测

利润预测是指在销售预测的基础上，根据企业本来发展目标和其他相关资料，预计企业未来应达到和可望实现的利润水平及其变动趋势的过程。

（四）资金预测

资金预测是指在销售预测、利润预测和成本预测的基础上，根据企业未来经营发展目标并考虑影响资金的各项因素，运用一定方法预计、推测企业未来一定时期内或一定项目所需要的资金数额、来源渠道、运用方向及其效果的过程。

第二节 销售预测

销售预测是根据企业历史销售资料和市场上对产品需求的变化情况，预计和测算特定产品在未来一定时期内的市场销售量水平及变化趋势，进而预测本企业产品未来销售量的过程。在市场经济条件下，实行以销定产，企业的各项经营活动和产品的销售密切相关。因而，在企业预测系统中，销售预测处于先导地位，它对于有效进行利润预测、成本预测和资金需求预测等都起着重要作用。销售预测是制定企业经营决策最重要的依据，在做好销售预测的前提下，才能相互衔接开展好其他各项经营预测。

一、销售的定性预测

（一）判断分析法

由参与预测的人员各自独立地进行判断，预测者根据所掌握的情况和数据，凭着自己的知识和经验做出主观的判断，然后将每个人的判断结果汇总得到最后的预测结果。实务中可以是专业销售人员或者市场营销领域的专家作为参与预测的成员，根据他们的经验，结合市场调查的情况，对有关产品未来期间的销售状况及变动趋势做出判断，进行预测。这种方法费时短、耗费小，具有较强的实用价值，在企业中较普遍采用。但是，判断分析法的预测过程中受预测者主观因素的影响程度比较大。

【例4-1】

某公司有三名销售人员，每个预测者预计其销售量和概率如表4-1所示。

表 4-1

	销售量（件）	概率	销售量×概率
A 销售人员预测：			
最高	500	0.3	150
一般	420	0.5	210
最低	300	0.2	60
平均值			420
B 销售人员预测：			
最高	600	0.2	120
一般	510	0.5	255
最低	400	0.3	120
平均值			495
C 销售人员预测：			
最高	570	0.3	171
一般	480	0.4	192
最低	360	0.3	108
平均值			471

要求：预测该公司的总销售量。

【解答】

总销售量预测值 = (420 + 495 + 471) ÷ 3 = 462（件）

（二）调查分析法

通过对一部分潜在的购买者的调查，了解他们在某一时期的购买意向，推测购买者购买意向的主要变动趋势，从而进行销售预测。

凡是顾客数量有限，调查费用不高，每个顾客意向明确又不会轻易改变的均可以采用调查分析法进行预测。

【例 4-2】

某公司运用调查分析法对某地区销售量的预测如表 4-2 所示。

表 4-2

家庭年收入（万元）①	家庭户数（万户）②	每户年均购买量（件）③	总需求量 ④=③×②	本企业市场占有率⑤	本企业销售量预测⑥=④×⑤
10 以下	20	10	200	30%	60
10~15	10	15	150	20%	30
15~20	4	50	200	20%	40
20 以上	2	100	200	15%	30
合计	36	—	750	—	160

二、销售的定量预测

（一）趋势分析法

趋势预测法是以销售状况的时间序列历史资料为依据，将时间作为制约销售变化的自变量，依据时间序列的变动规律建立销售和时间之间变动关系的数学模型，来预测下一个时期或未来若干时期的销售趋势。趋势预测法实际上是把未来作为历史的自然延续，按事物自身发展趋势进行预测的一种方法。根据具体方法的不同，趋势预测法又分为简单算术平均法、加权算术平均法、移动平均法、指数平滑法等。

（1）简单算术平均法。简单算术平均法是根据过去若干时期的销售量数据求其简单算术平均数，并将平均数作为下期销售量的预测值的一种预测方法。

$$\text{销售量预测值}(\overline{X}) = \frac{\text{各期销售量之和}}{\text{期数}} = \frac{\sum x_i}{n}$$

简单算术平均法的假设前提是将来的发展是过去的延续，将每个观察值看成同等重要。当销售量在选定的历史时期中呈现上升或下降的趋势，就不能简单地采用这种方法。因此，该方法通常适用于对销售业务量比较稳定的产品进行预测。

（2）加权算术平均法。在利用简单算术平均法进行销售预测时，我们假设预测所依据的历史数据对销售预测值具有相同的影响。如果在预测时，不同历史期间对未来销售量的影响程度不同，在这种情况下，可以采用加权算术平均法进行预测。采用这种方法预测销售量，关键在于对各期历史销售量资料进行加权的权数确定。一般而言，销售量的历史数据距离预测期越近，对预测期的销售量的影响也就越大，所选择的权数就应越大。反之，销售量的历史数据距离预测期越远，对预测期的销售量的影响就越小，所选择的权数就应越小。

加权平均法的计算公式为：

$$\text{销售量预测值}(\overline{X}) = \frac{\text{各期销售量} \times \text{各期权数}}{\text{总权数}} = \frac{\sum x_i w_i}{\sum w_i}$$

【例 4-3】

某公司 2017 年 1~8 月产品销售量如表 4-3 所示。

要求：用加权算术平均法预测 9 月的销售量。

表 4-3　　　　　某公司 2017 年 1~8 月产品销售量　　　　　（单位：件）

月份	1	2	3	4	5	6	7	8
销售量	870	880	920	990	1000	1050	1200	1250

【解答】

9 月销售量预测值 =

$$\frac{1 \times 870 + 2 \times 880 + 3 \times 920 + 4 \times 990 + 5 \times 1000 + 6 \times 1050 + 7 \times 1200 + 8 \times 1250}{1 + 2 + 3 + 4 + 5 + 6 + 7 + 8} =$$

1084.72（件）

（3）移动平均法。移动平均法是从 n 期的时间序列销售量中选取一组 m 期的数据作为观察期数据，求其算术平均数，并不断向后移动，连续计算观测值平均数，这样就可以反映销售量的变化趋势，以最后一组平均数作为未来销售预测值的一种方法。其计算公式为

销售量预测值 = 最后 m 期平均销售量 = 最后 m 期销售量之和 ÷ m

即 $\overline{X} = \dfrac{\sum x_i}{m}$

【例 4-4】

沿用例 4-3 中表 4-3 的资料，假定该企业确定的移动平均期数为 5，则 6 月、7 月、8 月、9 月的预计销售量分别为多少？

【解答】

$6\text{月预计销售量} = \dfrac{870+880+920+990+1000}{5} = 932(件)$

$7\text{月预计销售量} = \dfrac{880+920+990+1000+1050}{5} = 968(件)$

$8\text{月预计销售量} = \dfrac{920+990+1000+1050+1200}{5} = 1032(件)$

$9\text{月预计销售量} = \dfrac{990+1000+1050+1200+1250}{5} = 1098(件)$

移动平均对原序列有修匀或平滑的作用，使得原序列的上下波动被削弱了，而且平均的时距项数 n 越大，对数列的修匀作用越强。由于是平均值，预测值总是停留在过去的水平上而无法预计会导致将来更高或更低的波动。因此该方法适用于产品需求即不快速增长也不快速下降，且不存在季节性因素时的即期预测。

（4）指数平滑法。指数平滑法是在前期销售的实际值和预测值的基础上，预测本期数值的一种方法。指数平滑法是在移动平均法的基础上发展起来的特殊的加权平均法，它以加权因子（即平滑系数）以及（1－平滑系数）分别作为前期实际销售额和前期预计销售额的权数，计算出两者的加权平均数，以此作为本期销售额的预计数。其计算公式如下：

$S_t = \alpha X_{t-1} + (1-\alpha) S_{t-1}$

式中，S_t 是 t 期销售额预测值；S_{t-1} 是 t 期上一期的销售额预测值；X_{t-1} 是 t 期上一期的销售额实际值；α 是平滑系数，从理论上讲它的取值范围是 0＜α＜1，作为经验数据，α 的取值范围通常在 0.3~0.7 之间。

平滑系数 α 的取值越大，则近期实际销售额对预测结果的影响越大；取值越小，则近期实际销售额对预测结果的影响越小。若随机变量的影响较大，α 取小一点，反之，取大一点。一般情况下，如果销售额波动较大或要求进行短期预测，则应选择较大的平滑系数，如果销售额的波动较小或要求进行长期预测，则应选择较小的平滑系数。

指数平滑法的目的是消除由时间数列的不规则成分所引起的随机波动,所以称为平滑方法。指数平滑法适用于稳定的时间数列,即没有明显的趋势、循环和季节影响的时间数列,当有明显的趋势、循环和季节变化时,指数平滑法将不能很好地起作用。与其他平均法相比,指数平滑法有以下两个优点:第一,α 值的设定比较灵活方便,对不同时期的资料取不同的系数,更符合客观实际;第二,在不同程度上考虑了以往所有各期的观察值,避免前后各个时期同等看待的缺点。

【例 4 – 5】

仍沿用 [例 4 – 3] 中表 4 – 3 的资料,假定该企业对 8 月的预计销售量为 1032,α 值确定为 0.4,则 9 月的销售量预测值是多少?

【解答】

9 月销售量预测值 = 0.4 × 1250 + 0.6 × 1032 = 1119.2(件)

(二)因果预测分析法

影响产品销售的因素是多方面的,在这些因素中,有些因素对产品销售起着决定性作用或与产品销售存在某种函数关系,只要找到与产品销售(因变量)相关的因素(自变量)以及它们之间的函数关系,就可以利用这种函数关系进行产品的销售预测,这种销售预测方法就是因果预测分析法。在实际工作中,回归分析法是因果预测分析法中最常用的方法。回归分析法又包括回归直线法和多元回归法等。

(1)回归直线法。也称一元回归分析法,它是假定预测对象销售量的变量因素只有一个,根据直线方程式 y = a + bx 按照数学上的最小二乘法来确定一条误差最小、能正确反映自变量 x 与因变量 y 之间关系的直线。它的常数项 a 与系数 b 的值可按下列公式计算:

$$a = \frac{\sum y - b \sum x}{n}$$

$$b = \frac{n \sum xy - \sum x \sum y}{n \sum x^2 - (\sum x)^2}$$

利用多个相关的历史数据的回归计算,求出 a 和 b 的值,即可进行预测,结合自变量 x 的值,代入公式 y = a + bx,即可求得预测对象 y 的预计销售量或销售额。

【例 4 – 6】

A 公司专门生产电冰箱压缩机,而决定电冰箱压缩机销售量的主要因素是电冰箱的销售量。假设近 5 年全国电冰箱的实际销售量的统计资料和 A 公司电冰箱压缩机的实际销售量资料如表 4 – 4 所示。

表 4 – 4

年份	2013	2014	2015	2016	2017
压缩机销售量(万只)	20	25	30	36	40
电冰箱销售量(万台)	100	120	140	150	165

假设预测期 2018 年全国电冰箱的销售量预测为 180 万台，采用因果关系预测法预测 2018 年 A 公司电冰箱压缩机的销售量。

【解答】

①根据给定资料编制计算表，如表 4-5 所示。

表 4-5

年份	电冰箱销售量（万台）x	压缩机销售量（万只）y	xy	x^2
2013	100	20	2000	10000
2014	120	25	3000	14400
2015	140	30	4200	19600
2016	150	36	5400	22500
2017	165	40	6600	27225
n = 5	$\sum x = 675$	$\sum y = 151$	$\sum xy = 21200$	$x^2 = 93725$

②根据表中数据，首先计算回归系数 a 和 b 的值，并确定反映销售变动趋势的线性回归方程式：

$$b = \frac{n\sum xy - \sum x \sum y}{n\sum x^2 - (\sum x)^2} = \frac{5 \times 21200 - 675 \times 151}{5 \times 93752 - (675)^2}$$

$$= \frac{4075}{13000} = 0.313$$

$$a = \frac{\sum y - b\sum x}{n} = \frac{151 - 0.313 \times 675}{5} = -12.06$$

直线回归方程式如下：

y = -12.06 + 0.313x

③将 x = 180 代入上述直线回归方程式，得出预测结果，2018 年 A 公司压缩机预计销售量为：

y = a + bx = -12.06 + 0.313 × 180 = 44.28（万只）

（2）多元线性回归。在实际生产经营活动中，影响经济变动的因素是多种多样的，要预测未来的经济情况，必须考虑采用多个自变量，建立多元回归方程来进行预测。

多元回归方程的表达式可以表示为

$y = a + b_1x_1 + b_2X_2 + b_3x_3 + \cdots + b_nx_n$

式中，y 是因变量；x_i 是各个自变量；b_i 是每个 x_i 变动一个单位时，y 的平均变动值。

【例 4-7】

影响某产品销售量的主要因素是广告费及居民购买力。近 5 年实际销售量、广告费、居民购买力的统计资料如表 4-6 所示。

表 4-6

年份	2013	2014	2015	2016	2017
销售量（万只）y	20	25	30	36	40
广告费（万元）x_1	1	1	2	2	3
居民购买力（万元）x_2	100	120	140	150	165

若 2018 年该地区居民购买力预测为 200 万元，公司计划安排广告费 5 万元，采用多元回归模型预测该公司 2018 年产品销售量。

【解答】

（1）建立多元回归模型。

$$y = a + b_1 x_1 + b_2 x_2$$

（2）通过三元一次方程组求 a，b_1，b_2 的值。

$$\begin{cases} \sum y_i = na + b_1 \sum x_{1i} + b_2 \sum x_{2i} \\ \sum x_{1i} y_i = a \sum x_{1i} + b_1 \sum x_{1i}^2 + b_2 \sum x_{1i} x_{2i} \\ \sum x_{2i} y_i = a \sum x_{2i} + b_1 \sum x_{1i} x_{2i} + b_2 \sum x_{2i}^2 \end{cases}$$

（3）根据给定资料编制计算表，如表 4-7 所示。

表 4-7

y_i	x_{1i}	x_{2i}	x_{1i}^2	x_{2i}^2	$x_{1i} x_{2i}$	$x_{1i} y_i$	$x_{2i} y_i$
20	1	100	1	10000	100	20	2000
25	1	120	1	14400	120	25	3000
30	2	140	4	19600	280	60	4200
36	2	150	4	22500	300	72	5400
40	3	165	9	27225	495	120	6600
$\sum y_i = 151$	$\sum x_{1i} = 9$	$\sum x_{2i} = 675$	$\sum x_{1i}^2 = 19$	$\sum x_{2i}^2 = 93725$	$\sum x_{1i} x_{2i} = 1295$	$\sum x_{1i} y_i = 297$	$\sum x_{2i} y_i = 21200$

将数值代入方程组，解方程组得：

a = -11.261，b_1 = 0.364，b_2 = 0.302

④建立销售预测模型。

$$y = -11.261 + 0.364 x_1 + 0.302 x_2$$

⑤预测 2018 年产品销售量。

$$y = -11.261 + 0.364 \times 5 + 0.302 \times 200 = 50.959（万台）$$

第三节　成本预测

一、成本预测概述

成本预测就是根据企业的经营总目标及有关资料和数据,结合企业未来发展前景和趋势,采用定量和定性分析方法,对未来一定时期成本水平和目标成本进行预计和测算。成本预测是成本管理的重要环节,是进行成本管理的起点。

科学的预测是进行正确决策的依据。通过成本预测,可以掌握未来的成本水平及其变动的趋势,为科学编制成本计划、进行成本控制、挖掘降低成本的潜力、进行成本分析和成本考核提供依据。

现代管理会计中成本预测的内容很多,一般来说,成本预测的内容主要包括目标成本预测和成本变动趋势预测。所谓目标成本是为实现目标利润所应达到的成本水平或应控制的成本限额,是企业未来一定时期生产经营活动中要求实现的成本目标。确定目标成本,是为了控制生产经营过程中的活劳动消耗和物化劳动消耗,降低产品成本,实现企业的目标利润。所谓成本变动趋势预测,是指根据成本的历史数据,按照成本性态并运用数学方法,来预测计划年度可能实现的成本水平。

二、成本预测方法

成本预测的方法有很多,常用的主要是定量分析法中的因果分析法,如本量利分析法、回归分析法等。

(一) 本量利法

该法是在销售预测和利润预测的基础上,结合本量利分析进行的。该法主要应用于目标成本预测,具体又分为以下两种情况:

(1) 按全部产品进行目标成本预测。

在考虑产品应交税费的情况下:

目标成本 = 预测营业收入 - 目标利润 - 产品应交税费

(2) 按单项产品预测目标成本。

目标成本 = (预计单价 - 单位产品应交税费 - 单位产品目标利润) × 预测销售量

或:目标成本 = 预计单价 × (1 - 相关税率) × 预测销售量 - 该产品目标利润

【例 4 - 8】

假定 A 企业预测某产品全年销售量为 25000 件,预计售价 27 元/件,产品有关税率为 5%,预测产品目标利润为 180000 元,试确定该产品的目标成本。

【解答】

目标成本 = 27 × (1 - 5%) × 25000 - 180000 = 461250 (元)

在实际工作中,目标成本还可以选择某一先进成本来确定。它可以根据本企业历史上最佳的成本水平或国内外同行业同类产品先进水平分析选择确定,也可以根据基期的实际成本水平,充分考虑到各方面成本降低因素后计算得到目标成本水平。

(二)回归分析法

这里的回归分析法与本章第二节销售预测中的回归分析法完全相同,只是变量内容发生了变化。这里仅以直线回归为例。

【例 4 - 9】

某公司生产 A 产品,2013 ~ 2017 年的产量和成本资料如表 4 - 8 所示。

表 4 - 8

年份	2013	2014	2015	2016	2017
总产量(千件)	53	55	60	85	106
总成本(万元)	54	56	59	80	92

试用直线回归法预测 2018 年计划产量为 120 千件时的成本总额。

【解答】

(1)根据给定资料编制计算表,如表 4 - 9 所示。

表 4 - 9

年份	总产量(千件)x	总成本(万元)y	xy	x^2
2013	53	54	2862	2809
2014	55	56	3080	3025
2015	60	59	3540	3600
2016	85	80	6800	7225
2017	106	92	9752	11236
n = 5	$\sum x = 359$	$\sum y = 341$	$\sum xy = 26034$	$\sum x^2 = 27895$

(2)根据表中数据,首先计算回归系数 a 和 b 的值:

$$b = \frac{n\sum xy - \sum x \sum y}{n\sum x^2 - (\sum x)^2} = \frac{5 \times 26034 - 359 \times 341}{5 \times 27895 - (359)^2}$$

$$= \frac{7751}{10594} = 0.73$$

$$a = \frac{\sum y - b\sum x}{n} = \frac{341 - 0.73 \times 359}{5} = 15.78$$

(3)直线回归方程式如下:

y = 15.78 + 0.73x

（4）将 x = 120 代入上述直线回归方程式，得出 2018 年 A 公司预计成本总额为：
$y = a + bx = 15.78 + 0.73 \times 120 = 103.38$（万元）

第四节 利润预测

利润预测是按照企业经营目标的要求，根据企业未来发展目标和其他相关资料，通过对影响利润变动的成本、产销量等因素的综合分析，对未来一定时间内可能达到的利润水平和变动趋势所进行的科学预计和推测。利润预测是正确编制利润预算的重要依据。通过利润预测，可以合理地确定目标利润，使其得以顺利实现。对企业利润的预测，最主要的是对营业利润的预测。

一、目标利润的预测步骤

目标利润是指企业在未来一段期间内，经过努力应该达到的最优化利润控制目标。确定目标利润是一项难度很大的工作，主要包括以下几个环节。

（一）确定利润率标准

通过进行调查研究，了解并掌握本企业历史上最高利润率水平以及当前同行业或社会平均利润率水平，从中选择某项即先进又合理的利润率作为目标利润率标准。一般常用的利润率标准有销售利润率、产值利润率和资金利润率。利润率标准不宜定得过高或偏低，否则会影响各方面积极性和主动性的发挥。

（二）计算目标利润基数

目标利润基数 = 预定的销售利润率 × 预计产品销售额
         = 预定的产值利润率 × 预计总产值
         = 预定的资金利润率 × 预计资金平均占用额

（三）修正目标利润

对影响利润的因素进行分析，形成目标利润预测值。比较目标利润基数与目标利润预测值，修正目标利润。

（四）最终确定目标利润，分解落实纳入预算体系

最终确定的目标利润反映的是企业未来可能实现的最佳利润水平，既先进又合理。目标利润一经确定就应立即纳入预算执行体系，层层分解落实，以此作为采取相应措施的依据。

二、利润预测方法

（一）比例预测法

比例预测法就是根据各种利润率指标（如销售利润率、产值利润率和资金利润率等）来预测计划期产品销售利润的一种方法。

(1) 销售利润率预测法。该法是根据行业销售利润率或预定的销售利润率,结合销售预测来确定目标利润的一种方法。其计算公式为:

目标利润 = 预计产品销售收入 × 销售利润率

(2) 产值利润率预测法。该法是根据企业历史的资料和现实条件,参考同行业产值利润率水平确定的产值利润率,结合企业的工业总产值计划或目标来确定目标利润的一种方法。其计算公式为:

目标利润 = 预计工业总产值 × 产值利润率

(3) 资金利润率预测法。该法是根据企业预定的资金利润率水平,结合基期实际资金占用状况与未来计划投资额来确定目标利润的一种方法。其计算公式为:

目标利润 = (基期占用资金 + 计划投资额) × 预定资金利润率

(4) 利润增长百分率法。该法是根据企业基期已达到的利润水平,结合过去连续若干年(通常为近3年)利润增长率的变动趋势,以及影响利润的有关因素在未来可能发生的变动情况,确定一个相应的利润增长率,然后确定未来目标利润的一种方法。其计算公式为:

目标利润 = 基期利润 × (1 + 预计利润增长率)

(二) 因素分析法

因素分析法是在本期已实现的利润水平基础上,充分估计计划期影响产品销售利润的各因素增减变动的可能,来预测企业计划期产品销售利润的数额。影响产品销售利润的主要因素有产品销售量、产品品种结构、产品成本、产品单价及产品销售税率等。

(1) 预测产品销售量变动对利润的影响。在其他因素不变的情况下,计划期产品销售量增加,利润额也会随之增加;反之,计划期产品销售量减少,利润额也会随之下降。

(2) 预测产品品种结构变动对利润的影响。产品品种结构变动对利润的影响是由于各个不同品种的产品利润率是不同的,而预测计划期利润时,是以本期各种产品的平均利润率为依据的。如果计划期不同利润率的产品在全部产品中所占的销售比重发生变化,就会引起全部产品平均利润率发生变动,从而影响到利润额的增加或减少。所以,应根据预测的计划期产品品种结构变动情况,确定计划期平均利润率,然后通过比较本期和计划期利润率的差异,计算计划期由于品种结构变动而增加或减少的利润数额。

(3) 预测产品成本变动对利润的影响。在产品价格不变的情况下,降低产品成本会使利润相应增加。由于成本降低而增加的利润,可根据经预测确定的产品成本降低率来求得。

(4) 预测产品单价变动对利润的影响。如果在计划期产品单价比上期提高,则销售收入也会增多,从而使利润额增加;反之,如果产品单价降低,也会导致利润额的减少。单价增加同样会使销售税金相应地增减,这一因素同样要考虑进去。

(5) 预测产品销售税率变动对利润的影响。产品销售税率变动直接影响利润额的增减。如果税率提高,可使利润额减少;如果税率降低,则使利润额增加。

(三)经营杠杆系数法

经营杠杆系数法是根据有关产品的经营杠杆同其产销量和利润之间的相互关系,借助于营业杠杆系数预测企业未来一定期间利润的方法。

所谓经营杠杆,是指由于固定成本的存在而导致的利润变动率大于产销量变动率的一种经济现象。在企业生产经营中,当有关产品的其他因素保持不变时,产销量变动必将引起边际贡献发生变动,且二者的变动比率必然相等。但由于固定成本在相关范围内保持不变,当产销量变动时,使单位固定成本成反比例变动,而导致单位产品利润变动,最终使得有关产品的利润变动率大于其产销量变动率。这一经济现象被称为经营杠杆效应。

(1)经营杠杆系数及其计算。经营杠杆的作用强度是用经营杠杆系数(DOL)来表示的,它是利润变动率同产销量变动率的比值

经营杠杆系数(DOL)= 利润变动率÷产销量变动率

= 基期边际贡献÷基期利润

(2)经营杠杆系数的变动规律。

第一,只要固定成本不等于零,经营杠杆系数就永远大于1;第二,销售量变动方向与经营杠杆系数变动方向相反;第三,成本指标的变动方向与经营杠杆系数的变动方向相同;第四,单价的变动方向与经营杠杆系数的变动方向相反;第五,在同一销售量水平上,经营杠杆系数越大,同一幅度的销售量变动幅度引起的利润变动幅度就越大,经营风险也就越大。

(3)经营杠杆系数在利润预测中的应用

目标利润 = 基期利润×(1 + 产销量变动率×经营杠杆系数)

产销量变动率 = (目标利润 - 基数利润)÷(基数利润×经营杠杆系数)

= 目标利润变动率÷经营杠杆系数

【例4-10】

某企业生产一种甲产品,今年的产销量为5000件,售价200元/件,单位变动成本120元/件,获利210000元。要求:(1)计算经营杠杆系数(2)明年计划增加销售5%,预测可实现的利润。

【解答】

(1)基期边际贡献 = 5000×(200 - 120) = 400000(元)

经营杠杆系数 = 400000÷210000 = 1.9

(2)预计可实现利润 = 210000×(1 + 1.9×5%) = 229950(元)

第五节 资金需要量预测

资金需要量预测是在销售预测、成本预测和利润预测的基础上根据企业未来经营

目标并考虑影响资金的各项因素，运用一定的方法，预计和推测企业未来一定时期内资金的需求量。一般情况下，影响资金需求量程度最大的就是计划期间的预计销售水平。所以，良好的销售预测是资金需要量预测的主要依据。

资金需要量预测的目的，是要有意识地把生产经营活动引导到以最少的资金占用取得最佳的经济效益的轨道上来。

在资金总量预测中，常用的定量分析方法是因果分析法中的回归分析法、销售百分比法和资金习性预测法。

一、回归分析法

在销售和成本预测中，回归分析是重要的预测方法。资金需要量预测，是假定在销售预测的基础上，对过去若干期的销售量（额）和资金需要量进行分析和研究，确定反映销售量（额）与资金需用量之间依存关系的回归直线，并据以推算未来期间资金需要量的一种方法。

二、销售百分比法

（一）基本原理

销售百分比法，是根据销售增长与资产增长之间的关系，预测未来资金需要量的方法。企业的销售规模扩大时，要相应增加流动资产；如果销售规模增加很多，还必须增加长期资产。为取得扩大销售所需增加的资产，企业需要筹措资金。这些资金，一部分来自留存收益，另一部分通过外部筹资取得。通常，销售增长率较高时，仅靠留存收益不能满足资金需要，即使获利良好的企业也需外部筹资。因此，企业需要预先知道自己的筹资需求，提前安排筹资计划，否则就可能发生资金短缺问题。

销售百分比法，将反映生产经营规模的销售因素与反映资金占用的资产因素连接起来，根据销售与资产之间的数量比例关系，预计企业的外部筹资需要量。销售百分比法首先假设某些资产与销售额存在稳定的百分比关系，根据销售与资产的比例关系预计资产额，根据资产额预计相应的负债和所有者权益，进而确定筹资需要量。

（二）基本步骤

（1）确定随销售额变动而变动的资产和负债项目。资产是资金使用的结果，随着销售额的变动，经营性资产项目将占用更多的资金。同时，随着经营性资产的增加，相应的经营性短期债务也会增加，如存货增加会导致应付账款增加，此类债务称之为"自动性债务"，可以为企业提供暂时性资金。经营性资产与经营性负债的差额通常与销售额保持稳定的比例关系。这里，经营性资产项目包括库存现金、应收账款、存货等项目；而经营性负债项目包括应付票据、应付账款等项目，不包括短期借款、短期融资券、长期负债等筹资性负债。

（2）确定经营性资产与经营性负债有关项目与销售额的稳定比例关系。如果企业资金周转的营运效率保持不变，经营性资产与经营性负债会随销售额的变动而呈正比例变动,保持稳定的百分比关系。企业应当根据历史资料和同业情况,剔除不合理的资金占用,寻找与销售额的稳定百分比关系。

(3) 确定需要增加的筹资数量。预计由于销售增长而需要的资金需求增长额,扣除利润留存后,即为所需要的外部筹资额。即有:

外部融资需求量 = $A/S0 \times \triangle S - B/S0 \times \triangle S - S1 \times P \times E$

式中:A 为随销售而变化的敏感性资产;B 为随销售而变化的敏感性负债;S0 为基期销售额;S1 为预测期销售额;△S 为销售变动额;P 为销售净利率;E 为利润留存率;A/S0 为敏感资产与销售额的关系百分比;B/S0 为敏感负债与销售额的关系百分比。

【例 4 – 11】

假设某公司 2017 年 12 月 31 日的资产负债表如表 4 – 10 所示。2017 年度实现销售收入 500000 元,税后净利 20000 元,发放股利 10000 元,厂房、设备等固定资产已达饱和状态,如果 2018 年度销售收入增加到 800000 元,并仍按 2017 年股利发放率支付股利。要求预测 2018 年需要追加资金的数额。

表 4 – 10　　　　　　　　　　资产负债表　　　　　　　　　　(单位:元)

资产		负债与所有者权益	
现　　金	10000	应付账款	50000
应收账款	85000	应交税费	25000
存　　货	100000	长期负债	115000
预付账款	55000	普通股	200000
固定资产	150000	留用利润	10000
合　　计	400000	合　　计	400000

【解答】

(1) 将资产负债表中预计随销售变动而变动的项目分离出来。从资产负债表中可以看出,资产中除预付账款外均属于敏感资产,这些资产将随销售的增加而增加。因为较多的销售不仅会增加现金、应收账款,占用较多的存货,而且由于厂房设备利用率已达饱和状态,相应也会增加一部分固定资产。而负债与所有者权益中只有应付账款、应交税费属于敏感负债,将随销售的增加而增加;短期借款、长期负债、普通股和留用利润不随销售的增加而增加。

(2) 计算各敏感项目 2017 年度的销售百分比。根据基年各敏感项目的数额及基年销售收入额,可按下列公式计算基年销售百分比:

某敏感项目销售百分比 = $\dfrac{基年该项目金额}{基年销售收入} \times 100\%$

以应收账款为例,其销售百分比计算如下:

应收账款销售百分比 = $\dfrac{85000}{500000} \times 100\% = 17\%$

其他各敏感项目的销售百分比计算如表 4-11 所示。

表 4-11　　　　　　　　　　销售百分比表

资　产	销售百分比（%）	负债与所有者权益	销售百分比（%）
现　金	2	应付账款	10
应收账款	17	应付费用	5
存　货	20	长期负债	-
预付账款	-	普通股	-
固定资产	30	留用利润	-
合　计	69	合　计	15

从表 4-11 合计数值可知：

$A/S0 - B/S0 = 69\% - 15\% = 54\%$

即该公司每增加 1 元的销售额需追加资金 0.54 元。

又，$S1 - S0 = 800000 - 500000 = 300000$（元）

$S1 \times P \times E = 800000 \times 20000/500000 \times (1 - 10000/20000) = 16000$（元）

2018 年预计需追加的资金数额 $= 54\% \times 300000 - 16000 = 146000$（元）

【本章小结】

预测是决策的前提，要做出科学的决策必须科学进行预测。预测分析是企业进行经营管理的重要组成部分。

预测分析的方法一般可分为定性预测法和定量预测法两大类。常见的定性分析法有判断分析法和调查分析法两种，常见的定量分析法有趋势分析法和因果分析法。定性分析法和定量分析法各有优缺点，应根据具体情况把两者结合起来使用，才能收到良好效果。

预测分析的内容包括销售预测、成本预测、利润预测和资金预测等几个方面。销售预测的方法主要有趋势预测法、因果预测法、判断分析法、调查分析法等，前两种属于定量分析法，后两种属于定性分析法。成本预测的方法主要有定量分析中的因果分析法，如本量利分析法、回归分析法等。利润预测的方法有比例预测法、因素分析法和经营杠杆系数法。资金预测主要有回归分析法、销售百分比法。

【案例分析】

蜀乐香辣酱厂的利润预测

蜀乐香辣酱厂是一家生产瓶装香辣酱的企业，在 2010 年度湖南、湖北、重庆和四川的几大主要香辣酱厂普遍盈利的情况下，蜀乐香辣酱厂仅获微利。厂领导班子分析讨论后认为，本厂的瓶装香辣酱就销量、价格与"老干妈"、"阿香婆"相比，并无太大差异，造成有价无利情况的原因应该是在成本管理方面存在问题。因此，厂领导班子召开会议决定推进管理会计在本厂的应用，强化成本核算与管理。

蜀乐香辣酱厂2009年度、2010年度的比较损益表如下：

比较损益表　　　　　　　　　　　　　　　　　（单位：万元）

项目	2009年	2010年
一、主营业务收入	5017.35	5243.32
减：销售折让	13.27	24.21
主营业务收入净额	5004.08	5219.11
减：主营业务成本	3201.77	3604.44
主营业务税金及附加	317.49	417.83
二、主营业务利润	1484.82	1196.84
加：其他业务利润	35.76	23.46
减：存货跌价准备		
营业费用	476.58	574.31
管理费用	690.32	373.25
财务费用	317.87	85.43
三、营业利润	35.81	187.31
加：投资收益	18.54	-45.76
营业外收入	6.47	5.71
四、利润总额	60.82	147.26
减：所得税	15.21	36.82
五、净利润	45.61	110.44

厂部领导班子在征得全厂职工意见的基础上决定进一步完善责任会计管理，成立几个责任中心，制订相应的人力资源管理制度和薪酬激励制度。

首先成立采购中心。往年本厂采购业务是采购人员到一些收购站联系采购事宜，再由收购站往厂里发送辣椒。这样，进厂辣椒的入库价格为1.5元/公斤。在划分责任中心后，厂领导班子决定把从粉碎车间、装瓶车间、发酵车间裁员下来的95人充实到采购队伍中去，该部分人员的工资比在各自原岗位加上出差补助后每年大概为每人多支出4500元，而原有的50名采购人员工资每人每年大概会上浮2000元左右。由于采购人员亲自到农户田间地头跟农民洽谈，节约了中间环节的成本，在考虑了汽车运输油料和驾驶人员工资之后，估计今年的辣椒平均价格会维持在市场价格1.60元/公斤左右，而采取了上述措施之后采购部门能将5000吨的辣椒采购的到货价格下降到1.45元/公斤。

其次，成立销售中心，对该中心50名销售人员改变原来的固定工资制，实行年薪制加提成的方法。在完成了每箱30元、1000箱每年的销售任务后，可保800元底薪。此后每多销售一箱提取 0.6 元，价格方面每超过一元提取 10% 的奖励。保守估计今年的销售价格为 30.5 元/箱，每人每月能销售 1500 箱。

最后，成立一个生产中心，负责三个车间的成本核算，估计能将各生产车间人员工资维持在去年的 1000 元/月左右。此外，经过精心的技术论证和挖潜改造，可以将一套价值 180 万元使用年限为 12 年的设备出租，每年能收取 10 万元的租金。每年可节约水电费 6 万元。

要求：

（1）根据上述资料预测该厂 2011 年度的利润。

（2）你认为该企业在经营管理方面采取的改进措施是否得当，还有什么潜力可挖。

案例资料来源：崔国萍：《成本管理会计（第 2 版）》 [M]，北京：机械工业出版社 2012 年版。

【课后练习】

一、思考题

1. 定性销售和定量销售的优缺点是什么？其适用范围是什么？

2. 结合实例说明如何进行销售预测、成本预测、目标利润预测和资金需要量预测。

二、单选题

1. 判断分析法是指销售人员根据（　　）进行估计，然后由销售人员加以综合，从而得出企业总体的销售预测的一种方法。

　　A. 消费意向　　　　　　　　B. 直觉判断
　　C. 数学模型　　　　　　　　D. 市场前景

2. 趋势分析法和因果分析法属于（　　）。

　　A. 调查分析法　　　　　　　B. 判断分析法
　　C. 定性销售预测　　　　　　D. 定量销售预测

3. 采用加权平均法预测销售量时，确定各期权数的数值应满足的要求是（　　）。

　　A. 近小远大　　　　　　　　B. 前后一致
　　C. 近大远小　　　　　　　　D. 逐期递减

4. 某公司 2016 年 10 月的预测销售量为 40000 件，实际销售量为 42000 件，若公司选用 0.7 的平滑系数进行销售预测，则 11 月的预测销售量为（　　）。

　　A. 414000 件　　　　　　　　B. 39400 件

C. 40600 件   D. 57400 件

5. 筹资预测常用的方法是（   ）。

    A. 销售百分比法   B. 趋势分析法

    C. 回归分析法   D. 高低点法

6. 关于目标成本预测，下列说法正确的是（   ）。

    A. 预计的产品销售收入 – 目标利润

    B. 预计的产品销售收入 – 应交税金 – 目标利润

    C. 变动成本 + 管理费用

    D. 固定成本 + 期间费用

7. 已知企业上年利润为 20000 元，下一年的经营杠杆系数为 2.8，预计销售量变动率为 10%，则下年利润预测额为（   ）。

    A. 25600 元   B. 24000 元

    C. 22000 元   D. 56000 元

8. 销售百分比法比较适用于（   ）的预测。

    A. 长期筹资量   B. 目标利润

    C. 近期筹资量   D. 以上都不是

9. 预测方法分为两大类，是指定量分析法和（   ）。

    A. 平均法   B. 定性分析法

    C. 回归分析法   D. 指数平滑法

10. 预测过程中收集的资料应（   ）。

    A. 包括过去、现在和未来

    B. 具有可比性、系统性和连续性

    C. 是可以计量的数据

    D. 客观、公正、全面

三、多选题

1. 定性分析法具体包括（   ）。

    A. 判断分析法   B. 指数平滑法

    C. 调查分析法   D. 因果预测分析法

2. 下列各项中，可用于预测未来销售量的是（   ）。

    A. 算术平均法   B. 趋势平均法

    C. 指数平滑法   D. 回归预测法

3. 在资金需求量的预测中，下列项目中总是被看作是随着销售额变动而变动的是（   ）。

    A. 应收账款   B. 存货

    C. 固定资产   D. 递延资产

4. 下列各项中，可用于进行利润预测的是（　　）。
   A. 比例预测法　　　　　　　　B. 盈亏临界图分析法
   C. 销售百分比法　　　　　　　D. 因素分析法

5. 目标成本确定的方法有（　　）。
   A. 选择往年的成本水平作为目标成本
   B. 选择某一先进成本水平作为目标成本
   C. 先确定目标成本，再从产品的销量收入中减去销售税金和目标利润，余额为目标成本
   D. 利用往年的成本数据来推算目标成本

四、判断题

1. 对销售进行预测时，企业必须具备有关销售的各期历史统计资料，否则无法进行预测。　　　　　　　　　　　　　　　　　　　　　　　　　　　（　　）
2. 预测就是对不确定的或不知道的事件做出叙述和描述。　　　　　（　　）
3. 预测是为决策服务的，有时候也可以代替决策。　　　　　　　　（　　）
4. 定性分析法与定量分析法在实际应用中是相互排斥的。　　　　　（　　）
5. 销量预测中的加权平均法与移动加权平均法没有任何共同之处。　（　　）
6. 趋势平均法对历史上各期资料同等对待，权数相同。　　　　　　（　　）
7. 成本预测是其他各项预测的前提。　　　　　　　　　　　　　　（　　）
8. 销售预测中的算术平均法适用于销售量略有波动的产品的预测。　（　　）
9. 因果预测法就是回归分析法。　　　　　　　　　　　　　　　　（　　）
10. 目标利润基数可以按不同的利润率标准计算。　　　　　　　　　（　　）

五、计算题

1. 某公司本年 1～12 月产品销售量情况如下表所示，用指数平滑法预测明年 1 月的销售量（万件）。（平滑系数为 0.3）

销售量情况（1～12 月）

月份	1	2	3	4	5	6	7	8	9	10	11	12
销售量	66	68	74	68	82	88	100	92	94	104	90	110

2. 某企业生产一种产品，今年的实际销量为 5000 件，售价 200 元，单位变动成本 70 元，获利 300000 元。要求：
   （1）计算经营杠杆系数。
   （2）明年计划增加销售 5%，预测可实现的利润。
   （3）若明年目标利润为 400000 元，计算应达到的销售量。

3. 某企业生产的产品 2017 年 1～6 月的产量及成本资料如下表所示：

月份	1月	2月	3月	4月	5月	6月
产量（件）	30	32	35	34	37	42
总成本（元）	6500	7000	7500	7600	7800	8400

要求：采用一元线性回归分析法测算成本模型。

4. 某公司2017年12月31日的资产负债如下表所示。2017年度实现销售收入300000元，可获5%的销售净利润。如果2018年度销售收入增加到400000元，根据销售百分比法预测2018年资金需用总量。

资产负债资表　　　　　　　　　　　　　　　　　　（单位：元）

资产	期末余额	负债与所有者权益	期末余额
货币资金	15000	应付账款	30000
应收账款	30000	应付票据	30000
预付账款	35000	短期借款	60000
存货	90000	长期负债	30000
固定资产	70000	实收资本	60000
		留存收益	30000
合计	240000	合计	240000

【本章参考文献】

1. 崔国萍：《成本管理会计（第2版）》[M]，北京：机械工业出版社2012年版。

2. 孙茂竹，文光伟，杨万贵：《管理会计学学习指导书》[M]，北京：中国人民大学出版社2015年版。

3. 赵书和：《成本与管理会计》[M]，北京：机械工业出版社2012年版。

4. 温素彬：《管理会计（第2版）》[M]，北京：机械工业出版社2014年版。

5. 万寿义，任月君：《成本会计》[M]，大连：东北财经大学出版社2016年版。

6. 单昭祥，韩冰：《新编管理会计学》[M]，大连：东北财经大学出版社2017年版。

7. 孙茂竹，文光伟，杨万贵：《管理会计学》[M]，北京：中国人民大学出版社2015年版。

第五章

短期经营决策

【本章学习目标】

通过本章的学习
1. 了解决策的意义与分类
2. 了解决策的一般流程
3. 了解不确定性决策分析方法
4. 理解和掌握短期决策的相关成本概念
5. 理解和掌握短期决策主要分析方法

第一节 决策分析概述

一、决策的定义

管理学家亨利·法约尔认为,管理的重心在经营,而经营的重心在决策。西蒙则认为管理就是决策,且决策贯穿于管理全过程。由此说明,决策是经营管理活动的关键。

所谓决策,是根据对当前的条件和对未来发展情况的预测分析,为了达到一定的目标而在多种可供选择的方案中,选择并决定采用一个最优方案的过程。

在市场经济条件下,企业必须根据自己的优势和劣势,面临的机会与威胁确定企业的战略目标及战略实施应采取的相应方法,因此,还需时刻注视市场动态,根据市场需求来决定应生产什么,生产多少以及如何组织生产、价格怎样确定等进行一系列决策。而决策的正确与否最终反映在企业价值是否增值,是否会影响到企业的长远发展。因此,企业经营管理者面临的不是是否应该进行决策的问题,而是如何做出正确的决策、如何进行科学决策的问题。

二、决策的分类

企业的决策可以按不同的标志进行分类。按影响时间的长短划分为长期决策与短期决策；按决策的重要性可划分为战略性决策和战术性决策；按决策问题所依据的环境和条件不同可划分为确定型决策、风险型决策与不确定型决策；按决策组织活动的形态或解决问题的方式不同可划分为程序化决策与非程序化决策；按决策方案之间的关系可划分为独立性方案决策、互斥方案决策和最优组合决策。

（一）短期决策和长期决策

（1）短期决策，又称经营决策或战术性决策，是指其影响一般只影响到一年内的经营状况，目标是在现有技术装备和经营条件的最优利用下，争取最佳经营效益的决策。它主要涉及如产品生产安排的选择、零部件自制还是外购的选择、半成品出售还是进一步加工的选择、不同生产方法的选择等生产决策、销售定价决策及存货决策等。对于这类决策，需要分析比较不同方案对利润的影响，以便从中选出最优方案。

（2）长期决策，又称长期投资决策或资本支出决策，是指其影响一般在一年以上、较长期间内有持续影响的决策。如厂房的新建、改建、扩建，机器设备的购置更新，新产品的试制和现有产品的改造等。这些决策都是为了改变或扩大企业的生产或经营能力。其基本特点是：投入的资金数量较大，影响的持续期长。决策的正确与否，不仅对建设期间的投资支出和建设投产后的现金收支和盈亏有重大影响，而且对企业未来较长期间能否保持良好的经营状态和盈利能力关系极大。对这类决策方案，要利用货币的时间价值和现金流量等工具来进行方案的最优选择。

（二）战略性决策和战术性决策

（1）战略性决策。它是指关系企业未来发展方向、大政方针的全局性重大决策，如经营目标的制定、新产品的研发、生产能力的扩大等问题。这类决策取决于企业的长远规划和外部环境对企业的影响，它的正确与否，对企业的成败具有决定性意义。

（2）战术性决策。它是指为实现预期的战略决策目标，对日常经营活动所采用的方法与手段的局部性决策，如零部件的自制与外购、生产组合的安排等问题。这类决策主要考虑怎样最合理、最充分利用企业现有的人力、物力、财力等资源实现经营目标，其决策的正确与否，都不会对企业的大局产生决定性影响。

（三）确定型决策、风险型决策与不确定型决策

（1）确定型决策。这类决策所涉及的各种备选方案的各项条件都是已知的，且一个方案只有一个确定的结果。这类决策比较容易，只要进行比较分析即可。

（2）风险型决策。这类决策所涉及的各种备选方案的各项条件不是唯一的，可能呈现多种状态表现，但每种状态出现的概率已知，从而使每一方案的执行都会出现两种或两种以上的不同结果。因此，这类决策可用期望值和决策树等方法来进行决策。

（3）不确定型决策。与风险型决策不同，这类决策所涉及的各种备选方案的各项条件虽呈现多种状态表现，但每种状态出现的概率不知，因此，此类决策，只能根

据决策者的经验判断确定作为决策依据。可采用大中取大，小中取大，最大的后悔值的最小值等方法来决策。

（四）程序化决策与非程序化决策

（1）程序化决策。它是指对企业不断重复如定期订货和出货等日常决策活动，根据人们积累的一套经验，将这种不断重复的方法和顺序制定成固定的工作规则和程序，使这类工作有章可循。对这种经常性的业务工作和管理工作所做的决策称为程序化决策。该决策具有重复和例行的特点。

（2）非程序化决策。它是指对不经常重复出现的决策活动，如新产品的开发、是否接受特定订货等决策活动，需根据具体情况具体分析，量体裁衣的方法进行决策。该决策具有新规定的、非例行的特点。

（五）独立性方案决策、互斥方案决策和最优组合决策

（1）独立性方案决策。它是指只需对一个备选方案做出是接受还是拒绝的决策。如亏损产品是否停产的决策。

（2）互斥方案决策。它是指需要在两个或两个以上的备选方案中选择一个最优方案的决策。如生产哪种产品的决策、零部件自制还是外购的决策等。

（3）最优组合决策。它是指在资源总量有限，受到一定限制的条件下，如何充分利用现有有限的资源，从各种可能的组合中选择一组最优组合的决策。如在企业资金有限的情况下，从各种可行的投资方案中选择一组最优的投资方案组合的决策。

三、决策的一般流程

要有效地进行决策，必须依次经过决策过程。美国著名管理学家西蒙将决策过程大致概括为：从提出问题、确定目标开始，然后寻找为实现目标可供选择的各种备选方案或措施，再比较并评价这些方案的得失，并进行选择确定最优方案，最后还需将所选的最优方案进行执行，并进行核查和控制，以保证实现预定的目标。其基本流程如图 5-1 所示。

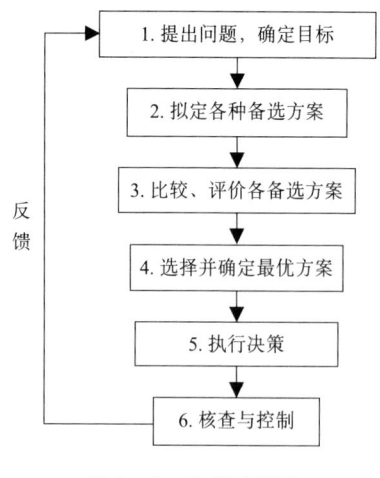

图 5-1 决策流程图

1. 提出问题，确定目标。决策目标是进行决策的前提。企业的经济活动是多方面的，对于不同业务活动的决策有不同的目标。有些目标是提高产量；有些目标是降低成本或增加收入。

2. 拟定各种备选方案。确定决策目标之后，就必须根据决策目标，并考虑现有可用资源基础上，通过"头脑风暴"法列出各种可供选择的方案，以便进行比较，从中择优。

3. 比较、评价各备选方案。在提出备选方案之后，就要对这些方案加以比较和评价。为了便于比较、评价，首先必须收集与之相关的资料。如与之有关的成本、收入及其他资料等；其次，将所收集的相关资料进行整理、分析对比；最后，根据所掌握的资料，利用数学模型进行加工计算，借以对各有关方案的经济效益进行科学的测算、评价其利弊得失，为管理当局正确地进行最优决策提供客观依据。

4. 选择并确定最优方案。在对各种资料进行了分析、评价的基础上，利用短期或长期决策方法选定最优方案。对于短期决策，需要分析比较不同方案对利润（或贡献边际等）的影响，以便从中选出最优方案；对长期决策，要利用货币的时间价值和现金流量等工具来进行方案的最优选择。

5. 执行决策。最优方案选定后，就要制订具体的实施措施和政策，保证决策的正确执行；要把决策目标落实到每一个执行单位，明确具体责任；要通过控制系统的报告制度，迅速、及时地掌握决策实施过程的具体情况。

6. 核查与控制。在决策已经付诸实施后，由于现实中存在大量的不确定因素，在预测中难以完全预料，因而，在决策的执行过程中还会发生许多新的情况，从而影响决策的预期效果。为此，必须有一套跟踪和检查的控制方法，在决策的执行过程中要及时进行信息的反馈，不断对原定方案进行修正，以提高决策的科学性。保证决策目标的实现。

决策离不开信息，管理会计掌握着企业经营活动有关数据的资料源。管理会计人员为有效帮助管理当局在制订各项经营管理方案中做出正确的判断和选择，就要对生产经营管理各方面所采取的各种方案可能取得怎样的效果，进行科学的预测，以便为管理当局正确地进行决策提供客观依据。因此，对各项方案的经济效益进行分析评价，为决策提供主要依据，是现代管理会计必须着重研究的一个重要方面。

第二节　短期经营决策的相关成本与收入概念

在进行短期经营决策时，为提高决策的有效性，需将成本按是否在决策时需要考虑的成本，区分相关成本和无关成本。相关成本（relevant cost）是指与特定决策方案相联系的、能对决策产生影响的、在短期经营决策中必须予以充分考虑的成本。相关成本包括增量成本、边际成本、机会成本、估算成本、重置成本、付现成本、专属成本、加工成本、可分成本、可延缓成本和可避免成本等。无关成本（irrelevant cost）是指与特定决策方案没有联系的、不对决策产生影响的、在短期经营决策中无须考虑的成本。如沉没成本、共同成本、不可延缓成本和不可避免成本等。

下面介绍在进行短期经营决策分析时所涉及的一些主要成本概念。

一、增量成本与边际成本

（一）增量成本

增量成本（Incremental cost），又称为差别成本或差量成本（Differential cost），是指一个备选方案的预计成本与另一方案的预计成本之间的差额，即两个决策方案之间预期成本之差。在实践中，很多增量（差别）成本都是相关成本。例如，是否接受特殊订货、零件自制或外购等，都是利用差别成本来判别的决策活动。在进行短期经营决策时，增量（差别）成本常与增量（差别）收入和增量（差别）利润两个概念结合应用，增量（差别）收入或增量（差别）利润是指一个方案与另一个方案的收入之差或利润之差。

（二）边际成本

边际成本（Marginal cost）是指每增加或减少一个单位的业务量所增加或减少的总成本。边际成本与差别成本都是相关成本，但要注意两者的不同：边际成本研究的是单位业务量变动与总成本变动的关系，而增量成本所涉及的业务量并非一定是单位业务量。

从微观经济学原理可知：在短期内，边际成本有两个基本性质：一是边际成本等于边际收益时，企业利润达到最大化；二是当边际成本等于平均成本时，其平均成本达到最低水平。因此，边际成本对我们研究产量与价格组合对利润的影响问题是非常有用的。

二、机会成本与假计成本

（一）机会成本

机会成本（Opportunity cost）原是经济学术语，它以经济资源的稀缺性和多种选择机会的存在为前提，企业在经营决策中，往往面临若干可行方案，每个可行方案都会给企业带来收益，而企业所拥有的资源是有限的，最终只能选一个最优（最满意）的方案，从而放弃了次优方案所应带给企业的潜在收益，就是选择最优方案的机会成本。值得注意的是，机会成本并不构成企业的实际支出，也就无须入账核算，但它却是进行短期经营决策时，必须认真加以考虑的一个重要成本因素。

在短期经营决策的生产决策中，机会成本也是较为常见的相关成本。在进行亏损产品的是否转产或停产的决策、是否接受特殊价格追加订货的决策和有关产品是否深加工的等决策时，若剩余生产能力可以转移，那么将这些剩余生产能力用于其他方面所获得的收益，对于继续利用这些剩余生产能力（即不转移生产能力）的方案来说就是它们的机会成本。

(二) 假计成本

假计（应负）成本（Imputed cost）又叫估算成本（Estimated cost）。它是机会成本的特殊形式，凡是需要经过假定推断才能确定的机会成本就是估算成本。估算成本的典型形式就是利息。例如，企业用货币购进机器设备，其成本包括购价、安装费等。而资金占用在任何一个项目上，都是要花代价的。因此，为了正确地对各种可供选择的方案进行分析对比，不论企业为此所用的资金是自有的还是外借的，均可将自有资金的存款利息或外借的贷款利息视为该项资金的机会成本，这种假设存在的利息作为机会成本看待。自有的还是外借的资金的应计利息就是假计成本的一种形式。

三、沉没成本与重置成本

(一) 沉没成本

沉没成本（Sunk cost）或称沉落成本是指因过去的决策产生的，且不因未来而改变，在未来无法收回的历史成本（支出）。如某公司在五年前买入的设备所支付的500000元就是沉没成本。换句话说，沉落成本一经发生就无法补偿。如已经发生的厂房设备的投资就是沉落成本。沉落成本具有过去已经发生和未来不会变化的两个特征，它表明与决策不存在相关性，故为无关成本。因而，决策时可不加以考虑。

(二) 重置成本

重置成本（Replacement cost）是指按照当前市场价格（Current Price）重新购买目前所持有的某项资产所需支付的成本。例如，某公司在五年前花500000元买入的设备仍然在使用，如果该设备当前卖出的市场价格为100000元，若企业要重新购买该设备，则需支付100000元。这100000元就是重置成本。重置成本在短期经营决策的定价决策以及长期投资决策的以新设备替换旧设备的决策中，都需要考虑，是相关成本。

四、付现成本与总成本

(一) 付现成本

付现成本（Out-of-Pocket cost）是指未来必须以现金支付的成本。如购买设备的支出等。此项成本，在未来需以现金支付，故在决策上，通常为相关成本。

(二) 总成本

总成本（Total cost）是取得某项资产所需发生的全部成本，一般包括付现成本和非付现成本。

例如，张先生急需想购买一店铺从事零售业务，目前目标店铺的付款方式有两种方案可供选择：方案一要求一次性全部支付现金100万元；方案二要求只需首付20万元，以后每年支付10万元，共支付10年，支付完最后一期款项后，房产所有权归张先生。通过上面的两个方案比较可以看出，在不考虑货币的时间价值下，方案一的总成本与付现成本相同都表现为 100 万元；方案二中的总成本为 120 万元，付现成本为 20 万元。若张先生目前的现金比较充裕且没有其他更好用途的话，则选择总成本低的第一种支付方案比较有利；若张先生目前的现金不太充裕，那么应选择付现成本低的第二个支付方案。

在企业经营决策中，当企业财务状况吃紧，现金储备不足时，付现成本大小便成为方案选优的重要标准。有时管理者宁可选择付现成本较低的方案，替代那些收益最大总成本最低的方案。

五、专属成本与共同成本

（一）专属成本

专属成本（Specific cost）是指因某决策方案，可以明确归属于某项作业，某种产品或某个部门等特定对象的成本。如果该决策方案不选择，相应的成本就不会发生。例如，专门用于生产某种产品的设备的租金、保险费和折旧费等都是该产品的专属成本。专属成本是与决策相关、应加以考虑的相关成本。

（二）共同成本

共同成本（Common cost），是指由几项作业、几种、几批产品或几个部门共负担的固定成本。因此，共同成本是与"专属成本"相对应的概念。共同成本的特点是，在一般情况下，无论选择哪一个决策方案，它都会发生且金额相同，例如企业管理人员的工资，车间照明费、取暖费等，均属共同成本。所以，在通常情况下，它是决策方案的无关成本。

值得注意的是，专属成本与共同成本的区分是针对固定成本而言的。变动成本绝大部分都是专属成本，无须划分为专属成本和共同成本。

六、可避免成本与不可避免成本

（一）可避免成本

可避免成本（Avoidable cost/Escapable cost），是指通过某项决策行动可确定是否发生的成本。也就是说，这种成本与企业的某项决策活动有直接连带关系，当这项决策活动被取消时，这部分成本相应不会发生。例如，某企业有一批特殊订货，如果接受此项订货，该企业需要购置一台价值 200000 元（预计可用 10 年，直线法计提折旧，无残值）专用设备；如果该企业拒绝了这批订货，则年折旧费用 20000 元就是可避免成本。一般而言，与某一方案相关的变动成本都是可避免成本，酌量性固定成本一般也是可避免成本。

（二）不可避免成本

不可避免成本（Unavoidable cost/Nonescapable cost），是指某项决策活动不能影响其发生的成本。也就是说这项成本的发生不因某项决策活动的取消而不发生。例如，某企业在其设备能力范围内接受一批订货，无须增加新的专用设备。设备原有的年折旧费为 50000 元，这 50000 元不会因企业拒绝这批订货而不发生。即折旧费的发生与是否接受该订货无关，所以是不可避免成本。一般而言，约束性固定成本属于不可避免成本。

由此可见，一个决策方案的取舍，主要考虑的是可避免成本，它是与决策有关的相关成本。而不可避免成本则是现已存在的成本，与方案取舍无关，故是无关成本。

七、可延缓成本与不可延缓成本

（一）可延缓成本

可延缓成本（Deferrable cost），是指当某一个已经决定要采用的方案，如果推迟其执行，不会对企业全局产生很大的影响的与这一方案关联的成本。例如，某企业已经决定购买十台新电子计算机，以置换一批旧的电子计算机。但因企业目前资金比较紧张，经理人员决定推迟购买的时间。由于这一方案是否立即实施，不会对企业目前的正常生产经营产生重大影响，因此，与购买电子计算机有关的成本视为可延缓成本。

（二）不可延缓成本

不可延缓成本（Undeferrable cost），是指当已选定某一决策方案时必须立即实施，否则，将会对企业正常生产经营活动产生重大的不良影响的，与这项决策方案有关的成本。例如，某企业的一项关键性设备出现故障，如不立即修复投入运行，企业将无法按期完成顾客预定的交货任务，企业将遭受重大的有形与无形损失。因此，同这一决策方案相联系的成本，就属于不可延缓成本。

将成本区分为可延缓成本与不可延缓成本，具有重大的现实意义。当企业需要采用多种决策方案，但受现有财力的限制而无法同时全部实施时，就需要确定哪些是可延缓的，哪些是不可延缓的，根据轻重缓急，分别对待，多次付诸实施。以便能够最经济、有效地利用现有资源，取得最大的经济效益。

八、分离成本和联合成本

分离成本（separabl cost）和联合成本（joint cost）是针对联产品（joint products）而言的。

有些企业利用相同的原料，经过同一生产过程生产出两种或两种以上不同性质和用途的主要产品，这些产品称为联产品。这些产品不仅在经济上有重要的意义，而且属于企业生产的主要产品。例如，石油精炼厂利用原油加工的汽油、煤油和柴油等是联产品的典型例子。

企业的原材料经过同一生产过程以后，从中分离出各种联产品，而联产品分离的这个点称为分离点。联产品在分离点之前所发生的成本称为联合成本。分离后有的产品可直接销售，有的需要进一步加工后再销售，而进一步加工的成本称为分离成本。

企业在经营过程中所面临的联产品分离后是否进一步加工后再出售的联合成本是

决策的非相关成本,只有分离成本才是决策的相关成本。

对以上各种成本概念进行分析时,关键在于要准确地区分哪些是相关成本,哪些是无关成本。与相关成本与无关成本相对应的还有相关收入与无关收入。

九、相关收入与无关收入

(一) 相关收入

相关收入(relevant revenue),是指与特定决策方案相联系的、能对决策产生重大影响的、在短期经营决策中必须予以充分考虑的收入,又称有关收入。如果某项收入只属于某个经营决策方案,即若有这个方案存在,就会发生这项收入;若该方案不存在,就不会发生这项收入,那么,这项收入就是相关收入。相关收入的计算,要以特定决策方案的单价和相关销售量为依据。

(二) 无关收入

无关收入(irrelevant revenue)是与相关收入相对立的概念。如果无论是否存在某决策方案均会发生某项收入,就可以断定该项收入是上述方案的无关收入。

同样,在短期经营决策中,可只考虑相关收入,不考虑无关收入。否则,就有可能导致决策失误。

第三节 短期经营决策的一般方法

短期经营决策一般方法,是指在短期经营决策过程中通过计算、分析和比较有关短期经营决策方案的评价指标,据以做出选择的一系列方法的统称。

本节介绍利润比较法、贡献边际总额分析法、单位资源贡献边际分析法、差别损益分析法、相关成本分析法、成本无差别点法等短期经营决策一般方法的基本原理。

一、利润比较法

1. 利润比较法的概念。通过比较不同方案的利润,从而选择利润最大的方案为最优方案的一种方法。

2. 利润比较法的适应条件:已知每个方案的所有收入和成本资料。

3. 利润比较法的分析步骤:

①分别计算不同方案的利润。假设备选方案只有两个(以下方法同样假设),分别是 A 备选方案和 B 备选方案。

相应地,按第二章本量利分析中利润的计算公式:

利润 = 销售收入 − 变动成本总额 − 固定成本总额

$EBIT = SR - VC - FC$

上式公式中:

EBIT——利润；SR——产品销售收入；TC——总成本；
VC——变动成本总额；FC——固定成本总额。

可知：

两个方案的利润 $EBIT_A$、$EBIT_B$

$EBIT_A = SR_A - VC_A - FC_A$

$EBIT_B = SR_B - VC_A - FC_B$

②经济评价、比较：

若 $EBIT_A > EBIT_B$，A 方案经济优于 B 方案，则选 A 方案；

若 $EBIT_A < EBIT_B$　B 方案经济优于 A 方案，则选 B 方案。

二、贡献边际总额分析法

1. 贡献边际总额分析法的概念。贡献边际总额分析法是在成本性态分类的基础上，通过比较各备选方案贡献边际总额的大小来确定最优方案的一种分析方法。

2. 贡献边际总额分析法的应用条件。各方案存在不同的相关收入和不同的相关变动成本，但存在全部（或部分）的共同固定成本。

3. 贡献边际总额分析法的分析步骤：

①分别计算不同方案的贡献边际总额 TCM（total contribution margin）

$TCM_A = SR_A - VC_A$

$TCM_B = SR_B - VC_B$

上式公式中：

TCM——贡献边际总额；SR——产品销售收入；VC——变动成本总额。

②经济评价比较：

若 $TCM_A > TCM_B$，则 A 方案优于 B 方案，应选 A 方案；

若 $TCM_A < TCM_B$，则 B 方案优于 A 方案，应选 B 方案。

4. 贡献边际总额分析法的注意事项。在运用贡献边际法进行备选方案的决策时，贡献边际总额分析法应用需注意以下几点：

①在不存在专属成本的情况下，通过比较不同备选方案的贡献边际总额，能够正确地进行择优决策。

②在存在专属成本的情况下，首先应计算备选方案的剩余贡献边际（贡献边际总额减专属成本后的余额），然后通过比较不同备选方案的剩余贡献边际（或贡献边际）总额，来正确地进行择优决策。

③在企业的某项资源（如原材料、人工工时、机器工时等）受到限制的情况下，还可通过计算、比较各备选方案的单位资源贡献边际额，来正确进行择优决策。

④应该选贡献边际总额量大的。也就是说，决策中，我们不能只根据单位贡献边际额的大小来择优决策。

5. 贡献边际总额分析法的适用范围

①生产或增产哪种产品的决策分析;
②出售半成品还是出售完工产品的决策分析;
③亏损产品是否继续生产还转产的决策分析;
④是否接受追加订货的决策分析;
⑤无用的机器设备是出售还是出租决策分析等。

三、单位资源贡献边际分析法

1. 单位资源贡献边际总额分析法的概念。单位资源贡献边际总额分析法是在成本性态分类的基础上,通过比较各备选方案单位资源贡献边际的大小来确定最优方案的分析方法。其中,单位资源贡献边际该指标的计算公式为:

$$单位资源贡献边际 = \frac{单位贡献边际}{单位产品资源消耗定额}$$

2. 单位资源贡献边际总额分析法的应用条件。各方案存在不同的相关收入和不同的相关变动成本,但存在全部(或部分)的共同固定成本,且企业生产只受到某一项资源(如某种原材料、人工工时或机器台时等)的约束,并已知备选方案中各种产品的单位贡献边际和单位产品资源消耗额(如材料消耗定额、工时定额)的条件下,可考虑采用单位资源贡献边际分析法进行短期经营决策。

3. 单位资源贡献边际总额分析法的分析步骤:
①分别计算不同方案的单位贡献边际 CM (contribution margin)

$$CM_A = P_A - b_A \qquad CM_B = P_B - b_B$$

②计算单位资源贡献边际 CMUR (contribution margin per unit resource)

$$CMUR_A = CM_A/R_A \qquad CMUR_B = CM_B/R_B$$

上式公式中:
CM——贡献边际;p——产品销售单价;b——单位变动成本;
CMUR——单位资源贡献边际;R——单位产品资源消耗量(额)。
③评价比较:
若 $CMUR_A > CMUR_B$,则 A 方案优于 B 方案,应选 A 方案;
若 $CMUR_A < CMUR_B$,则 B 方案优于 A 方案,应选 B 方案。

4. 单位资源贡献边际总额分析法的特点及适用范围。单位资源贡献边际分析法比较简单,经常被应用于生产经营决策中的互斥方案决策,如新产品开发的品种决策。

四、差别(差量)分析法

1. 差别分析法的概念。通过分别计算两个方案的差别收入和差别成本,再比较两个方案的差别利润从而选出最佳方案的一种分析方法。

2. 差别分析法的应用条件。该方法的应用要求掌握有关方案的相关收入和相关成本作为基本数据,一旦相关收入和相关成本的内容界定得不准确、不完整,就会直接影响决策质量,甚至会得出错误结论。因此,必须进行细致的相关分析,尤其对相关成本项目必须逐一列出具体的明细项目。

3. 差别分析法的分析步骤:

①分别计算 A、B 两方案的差别收入和差别成本

即:$\triangle SR = SR_A - SR_B$ $\qquad \triangle TC = TC_A - TC_B$

②计算差别利润

差别利润 = 差别收入 - 差别成本

$\triangle EBIT = \triangle SR - \triangle TC$

上式公式中:

$\triangle SR$——差别收入;SR——销售收入总额;TC——成本总额;

$\triangle EBIT$——差别利润。

③评价比较

若差别损益$\triangle EBIT > 0$,则 A 方案优于 B 方案,选 A 方案;

若差别损益$\triangle EBIT < 0$,则 B 方案优于 A 方案,选 B 方案。

4. 差别分析法的特点及适用范围。差别(差量)分析法比较科学、简单、实用,能够直接揭示中选的方案比放弃的方案多获得的利润或少发生的损失(即差别损益的绝对值)。通常适用于单一方案决策或只有两个备选方案的互斥决策,但要按此法对两个以上互斥方案做出决策,就必须逐次进行筛选,故比较麻烦,可以应用于企业的各项经营决策。

①生产或增产哪种产品的决策分析;

②出售半成品还是出售完工产品的决策分析;

③亏损产品是否继续生产还转产的决策分析;

④是否接受追加订货的决策分析;

⑤不需用的机器设备是出售还是出租决策分析等。

五、相关成本分析法

1. 相关成本分析法的概念。通过比较不同方案的成本,从而选择成本最小的方案为最优方案的一种分析方法。

2. 相关成本分析法的适用条件。已知各方案的相关收入相同,且在业务量确定的情况下相关成本不同。

3. 相关成本分析法的分析步骤:

①分析计算各个方案的总成本 TC_A、TC_B

$TC_A = a_1 + b_1 x$

$TC_B = a_2 + b_2 x$

上式公式中:

TC——成本总额；a——固定成本总额；

b——单位变动成本；x——业务量。

②评价分析

若 $TC_A < TC_B$，则方案 A 优于 B 方案，应选 A 方案；

若 $TC_A > TC_B$，则方案 B 优于 A 方案，应选 B 方案。

4. 相关成本分析法的适用范围

相关成本分析法通常被应用于业务量确定下的零部件取得方式的决策和不同生产工艺技术方案选择的决策。

六、成本无差别点法

1. 成本无差别点法的概念

成本无差别点是指使两个方案成本相等时的业务量。成本无差别点决策法首先计算出成本无差别点，然后利用不同方案的在不同业务量上的成本优势区域进行最优化方案选择的一种决策分析方法。

2. 成本无差别点法的应用条件

已知各方案的相关收入相同，而相关成本不同但业务量不确定的情况下。

3. 成本无差别点法的分析步骤：

①设：

X_0——成本无差别点业务量；

a_1，a_2——分别为方案 A、方案 B 的固定成本总额；

b_1，b_2——分别为方案 A、方案 B 的单位变动成本；

y_1，y_2——分别为方案 A、方案 B 的总成本。

于是：

$y_1 = a_1 + b_1 x$

$y_2 = a_2 + b_2 x$

②计算成本无差别点

根据成本无差别点时，两个方案总成本相等的原理，

令：

$y_1 = y_2$

则变形得：

$a_1 + b_1 x = a_2 + b_2 x$

$$\text{成本无差别点业务量}(x_0) = \frac{\text{两方案相关固定成本之差}}{\text{两方案相关单位变动成本之差}}$$

$$= \frac{a_1 - a_2}{b_2 - b_1}$$

③评价比较：

若所需业务量大于成本分界点 X_0 时,即若 $X > X_0$ 时,则固定成本较高的 A 方案优于 B 方案;应选 A 方案。

若所需业务量小于成本分界点 X_0 时,即若 $X < X_0$ 时,则固定成本较低的 B 方案优于 A 方案;应选 B 方案。

4. 成本无差别点法的适用范围:
①零部件自制还是外购的决策;
②不同工艺进行加工的决策。

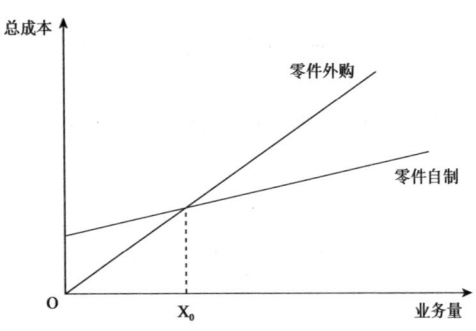

图 5-2 零部件自制还是外购的决策

从图 5-2 可知:当业务量 > 成本无差别点时,应选零件自制;
当业务量 < 成本无差别点时,应选零件外购。

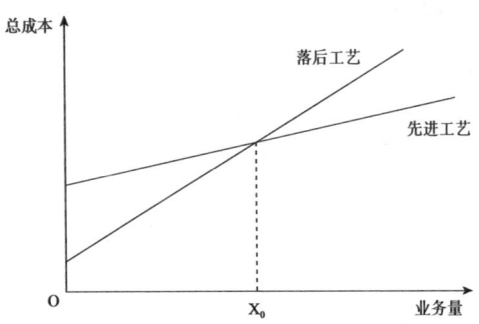

图 5-3 两种不同工艺进行加工的决策

从图 5-3 可知:当业务量 > 成本无差别点时,应选先进工艺;
当业务量 < 成本无差别点时,应选落后工艺。
从图 5-4 可知:当 $X < X_{01}$ 时,应选手工工艺;
当 $X_{01} < X < X_{03}$ 时,应选机械工艺;
当 $X > X_{03}$ 时,应选自动化工艺。

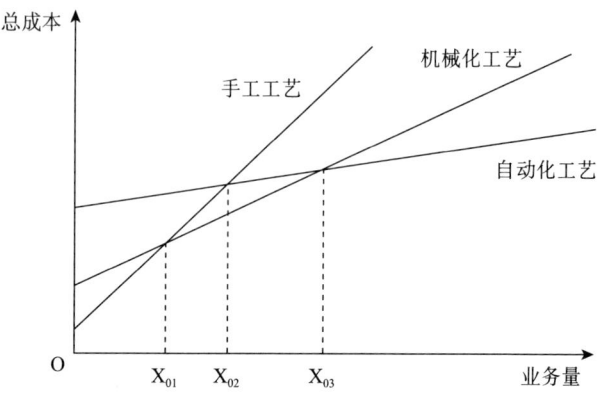

图 5-4 三种不同工艺进行加工的决策

第四节 生产决策

生产决策是主要企业经营决策之一，主要研究如何充分利用现有生产能力解决企业生产什么、生产多少、如何生产、亏损产品是否需停产或转产、半成品是否进行加工还是直接出售等决策问题。

一、新产品开发的品种决策

如何利用剩余生产能力来开发新产品有两种情况。

情况一：企业只利用剩余生产能力而不涉及追加专属成本开发新产品下

在新产品开发的品种决策中，如果企业利用剩余生产能力而不涉及追加专属成本，当业务量可以确定时，可以采用利润比较法或贡献边际总额分析法进行决策，也可以用单位资源贡献边际分析法直接进行新产品开发的品种决策。

【例 5-1】

某企业原来生产 A、B 两种产品，现有 C、D 两种新产品可以投入生产，但剩余生产能力机器工时有限，只能将其中一种新产品投入生产。企业现有的固定成本为 180000 元，并不因为新产品投产而增加。各种产品的资料如表 5-1 所示。

表 5-1　　　　　　　各种产品的相关资料表

产品名称 项目	A	B	C	D
产销数量（件）	3000	2000	1800	2400
售价（元）	100	80	60	90
单位变动成本（元）	40	50	30	50
单位产品所消耗机器工时（小时/件）	0.4	0.5	0.8	0.6

【解答一】利润比较法

从上面提供的资料可知,每个决策方案的收入和成本都已提供,因此,可采用利润比较法。

1. 若开发 C 产品,则企业实现的利润如表 5-2。

表 5-2　　　　　　　　　　　　利润表

产品名称 项目	A	B	C	合计
产销数量（件）(1)	3000	2000	1800	
售价（元）(2)	100	80	60	
单位变动成本（元）(3)	40	50	30	
单位贡献边际（元）(4) = (2) - (3)	60	30	30	
贡献边际总额（元）(5) = (4) × (1)	180000	60000	54000	294000
固定成本（元）(6)	—	—	—	180000
营业利润（元） = (5) - (6)	—	—	—	114000

2. 若开发 D 产品,则企业实现的利润如表 5-3。

表 5-3　　　　　　　　　　　　利润表

产品名称 项目	A	B	D	合计
产销数量（件）(1)	3000	2000	2400	
售价（元）(2)	100	80	90	
单位变动成本（元）(3)	40	50	50	
单位贡献边际（元）(4) = (2) - (3)	60	30	40	
贡献边际总额（元）(5) = (4) × (1)	180000	60000	96000	336000
固定成本（元）(6)	—	—	—	180000
营业利润（元） = (5) - (6)	—	—	—	156000

从上面的计算可知,开发 D 产品给企业带来的利润比 C 产品给企业带来的利润更大,故,应开发 D 产品更好。

【解答二】贡献边际总额比较法

从题目提供的材料可知,不管开发 C 产品还是开发 D 产品,都是利用现在生产能力,因而,固定成本是无关成本,A、B 两产品的相关收入和成本对决策也没影响,是无关收入和无关成本,只需比较开发 C 和 D 两种新产品的贡献边际总额即可。

C 产品的贡献边际总额为:

$TCM_C = （单价 - 单位变动成本）\times 销售量 =（60-30）\times 1800 = 54000$（元）

D 产品的贡献边际总额为：

$TCM_D =（90-50）\times 2400 = 96000$（元）

由于 D 产品的贡献边际总额大于 C 产品的贡献边际总额，故应将 D 产品投入开发与生产。

【解答三】 单位资源贡献边际比较法

从题目提供的材料可知，不管开发 C 产品还是开发 D 产品，可利用的剩余生产能力为 1440 小时，由于已知每生产 C 和 D 产品的所消耗的机器工时，因此，也可使用单位资源贡献边际比较法进行决策。如表 5-4。

表 5-4 单位资源贡献边际计算表

产品名称 项目	C	D	合计
产销数量（件）（1）	1800	2400	
售价（元）（2）	60	90	
单位变动成本（元）（3）	30	50	
单位贡献边际（元）（4）=（2）-（1）	30	40	
贡献边际总额（元）（5）=（4）×（1）	54000	96000	
利用的剩余生产能力（机器工时）（6）			1440
单位产品所消耗机器工时（小时/件）（7）	0.8	0.6	
单位资源贡献边际（元）（8）=（4）÷（7）或（5）÷（6）	37.5	66.67	

从表 5-4 可知，由于 D 产品的单位资源贡献边际大于 C 产品的单位资源贡献边际，故应将 D 产品投入开发与生产。

情况二：在企业利用剩余生产能力基础上还涉及追加专属成本开发新产品下

当新产品开发的品种决策方案中涉及追加专属成本时，可以考虑使用贡献边际分析法或差别分析法进行决策。

【例 5-2】

其他资料如【例 5-1】，此外，若生产 C 产品，需追加专属固定成本（如专门设备）为 18000 元，而若生产 D 产品，则需追加专属固定成本为 65000 元。问：应开发与生产哪种产品？

【解答一】 贡献边际比较法

从题目提供的材料可知，不管开发 C 产品还是开发 D 产品，都是利用现在生产能力，因而，原有的固定成本是无关成本，A、B 两产品的相关收入和成本对决策也没影响，是无关收入和无关成本，而追加的专属固定成本则是相关成本。故，只需比较两产品的剩余贡献边际总额即可。

剩余贡献边际总额 = 销售收入 - 变动成本总额 - 专属固定成本

C 产品的剩余贡献边际总额为

$TCM_C = (60 - 30) \times 1800 - 18000 = 36000$(元)

D 产品的剩余贡献边际总额为

$TCM_D = (90 - 50) \times 2400 - 65000 = 31000$(元)

上述计算过程也可用如表 5-5 所示。

表 5-5 剩余贡献边际总额比较法计算表

产品名称 项目	C	D
产销数量(件)(1)	1800	2400
售价(元)(2)	60	90
单位变动成本(元)(3)	30	50
单位贡献边际(元)(4) = (2) - (1)	30	40
贡献边际总额(元)(5) = (4) × (1)	54000	96000
专属固定成本(元)(6)	18000	65000
剩余贡献边际总额(元)(7) = (5) - (6)	36000	31000

由于 C 产品的剩余贡献边际总额大于 D 产品的剩余贡献边际总额,故应将 C 产品投入开发与生产。

【解答二】差别分析法

(假设 C 产品在前)

差量收入 = $1800 \times 60 - 2400 \times 90 = -108000$(元)

差量成本 = $[1800 \times 30 + 18000] - [2400 \times 50 + 65000]$
         = -113000(元)

差量利润 = $-108000 - (-113000) = 5000$(元)

上述计算过程也可用如表 5-6 所示。

表 5-6 差量分析法计算表   (单位:元)

方案 项目	C 产品	D 产品	差量
相关收入(1)	108000	216000	-108000
相关成本:			
变动成本(2)	54000	120000	
专属固定成本(3)	18000	65000	
相关成本合计(4) = (2) + (3)	72000	185000	-113000
差量利润(5) = (1) - (4)	36000	31000	5000

由于差量利润大于零,故应将 C 产品投入开发与生产。

二、盈利差的产品是否转产某种产品的决策

若企业不改变经营方向，利用现有生产经营条件调整个别品种结构，停止盈利差的某一产品的生产，将其生产能力用于开发其他产品或增加其他产品的生产，这类决策一般可采用贡献边际分析法。

【例 5-3】

已知：某企业原来生产甲、乙、丙三种产品，它们的变动成本率分别为 80%、60% 和 50%，它们的销售收入分别为 2000 万元、3000 万元和 4000 万元。如果将生产甲产品的生产能力转移，可分别用于以下用途：（1）增产现有产品乙产品，可使其年销售收入达到 4500 万元；（2）增产现用丙产品，使其年销售收入增加 1400 万元；（3）开发变动成本率为 40% 的丁产品，每年可实现 1350 万元的收入。

要求：

（1）做出是否转产其他产品的决策？并列出各备选方案优劣的排列顺序。

（2）说明如果企业决定转产，应当转产哪种产品，转产将给企业带来什么好处？

【解答】

根据贡献边际总额 = 销售收入 × (1 - 变动成本率) = 销售收入 × 贡献边际率

计算如下：

若继续生产甲产品则其所创造的贡献边际总额为

$TCM_{甲} = 2000 \times (1 - 80\%) = 400$（万元）

若增产乙产品，则所增加的贡献边际总额为

$TCM_{乙} = (4500 - 3000) \times (1 - 60\%) = 600$（万元）

若增产丙产品，则所增加的贡献边际总额为

$TCM_{丙} = 1400 \times (1 - 50\%) = 700$（万元）

若开发丁产品则所创造的贡献边际总额为

$TCMJ = 1350 \times (1 - 40\%) = 810$（万元）

上述计算用表格列示如表 5-7。

表 5-7　　　　　　　　贡献边际分析法计算表

备选方案 项目	继续生产甲产品	增产乙产品	增产丙产品	开发丁产品
相关销售收入（万元）	2000	4500 - 3000 = 1500	1400	1350
变动成本率（%）	80%	60%	50%	40%
贡献边际率（%）	20%	40%	50%	60%
贡献边际总额（万元）	400	600	700	810
排序	4	4	2	1

（1）从上述计算可知，无论是增产乙产品；还是增产丙产品；还是开发丁产品；都比继续生产甲产品有利可图。各备选方案的排列顺序：①开发丁产品；②增产丙产

品；③增产乙产品；④继续生产甲产品。

（2）由于开发丁产品为企业创造的贡献边际最大，故应当转产开发丁产品。

三、亏损产品是否继续生产的决策

对于亏损产品，绝不能简单地予以停产，而必须综合考虑企业各种产品的经营状况、生产能力的利用及有关因素的影响。

亏损产品是指为企业创造的利润小于零的产品即营业利润<0。但根据产生亏损的原因，可将亏损产品分为实亏产品（即营业利润<0，且贡献边际总额<0也即单位售价<单位变动成本）和虚亏产品（营业利润<0，但贡献边际总额>0，也即单位售价>单位变动成本）。对于实亏产品，产销越多，企业亏损越大，则应立即停产或转产；而对于虚亏产品，产销越多，企业亏损越小，关键原因是产销量没达到保本点，可继续生产扩大销售，或转产盈利能力更强的产品的生产。

因此，是否继续生产亏损产品的决策可采用贡献边际分析法、差别分析法等根据不同情况进行分析后，做出停产、继续生产、转产或出租等最优选择。

情况一：在相对剩余生产经营能力无法转移的情况下，只要亏损产品提供的贡献边际总额大于零，就应继续生产。

情况二：在相对剩余生产经营能力可以转移的情况下，只要亏损产品的贡献边际总额大于与相对剩余生产经营能力转移有关的机会成本，就应当继续生产，否则就停产，用于其他产品的生产。

【例 5-4】

某公司生产甲、乙、丙三种产品，其中甲产品是亏损产品，有关盈亏情况如下。
要求：从经济上考虑，甲产品是否应停产生产还应继续生产（假设甲产品的生产能力不能移作其他用）。

表 5-8　　　　　　　　　　　相关数据表　　　　　　　　　　　（单位：元）

产品 项目	甲	乙	丙	合计
销售收入	100000	400000	500000	1000000
销售产品成本				
变动成本	60000	200000	220000	480000
固定成本	20000	80000	120000	220000
销售产品成本合计	80000	280000	340000	700000
销售毛利	20000	120000	160000	300000
期间费用				
变动性	25000	60000	95000	180000
固定性	6000	20000	25000	51000
期间费用合计	31000	80000	120000	231000
营业利润	(11000)	40000	40000	69000

要求：表 5-8 表明，甲产品发生亏损 11000 元，为合理安排生产，企业应否停产甲产品？

【解答一】 采用利润比较法

进行利润比较法需采用变动成本法下的利润比较法进行

表 5-9　　　　　　　亏损产品甲产品不停产下企业利润分析表　　　　　　（单位：元）

产品 项目	甲	乙	丙	合计
销售收入	100000	400000	500000	1000000
变动成本				
生产变动成本	60000	200000	220000	480000
期间费用中的变动成本	25000	60000	95000	180000
变动成本合计	85000	260000	315000	660000
贡献边际总额	15000	140000	185000	340000
固定成本				
生产中的固定成本	20000	80000	120000	220000
期间费用中的固定成本	6000	20000	25000	51000
固定费用合计	26000	100000	145000	271000
营业利润	11000	40000	40000	69000

表 5-10　　　　　　　亏损产品甲产品停产下企业利润分析表　　　　　　（单位：元）

产品 项目	乙	丙	合计
销售收入	400000	500000	900000
变动成本			
生产变动成本	200000	220000	420000
期间费用中的变动成本	60000	95000	155000
变动成本合计	260000	315000	675000
贡献边际总额	140000	185000	325000
固定成本			
生产中的固定成本	80000	120000	200000
期间费用中的固定成本	20000	25000	45000
甲产品停产后分担的固定成本 　（假设乙、丙两产品平分）	13000	13000	26000
固定费用合计	113000	158000	271000
营业利润	27000	27000	54000

从表 5-9 和表 5-10 的计算可知，亏损甲产品不停产时，企业实现的利润为 69000 元，而停产生产亏损甲产品，企业实现的利润则降到 54000 元，故不应停产亏

损甲产品的生产。

从上表可知，固定成本是因整个企业的生产经营所发生的，同各产品的生产和销售无直接联系。因此，不论亏损产品甲生产与否，企业的固定成本都将继续发生。由此可见，亏损产品甲的停产，不仅不会使企业增加利润，反而由于甲产品停产使原有亏损产品甲负担的固定成本将"转嫁"给乙、丙两种产品负担，从而使企业的利润在原有基础上减少 15000 元，这可以从述表 5－9 和表 5－10 中得到验证。

【解答二】采用贡献边际总额比较法

若亏损产品甲产品继续生产，则可为企业所创造的贡献边际为：

$TCM_甲 = 15000$（元）。

而若亏损产品甲产品不生产，则不为企业创造任何贡献边际。

故：应继续生产亏损产品甲产品。

或如表 5－10 列出相关数据所示：

若亏损产品甲产品继续生产，则企业所创造的全部贡献边际总额为 340000 元，若亏损产品甲产品不生产，则此时，企业创造的贡献边际总额为 325000 元，因此，应继续生产亏损产品甲产品。

【解答三】差别比较分析

对亏损产品甲是否生产的差别收入与差别成本计算可通过表 5－11 进行对比分析。

表 5－11　　　　　　　　　　差别比较分析表　　　　　　　　　　（单位：元）

方案 项目	亏损产品甲不停产	亏损产品甲停产	差异额
相关收入	100000	0	100000
相关成本：			
变动性生产成本	60000	0	
变动性期间费用	25000	0	
相关成本合计	85000	0	8500
差别收入超过差别成本			15000

表 5－11 计算表明，亏损产品甲虽然最终发生亏损 11000 元，但它仍可为企业提供差别利润 15000 元。

通过上面的各种方法进行分析可知，从经济上看，企业仍以继续生产亏损产品甲产品为宜。在现实生活中，除此以外，还应考虑其他非经济因素，如亏损产品停产是否损害客户关系、原来生产亏损产品的员工如何重新安排工作等问题。

【例 5－5】

根据上述【例 5－4】的资料，若生产亏损产品甲产品停产，则其剩余的生产能力可以用于对外承接零星的加工业务，预计可获得 20000 元的贡献边际。

要求：亏损产品甲产品是否应继续生产？

【解答一】 贡献边际比较法

由题目可知由于亏损产品甲产品的贡献边际总额（15000 元）小于与相对剩余生产经营能力转移所创造的贡献边际总额（20000 元），故应停产甲产品。

【解答二】 若考虑机会成本，则亏损丙产品所创造的贡献边际为：

15000 − 20000 = −5000（元）

结论：由于亏损产品甲产品所创造的贡献边际总额小于零，故甲产品不就继续生产。

【例 5 − 6】

根据上述【例 5 − 4】的资料，若企业拟停止生产亏损产品甲产品，而改为生产丁产品，经调查测算得知，为改产而需对有关设备作某些局部性的调整，预计需增加专属固定成本为 4000 元，丁产品最大产销量为 1500 件，单位销售价格为 40 元/件，单位变动成本为 17 元/件。

要求：亏损产品甲产品是否应转产生产丁产品？

【解答】 贡献边际总额比较法

若生产甲产品，能为企业所创造的贡献边际总额为：

$TCM_甲 = 15000$（元）。

而生产丁产品，能为企业所创造的剩余贡献边际总额为：

$TCM_丁 = 1500 \times (40 − 17) − 4000 = 34500$（元）

结论：由于 $TCM_丁 > TCM_甲$，故企业应转产生产丁产品。

四、半成品是否进一步加工的决策

半成品是否进一步加工的决策，是指企业对于那种既可以直接出售，又可以经过深加工变成产成品之后再出售的半成品所做的决策。无论何种情况下的决策，半成品成本均属于沉没成本，决策中不予考虑。只有追加的加工成本才属于决策的相关成本。此类决策一般采用差别分析法。如表 5 − 11。

【例 5 − 7】

已知：某企业常年组织生产 A 半产品出售，其单位成本为 70000 元/件，单位售价为 100000 元/件，年产量为 100 件，若每一件 A 半成品经过进一步加工，可加工成一件市价为 200000 元的 AA 产成品，每加工一件 AA 产成品，企业需追加变动性的加工成本为 60000 元。假若企业已具备加工 AA 产成品的能力，且无法转移。

要求：做出 A 半成品是否需进一步加工的决策。

【解答】 采用差量分析法

表 5 − 12　　　　　　　　　差别分析法表　　　　　　　　　（单位：元）

方案 项目	将 A 半产品进一步加工成 AA 产成品再出售	直接出售 A 半产品	差异额
相关收入	200000 × 100 = 20000000	100000 × 100 = 10000000	10000000

续表

项目 \ 方案	将A半产品进一步加工成AA产成品再出售	直接出售A半产品	差异额
相关成本：加工的变动性成本	60000×100=6000000	0	6000000
差别利润	14000000	10000000	4000000

由于将A半产品进一步加工成AA产成品再出售的差量利润为4000000元，大于零，则企业应将A半成品全部加成AA产成品。

【例5-8】

根据【例5-7】，假设企业可以将用于进一步加工A半成品的设备对外出售，预计一年可获得5000000元租金收入，该设备年折旧为500000元，其他条件不变。

要求：做出A半成品是否需进一步加工的决策。

【解答】采用差别分析法

（1）依题意，进一步加工的机会成本为5000000元。

（2）500000元设备折旧不是相关成本，因为该项成本为沉没成本，与决策无关。

（3）依题意编制的差别分析表见表5-13。

表5-13　　　　　　　　差别分析法表　　　　　　　　（单位：元）

项目 \ 方案	将A半产品进一步加工成AA产成品再出售	直接出售A半产品	差异额
相关收入	200000×100=20000000	100000×100=10000000	10000000
相关成本：			
加工的变动性成本	60000×100=6000000	0	6000000
机会成本	5000000		5000000
相关成本小计	11000000		11000000
差别利润	9000000	10000000	-1000000

由于将A半产品进一步加工成AA产成品再出售的差量利润为-1000000元，小于零，则企业应将A半成品直接出售。

【例5-9】

根据【例5-7】，如果企业现不具备加工成AA产成品的能力，若要加工成AA产成品，企业需从外面租入一台设备，年支付费用为2000000元，其他条件不变。

要求：做出A半成品是否需进一步加工的决策？

【解答】

（1）依题意，进一步加工的专属成本为2000000元。

（2）依题意编制的差别损益分析表见表5-14。

表 5-14　　　　　　　　　　　差别分析法表　　　　　　　　　　　（单位：元）

方案 项目	将 A 半产品进一步加工成 AA 产成品再出售	直接出售 A 半产品	差异额
相关收入	200000×100=20000000	100000×100=10000000	10000000
相关成本：			
加工的变动性成本	60000×100=6000000	0	6000000
专属成本	2000000	0	2000000
相关成本小计	8000000	0	8000000
差别利润	12000000	10000000	2000000

根据表 5-14 中的数据，可得出以下决策结论：应当将全部 A 半成品深加工为 AA 产成品，这样可以使企业多获得 2000000 元的利润。

五、联产品应否进一步加工的决策

联产品是指同一种原料通过同一工艺进行加工，可分离出性质相近、价值相差不多的多种产品的统称。如石油化工企业对原油进行催化裂化处理，可生产出的汽油、柴油、重油等多种油品，就属于联产品。其中，汽油又可进一步深加工，可生产出不同规格的油品，如获 92#、95#汽油。联产品要注意与副产品的区别，关键在于是否价值同等同样方面来判断。

对于联产品应立即出售还是进一步加工后再出售的决策问题，是许多企业经常面临的问题。例如，纺织企业经常会遇到棉花加工成纱后是立即将纱作为半成品出售，还是进一步加工成花布或白布再行出售的问题。这类决策可以分为影响单一产品进一步加工和影响所有产品进一步加工两种情况。

【例 5-10】

假设某企业加工 2000 公斤的原材料，可以同时生产出 1200 公斤的 A 产品和 800 公斤的 B 产品，其联合成本为 5000 元。

A 产品需进一步加工后才能出售。每公斤的 A 产品进一步加工需追加加工费 2 元；加工后再出售，每公斤售价为 6 元；B 产品无须进一步加工，直接出售，单价为 4 元。此时，企业的盈利情况如表 5-15 所示。

表 5-15　　　　　　　　　　　利润计算表　　　　　　　　　　　（单位：元）

项目	A 产品	B 产品	合计
销售收入			
1200×6	7200		7200
800×4		3200	3200
进一步加工成本 1200×2	2400	0	2400

续表

项目	A产品	B产品	合计
扣减联合成本前的贡献边际总额	4800	3200	8000
减：联合成本			5000
企业利润			3000

现假定，B产品已发现新市场。为适应新市场的要求，B产品必须进一步加工，每公斤加工需追加费用为1元。进一步加工后可在新市场中出售，每公斤售价5.5元。则B产品应否进一步加工？如表5-16。

【解答一】差别分析法

若B产品进一步加工：

表5-16　　　　　　B产品进一步加工差别分析表　　　　　　（单位：元）

差别收入：	$(5.5-4)\times800$	1200
差别成本——追加成本：1×800		800
差别收入超过差别成本		400

由于B产品进一步加工与否都不会影响联合成本，因此，联合成本是无关成本，在决策时不需考虑。

由此可见，B产品应作进一步加工后再行出售，将使企业利润由原来3000元的基础上，提高400元，即$800\times(1.5-1)=400$（元）。

【解答二】利润比较分析法

上面计算的决策正确与否，也可用利润比较法来分析来具体验证，如表5-17所示。

表5-17　　　　　B产品应否进一步加工的利润分析表　　　　　　（单位：元）

方案 项目	进一步加工后再行出售			立即出售	差额
	A产品	B产品	合计		
销售收入	7200	4400	11600	10400	1200
进一步加工成本	2400	800	3200	2400	800
扣减联合成本前的贡献边际总额	4800	3600	8400	8000	400
减：联合成本			5000	5000	0
企业利润			3400	3000	400

六、零部件自制或外购的决策

零部件自制或外购的这类决策，由于所需零配件的数量对自制方案或外购方案都是一样的，最后零部件通过企业加工出售的价格也一样（假设是完全竞争市场条件下），因而，通常只需要考虑自制方案和外购方案的成本高低，在保证相同质量并及时供货的情况下，就低不就高。同时，影响自制或外购决策的因素较多，因而采用的具体决策分析方法也不相同，但一般都采用相关成本分析法或成本无差别点分析法进行分析。

情况一：企业已经具备自制生产能力，且零部件的需用总量确定时的决策，可采用相关成本分析法进行决策。

如果企业已经有能力自制零部件，则与自制能力有关的固定生产成本就属于沉没成本，在决策时不需考虑。具体又分以下两种情况：

1. 当自制生产能力无法转移时

在企业已经具备自制生产能力但无法转移情况下，自制零部件方案的相关成本只包括按零部件全年需用量计算的变动生产成本。由于外购零部件方案的相关成本也是按零部件需用量计算的，因此，只要直接比较自制零部件的单位变动生产成本和外购单价的大小，就可以做出相应决策，即应当选择上述两个因素中水平较低的方案。

【例 5 – 11】

已知某企业常年生产，每年需要甲零件 200000 件。该零件既可以自制，又可以外购。目前企业已具备自制生产能力，若自制甲零件的单位完全生产成本为 30 元，其中，直接材料 18 元，直接人工 5 元，变动性制造费用 2 元，固定生产成本 5 元。若甲零件的外购单价为 27 元，假设自制生产能力无法转移。

要求：做出自制或外购甲零件的决策？

【解答】

自制甲零件的相关成本为单位变动生产成本：18 + 5 + 2 = 25（元/件）

∵ 自制甲零件的单位变动生产成本 25 元小于外购甲零件的单价 27 元

∴ 应当选择自制甲零件

2. 当自制生产能力可以转移时

在自制生产能力可以转移的情况下，自制零部件方案的相关成本除了包括按零部件需用量计算的相关变动生产成本外，还应包括与自制生产能力转移有关的机会成本，因此，此类决策无法通过直接比较单位变动生产成本与外购单价做出决策，必须采用相关成本分析法或成本无差别点分析法。

【例 5 – 12】

已知：根据【例 5 – 11】中的资料，假定自制甲零件的生产能力可以用于承揽零星加工业务，每年预计可实现贡献边际总额 300000 元，其他条件不变。

要求：做出自制或外购甲零件的决策。

【解答一】 采用相关成本分析法

(1) 自制甲零件的机会成本为 300000 元。

(2) 依题意编制的相关成本分析表见表 5 – 18。

表 5 – 18　　　　　　　　　相关成本分析表　　　　　　　　（单位：元）

方案\项目	自制甲零件	外购甲零件
相关变动成本	25 × 200000 = 5000000	27 × 200000 = 5400000
机会成本	300000	—
相关成本合计	5300000	5400000

根据表 5 – 18 的数据，可做出以下决策结论：自制甲零件的相关成本小于外购甲零件的相关成本，因此，应当选择自制甲零件，这样可使企业节约 100000 元的成本开支。

【解答二】采用成本无差别点分析法

（1）设成本无差别点的业务量为 X_0。

（2）构建的相关成本模型分别为：

自制方案相关成本模型：$TC = 300000 + 25X_0$

外购方案相关成本模型：$TC = 27X_0$

（3）求成本无差别点 X_0。

令：$300000 + 25X_0 = 27X_0$

$$X_0 = 150000 \text{（件）}$$

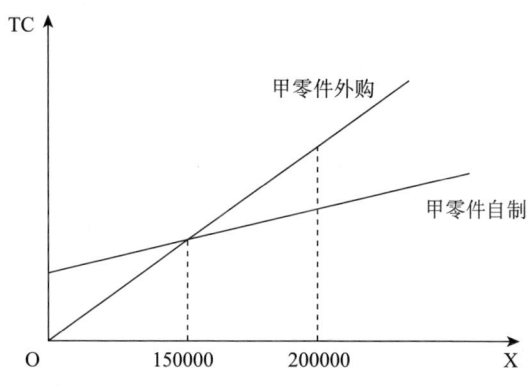

图 5 – 5　甲零部件自制还是外购的决策图

因此，从上面计算和图 5 – 5 可得出，从经济角度看，由于甲零部件全年需用量为 200000 件，超过成本无差点的业务量 150000 件，则以选择自制为宜。

情况二：如果企业尚不具备自制生产能力，且零部件的需用总量不确定的情况下，只能采用成本无差别点法进行决策。

在企业尚不具备自制能力，且零部件的全年需用量不确定的情况下，只能采用成本无差别点法进行决策。

【例 5-13】

已知：企业需用的 A 部件可从市场上买到，市价为 20 元/件。如果安排自制，每年将发生相关的固定成本 30000 元，单位变动成本为 14 元/件。

要求：做出自制或外购乙部件的决策。

【解答】

（1）设成本无差别点的业务量为 X_0。

（2）构建的相关成本模型分别为：

自制方案相关成本模型：$TC = 30000 + 14X_0$

外购方案相关成本模型：$TC = 20X_0$

（3）求成本无差别点 X_0。

令：$30000 + 14X_0 = 20X_0$

$X_0 = 5000$（件）

因此，从上面计算和图 5-6 可得出，从经济角度看，当 A 零部件全年需用量在 0~5000 件之间变动时，应选择外购；当超过 5000 件时，则以选择自制为宜。

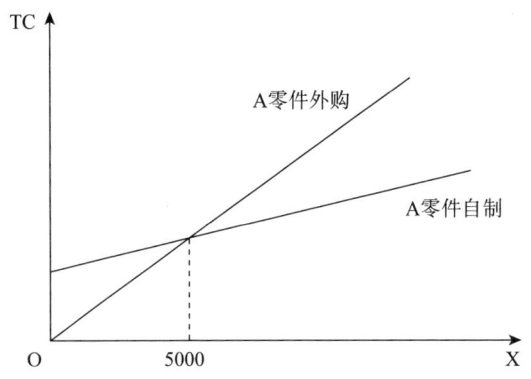

图 5-6　A 零部件自制还是外购的决策图

七、不同生产工艺技术方案的决策

同一种产品或零件，往往可以使用不同的生产工艺进行加工。一般而言，若生产工艺越先进，其固定成本越高，但其单位变动成本就越低；若生产工艺落后时，其固定成本较低，但其单位变动成本却较高。在这类固定成本和单位变动成本的此消彼长的不同生产工艺决策中，一般采用成本无差别点法进行决策。

【例 5-14】

假设某公司专门产销甲产品，过去一直采用半自动化设备进行生产，其最大的年生产能力为 40000 件，其单位变动成本为 16 元，固定成本总额为 200000 元，甲产品的销售单价为 36 元，现在为了提高产品的生产效率和质量，准备购置全自动化设备，这样，将使固定成本总额增加 50%，但生产能力可提高 25%，而单位变动成本则可降低到 11 元。

要求：为该公司做出在什么产销量下，采用自动化设备才是有利的？

【解答】

（1）设成本无差别点的业务量为 X_0。

（2）构建的相关成本模型分别为：

半自动化设备成本模型：$TC_1 = 200000 + 16X_0$

自动化设备成本模型：$TC_2 = 200000 \times (1 + 50\%) + 11X_0 = 300000 + 11X_0$

（3）求成本无差别点 X_0。

令　$TC_1 = TC_2$

得：$200000 + 16X_0 = 300000 + 11X_0$

$$X_0 = 20000 \text{（件）}$$

将上述相关数据用图 5-7 来反映如下：

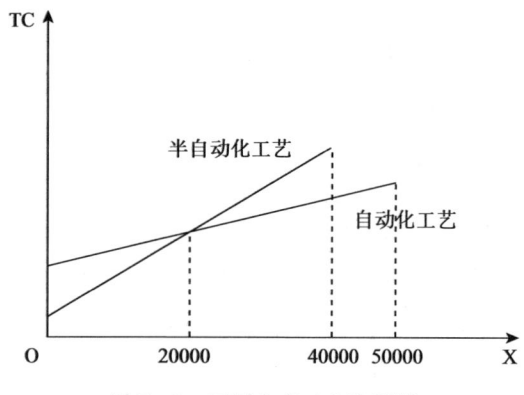

图 5-7　不同生产工艺决策图

根据上述计算和图示可知：当业务量超过 20000 件，直到最大生产量 50000 件（$40000 \times (1 + 25\%)$）时，应采用全自动化设备生产更合算。

八、约束条件下产品优化组合的决策

企业的生产往往一方面是从事多产品的生产，另一方面，又会受到各种资源（如市场占有份额、机器工时、原材料等）有限的约束，如何充分合理地利用企业的有限资源，从而使企业盈利最大，这就涉及约束条件下产品优化组合的决策问题。该类决策往往需利用线性规划分析法来解决。本部分只介绍线性规划分析法中的图解法。图解法只适合两种产品最优化组合的决策，若三种以上产品最优化组合的决策需使用单纯形法。本书不介绍。

【例 5-15】

某企业生产 X、Y 两种产品，这两种产品的生产都需经过两个生产部门，分别是混合和成型两个部门。已知每件 X 产品的变动成本为 13 元，单价为 15 元，每生产一件 X 产品在混合生产部门和成型生产部门分别需用 0.6 小时和 0.4 小时；每件 Y 产品的变动成本为 17 元，单价为 20 元，每生产一件 Y 产品在混合生产部门和成型生产部门分别需用 0.8 小时和 1.2 小时，X 产品的销售量不受限制，而 Y 产品每年最多在市场上销售 13000 件，每个生产部门每年可利用的机器工时是 24000 个小时。

要求：如何合理安排 X、Y 两种产品的生产才能充分利用现有的资源？

【解答】

设：x——X 产品的产量；

　　y——Y 产品的产量；

　　TCM——企业可获得的贡献边际总额。

则生产两种产品所用混合生产部门的小时为 $0.6x + 0.8y$；

生产两种产品所用混合成型生产部门的小时为 $0.4x + 1.2y$；

企业生产两种产品可获贡献边际总额为 $(15-13)x + (20-17)y = 2x + 3y$。

根据约束条件可建立线性规划模型如下：

约束条件：$\begin{cases} 0.6x + 0.8y \leq 24000 & (L_1) \\ 0.4x + 1.2y \leq 24000 & (L_2) \\ y \leq 13000 & (L_3) \\ x, y \geq 0 \end{cases}$

目标函数：$TCM_{MAX} = 2x + 3y$

根据上述模型，用图反映如图 5-8 所示。

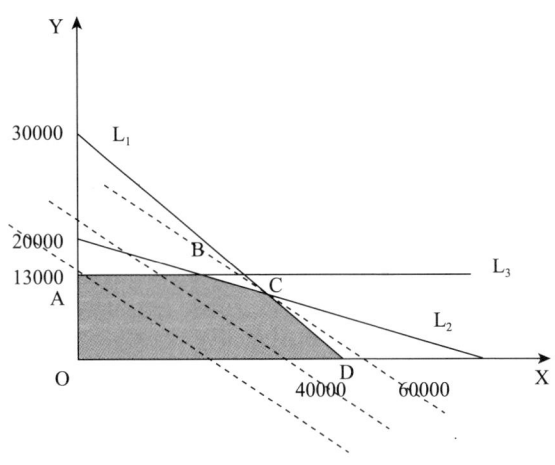

图 5-8　线性规则的图解法图

图 5-8 中，多边形 OABCD 是由 L_1、L_2、L_3 三个方程式及 X、Y 轴围成的一个可行解区域。虚线是根据目标函数 $TCM_{MAX} = 2x + 3y$ 在坐标上画出的一系列等贡献边际总额线。最优产品生产组合应当在可行解区域内找出使贡献边际总额最大的贡献边际总额线。从图形可直观发现，最优产品生产组合可在 A、B、C、D 凸点中寻找。即将

这 A、B、C、D 四个凸点坐标值所代表的产品生产组合代入目标函数 $TCM_{MAX} = 2x + 3y$ 进行试算，求出目标函数最大值，即可找出最优产品生产组合。相关计算如表 5-19 所示。

表 5-19　　　　　　　各种组合的目标函数试算表　　　　　　（单位：元）

外凸点	产品组合		目标函数	贡献边际总额
	X 产品（件）	Y 产品（件）	$TCM_{MAX} = 2x + 3y$	TCM（元）
A	0	13000	2×0 + 3×13000	39000
B	21000	13000	2×21000 + 3×13000	81000
C	24000	12000	2×24000 + 3×12000	84000
D	40000	0	2×40000 + 3×0	80000

从表 5-19 中的相关计算数据可知，当 X = 24000 件，Y = 12000 件时，可为企业创造最大的贡献边际总额 84000 元。因此，最优产品生产组合是 X 产品生产 24000 件，Y 产品生产 12000 件。

第五节　定价决策

定价决策是企业日常生产经营活动的一项重要决策之一。一个企业要生存、要发展，离不开定价决策。通常，产品都具有需求弹性的特性，产品价格影响着企业产品销售量，而价格因素与销售量因素及其交互作用，又影响到生产量的高低、产品成本水平，进而影响到企业的盈利能力。因此，企业必须做出合理的定价决策，以保证企业的长远利益和最佳经济效益的实现。

一、定价决策的目标

企业作为一个营利性组织，在其生产经营活动过程中，自始至终贯穿着实现企业价值最大化这一总目标。但在企业不同发展阶段或不同的经营环境下，这一目标的具体体现方式也不同。实现企业经营总体目标的具体体现方式的不同，可直接反映到企业定价决策目标上。主要有以下几种定价决策目标。

（一）以获取最大利润为定价目标

实现这一定价目标的方法就是通过适当定价，提高产品的盈利额，追求利润最大化。以利润为定价目标通常集企业经营目标和销售目标为一身。因为在以利润为目标的定价过程中，企业根据利润要求或投资利润率、预计销售量、单位产品成本而推算出单位产品价格。

（二）以提高市场占有率为定价目标

企业以提高市场占有率为定价目标，在产品价格上，直接体现为降低产品销售单价。这一举措,一可阻止竞争产品进入市场,二可占有其他原有同类产品生产企业的部分市场,达到薄利多销、提高企业总利润的目的。这一定价目标主要适用于企业的成长发展阶段。

（三）以适应或避免竞争为定价目标

这也是企业以安全营运为定价目标的体现,企业在制定产品价格时,为适应或避免竞争,需要广泛收集竞争者有关价格方面的资料进行比较,通常企业将其产品价格维持在同类产品的一般水平,既不因成本上升、供给量减少等因素而率先提价,也不因市场不景气或为提高产品竞争力和市场占有率而主动降低价格,使企业产品价格始终维持在同类产品的一般水平。这一定价目标主要适用于企业的成熟阶段。

二、影响企业定价决策的因素

企业定价决策应充分考虑以下因素：（1）定价目标的导向；（2）商品的价值；（3）商品的成本；（4）商品的质量水平；（5）价格的弹性；（6）供求关系与竞争形式；（7）消费者的收入及心理预期；（8）产品所处的寿命周期阶段；（9）商品的比价、差价与价格体系；（10）国家的价格政策；（11）定价的方法与策略。

三、常用的定价决策方法

（一）以市场需求为导向的定价决策方法

以市场需求为导向的定价方法又叫按需定价的方法,这种定价优先考虑的是消费者对价格的接受程度,企业必须研究确定什么样的价格才能使企业的产品销量不仅符合社会需要,又能给企业带来最佳效益。其中,边际分析法是应用最广泛的一种以需求为导向的定价决策方法。

边际分析法是指根据微分极值原理,通过分析不同特定价格与销售量组合条件下的产品边际收入、边际成本和边际利润之间的关系,做出相应定价决策的一种定量分析方法。

所谓边际收入是指销售量每增加或减少一个单位所形成的销售收入差；边际成本是指销售量每增加或减少一个单位所形成的成本差；边际利润则是指销售量每增加或减少一个单位所形成的利润差。在管理会计中,这里的一个销售量单位可以指一件产品,也可以指一批产品。

在这种情况下,仍然可以根据"边际收入等于边际成本",或"边际利润等于零"的条件来判断能否找到最优售价。如果确实无法找到能使"边际利润等于零"的售价,也可以根据"边际利润为不小于零的最小值"这个条件,来判断最优售价的位置。

边际分析法包括公式法和列表法两种具体应用形式。本教材只介绍列表法的应用,公式法的应用可参见相关经济学教材。

【例 5-16】

已知某公司生产的甲产品在不同销售价格水平上的各期销售量资料和成本资料见

表 5-20。

表 5-20　　　　　　　　　　　　相关资料表　　　　　　　　　　　　（单位：万元）

销售价格	预计销售量（件）	单位平均成本
504	10	720
471	20	402
439	30	288
407	40	231
377	50	201
346	60	189
317	70	182
288	80	180
259	90	186
232	100	198

要求：计算相关的边际收入、边际成本、边际利润和利润指标，并做出最优售价的决策。

【解答】根据上述资料，编制分析计算表，见表 5-21。

表 5-21　　　　　　　　　　　　分析计算表　　　　　　　　　　　　（单位：万元）

销售价格①	预计销售量②	销售收入 ③=①×②	边际收入 ④	单位平均成本⑤	总成本 ⑥=②×⑤	边际成本 ⑦	边际利润 ⑧=④-⑦	利润 ⑨=③-⑥
504	10	5040	5040	720	7200	7200	(2160)	(2160)
471	20	9420	4380	402	8040	840	3540	1380
439	30	13170	3750	288	8640	600	3150	4530
407	40	16280	3110	231	9240	600	2510	7040
377	50	18850	2570	201	10050	810	1760	8800
346	60	20760	1910	189	11340	1290	620	9420
317	70	22190	1430	182	12740	1400	30	9450
288	80	23040	850	180	14400	1660	(810)	8640
259	90	23310	270	186	16740	2340	(2070)	6570
232	100	23200	(110)	198	19800	3060	(3170)	3400

从表 5-21 中计算数据可看出：当售价为 317 万元，销售量为 70 件时，边际收入接近于边际成本，边际利润为最小，这时的利润达到最大 9450 万元。因此，最优定价应为 317 万元。

我们可以得出结论：当销售单价下降时，如果边际收入大于边际成本，即边际利润大于零，说明降价扩大销售对企业有利；如果边际收入小于边际成本，即边际利润小于零，说明降价不仅不能增加利润，反而使利润降低，对企业不利。

（二）以成本为导向的定价决策方法

成本是企业生产和销售产品所发生的各项费用的总和，是构成产品价格的基本因素。以成本为导向的定价决策方法，首先必须补偿成本，然后再考虑利润等其他因素。定价所依据的成本既可以是总成本指标，又可以是单位成本指标；既可以使用完全成本也可以使用变动成本。但都应以标准成本或预计成本为基础的，而不是以实际成本为基础确定价格。一般企业采用是以单位成本为基础进行加成的定价方法。

成本加成定价法全称为按单位成本加成定价的方法，即在单位产品成本的基础上按一定的加成率计算相应的加成额，进而确定商品的价格。其公式是：

价格 = 单位产品成本 + 加成额 = 单位产品成本 × (1 + 加成率)

$$成本加成率 = \frac{相关加成内容}{相关成本}$$

在不同成本计算模式下，单位产品成本和加成率的口径均有所不同。

（1）完全成本法下的成本加成定价法。在完全成本法下，单位产品成本就是单位生产成本，成本加成率为生产成本毛利率。其计算公式是：

价格 = 单位产品生产成本 × (1 + 生产成本毛利率)

$$生产成本毛利率 = \frac{利润 + 非生产成本}{生产成本} \times 100\%$$

【例 5 – 17】

已知：某公司生产甲产品的单位生产成本为 200 元/件，生产成本毛利率为 50%。

要求：用完全成本加成定价法计算目标售价。

【解答】 目标售价 = 200 × (1 + 50%) = 300（元）

（2）变动成本法下的成本加成定价法。在变动成本法下，单位产品成本就是单位变动生产成本，成本加成率为变动生产成本贡献率。其计算公式为：

价格 = 单位变动生产成本 × (1 + 变动生产成本贡献率)

$$变动生产成本贡献率 = \frac{利润 + 变动成本非生产成本 + 固定成本}{变动生产成本} \times 100\%$$

【例 5 – 18】

已知：某公司生产甲产品的单位变动生产成本为 150 元/件，变动生产成本贡献率为 100%。

要求：用变动成本加成定价法计算目标售价。

【解答】 目标售价 = 150 × (1 + 100%) = 300（元）

从【例 5 – 17】和【例 5 – 18】计算可知，在成本加成定价法下，无论是按完全成本法的数据，还是按变动成本法的数据，理论上，计算出来的目标价格应当是一致的。

（三）是否接受特别订货的低价定价决策

有时企业在满足正常的销售需要后，生产能力还有剩余，此时又碰到一些采购商提交出价比正常售价低的订单，这就涉及是否接受特别订货的低价定价决策。对这类定价决策需具体问题具体分析。但都可采用差别分析法进行决策。

情况一：如果追加订货量小于企业的绝对剩余生产能力，且绝对剩余生产能力无法转移。

在这种情况下，当追加订货的单价＞该产品的单位变动生产成本，就应当接受追加订货。

【例 5－19】

已知：天虹企业只生产一种甲产品，每年最大的生产能力为 120000 件，本年已与一些固定的老客户累计签订了 100000 件甲产品的销售订单，正常销售价格为 120 元/件，单位完全成本为 100 元/件，单位变动成本为 80 元/件，假设该企业的剩余生产能力不能转移，现景诚企业要求以 90 元/件的价格向天虹企业订购 10000 件甲产品，年底交货，追加订货不需要特殊要求，不涉及追加投入专属成本。

要求：企业是否应接受此项追加订货？

【解答一】利用"追加订货的单价＞该产品的单位变动生产成本"来判断

根据题目给定的条件可知，接受这批 10000 件甲产品的特别订单是利用剩余生能力来加工，不需追加投入专属成本，所以固定成本无须考虑。同时，剩余生产能力不能转移，因此，也不需考虑机会成本。

由于追加订货的单价 90 元＞单位变动成本 80 元，因此应接受此项追加订货。

【解答二】采用贡献边际比较法

若接受此项追加订货则可为企业增加贡献边际总额为：

$TCM = 10000 \times (90 - 80) = 100000$（元）

而不接受此项追加订货，则企业无增加的贡献边际。

结论：由于接受此项追加订货可为企业增加贡献边际总额 100000 元，故应接受此项追加订货。

【解答三】采用差别分析法（设接受订货在前，不接受订货在后）

差别收入 $\triangle TR = 10000 \times 90 - 0 = 900000$（元）

差别成本 $\triangle TC = 10000 \times 80 - 0 = 800000$（元）

差别利润 $\triangle EBIT = 900000 - 800000 = 100000$（元）

结论：由于差量利润大于零，故应接受此项追加订货。

情况二：如果企业的绝对剩余生产能力可以转移，在这种情况下，需考虑机会成本。

【例 5－20】

已知：有关资料同【例 5－19】，现假定天虹企业的剩余生产能力可承担零星加工业务，预计可获得 150000 元，其他条件不变。

要求：企业是否应接受此项追加订货？

【解答一】利用"追加订货的单价＞单位变动生产成本＋$\dfrac{机会成本}{订货量}$"来判断

根据题目给定的条件可知，接受这批 10000 件甲产品的特别订单是利用剩余生能力来加工，不需追加投入专属成本，所以原有的固定成本和专属成本都无须考虑。但剩余生产能力可转移创造 150000 元的收益，因此将 150000 元的收益作为接受这批订货的机会成本来考虑。即：

由于追加订货的单价 90（元）＜95（元）（80 + 150000/10000），故不应接受此项追加订货。

【解答二】利用差别分析法（设接受订货在前，不接受订货在后）

差量收入 $\Delta TR = 10000 \times 90 - 0 = 900000$（元）

差量成本 $\Delta TC = 1000 \times 80 + 150000 = 950000$（元）

差量利润 $EBIT = 900000 - 950000 = -50000$（元）

结论：由于差量利润小于零，故不应接受此项追加订货。

情况三：如果订货企业有特殊要求，在这种情况下，要完成追加订货还必须追加投入一定的专属成本。

【例 5 – 21】

根据上述【例 5 – 19】的资料，假设该企业接受追加订货在特殊工艺要求，需要景诚企业追加投入 180000 元。

要求：企业是否接受该批追加订货？

【解答一】利用"追加订货的单价 > 单位变动生产成本 + $\dfrac{专属成本}{订货量}$" 来判断

根据题目给定的条件可知，接受这批 10000 件甲产品的特别订单是利用剩余生能力来加工，所以原有的固定成本无须考虑，但需追加投入专属成本 18000 元。即：

由于追加订货的单价 90（元）＜98（元）（80 + 180000/10000）故不应接受此项追加订货。

【解答二】采用贡献边际比较法

若接受订货，为企业所提供的剩余贡献边际总额为：

$TCM = 10000 \times (90 - 80) - 180000 = -80000$（元）

而若不接受订货，则为企业所提供的剩余贡献边际总额为零。

结论：由于接受追加订货所创造的贡献边际总额小于零，故企业应不接受该项追加订货。

情况四：如果追加订货冲击正常任务。

在这种情况下，"接受追加订货"方案的相关成本中除了包括按绝对剩余生产能力计算的增量成本外，还必然涉及因冲击正常任务、减少正常收入而带来的机会成本。如果因为被冲击的正常任务无法正常履行合同，需要支付违约赔偿金，则应将其视为"接受追加订货"方案的专属成本。

【例 5 – 22】

已知：有关资料同【例 5 – 19】，假定天虹企业的剩余生产能力无法转移，且合同规定,如正常订货不能如期履约交付给客户,企业须支付给客户 10000 元的违约金,现有一客户要求以 95 元/件的价格向天虹企业追加订货 25000 件,年内交货,其他条件不变。

要求:企业是否应接受此项追加订货?

【解答一】利用"追加订货的单价 > 单位变动生产成本 + $\dfrac{机会成本 + 专属成本}{追加的订货量}$"来判断

根据题目给定的条件可知,由于接受这批 25000 件甲产品的特别订单中有 20000 件是利用剩余生能力来加工,所以原有的固定成本无须考虑。而剩余的 5000 件需减少正常销售的订单并向原有订单客户交纳 10000 元的违约金才能完成,因此,一方面应将因减少 5000 件正常销售的订单而减少贡献边际总额 5000 × (120 - 80) = 200000 (元) 作为机会成本处理;另一方面,将交纳 10000 元的违约金作为追加投入的专属成本处理。这样追加订货的相关单位成本为: 80 + (200000 + 10000)/25000 = 88.4 (元)。

由于追加订货的单价 95 元 > 追加订货的相关单位成本 88.4 元,故应接受此项追加订货。

【解答二】采用差别分析法(设接受订货在前,不接受订货在后)

差量收入 $\Delta TR = 25000 \times 95 - 0 = 2375000$ (元)

差量成本 $\Delta TC = [25000 \times 80 + (25000 - 20000) \times (120 - 80) + 10000] - 0 = 2210000$ (元)

差量利润 $\Delta EBIT = 2375000 - 2210000 = 165000$ (元)

结论:由于差量利润大于零,故应接受此项追加订货。

四、定价策略

定价决策的策略是指企业在进行定价决策时,按照一定经验,最终做出特定价格定性选择分析所依据的原则或技巧,简称定价策略。

定价策略与定价决策方法的主要区别有以下两点:第一,性质不同。定价策略属于定性分析,定价决策方法属于定量分析。第二,依据不同。定价策略主要凭经验,定价决策方法必须依靠定价模型。

(一)新产品定价策略

新产品定价策略有撇脂策略和渗透策略两种方法。

撇脂策略又称高价策略,是指那些初次投放市场尚未形成竞争的新产品以高价销售,以保证初期高额获利,随着市场销量提高、竞争加剧而逐步降价的方法,该策略适合产品更新换代较快的科技产品,如电子产品。

渗透策略又称低价策略,是指以较低价格为新产品开拓市场,以阻止竞争者的进入,争取更多顾客,赢得竞争优势后再逐步提价的方法,该策略适合资金密集型的传统产品,如汽车。

（二）系列产品定价策略

系列产品既可以指包装规格不同的产品，又可以指配套使用的产品（如化妆品系列）。对前者可采取差别定价。有些商品小包装销路好，如袋装的洗发膏；有些商品大包装销路好，如牙膏。对这些销路好的产品可适当提价。对于成套使用的商品可规定两组价格：成套价格和单件价格，前者一般应低于后者之和，可促成一次成交。

（三）折扣定价策略

（1）现金折扣。对按约定日期付款的顾客给予一定的折扣，目的在于鼓励顾客及时偿付欠款，以加速企业资金周转。

（2）数量折扣。根据顾客购买数量的多少，分别给予大小不同的折扣，购买数量越多，给予折扣越大，以鼓励顾客大量购买。

（3）季节性折扣。生产季节性产品的单位，对在非旺季的采购者，给予折扣优待，鼓励中间商提早储存商品，以减少季节性对生产的影响，充分利用设备。

（四）分期付款定价策略

分期收款定价策略适用于价格偏高的耐用消费品的定价，如小汽车、住房等。在计价时，各期收款的价格中应包括延付利息在内。采用本策略，可促进及时销售，避免商品的大量积压。

（五）差异化定价策略

是同一种产品对不同服务人群采用不同的定价方法，如门票区分为成人票、儿童票与老人票；水电费用采用的阶梯定价；演唱会中出售的不同区域座位价格都是差异定价策略的表现形式。

（六）心理定价策略

心理定价策略是利用各类消费者的不同心理对产品看法的一种定价策略。包括以下几种形式：

（1）去整取余法，又叫尾数定价法或取九舍十法，多用于中低档商品的定价，这种价格又叫诱人的价格。

（2）整数定价法，对高档商品若按整数价出售，可提高商品的身价，刺激购买欲望。

（3）对比定价法，对于亟待出售需降价处理的商品，可将削价前后价格同时列出，促使顾客通过对比积极购买。

第六节 存货决策

存货是指企业在日常经营过程中为销售或耗用而储存各项资产。例如，在制造企业中，原材料、燃料、半成品、产成品等都是存货的表现形式。存货是大部分企业重要的流动资产,一般占流动资产的50%左右。企业为了生产的连续性,避免生产中断,或满足顾客的随时订购的要求,需要保持一定的存货。但增加一定的存货,相应会增加企业的一些存货成本。因此,如何确定合适地存货量是存货决策需考虑的问题。一般对于价值比较高的存货可采用经济订货量或生产量来决策;而对价值较低的存货可采用简便地双箱或双线订货决策来解决。本教材只介绍考虑数量折扣和不考虑数量折扣下的经济订货批量决策,至于其他存货决策可参看相关财务管理等教材。

一、存货成本

存货成本是企业由于储存材料、在产品、产成品等存货而发生的相关成本,从本质上讲存货成本是存货在生产经营过程中停留和转移时所耗资源的货币表现。主要包括采购成本、储存成本、订货成本和缺货成本四大类。

(一) 采购成本

是指由购买存货而发生的买价和采购费用,其总额取决于采购数量和单位采购成本。由于单位采购成本一般不随采购数量的变动而变动,因此,在采购批量决策中,存货的采购成本通常属于无关成本;但当考虑数量折扣等多种因素进行采购批量决策时,由于单位采购成本在不同采购方式下不同,采购成本就需要考虑,成为与决策相关的成本了。

(二) 订货成本

是指为订购存货而发生的各种成本,包括采购人员的工资、采购部门发生的一般性费用(如办公费、水电费、折旧费、取暖费等)和采购业务费(如差旅费、邮电费、检验费等)。订货成本可以分为两大部分:一部分是为维持一定的采购能力而发生的、各期金额比较稳定的成本,如折旧费、水电费、办公费等,称为固定订货成本;而随订货次数的变动而正比例变动的成本(如差旅费、检验费等),则称为变动订货成本。一般在存货总量不变的情况下,存货数量越小,订货次数就越多,订货成本相应地也越大。

(三) 储存成本

是指为储存存货而发生的各种费用,通常也包括两大类:一是固定的储存成本,包括仓库的折旧费用、保管人员的工资、年度检查费用以及企业仓库发生的其他固定费用;二是变动的储存成本,即由于投资于存货而不投资于其他可盈利方面所形成的资金成本、按存货价值计算的保险费、陈旧报废损失等。一般存货数量越多,存货价值越高,发现的变动性储存成本也越高。

(四) 缺货成本

是指由于存货数量不能及时满足生产和销售的需要而给企业带来的损失。例如,因停工待料而发生的损失,由于商品存货不足而失去的创利额,因采取应急措施补足存货而发生的超额费用等。在存货决策中,若不存在缺货,缺货成本一般不考虑。

二、不考虑数量折扣下的经济订购批量决策

订购批量,是指每次订购材料、商品等存货的数量。在某种存货全年需求量确定的情况下,若降低订购批量,必然增加订货批次。一方面,使存货的变动储存成本随平均储存量的下降而下降;另一方面,使变动订货成本随订购批次的增加而增加。反之,若减少订货批次必然要增加订购批量,从而减少变动订货成本的同时,变动储存成本将会增加。

根据上面的分析,可用图形象地反映企业存货量随着时间推移变动情况及订货成本与储存成本彼增此减的关系。如图5-9,图5-10所示。

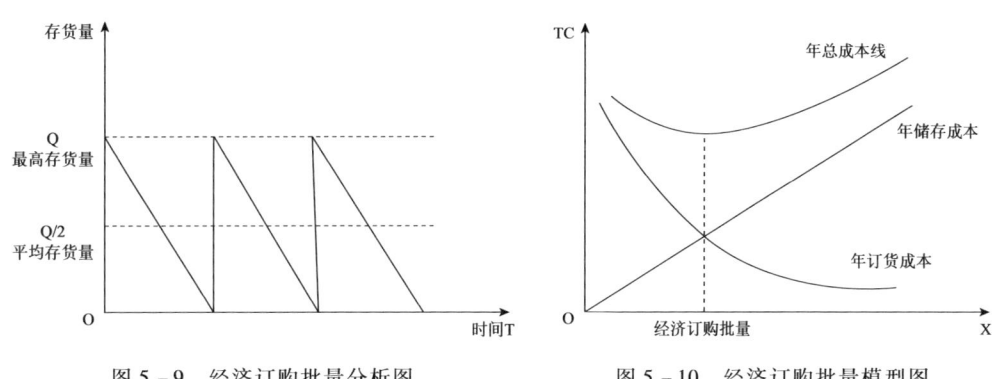

图5-9 经济订购批量分析图   图5-10 经济订购批量模型图

可见,在不考虑数量折扣和缺货情况下,最优的存货订购批量。即经济订购批量决策是使存货的相关成本为最小时,即年订货成本与年储存成本合计数最低时,也就是年订货成本等于年储存成本时的订购批量。

假设:A—某种存货全年需要量; Q—订购批量;   Q/2—年平均存货量;
A/Q—订购批次;   P—每批订货成本; C—单位存货年储存成本。
TC_P—年变动订购成本; TC_S—年变动储存成本;
TC—年订货相关成本合计数。

则:订货的年相关成本 = 年变动订购成本 + 年变动储存成本

$TC = TC_P + TC_S$

$TC = \dfrac{A}{Q} \times P + \dfrac{Q}{2} \times C$

对 Q 求导,令:TC' = 0

则:$TC' = -\dfrac{A}{Q^2} \times P + \dfrac{C}{2} = 0$

经济订购批量:$EOQ = \sqrt{\dfrac{2AP}{C}}$

年最低成本 $TC^* = \sqrt{2APC}$

【例 5 – 23】

假设某公司每年需要采购甲材料使用量为 25000 公斤，甲材料单位采购成本为 16 元，储存成本中的变动存货成本每公斤为 6.4 元，该公司的资本成本为 20%，订购该材料一次的成本为 32 元。要求：计算该公司甲材料的经济订购批量？

【解答】根据提供的相关数据，可直接代入经济订购批量公式求出

甲材料的经济订购批量：$EOQ = \sqrt{\dfrac{2 \times 25000 \times 32}{6.4}} = 500$（公斤）

三、考虑数据折扣下的经济订购批量决策

在有数量折扣的决策中，订货成本、储存成本以及采购成本都是订购批量决策中的相关成本，这时，上述三种成本的年成本合计最低的方案，才是最优方案。

计算步骤如下：

1. 计算没有考虑商业折扣时的经济批量，并求出此时的相关成本总额。相关成本由三部分组成，即采购成本、订货成本和存货成本。

2. 按照数量折扣条款中其余各档次采购量与相应价格，求出每一档次下的相关总成本。

3. 比较所有情况的相关成本总额，则相关成本最低时的采购批量即为存在数量折扣时的经济批量。

【例 5 – 24】

假设某企业 A 产品的年需要量是 4500 件，每件采购成本是 200 元，每件产品每年存货成本平均是单位采购成本的 15%，每次订购成本是 300 元。假设供应商提供相关商业数量折扣，当订购数量超过 600 件时，提供 3% 的商业折扣；当订购数量超过 900 件时，提供 5% 的商业折扣。

要求：A 产品每次采购多少件经济上最合适？

【解答】

1. 计算没有考虑数量折扣时的经济批量，并求出此时的相关成本总额。

不考虑数量折扣时的经济批量 $EOQ = \sqrt{\dfrac{2 \times 4500 \times 300}{200 \times 15\%}} = 300$（件）

此时，相关成本总额 TC_1 = 采购成本 + 订货成本 + 存货成本

$\quad\quad\quad\quad\quad\quad\quad\quad = 4500 \times 200 + (4500/300) \times 300 + (300/2) \times 200 \times 15\%$

$\quad\quad\quad\quad\quad\quad\quad\quad = 909000$（元）

2. 计算当订购数量 600 件，此时相关成本总额 TC_2

TC_2 = 采购成本 + 订货成本 + 存货成本

$\quad\quad = 4500 \times 200 \times (1 - 3\%) + (4500/600) \times 300 + (600/2) \times 200 \times (1 - 3\%)$

$\quad\quad\quad \times 15\%$

$\quad\quad = 883980$（元）

3. 计算当订购数量 900 件，此时相关成本总额 TC_3

TC_3 = 采购成本 + 订货成本 + 存货成本
= $4500 \times 200 \times (1 - 5\%) + (4500/900) \times 300 + (900/2) \times 200 \times (1 - 5\%) \times 15\%$
= 869325（元）

结论：从上面计算可知，当每次订购 900 件时，相关总成本最低，因此，企业应当每次订购 900 件 A 产品在经济上是最合适的。

第七节 不确定条件下的经营决策

本节将结合例题介绍在风险性和不确定条件下如何应用概率分析法、大中取大法、小中取大法、最大的后悔值最小法等决策法进行经营决策的技巧。

一、概率分析法的应用

概率分析法在生产决策中的应用

【例 5 – 25】

已知：某公司准备开发一种新产品，现有甲产品和乙产品可供选择，有关资料见表 5 – 22。

表 5 – 22　　　　　　　　　　相关资料表　　　　　　　　　　（单位：元）

项目\品种	甲产品	乙产品
单价	320	290
单位变动成本	260	250
固定成本总额	30000	30000

销售量是一个随机变量，有关预测资料见表 5 – 23。

表 5 – 23　　　　　　　　　　销售量资料表

甲产品		乙产品	
预计销量（件）	概率	预计销量（件）	概率
600	0.3	500	0.1
800	0.3	600	0.2
900	0.2	800	0.3
1000	0.2	900	0.4

要求：利用概率分析法做出开发何种新产品的决策。

【解答】根据上述资料，由于开发两种产品的固定成本总额相等，因此，固定成本总额是无关成本，可编制期望贡献边际总额计算分析表。

表 5 – 24　　　　　　　　　期望贡献边际总额计算分析表　　　　　　　（单位：元）

品种	销量（件） ①	单位贡献边际 ②	贡献边际 ③ = ① × ②	概率 ④	贡献边际期望值 ⑤ = ③ × ④
甲产品	600	320 – 260 = 60	36000	0.3	10800
	800		48000	0.3	14400
	900		54000	0.2	10800
	1000		60000	0.2	12000
	合计				48000
乙产品	800	290 – 250 = 40	32000	0.1	3200
	900		36000	0.2	7200
	1000		40000	0.3	12000
	1200		48000	0.4	19200
	合计				41600

决策结论：从表 5 – 24 中的计算结果可看出，因为甲产品的贡献边际期望值比乙产品的贡献边际期望值大。因此，从经济角度，应开发甲产品更合理。

二、大中取大决策法的应用

大中取大决策法是指在不确定条件下的决策过程中，选择最有利的市场需求情况下的收益值最大的方案作为选中方案的决策方法。如果决策者对未来持乐观态度，可采用大中取大法。这里的"收益值"在短期经营决策中可指"贡献边际总额"或"税前净利"；在长期投资决策中可指"净现值""内部收益率"或"获利指数"。

【例 5 – 26】

已知：某公司准备开发一种新产品，根据市场调查提出三种不同销售方案，并预计在不同销销售环境下的贡献边际总额，有关资料见表 5 – 25。

表 5 – 25　　　　　　　　　　　贡献边际资料　　　　　　　　　　　（单位：元）

销售方案（件） 销售状态	3000	3500	4000
销路好	50000	55000	64000
销路一般	31000	36000	23500
销路差	20000	34000	22500

要求：按大中取大法为该公司做出销售量的决策。

【解答】依题意编制分析表如表 5 – 26 所示。

表 5-26　　　　　　　　　　　决策分析表　　　　　　　　　　　（单位：元）

销售方案（件） 销售状态	3000	3500	4000
销路好	50000	55000	64000
销路一般	31000	36000	23500
销路差	20000	34000	22500
最大收益值	50000	55000	64000
最小收益值	20000	34000	22500

从表 5-26 中可见，在大中取大法下，最大收益值均集中在"销路好"栏，而最大收益值中的最大值是 64000 元，因此销量为 4000 件的方案为最优方案。

三、小中取大决策法的应用

小中取大法指在不确定条件下的决策过程中，选择最不利的市场需求情况下的收益值最大的方案作为选中方案。如果决策者对未来比较保守、持稳健态度，可采用小中取大法。

【例 5-27】

已知：仍按【例 5-26】中的资料。

要求：采用小中取大法进行销售量的决策。

【解答】 从表 5-26 中可见，在小中取大法下，最小收益值均集中在"销路差"栏，而最小收益值中的最大值是 34000 元，因此产量为 3500 件的方案为最优方案。

四、最大的后悔值最小值决策法的应用

最大的后悔值最小值决策法是指在不确定条件下的决策过程中，选择最大后悔值中的最小值的方案作为选中方案。其中，后悔值是指每种不同需求状态下，由于没有选择最大收益值所对应的方案，而错选其他方案，在这种需求状态下最大收益值与该错选其他方案的收益值的差额（一定是正值）。它表示如果选错方案将会发生的损失额。显然，出现几种需求状态，就会有几个相应后悔值。稳健性的决策者比较采用偏好这种决策方法。

【例 5-28】

已知仍按【例 5-26】中的资料。

要求：采用最大的后悔值最小值决策法进行相关决策。

【解答】 根据上述资料可进行以下计算分析。

表 5-27　　　　　　　　　　后悔值计算分析表　　　　　　　　　（单位：元）

销售状态 \ 销售方案（件）	3000	3500	4000
销路好	64000 - 50000 = 14000	64000 - 55000 = 9000	64000 - 64000 = 0
销路一般	36000 - 31000 = 5000	36000 - 36000 = 0	36000 - 23500 = 12500
销路差	34000 - 20000 = 14000	34000 - 34000 = 0	34000 - 22500 = 11500
最大后悔值	14000	9000	12500

从表 5-27 中可见，最大后悔值中的最小值是 9000 元，因此销量为 3500 件时的方案应作为最优方案。

【本章小结】

企业的决策可以按不同的标志进行分类。最重要的分类是按影响时间的长短划分为长期决策与短期决策。

在进行短期经营决策时，为提高决策的有效性，需将成本按是否在决策时需要考虑的成本，区分相关成本和无关成本，相关成本包括增量成本、边际成本、机会成本、估算成本、重置成本、付现成本、专属成本、加工成本、可分成本、可延缓成本和可避免成本等。无关成本主要包括沉没成本、共同成本、不可延缓成本和不可避免成本等。

短期经营决策主要包括生产决策、定价决策和存货决策。短期经营决策一般方法主要有利润比较法、贡献边际总额分析法、单位资源贡献边际分析法、差别损益分析法、相关成本分析法、成本无差别点法等方法。

生产决策的类型很多，主要有生产哪种产品、亏损产品是否继续生产还转产、半成品是进一步加工还是直接出售、如何合理安排生产、零件是自制还外购及采取不同加工技术等决策。

定价决策也是企业日常生产经营活动的一项重要决策之一。常用的定价决策方法主要有以市场需求为导向、以成本为导向、是否接受特别订货的低价定价决策等方法。

如何确定合适地存货量是存货决策需考虑的问题，一般有考虑数量折扣和不考虑数量折扣下的经济订货批量决策等类型。

在存在风险性和不确定条件下，短期经营决策可采用概率分析法、大中取大法、小中取大法、最大的后悔值最小法等决策法进行。

【案例分析】

咖喱屋是否应该接受订单

咖喱屋是市中心一家以其独特的咖喱饭出名的印度餐馆，该餐馆只供应咖喱套餐,并有各种不样式以适应不同的口味。不管分量是多少,一律以标准价 6.00 元出售。咖喱屋每天业务量水平是 200 份、提供每份饭的单位变动成本是 2.50 元,餐馆每天经营固定成本是 500 元,但是咖喱屋每天正常可使用生产能力是 250 份。

最近,该咖喱屋拒绝了一份商学院的订单,该订单要求按每天每盒 4.00 元提供 100 份。商学负责人很恼火、因为他看到该咖喱屋在此之前曾接受过一个特别的订单,一次性总额为 200 元,数量为 50 份。于是前往咖喱责问,算一算我们为每份饭支付了多少,想一想你们在做什么,难道你们没有商业头脑吗?

问题:该咖喱屋经理是否应接受该订单?想一想为什么他接受了数量为 50 份的订单,而拒绝了商学院的订单呢?如若接受,应再具备什么条件?

案例资料来源:陈振婷:《管理会计》[M],北京:清华大学出版社 2005 年版。

【课后练习】

一、思考题

1. 什么是决策分析?决策的意义及有哪几种类型?
2. 什么是相关成本?常见的相关成本包括哪些?
3. 生产经营决策常用的决策方法有哪些?各自的适用条件和评价标准是什么?
4. 亏损产品是否需停产还是转产的依据是什么?
5. 定价决策常用方法是什么?定价策略有哪些?
6. 存货决策需考虑哪些相关成本?

二、单选题

1. 在经济决策中应由中选的最优方案负担的、按所放弃的次优方案潜在受益计算的那部分资源损失,就是所谓(   )。
   A. 增量成本   B. 机会成本
   C. 专属成本   D. 沉没成本

2. 将决策分析区分为短期决策与长期决策所依据的分类标志是(   )。
   A. 决策的重要程度   B. 决策条件的肯定程度
   C. 决策规划时期的长短   D. 决策解决的问题

3. 在定价决策中,对于那些同类竞争产品差异性较大、能满足较大市场需要、弹性小、不易仿制的新产品最好采用(   )。
   A. 撇油策略   B. 渗透策略
   C. 弹性定价策略   D. 先低后高策略

4. 某企业常年生产需用的某零件以前一直从市场上采购,单价为 8 元/件,预计明年单价将降为 7 元/件。如果明年企业追加投入 12000 元专属成本,就可以自行制造该部件，预计单位变动成本为 5 元/件。则外购与自制方案的成本无差别点业务量为（   ）。

　　A. 12000 件　　　　　　　　　　B. 6000 件

　　C. 4000 件　　　　　　　　　　 D. 1400 件

5. 下列各种决策分析中，可按成本无差别点法做出决策结论的是（   ）。

　　A. 亏损产品的决策　　　　　　　B. 是否增产的决策

　　C. 追加订货的决策　　　　　　　D. 自制或外购的决策

6. 在进行非概率分析时，能够利用不同状况下各方案最大收益值作为分析依据的方法是（   ）。

　　A. 大中取大法　　　　　　　　　B. 小中取小法

　　C. 小中取大法　　　　　　　　　D. 大中取小法

7. 如果将半成品继续加工为成品再出售，需购一台 800 元的专用加工设备，可获利 10000 元，则出售半成品的机会成本为（   ）。

　　A. 2000 元　　　　　　　　　　 B. 1800 元

　　C. 10000 元　　　　　　　　　　D. 8000 元

8. 在短期经营决策中，可以不予考虑的因素是（   ）。

　　A. 增量成本　　　　　　　　　　B. 机会成本

　　C. 沉没成本　　　　　　　　　　D. 付现成本

9. 在几种不确定的随机事件中，选择最不利的市场需求情况下的收益值最大的方案作为可选方案，这种决策方法叫作（   ）。

　　A. 最小的最大后悔值　　　　　　B. 大中取小法

　　C. 小中取大法　　　　　　　　　D. 折衷决策方法

三、多选题

1. 在是否接受低价追加订货的决策中，如果发生了追加订货冲击正常任务的现象，就意味着（   ）。

　　A. 不可能完全利用其绝对剩余生产能力来组织追加订货的生产

　　B. 追加订货量大于正常订货量

　　C. 追加订货量大于绝对剩余生产能力

　　D. 因追加订货有特殊要必须追加专属成本

　　E. 会因此而带来机会成本

2. 下列项目中，属于非相关成本的是（   ）。

　　A. 沉没成本　　　　　　　　　　B. 付现成本

　　C. 不可避免成本　　　　　　　　D. 边际成本

　　E. 机会成本

3. 存货成本是指存货是所耗费的总成本，主要包括（　　）。
   A. 采购成本　　　　　　　　　B. 订货成本
   C. 存储成本　　　　　　　　　D. 缺货成本
   E. 付现成本
4. 短期经营决策分析主要包括（　　）。
   A. 生产经营决策分析　　　　　B. 定价决策分析
   C. 销售决策分析　　　　　　　D. 战略决策分析
5. 当剩余生产能力无法转移时，亏损产品不应停产的条件有（　　）。
   A. 该亏损产品的变动成本率大于 1
   B. 该亏损产品的变动成本率小于 1
   C. 该亏损产品的贡献边际大于 0
   D. 该亏损产品的单位贡献边际大于 0
   E. 该亏损产品的贡献边际率大于 0

四、计算题

1. 已知：某企业每年需用 A 零件 2000 件，原由金工车间组织生产，年总成本为 19000 元，其中，固定生产成本为 7000 元。如果改从市场上采购，单价为 8 元，同时将剩余生产能力用于加工 B 零件，可节约外购成本 2000 元。
   要求：为企业做出自制或外购 A 零件的决策，并说明理由。

2. 某公司利用现有生产能力，可以开发生产 A、B 两种新产品，公司原有固定成本总额为 20000 元，若生产两种新产品还需分别增加专属固定成本为 12000 元和 4000 元，产品的有关资料如下表。

项目	A 产品	B 产品
产销数量	10000	2500
销售单价	20	40
单位变动成本	16	26
单位贡献毛益	4	14

要求：分析公司应生产哪一种产品？

3. 已知：某企业只生产一种产品，全年最大生产能力为 1200 件。年初已按 100 元/件的价格接受正常任务 1000 件该产品的单位完全生产成本为 80 元/件（其中，单位固定生产成本为 25 元）。现有一客户要求以 70 元/件的价格追加订货 300 件，因有特殊工艺要求，企业需追加 900 元专属成本。剩余能力可用于对外出租，可获租金收入 5000 元。按照合同约定，如果正常订货不能如期交货，将按违约货值的 1% 加纳罚金。
   要求：用差别损益分析法为企业做出是否接受低价追加订货的决策，并说明理由。

4. 某企业生产 A、B 两种产品，两种产品共用设备工时总数为 18000 小时，共用人工工时总数为 24000 小时，A 产品单位产品所需设备工时 3 小时，人工工时 5 小时，单位贡献边际为 42 元；B 产品单位产品所需设备工时 5 小时，人工工时 6 小时，单位贡献边际为 60 元，预测市场销售量：A 产品为 3000 件；B 产品为 2000 件。

要求：如何合理安排 A、B 两种产品的生产才能充分利用现有的资源？

5. 已知：某企业只生产一种产品，全年最大生产能力为 1200 件。年初已按 100 元/件的价格接受正常任务 1000 件，该产品的单位完全生产成本为 80 元/件（其中，单位固定生产成本为 25 元）。现有一客户要求以 70 元/件的价格追加订货。

要求：请考虑以下不相关情况，用差别损益分析法为企业做出是否接受低价追加订货的决策，并说明理由。

（1）剩余能力无法转移，追加订货量为 200 件，不追加专属成本；

（2）剩余能力无法转移，追加订货量为 200 件，但因有特殊要求，企业需追加 1000 元专属成本；

（3）同（1），但剩余能力可用于对外出租，可获租金收入 5000 元；

（4）剩余能力无法转移，追加订货量为 300 件；因有特殊要求，企业需追加 900 元专属成本。

【本章参考文献】

1. 孙茂竹，文光伟，杨万贵：《管理会计学》[M]，北京：人民大学出版社 2015 年版。
2. 贺颖奇，陈佳俊：《管理会计》[M]，上海：上海财经大学出版社 2003 年版。
3. 温素彬：《管理会计·理论·模型·案例》[M]，北京：机械工业出版社 2017 年版。
4. 毛付根：《管理会计》[M]，北京：高等教育出版社 2008 年版。
5. 吴大军：《管理会计》[M]，大连：东北财经大学出版社 2013 年版。
6. ACCA 教材：《管理会计（F2）》，《业绩管理（F5）》[M]，英国：BPP 出版社 2017 年版。
7. 陈振婷：《管理会计》[M]，北京：清华大学出版社 2005 年版。

第六章

长期投资决策

【本章学习目标】

通过本章的学习
1. 了解长期投资决策的意义、特点与分类
2. 了解影响长期投资决策的四个因素
3. 了解长期投资决策的敏感分析
4. 理解与掌握货币时间价值、现金流量的计算方法
5. 掌握常用的长期投资评价方法

第一节 长期投资决策的概述

一、投资及长期投资的含义

投资是指企业投入财力，以期在未来一定期间内获取报酬或更多收益的活动。而长期投资则是，凡涉及投入大量资金，获取报酬或收益的持续期间超过一年以上，且能在较长时间内影响企业经营获利能力的投资。例如，企业购买固定资产、开发、利用资源、研制新产品、更新改造厂房设备装备等都是长期投资的具体表现形式。

与长期投资有关的资金支出在会计上又叫资本性支出。因此，长期投资又叫资本支出投资或项目投资。在尚未完全收回投资之前，长期投资的合理存在形式必然是资产项目。与其相对立的概念是所谓收益性支出。进行长期投资决策必须首先将收益性支出同资本性支出区别开来。

二、长期投资的特点

长期投资主要具有持续时间长；投资资金多；面临风险大三大主要特点。

1. 持续时间长

一项大的长期投资往往需要几个年度方可完成。例如，新煤矿的开发、新厂房的建设等都不是一年两载所能完成的，而长期投资数额的收回一般来说都应在一个年度以上，有时则需持续数十年才能取得预期收益。因此，从投资的时间和收回的时间来看，都会在长时间内持续产生影响。

2. 投资资金多

由于长期投资涉到资本投资，因此，当企业实施长期投资方案时，就要投入大量的资金，它远远高于短期经营所需的资金数额。例如，壳牌石油公司2000年的资本投资额就达到12亿美元；中铁路总公司2015年固定资产投资约8200亿元人民币。所以依靠企业的自有资金往往难以负担，一般还需借助外部筹资来解决所需资金。故企业为了未来的发展潜力，必须对长期投资目标进行科学规划，制订发展计划，并付诸实施。

3. 面临风险大

由于长期投资的投资时间长，少则1年以上，多则10年以上，在此期间必然会遇到各种不确定性因素，如市场变化、政策因素等，这些会给企业的长期投资带来不可预测的影响，同时，长期投资大多属于固定资产投资，金额大一经投资下去，就属于沉没成本。因此，长期投资投资时间长，金额大的两个特点决定了长期投资要面临较大的投资风险。

三、长期投资决策的分类

1. 按投资的内容可划分为项目投资决策、证券投资决策和其他投资决策

管理会计主要研究项目投资决策。这类决策通常会对企业本身未来的生产经营能力和创利能力产生直接的影响。本教材主要涉及内容是专指项目投资决策。证券投资决策和其他投资决策对企业的未来发展一般只会产生间接的影响。

2. 按决策层次的高低可划分为战术性决策和战略性投资决策

战术性决策大多由中低层或职能管理部门筹划，由高层管理部门参与制定；如固定资产是否维修还是更新的决策；而战略性投资决策由企业最高管理当局筹划，并需要报经董事会或上级主管部门批准，其决策成败与否直接关系到企业的未来命运。如是否并购重组的决策。

3. 按投资方案的现金流动模式可分为常规方案投资决策与非常规方案投资两类

这种分类是判断内部收益率及其有关指标是否适用的基本前提。常规投资方案决策，是指在整个投资项目时间内，除建设期内现金流量表现为现金流出，在正常经营期内，各年均表现为现金流入量的各备选投资方案之间进行的决策。例如，某企业有3个投资方案，其现金流量情况如表6-1所示。

从表6-1可以看出，常规投资方案的基本特征是，现金流量由负值向正值转换，其正负符号只变换一次。

表 6-1　　　　　　　　　　　常规投资方案　　　　　　　　　　（单位：万元）

方案＼年	0	1	2	3	4	5
甲	-2000	+1500	+1500	—	—	—
乙	-2000	—	—	+1200	+1200	+1200
丙	-2000	+500	+500	+500	+500	+500

非常规方案投资决策是指在建设和生产经营年限内，各年净现金流量的正、负值交错出现，且正、负符号变换在二次（含二次）以上的各备选投资方案之间进行的决策。例如，某企业有两个投资方案，其现金流量情况如表 6-2 所示。

表 6-2　　　　　　　　　　　非常规投资方案　　　　　　　　　　（单位：万元）

方案＼年	0	1	2	3	4	5
甲	-1500	400	500	200	-500	600
乙	1000	-800	500	600	-200	500

四、长期投资决策的意义

长期投资决策的特点，决定了长期投资决策直接影响着企业的生存和未来的发展。若投资决策正确，则有利于企业未来一段期间内的经营状况，经济效益就会提高；反之，决策失误，轻则会影响企业经济效益的提高，重则将导致企业被迫清算、破产。为此，企业管理当局应加强长期投资的管理，科学制定和有效实施长期投资决策，力求最大限度发挥长期投资决策的作用，不断提高企业投资效益。

长期投资决策前必须做好投资的可行性研究和项目评估，从企业、国民经济和社会的角度进行研究论证，分析经济、技术和财务等方面的可行性。但西方在进行投资决策时，除社会公共投资项目外，一般将企业的可行性研究摆在第一位，其次才考虑国民经济和社会的项目研究评估。因此，它们面向企业的管理会计学教材也只限于介绍企业进行可行性研究与财务评价部分有关的理论和方法。我国是社会主义国家，进行投资决策、开展投资项目的可行性研究，首先应开展宏观评估，考虑投资项目满足社会需要的程度，分析国民经济范围内对该项目资源供应的保证程度和技术上的先进可靠程度，在经济技术可行的基础上再进一步进行财务评价。这就要求正确处理好宏观决策与微观决策的关系。

本章介绍的长期投资决策，是在假设所选的投资项目已具备经济和技术的可行性前提下，着重于分析与管理会计密切相关的财务可行性的原理与方法。

第二节　影响长期投资决策的四个因素

长期投资具有持续时间长、投资资金多、面临风险大三大主要特点。其中，"持续时间长"的特点，要求时间至少为一年以上，这就决定了其决策时应考虑货币时间价值。时间长，面临的不确定性因素就多，因此，"面临风险大"的特点也要求决策时还需考虑风险价值这个因素；"投资资金大"的特点，说明企业需筹集的资金多，往往都不是自筹资金来解决，但每种渠道获得资金又不是无偿取得的，需要综合考虑各种筹资的特点及其资金成本，以便使每个投资项目的投资报酬率至少要大于等于其资金成本，长期投资项目才能获利。因此，长期投资决策时，第三个考虑因素是资金成本。通过上一章学习可知，短期经营决策评价的基本指标是利润，但利润是在权责发生制下计算的，为人为操纵其数值提供了条件，且利润没有考虑货币时间价值和风险价值的短期化指标，若将利润还是作为长期投资决策的基本评价指标，与长期投资决策的三个特点是不相适应的。因此，现金流量这个指标采用收付实现制计算，能反映真实的企业经营状况，并且现金流量可以考虑货币时间价值和风险价值。因此，长期投资决策时，应考虑的第四个因素就是现金流量。

总之，长期投资决策需综合考虑的四个因素分别是货币时间价值、风险价值、资金成本和现金流量。它们之间没有先后、主次之分。

一、货币时间价值

（一）货币时间价值的概念

货币时间价值（time value of money）是指货币经历一定时间的投资和再投资所增加的价值，也称资金的时间价值，或由于资金的所有者让渡资金的使用权而按时间长短所获得的报酬。

需注意的是，货币本身不会增值，将钱放在家里是不会增值的，只有让渡资金的使用权，让资金投入生产流通领域才会增值。

（二）货币时间价值的特点

1. 不同时点的资金价值是不同的。若考虑货币的时间价值，年初存入银行的 1 万元，与年末存入银行的 1 万元是不等值的。年初存入银行的 1 万元到年末的价值肯定要高于 1 万元，因为还有一年的利息。所以，在考虑货币的时间价值，进行价值大小对比时，必须将不同时点的资金折算为同一时点后才能进行大小的比较。

2. 货币的时间价值从价值量上看，是指在没有风险和没有通货膨胀条件下的社会平均资金利润率。由于市场竞争的结果，市场经济中各部门的投资利润率趋于一致。在利润平均化规律的影响下，等量货币资金在相同时间内应获得等量报酬，因此，货币时间价值的一般表现形式，从相对量来看，就是在没有风险和没有通货膨胀条件下的社会平均资金利润率,在一定条件下相当于政府债券利息率;从绝对量看,就是使用货币资本的机会成本或假计成本。

由于货币时间价值的计算与利息的计算非常接近,因此,一般以利息、利息率或折现率反映或代表货币的时间价值。

(三) 货币时间价值的表示方式和计算方式

货币时间价值有两种表示方式,分别以绝对指标表示的利息和以相对指标表示的利息率。利息的计算方法,理论上有单利制和复利制两种方式,其中,单利制的计算只是对本金进行计算利息;而复利制不仅要对本金计算利息,而且要对利息也要计算利息,即利滚利。现实生活中,银行一般以单利计息,而在长期投资决策中的货币时间价值一般是假设以复利来计算利息的。这就涉及两个重要要概念,即复利现值和复利终值,简称现值和终值。

终值(Future value,简称"FV")是指现在一定金额的货币在未来某一时点上折成的价值,即本利和。如现在在银行存入 1000 元钱,未来第 n 年末可从银行获得多少元钱?如图 6-1。

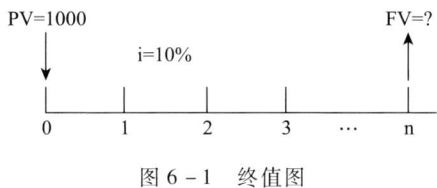

图 6-1 终值图

现值(Present value,简称"PV")是指未来某一时点上一定金额的货币折成现在的价值,即本金。如未来第 n 年在银行想得到 1000 元,现在需存入多少钱?如图 6-2。

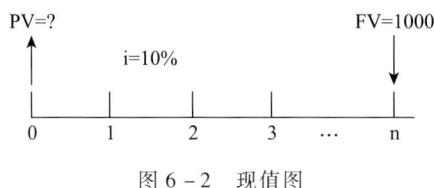

图 6-2 现值图

(四) 一笔收付款项的终值和现值的计算

根据复利计算的原理,可由现值推出终值的公式如下:

$$FV = PV(1+i)^n$$
$$= PV(F/P, i, n)$$

其中 $(1+i)^n$ 称为一次性收付款普通复利终值系数,用 $(F/P, i, n)$ 表示。

注意:n,i 要保持一致性,即,若 n 表示年数,则 i 表示年利率;若 n 表示月(季)数,则 i 表示月(季)利率,且 n,i 越大,$(F/P, i, n)$ 越大。

【例 6-1】

已知：王明年初到银行办理存入 10000 元的一年期的定期存款，存期 5 年，年利率为 5%，要求：计算第 5 年年末年存款到期后的本利和。

【解答】 依题意，这是个已知现值 PV，求终值 FV 的问题。

∵ 现值 PV = 10000 元，利率 i = 5%，存款期 n = 5 年

∴ 终值 FV = PV · $(1+i)^n$ = 10000 × $(1+5\%)^5$

或　　　　 = PV · (F/P, 5%, 5) = 10000 × 1.276

　　　　　 = 12760(元)

同理，由终值推出现值计算公式如下：

PV = FV$(1+i)^{-n}$

　　= PV(P/F, i, n)

其中，$(1+i)^{-n}$ 称为一次性收付款普通复利现值系数，用 (P/F, i, n) 表示。

注意：n、i 越大，(P/F, i, n) 越小。

【例 6-2】

已知：王明到银行办理一年期的定期存款，第 5 年未希望在银行存款到期后得 20 万元的一笔钱，假设一年期定期存款年利率为 5%，要求：现在他应当在银行存入多少钱？

【解答】 依题意，这是个已知终值 FV，求现值 PV 的问题。

∵ 终值 FV = 200000 元，利率 i = 5%，存款期 n = 5 年

∴ 现值 PV = FV $(1+i)^{-n}$ = 200000 × $(1+5\%)^{-5}$

或　　　　 = FV · (P/F, 5%, 5) = 200000 × 0.784

　　　　　 = 156800(元)

（五）年金终值和现值的计算

年金（Annuity）是指在一定时期内每隔相同时间（如一月、一季或一年）发生相同数额的一系列收付的款项。年金应同时满足三个条件：一是连续性。在一定期间内必须连续地每隔一段时间发生一次收（付）款业务，不得中断。二是等额性。各期发生的款项必须数额相等。三是同向性。各期发生的款项必须是相同的收支方向，要么都是收入行为；要么就是支出行为。年金按收付的时间和收付的次数可分类普通年金、先付年金、递延年金、永续年金。

1. 普通年金终值和现值的计算

普通年金（common annuity）又叫后付年金，是在 n 期内，从第一期起，每期期末发生的年金。本章中以后凡涉及年金问题、若不特殊说明均指普通年金。年金一般用 A 表示。

（1）普通年金终值的计算。普通年金终值简称为年金终值（用 FV 表示），是指自第一次每期期末支付（或收入）到最后一次期末支付（或收入）时，全部支付（或收入）额按复利计算的最终本利和。

根据已知的年金 A，计算年金终值 FV，实现上是一个等比数列求和问题，其最终计算公式为：

$$FV = A \frac{(1+i)^n - 1}{i}$$
$$= A(F/A, i, n)$$

其中，(F/A, i, n) 称为年金终值系数。

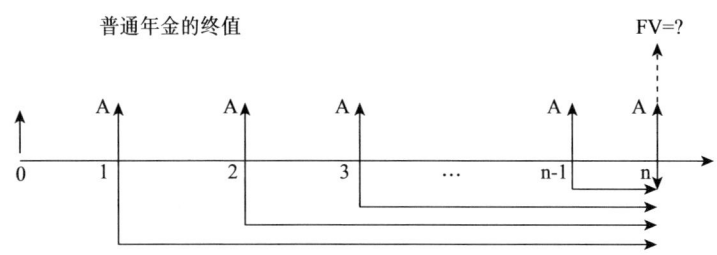

图 6-3 普通年金终值图

【例 6-3】

已知：王明连续 10 年于每年年末存款 10000 元，年利率为 10%。

要求：计算王明第 10 年年末可一次取出的本利和。

【解答】依题意，这是个已知年金 A，求年金终值 F_A 的问题。

∵ A = 10000，n = 10，i = 10%

∴ FV = A(F/A, i, n) = 10000 × (F/A, 10%, 10) = 10000 × 15.9374 = 159374（元）

根据年金终值求年金问题：

由 FV = A(F/A, i, n) 得到：

A = FV/(F/A, i, n)

其中：1/(F/A, i, n) 称为年偿债基金系数，是年金终值系数的倒数，此时的年金 A 表示年偿债基金。

【例 6-4】

已知陈虹准备在 10 年内每年年末存入银行一笔资金，以便在第 10 年年末归还一笔到期值为 500 万元的长期负债，存款利率为 10%。

要求：计算该企业每年末应至少存多少钱。

【解答】依题意，这是个已知年金终值 F_A，求偿债基金 A 的问题。

∵ FV = 500 万元，n = 10，i = 10%

∴ A = FV/(F/A, i, n) = 500/15.9374 = 31.375（万元）

（2）普通年金现值的计算。普通年金现值简称为年金现值（用 PV 表示），指的是为在将来若干期内的每期末支付（或收入）相同的金额，按复利计算，现在所需要的本金数。

根据已知的年金现值 PV，计算年金 A，实现上也是一个等比数列求和问题，其最终计算公式为：

$$PV = A \frac{1-(1+i)^{-n}}{i} = A(P/A, i, n)$$

其中，(P/A，i，n) 称为年金现值系数。

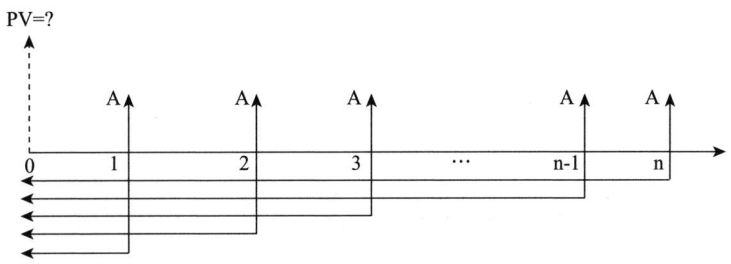

图 6-4 普通年金现值图

【例 6-5】

已知：某企业计划租用一设备，租期为 6 年，合同规定每年年末支付租金 1000 元，年利率为 5%，要求：计算 6 年租金的现值是多少？

【解答】 依题意，这是个已知年金 A，求年金现值 PV 的问题。

∵ A = 1000；i = 5%；n = 6，

∴ PV = A (P/A, i, n)
　　　= A (P/A, 5%, 6)
　　　= 1000 × 5.076 = 5076（元）

根据年金现值求年金问题

由 PV = A (P/A, i, n) 得到根据年金现值求年金的公式：

A = PV/ (P/A, i, n)

其中：1/ (P/A, i, n)，称为年等额回收系数，是年金现值系数的倒数，此时的年金 A 表示年回收额。

【例 6-6】

已知：某企业拟投资 1000 万元建设一个预计寿命期为 10 年的更新改造项目，若企业期望的资金报酬率为 10%。

要求：计算该企业每年年末至少要从这个项目获得多少报酬才是合算的？

【解答】 依题意，这是个已知年金现值 PV，求年回收额 A 的问题。

∵ PV = 1000，n = 10，i = 10%

∴ A = PV/(P/A, i, n) = 1000/(P/A, 10%, 10)
　　　= 1000/6.14457 = 162.75（万元）

2. 预付年金终值和现值的计算

预付年金（Annuity due）又叫先付年金，是在 n 期内，从第一期起，每期期初发生的年金。

（1）预付年金终值的计算。预付年金终值（用 FV 表示），是指自第一次每期期初支付（或收入）到最后一次期初支付（或收入）时，全部支付（或收入）额按复利计算的最终本利和。

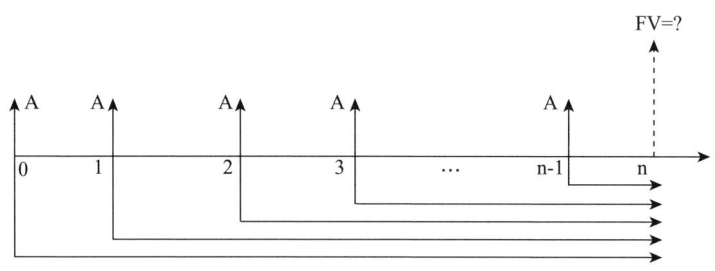

图 6-5 预付年金终值图

从上图可知，预付年金的付款次数与普通年金相同，都是 n 期，但由于前者比后者提前一期收付款，导致预付年金要比普通年金多计算一期利息。因此，在普通年金终值的基础上再乘以 (1+i)，就可以计算出先付年金的终值。

根据普通年金终值的公式 $FV = A\dfrac{(1+i)^n - 1}{i}$

$$= A(F/A, i, n)$$

可得出：预付年金终值的公式：

$$FV = A(1+i)\dfrac{(1+i)^n - 1}{i} = A\left[\dfrac{(1+i)^{n+1} - 1}{i} - 1\right]$$

$$= A[(F/A, i, n+1) - 1]$$

其中，$\dfrac{(1+i)^{n+1} - 1}{i} - 1$ 称为预付年金终值系数，它是在普通年金终值系数的基础上，期数加1，系数减1所得的结果，可简记为 $[(F/A, i, n+1) - 1]$。

（2）预付年金现值的计算。预付年金现值（用 PV 表示），是指为在将来若干期内的每期初支取（或收入）相同的金额，按复利计算，现在所需要的本金数。

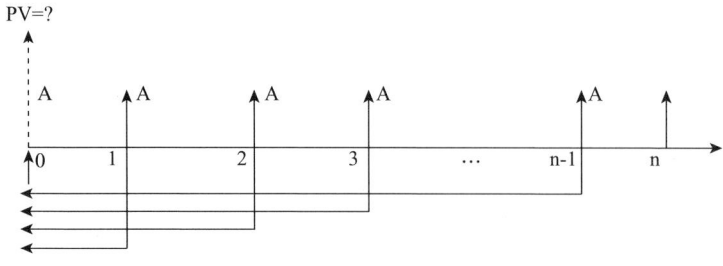

图 6-6 预付年金现值图

从图 6-6 可知，预付年金的付款次数与普通年金相同，都是 n 期，但由于前者比后者提前一期收付款，导致预付年金要比普通年金多计算一期利息。因此，在普通年金现值的基础上再乘以 $(1+i)$，就可以计算出先付年金的现值。

根据普通年金现值的公式： $PV = A\dfrac{1-(1+i)^{-n}}{i}$

$\qquad\qquad\qquad\qquad\qquad = A\,(P/A,\,i,\,n)$

可得出：预付年金终值的公式：

$PV = A(1+i)\dfrac{1-(1+i)^{-n}}{i} = A\left[\dfrac{1-(1+i)^{-(n-1)}}{i}+1\right]$

$\qquad = A\,[\,(P/A,\,i,\,n-1)\,+1\,]$

其中，$\dfrac{1-(1+i)^{-(n-1)}}{i}+1$ 称为预付年金现值系数，它是在普通年金现值系数的基础上，期数减1，系数加1所得的结果，可简记为 $[(P/A,i,n-1)+1]$。

3. 递延年金终值和现值的计算

递延年金（deferred annuity），是指在最初若干期没有收付款项的情况下，随后在第 m 年开始到 m+n 期等额的系列收付款项。

m+n 期的递延年金就是 n 期的普通年金；从图 6-7 可以看出，n 期的递延年金等于 m+n 期的普通年金与 m 期的普通年金之差。因此，无论是递延年金终值还是递延年金现值，都可以在普通年金的基础上计算出来。

(1) 递延年金终值的计算。递延年金终值计算实现上是与普通年金终值的计算一样的。

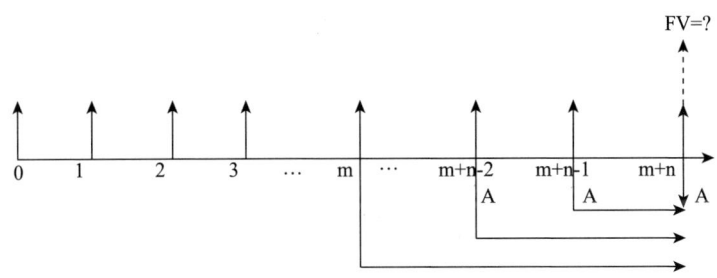

图 6-7　递延年金终值图

(2) 递延年金现值的计算。

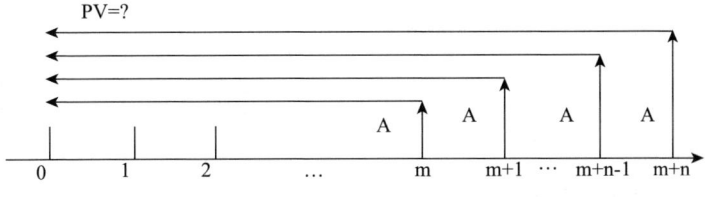

图 6-8　递延年金现值图

根据已知的递延年金 A，计算递延年金现值 PV 的方法有两种：

第一种方法需要利用 n 期的普通年金现值系数和 m 期的复利现值系数，先计算 n

期的普通年金现值，然后再折算为 m 期的复利现值，从而得到所求的递延年金现值。其计算公式为：

PV = A(P/A,i,n)(P/F,i,m)

第二种方法是先计算 m+n 期的普通年金现值，再计算为 m 期的普通年金现值，然后将计算的两笔普通年金现值相减，即得到所求的递延年金现值。其计算公式为：

PV = A[(P/A,i,m+n) - (P/A,i,m)]

【例 6-7】

已知：王明打算年末存入一笔资金，从第 5 年年末起每年取出 10000 元，至第 10 年年末取完，假若年复利率为 10%。

要求：计算王明最初一次存入的款项是多少钱？

【解答】依题意，这是个已知递延年金 A，求递延年金现值 PV 的问题。

∵ A = 10000，n = 5，m = 5，m + n = 10，i = 10%

∴ PV = 10000 × (P/A,10%,5) × (P/F,10%,5)
    = 10000 × 3.79 × 0.621 = 23535.9（元）

或：PV = 100000 × [(P/A,10%,10) - (P/A,10%,5)]
    = 10000 × (6.144 - 3.79) = 23540（元）

两种方法计算结果误差只有 4.1 元。

4. 永续年金终值和现值的计算

永续年金是指无限等额收付的年金，即是当期限 n→+∞ 时的普通年金。

（1）永续年金终值的计算。由于假设永续年金没有终点，故不存在其终值问题，或永续年金终值为无穷大。

（2）永续年金现值的计算。

根据普通年金现值公式 $PV = A \frac{1-(1+i)^{-n}}{i}$

当 n→+∞ 时，永续年金现值其公式为：

$PV = \frac{A}{i}$

【例 6-8】

已知：A 企业持有的 B 公司股票每年股利收益预计为 100000 元。假定企业不准备在近期转让该股票，B 公司的预期效益良好，假定折现率为 10%。

要求：对该项股票投资进行估价。

【解答】这是个已知年金 A，求永续年金现值 PV 的问题。

∵ A = 100000，i = 10%

∴ $PV = \frac{A}{i} = \frac{100000}{10\%} = 1000000$（元）

（六）货币时间价值的其他问题的研究

1. 如何计算利率和期限

上面介绍了货币时间价值的各种表现形式可知，由现值计算终值或由终值计算现值。如 $FV = PV(1+i)^n$；或 $PV = PV(1+i)^{-n}$ 时，需已知现值（或终值）、折现率和时期数三个因素。现实生活中，还可能出现：已知现值、终值和利率，如何求期限？或已知现值、终值和期限，如何求利率？对这两个问题的解决，需采用内插法（或叫插值法）求值。

【例6-9】

如图6-9所示，根据年金现值和年金，求利息 $i = ?$

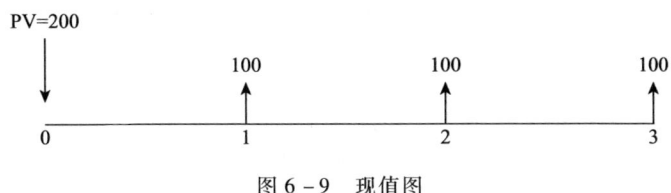

图6-9 现值图

【解答】 $PV = A(P/A, i, n)$

$200 = 100(P/A, i, 3)$

$(P/A, i, 3) = 2$

查表，再用内插法计算：

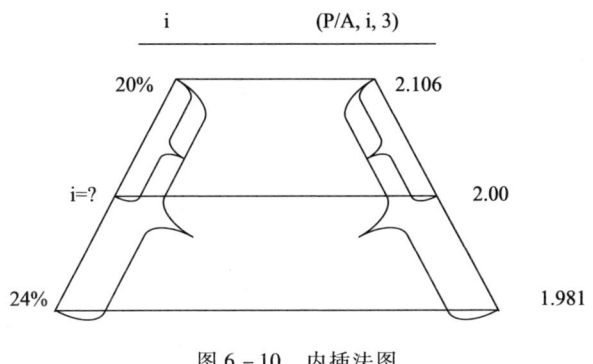

图6-10 内插法图

$$\frac{i - 20\%}{24\% - 20\%} = \frac{2.106 - 2.0}{2.106 - 1.981}$$

$$i = 20\% + (24\% - 20\%)\frac{2.106 - 2.0}{2.106 - 1.981}$$

$$i = 20\% + 3.392\% = 23.392\%$$

或：$i = 24\% - (24\% - 20\%)\frac{2 - 1.981}{2.106 - 1.981}$

$i = 24\% - 0.608\% = 23.392\%$

2. 名义利率与实际利率的换算问题

在以上讨论中，我们是假定利息率（或折现率）为年率，且每年只复利计息一次。但在实际生活中，某些款项在一年内不止复利一次。如银行活期存款的利息每季度结息一次；银行贷款可以每月结息一次；也有每季度结息一次；某些债券每半年结息一次。凡每年复利次数超过一次的年利率，在经济上叫名义利率，而每年只复利一次的年利率才是实际利率。在理论上，按实际利率每年复利一次计算得到的利息应该与按名义利率每年多次复利计算的利息是等价的，因此对于一年内多次复利的情况，可按两种方法计算货币时间价值。

换算方法一：将名义利率调整为实际利率，再按实际利率计算货币时间价值。

假设：名义利率记作 r；实际利率记作 i，一年内 m 次结息，

则：$i = (1 + \frac{r}{m})^m - 1$

换算方法二：不计算实际利率，而是相应修正利率和时期，再按修正后的利率和期数确定有关系数。若一年内 m 次结息，则，修正后的年利率为 r/m，修正后的时期为 m×n。

【例 6 – 10】

已知：王明于第 1 年年末存入银行本金 10000 元，年利率 10%，每季复利一次。

要求：（1）计算该项存款的实际年利率。
　　　（2）计算该项存款第 3 年年末的终值。

【解答】

（1）依题意，r = 10%，m = 4，PV = 10000，n = 3，则

实际年利率　$i = (1 + \frac{r}{m})^m - 1 = (1 + \frac{10\%}{4})^4 - 1 = 10.38\%$

（2）该项存款第 3 年年末的终值

　　　FV = 10000 × (1 + 10.38%)³ = 13448.42（元）

或

∵ 修正后的利率 = r ÷ m = 10% ÷ 4 = 2.5%；修正后的时期 = m × n = 4 × 3 = 12

∴ 该项存款第 3 年年末的终值为：

$FV = PV(1 + \frac{r}{m})^{mn} = (1 + 2.5\%)^{12}$

　　= 10000 × (F/P, 2.5%, 12)

　　= 13470（元）

二、风险价值

企业开展投资活动时，经常是在有风险的情况下进行的。冒风险，就要求得到额外的收益，否则就不值得去冒险。投资者由于冒风险进行投资而获得的超过资金时间价值的额外收益，称为投资的风险价值或称风险报酬。因此，企业从事投资项目决策时，必须考虑风险价值，以求最大限度地扩大企业财富。

(一) 风险概念及分类

1. 风险概念

风险 (Risk) 是指在一定条件下和一定时期内,可能发生的各种结果,但每种结果出现的概率已知下的不确定性。

注意:风险并不等于不确定性,不确定是无法用概率描述,不属风险的范畴。因此,通常将风险理解为可测量概率的不确定性

2. 风险的类别

(1) 从投资者角度看,风险分为市场风险和公司特有风险两类。市场风险是指那些对所有的公司产生影响的因素所引起的风险,如战争、经济衰退、通货膨胀、高利率等。这类风险涉及所有的投资对象,不能通过多元化投资来分散,因此又称不可分散风险或系统风险。

公司特有风险是指发生于个别公司的特有事件所造成的风险,如新产品开发失败、没有争取到重要合同、诉讼失败等。这类事件是随机发生的,因而可以通过多元化投资来分散,这类风险又称可分散风险或非系统风险。

(2) 从公司经营角度看,风险分为经营风险和财务风险两类。经营风险是指生产经营的不确定性带来的风险,它是任何商业活动都有的。如:市场销售数量不确定;原料的供应和价格不确;设备事故、产品发生质量问题、天灾、经济不景气、通货膨胀等产生的经营风险。

财务风险是指因借款而增加的风险,是融资决策带来的风险,也叫融资风险。举债加大了企业到期还本付息的压力,增加了企业的风险。若企业全部使用自有资本,那么该企业没有财务风险,只有经营风险。

(二) 衡量风险方法

若投资规模和期望收益率相同,可用标准差来衡量风险,标准差越大,收益率的分散度越大,投资风险越大。

若投资规模和期望收益率不相同,只能用方差系数(标准离差率)来衡量风险,方差系数(标准离差率)越大,投资的相对风险也越大。

期望收益率是各种可能收益率的加权平均数,其中权数为各种可能收益率发生的概率。

期望收益率 $R_{EV} = \sum_{i=1}^{n}(P_i R_i)$

其中:R_{EV}——期望报酬率; P_i——某种收益率;

R_i——某种收益率出现的概率;   n——可能结果数。

标准差是一种衡量变量的分布预期平均数偏差的统计量。

方差$(\sigma^2) = \sum_{i=1}^{n}(R_i - R_{EV})^2 \cdot P_i$

标准差$(\sigma) = \sqrt{\sum_{i=1}^{n}(R_i - R_{EV})^2 \cdot P_i}$

标准离差率（方差系数）是概率分布的标准差与预期收益率的比值。

$$标准离差率(V) = \frac{\sigma}{R_{EV}} \times 100\%$$

（三）投资风险价值的计算

风险报酬是指投资者因承担风险而获得的超过时间价值的那部分额外报酬。

对于单一资产的风险报酬率的计算，可用公式表示如下：

$$R_r = bV$$

其中：R_r——风险报酬率；b——风险报酬系数；V——标准离差率。

对于证券组合下的单一资产的风险报酬率的计算，可用以下公式表示如下：

$$R_r = \beta_r(R_m - R_f)$$

其中：R_r——风险报酬率； β_r——证券组合中的β系数；

R_m——市场报酬率； R_f——无风险报酬率。

因此，在考虑风险报酬率的情况下，一个正常的投资项目预期的报酬率可用如下公式表示：

期望投资报酬率 = 无风险报酬率 + 风险报酬率

三、资本成本

（一）资本成本的含义

资金成本也称资本成本，是指企业为筹集和使用资金而付出的代价。资金成本包括资金筹集费和资金占用费两部分。

资金筹集费是指在资金筹集过程中支付的各项费用，如发行股票、债券支付的印刷费、发行手续费、律师费、资信评估费、公证费、担保费、广告费等。这项费用往往一次性发生的，属于固定性资本成本。

资金占用费指占用资金支付的费用，如股票的股息、银行借款、发行债券的利息等等。这项费用往往经常重复发生的，属于变动性资本成本。

资本成本与货币时间价值既有联系，又有区别。货币时间价值是资本成本的基础，而资本成本既包括货币时间价值，又包括投资的风险价值。因此，在有风险的情况下，资本成本是投资者要求的最低报酬。

（二）资本成本的作用

1. 对于企业筹资来讲，资金成本是选择资金来源、确定筹资方案的重要依据，企业要选择资金成本最低的筹资方式。

2. 对于企业投资来讲，资金成本是评价投资项目、决定投资取舍的重要标准。投资项目只有在其投资收益率高于资金成本时才是可接受的。

3. 资金成本还可作为衡量企业经营成果的尺度。即经营利润率应高于资金成本，否则表明业绩欠佳。

(三) 个别资本成本的计算

一般而言,个别资本成本是用百分率来表示的,即企业占用资金的费用与有效筹资额之比。

$$K = \frac{D}{P - f}$$

或

$$K = \frac{D}{P(1 - F)}$$

其中:K——资本成本(率);D——用资费用额;P——筹资额;
f——筹资费用额; F——筹资费用率,即筹资费用额与筹资额的比率。

1. 长期借款资本成本

$$K_1 = \frac{I_1(1 - T)}{L_1(1 - F_1)}$$

若企业借款的筹资费用相对于借款本金来说很少,可以忽然不计。则长期借款资本成本也可下列公式来反映。

$$K_1 = R_1(1 - T)$$

其中:

K_1——长期借款资本成本率; I_1——长期借款年利息额;

L——长期借款筹资额,即借款本金; T——所得税税率;

F——长期借款筹资费用融资率,即借款手续费率; R_1——借款利息率。

2. 债券资本成本

在不考虑货币时间价值时,债券资本成本率可按下列公式测算:

$$K_b = \frac{I_b(1 - T)}{L_b(1 - F_b)}$$

其中:

K_b——债券资本成本率;B——债券筹资额,按发行价格确定;

F_b——债券筹资费用率。

在考虑货币时间价值时,公司债券的税前资本成本率,也就是债券持有人的投资必要报酬率,再乘以(1 - T)折算为税后的资本成本率。

第一步,先测算债券的税前资本成本率,测算公式为:

$$P_0 = \sum_{t=1}^{n} \frac{I}{(1 - R_b)^t} + \frac{P_n}{(1 - R_b)^n}$$

其中:

P_0——债券筹资净额,即债券发行价格(或现值)扣除发行费用;

I——债券年利息额;P_n表示债券面额或到期值;

R_b——债券投资的必要报酬率,即债券的税前资本成本率;

t——债券期限。

第二步,测算债券的税后资本成本率,测算公式为:

$$K_b = R_b(1 - T)$$

3. 普通股资本成本

(1) 股利折现模型。

$$P_c = \sum_{t=1}^{\infty} \frac{D_t}{(1 - K_c)^t}$$

其中:

P_c——普通股筹资净额,即发行价格扣除发行费用;

D_t——普通股第 t 年的股利;

K_c——普通股投资必要报酬率,即普通股资本成本率。

如果公司实行固定股利政策,即每年分派现金股利 D 元,则资本成本率可按左侧公式测算:

$$K_c = \frac{D}{P_c}$$

如果公司实行固定增长股利的政策,股利固定增长率为 G,则资本成本率需按右侧公式测算:

$$K_c = \frac{D}{P_c} + G$$

(2) 资本资产定价模型。普通股投资的必要报酬率等于无风险报酬率加上风险报酬率。

$$K_c = R_f + \beta_i(R_m - R_f)$$

其中:

R_f——无风险报酬率;R_m——市场报酬率;β_i——第 i 种股票的贝塔系数。

4. 留存收益资本成本

留存收益也有资本成本,不过是一种机会资本成本,与普通股基本相同,只是不考虑筹资费用。

5. 优先股资本成本

$$K_p = \frac{D_p}{P_p}$$

其中:

K_p——优先股资本成本率; D_p——优先股每股年股利;

P_p——优先股筹资净额,即发行价格扣除发行费用。

(四) 加权平均资本成本的计算

加权平均资本成本是企业全部长期资金的总成本。一般是以各种资本占全部资本的比重为权数,对个别资金成本进行加权平均确定的。其计算公式为:

$$K_W = K_l W_l + K_b W_b + K_p W_p + K_c W_c + K_r W_r$$

或: $$K_W = \sum_{j=1}^{n} K_j W_j$$

其中：

K_w——加权平均资本成本率；

W_l，W_b，W_p，W_c，W_r——分别代表各种筹资方式的筹资比重。

四、现金流量

（一）现金流量的概念

现金流量（Cash Flow，简称"CF"）是指投资项目从施工、投产直到报废（或转让）为止的整个期间各年现金流入量和现金流出量的总称。它是计算项目投资决策评价指标的主要依据和关键的价值信息之一。

这里的"现金"是广义的现金，它不仅包括各种货币资金，而且还包括投资项目涉及的非货币资源的变现价值。例如，一个投资项目需要使用原有的厂房、机器设备和材料等，则相关的现金流量是指它们的变现价值。而不是其账面成本。此外，投资决策中所使用的现金流量与编制财务会计的现金流量表所使用的现金流量相比，无论是具体构成内容还是计算口径可能都存在较大差异，不应将它们混淆。

（二）现金流量的构成

1. 从现金流量内容看，可分为现金流入量、现金流出量和净现金流量

现金流入量（Cash In Flow，简称"CIF"）是指投资项目在整个投资和回收过程中发生的各项现金收入。常见的现金流入量主要包括以下内容：

（1）营业收入。指项目投产后每年实现的全部销售收入或业务收入，它是运营期主要的现金流入量项目。

（2）补贴收入。指与运营期收益有关的政府补贴。

（3）回收固定资产报废的残值收入。指投资项目的固定资产在终结点报废清理或中途变价转让处理时所回收的价值。

（4）回收垫支的流动资金。主要指新建项目在项目计算期完全终止时（终结点），因不再发生新的替代投资而回收的原垫付的全部流动资金投资额。

（5）年折旧费用的回收。因固定资产计提的折旧将导致营业利润的下降，但并不会引起现金的支出，可视为一项现金流入。

（6）其他现金流入量。如经营成本的降低，少交所得税等税款，也可视为一项现金流入。

现金流出量（Cash Out Flow，简称"COF"）是指投资项目在整个投资和回收过程中发生的各项现金支出。常见的现金流出量主要包括以下内容：

（1）建设投资。这是建设期发生的主要现金流出量。如购置新固定资产的投资。

（2）流动资金投资。主要是指新项目开始正式投产经营时垫支的流动资金。

（3）经营成本。这是指在运营期内为满足正常生产经营而动用现实货币资金支付的成本费用，又被称为付现的营运成本（或简称付现成本），它是运营期内最主要的现金流出量项目。

（4）营业税金及附加。在项目投资决策中，营业税金及附加是指在运营期内应缴纳的增值税、消费税、资源税、城市维护建设税和教育费附加。

（5）所得税。这是指计算所得税后净现金流量时必须考虑的现金流出项目。

（6）其他现金流出。如营业收入的减少。

现金净流量（Net Cash Flow，简称"NCF"）是指一定时期某投资项目现金流入量与流出量的差额。根据上述现金流入量和流出量的计算，某项目整个投资期现金净流量计算公式可列示如下：

现金净流量 = 现金流入量 – 现金流出量
 = 各年利润总额 + 各年折旧合计 + 固定资产残值回收 + 回收垫支的流动资金 – 固定资产投资支出 – 垫付流动资产支出

2. 从现金流量在一个完整投资项目所经历的三个阶段看，可分为投资现金流量、年营业现金流量、项目终止现金流量。

由于一个投资项目从准备投资到项目结束，经历了项目准备及建设期、生产经营期及项目终止期三个阶段。

（1）投资现金流量。投资现金流量时指企业建设期投资时所发生的现金流量。一般表现为现金流出量。包括：

①在固定资产上的投资。

②在流动资产上的投资，即垫付的流动资金。

③其他投资费用。如开办费用等。

④原有固定资产的变价收入。投资在固定资产上的资金，有时是以企业原有的旧设备进行投资的，在计算投资现金流量时，一般是以设备的变现价值作为其现金流出量的。

对于用全新设备投资时，在不考虑货币时间价值前提下。

投资现金流量 = 投资在固定资产上的现金流量 + 投资在流动资产上的现金流量

对于用旧设备投资时，在考虑所得税的影响，但在不考虑货币时间价值前提下。

投资现金流量 = 投资在流动资产上的现金流量 + 设备的变现价值 – （设备的变现价值 – 折余价值）× 所得税率

（2）营业现金流量。营业现金流量指投资项目投入使用后，在其寿命周期内，由于生产经营所带来的每年的现金流入和流出的净流量。一般表现为现金流入量。

可用公式表示如下：

若不考虑所得税的影响

年净现金流量 = 年营业收入 – 年付现成本
 = 年利润 + 年折旧额

若考虑所得税的影响

年净现金流量 = 年营业收入 – 年付现成本 – 年所得税额
 = 年税后利润 + 年折旧额

$\quad$ =（年营业收入－年营业成本）×（1－所得税率）+年折旧额

$\quad$ =（年营业收入－年付现成本－年折旧额）×（1－所得税率）

$\quad\quad$ +年折旧额

$\quad$ =年营业收入×（1－所得税率）－年付现成本×（1－所得税率）

$\quad\quad$ +年折旧额×所得税率

（3）项目终止现金流量。项目终止现金流量又称终结现金流量，是指投资项目结束时所发生的现金流量。一般表现为现金流入量。主要包括以下内容：

①固定资产的残值收入或变价收入。

②收回原垫支的流动资金。

③停止使用的土地的变价收入。

可用公式表示如下：

若不考虑所得税时

项目终止现金流量 = 固定资产残值收入 + 收回的流动资金

若考虑所得税

项目终止现金流量 = 固定资产残值收入 + 收回的流动资金 －（实际残值收入 － 预
$\quad\quad\quad\quad\quad\quad\quad\quad$ 计残值收入）×所得税率

（三）现金流量的计算

【例6－11】

假设某企业准备投资某个项目。预计固定资产投资5000万元，流动资金1000万元，项目当年建成投产，预计项目寿命期为5年。项目寿命期各年产品的销售收入为3000万元，年经营付现成本640万元，年销售税金60万元。固定资产投资后全部形成固定资产原值，采用直线法折旧，折旧年限为5年，净残值率为4%。所得税税率为25%。

$\quad$要求：计算该项目的现金流量？

【解答】

根据，年折旧额 $= \dfrac{\text{固定资产原值} \times (1 - \text{预计净残值率})}{\text{预计折旧年限}}$

年折旧额 $= \dfrac{5000 \times (1 - 4\%)}{5} = 960$（万元）

年总成本费用 = 年经营付现成本 + 年销售税金 + 年折旧

$\quad\quad\quad\quad$ = 640 + 60 + 960

$\quad\quad\quad\quad$ = 1660（万元）

年利润 = 年销售收入 － 年总成本费用

$\quad\quad$ = 3000 － 1660

$\quad\quad$ = 1340（万元）

年所得税 = 1340 × 25% = 335（万元）

表 6-3　　　　　　　　　　　投资项目现金流量表　　　　　　　　（单位：万元）

年份 项目	0	1	2	3	4	5
1. 现金流入量						
1.1 销售收入	—	3000	3000	3000	3000	3000
1.2 固定资产残值回收	—	—	—	—	—	200
1.3 流动资金回收	—	—	—	—	—	1000
现金流入量合计	—	3000	3000	3000	3000	4200
2. 现金流出量						
2.1 固定资产投资	5000					
2.2 流动资金	1000					
2.3 经营付现成本	—	640	640	640	640	640
2.4 销售税金	—	60	60	60	60	60
2.5 所得税费用	—	335	335	335	335	335
现金流出量合计	6000	1035	1035	1035	1035	1035
3. 净现金流量	-6000	1965	1965	1965	1965	3165

【例 6-12】

假设某企业有一套生产设备需投资 200 万元，两年建成，每年投资 100 万元，此外，需增加流动资金投资 50 万元，预计使用寿命 5 年，采用直线法提折旧，预计残值为 20 万元，投产后预计每年的销售收入 150 万元，第一年付现成本为 80 万元，以后随着设备陈旧，从第二年开始需进行修维，且修理费用逐年增加 5 万元，假设所得税率为 25%，各年投资额为年初一次发生，营业收入或支出都在年末一次发生。

要求：计算出该投资项目的现金流量？

【解答】

第一步，计算出固定资产的年折旧额

根据，年折旧额 = $\dfrac{\text{固定资产原值} - \text{预计净残值}}{\text{预计折旧年限}}$

年折旧额 = $\dfrac{200 - 20}{5}$ = 36（万元）

第二步，计算各年营业现金净流量

由于每年的年营业现金净流量不相同，可通过表 6-4 列示各年的营业现金净流量。

表 6-4　　　　　　　　年营业现金流量表　　　　　　　（单位：万元）

年份 项目	3	4	5	6	7
销售收入（1）	150	150	150	150	150
付现成本（2）	80	85	90	95	100
年折旧额（3）	36	36	36	36	36
税前利润（4）＝（1）－（2）－（3）	34	29	24	19	14
所得税额（5）＝（4）×25%	8.5	7.25	6	4.75	3.5
税后利润（6）＝（4）－（5）	25.5	21.75	18	14.25	10.5
年营业现金净流量（7）＝（6）＋（3） ＝（1）－（2）－（5）	61.5	57.75	54	50.25	46.5

第三步，根据年营业现金流量表再编制该项目年现金流量表，如表 6-5。

表 6-5　　　　　　　　项目年现金流量表　　　　　　　（单位：万元）

年份 项目	0	1	2	3	4	5	6	7
一、投资现金流量								
1. 固定资产投资	-100	-100						
2. 流动资产投资			-50					
二、年营业现金流量				61.5	57.75	54	50.25	46.5
三、终结现金流量								
1. 固定资产残值回收								20
2. 垫支的流动资金回收								50
年现金流量	-100	-100	-50	61.5	57.75	54	50.25	116.5

第三节　长期投资决策常用的指标

一、长期投资决策评价指标分类

长期投资决策评价指标比较多，可以按不同标志进行分类。

1. 按是否考虑资金时间价值分类要分为贴现指标和非贴现指标

考虑时间价值的贴现指标又称动态指标，主要包括动态投资回收期、净现值、净现值率、获利指数、内部收益率、外部收益率等指标。

不考虑时间价值的非贴现指标又称静态指标，主要包括投资利润率和静态投资回收期。

2. 按指标性质不同分为正指标和反指标

正指标是指标值越大越好，这类指标主要有净现值、净现值率、现值指数、内含报酬率、投资利润率、外部收益率。

反指标指标值越小越好，这类指标主要有投资回收期这类指标。

3. 按指标数量特征分类分为绝对量指标和相对量指标

绝对量指标主要包括以时间为计量单位的回收期和以价值量为计量单位的净现值指标。

相对量指标除个别以指数形式表现外，大多为百分比指标。这类指标主要获利指数、投资利润率、净现值率、内部收益率、外部收益率。

4. 按指标重要性分类分为主要指标、次要指标和辅助指标三大类

在反映盈利能力的指标中，净现值和内部收益率为主要指标；投资回收期为相对次要指标；投资利润率指标则为辅助指标。

从上面的各类分类来看，是相互交叉的。下面主要按是否考虑资金时间价值分别从贴现指标和非贴现指标两方面来介绍。

二、非贴现指标计算

非贴现指标主要包括投资利润率和静态投资回收期。

（一）投资利润率

1. 投资利润率的概念

投资利润率（ROI）又称投资收益率，指投资项目达到设计生产能力后的一个正常生产年份内年利润与项目投资的比率。这个比率中的分子部分，利润既可用年平均利润这个指标来计算，也可用年营业平均现金净流量来计算；而这个比率中的分母部分，投资额既可用项目总投资额表示，也可用项目年平均投资额表示。因此，在分析时要注意不同的经济意义。

2. 投资利润率指标的计算

$$总投资利润率(ROI) = \frac{年平均利润额（或年平均营业现金净流量）}{总投资额} \times 100\%$$

$$或：平均投资利润率(ROI) = \frac{年平均利润额（或年平均营业现金净流量）}{平均投资额} \times 100\%$$

【例 6-13】

根据【例 6-11】的相关数据，要求：计算投资利润率 ROI。

【解答】根据相关数据可知，

年利润 = 1340（万元）；年营业现金净流量 = 1965（万元）

总投资额 = 5000（万元），平均投资额 = (5000 + 200)/2 = 2600（万元）

则：

总投资利润率(ROI) = $\frac{1340}{5000} \times 100\% = 26.8\%$

或：

总投资利润率(ROI) = $\frac{1965}{5000} \times 100\% = 39.3\%$

平均投资利润率(ROI) = $\frac{1340}{2600} \times 100\% = 51.53\%$

平均投资利润率(ROI) = $\frac{1965}{2600} \times 100\% = 75.57\%$

3. 投资利润率指标的应用

对于独立方案决策时

当平均投资报酬率＜公司要求的最低资金报酬率时，方案不可行。

当平均投资报酬率＞公司要求的最低资金报酬率时，方案可行。

对于互斥方案决策时，由于投资利润率是一个正指标，所以选择投资利润率最高的为最优方案。

4. 投资利润率优缺点

它的优点是计算过程比较简单，容易理解。其缺点在于：第一，没有考虑货币时间价值和投资风险价值两因素；第二，若采用总投资利润率，其计算公式的分子、分母的时间特征不同，不具有可比性。第三，若分子使用利润而不使用现金流量这指标，不具有客观性。第四，由于该指标分子、分母的指标选取各有两种方法，导致计算结果口径不一致，难以评判。因此，投资报酬率一般只用于投资方案的初选，即辅助指标来考虑。

(二) 静态投资回收期

1. 投资回收期的概念

投资回收期（payback period，简称"PP"）是指投资项目从建设开始之日起，到投资项目每年所获得净现金流入量累计到刚好抵偿全部投资额时所需要的时间。它代表收回投资所需要的年限。

静态投资回收期是没有考虑货币时间价值，各年的现金流量可直接相加减。

2. 静态投资回收期的计算

根据投资回收期的定义，可用公式表示如下：

当 投资总额 = $\sum_{1}^{n}$ 年营业现金流入量 时，则，n = PP。

根据年营业现金流入量是否相等，投资回收期可分别采用公式法和列表法来计算。

若年营业净现金流入量相等，则采用下列公式来计算：

静态投资回收期(PP) = $\frac{投资总额(I)}{年营业净现金流入量(NCF)}$

若年营业净现金流入量不相等时,需先进行列表计算,再在借助内插法下,采用下列公式来计算。

$$\text{静态投资回收期(PP)} = \text{累计净现金流量出现正值的年份数} - 1 + \frac{\text{上年累计净现金流量的绝对值}}{\text{当年实现的净现金流量}}$$

【例 6-14】

根据【例 6-11】的相关数据,要求:计算静态投资回收期 PP?

【解答】

根据相关数据,可知:每年营业现金净流量 = 1965(万元);总投资额 = 5000(万元)

则:

$$\text{静态投资回收期(PP)} = \frac{5000}{1965} \cong 2.55(\text{年})$$

【例 6-15】

假设某企业在第一年年初投入全部投资总额 100000 元,预计寿命期 5 年,该投资项目在寿命期内各年的现金流量如表 6-6 所示。

表 6-6　　　　　　　　　　　现金流量表　　　　　　　　　　(单位:元)

年度	现金流量
0	-100000
1	25000
2	30000
3	35000
4	40000
5	45000

要求:计算静态投资回收期 PP?

【解答】

根据上面数据,需先计算各年的累计现金流量,如表 6-7。

表 6-7　　　　　　　　　　　累计现金流量表　　　　　　　　　　(单位:元)

年度	现金流量	累计现金流量
0	-100000	-100000
1	25000	-75000
2	30000	-45000
3	35000	-10000
4	40000	30000
5	45000	75000

从上面累计现金流量表可知，出现累计现金流量为正值的年份是第 4 年，即可判断投资回收期在第 3 年与第 4 年之间，再用内插法即可求出，也可用上面的相关公式得到。

$$静态投资回收期(PP) = 4 - 1 + \frac{10000}{40000} = 3.25(年)$$

3. 静态投资回收期指标的应用

对于独立方案决策时

当 PP < 投资项目寿命期（或经济寿命期）时，方案可行。

当 PP > 投资项目寿命期（或经济寿命期）时，方案不可行。

对于互斥方案决策时，由于投资利润率是一个逆指标，所以，当各备选方案的投资回收期都小于基准投资回收期时，应选择静态投资回收期最短的为最优方案。

4. 静态投资回收期优缺点

该指标的优点是计算简便，便于理解，并考虑了回收期前的现金流量。该指标的缺点则是没有考虑货币的时间价值和投资风险价值，且没有考虑回收期以后的现金流入，不能完全反映投资的盈利程度。所以，静态投资回收期一般也只适用于对几个备选方案的初步评价，不宜据此做出决策。在实际工作中，它通常与净现值法、内部收益率法等动态评价方法结合起来加以应用。

三、贴现指标计算

贴现指标主要包括动态投资回收期、净现值、净现值率、获利指数、内部收益率、外部收益率等指标

（一）动态投资回收期

1. 动态投资回收期的概念

动态投资回收期是指投资项目从建设开始之日起，到投资项目每年所获得净现金流入量累计现值刚好抵偿全部投资额的现值时所需要的时间。它代表收回投资所需要的年限。

动态投资回收期与静态投资回收期从经济意义上讲没有什么区别，都可以用来衡量投资项目回收投资的能力，不同的是，动态投资回收期考虑了资金的时间价值对回收期的影响，它是按企业要求达到的最低收益率折现的现金流量作为计算基础，更能反映实现情况。

2. 动态投资回收期指标的计算

根据投资回收期的定义，可用公式表示如下：

当 投资总额的现值 $= \sum_{1}^{n}$ 年营业现金流入量现值 时，则 $n = PP$。

动态投资回收期的计算只能采用列表法来计算，因为即使年营业现金流入量相等，但折现后的年营业现金流入量是不相等的。因此，需先进行列表计算各年累计年营业现金流量的现值，再在借助内插法下，采用下列公式来计算：

$$\text{动态投资回收期(PP)} = \text{累计净现金流量现值出现正值的年份数} - 1 + \frac{\text{上年累计净现金流量现值的绝对值}}{\text{当年实现的净现金流量现值}}$$

【例 6-16】

根据上面的【例 6-15】相关资料，假设企业要求的最低报酬率是 10%。要求：计算动态投资回收期 PP？

【解答】

根据上面已知数据，先计算各年的累计现金流量现值，如表 6-8 所示。

表 6-8　　　　　　　　　累计现金流量现值表　　　　　　　　（单位：元）

年度	现金流量	复利现值系数（P/F，10%，t）	现金流量现值	累计现金流量现值
0	-100000	0	-100000	-100000
1	25000	0.909	22725	-77275
2	30000	0.826	24780	-52495
3	35000	0.751	26285	-26210
4	40000	0.683	27320	1110
5	45000	0.621	27945	29055

从上面累计现金流量表可知，出现累计现金流量为正值的年份是第 4 年，即可判断投资回收期在第 3 年与第 4 年之间，再用内插法即可求出，也可用上面的相关公式得到。

$$\text{静态投资回收期(PP)} = 4 - 1 + \frac{26210}{27320} \cong 3.96(\text{年})$$

3. 动态投资回收期指标的应用

动态投资回收期的应用原则与静态投资回收期相同。

4. 动态投资回收期优缺点

动态投资回收期优点是考虑了货币时间价值和投资风险价值，能反映前后各期净现金流量高低不同的影响，有助于促使企业压缩建设期，提前收回投资，所以它优于静态投资回收期指标。但它缺点仍然没有考虑回收期以后继续发生的现金流量变动情况，有一定的局限性。因此，动态投资回收期只适用于项目优劣的初步判断，不太适用于项目或方案之间的比选。

（二）净现值

1. 净现值的概念

净现值（Net Present Value，简称"NPV"），指在项目计算期内，按行业基准折现率或其他设定折现率计算的各年净现金流量现值之和。或是指特定方案未来现金流入量的现值与未来现金流出量的现值之间的差额。

2. 净现值指标的计算

根据净现值的定义，可用公式表示如下：

$$净现值(NPV) = \sum_{t=0}^{n} 第t年现金净流量 \times 第t年复利现值系数 = \sum_{t=0}^{n} NCF_t(P/F,i,t)$$

$$净现值(NPV) = \sum_{t=0}^{n} 第t年现金流入量 \times 第t年复利现值系数 - \sum_{t=0}^{n} 第t年现金流出量 \times 第t年复利现值系数$$

$$NPV = \sum_{t=1}^{n} CIF_t(P/F,i,t) - \sum_{t=0}^{n} COF_t(P/F,i,t)$$

其中：CIF——年现金流入量；COF——年现金流出量；NPV——净现值；NCF_t——第t年的净现金流量；i——贴现率；n——投资项目寿命期；(P/F, i, t)——复利现值系数；

【例 6-17】

根据上面的【例 6-15】相关资料，假设企业要求的最低报酬率是10%。要求：计算净现值NPV。

【解答】

根据【例 6-15】提供的相关资料，并查相关复利现值系数，得出：

$$NPV = \sum_{t=1}^{n} CIF_t(P/F,i,t) - COF_0$$

$NPV = 25000 \times 0.909 + 30000 \times 0.826 + 35000 \times 0.751 + 40000 \times 0.683 + 45000 \times 0.621 - 100000$

$= 39055 - 100000$

$= 29055$（元）

3. 净现值指标的应用

对于独立方案决策时

当净现值 NPV > 0，方案可行。

当净现值 NPV < 0，方案不可行。

对于互斥方案决策时，由于净现值是一个正指标，所以，当各备选方案的净现值都大于零时，应选择净现值最大的为最优方案.

4. 净现值优缺点

净现值优点主要有以下两点：第一，考虑了资金时间价值和投资风险价值；第二，考虑了项目计算期全部的现金流量，可以较好地反映各方案投资的经济效果。但净现值缺点也有以下几点：第一，不能从动态的角度直接反映投资项目的实际收益率水平；第二，由于净现值是一个绝对数指标，不便于不同投资规模和不同寿命期的方案进行对比。

（三）净现值率

1. 净现值率的概念

净现值率（NPVR）是项目的净现值占全部投资现值的比率。它反映了单位投资现值所能实现的净现值大小,也是一种动态投资收益率指标。通常它是作为净现值的辅助指标来使用的。

2. 净现值率指标的计算

根据净现值率的定义,可用公式表示如下:

$$净现值率(NPVR) = \frac{净现值}{投资总额现值} = \frac{NPV}{COF_0}$$

其中:COF_0——投资总额现值;NPV——净现值。

【例 6-18】

根据上面的【例 6-15】相关资料,假设企业要求的最低报酬率是 10%。要求:计算净现值率 NPVR?

【解答】根据【例 6-15】提供的相关资料和【例 6-17】计算出的 NPV,可知:

$$净现值率(NPVR) = \frac{NPV}{COF_0} = \frac{29055}{100000} = 29.06\%$$

3. 净现值率指标的应用

对于独立方案决策时,净现值率 >0,方案可行;净现值率 <0,方案不可行;

对于互斥方案决策时,由于净现值率是一个正指标,所以,当各备选方案的净现值率都大于零时,应选择净现值率最大的为最优方案。

4. 净现值率优缺点

净现值率是一个相对数,除具有净现值的优点外,还解决了不同投资额方案间的净现值缺乏可比性的问题。其缺点是还是不能够直接反映投资项目的实际收益水平。

(四)现值指数

1. 现值指数的概念。现值指数又被称为获利指数(Profitability Index,简称"PI")。目前学术界对该指标主要有两种观点。第一种观点认为,获利指数是各年净现金流量的现值合计与原始投资的现值合计之比;第二种观点认为,获利指数是指项目计算期内现金流入量的现值之和与现金流出量的现值之和之比。用第二种观点的较多,本书也采用第二种观点。

2. 现值指数指标的计算。根据现值指数第二定义,可用公式表示如下:

$$现值指数(PI) = \frac{现金流入量现值之和}{现金流出量现值之和} = \frac{\sum_{t=1}^{n} CIF_t(P/F,i,t)}{\sum_{t=0}^{n} COF_t(P/F,i,t)}$$

其中:CIF——年现金流入量;COF——年现金流出量;i——贴现率;

n——投资项目寿命期;(P/F,i,t)——复利现值系数。

【例 6-19】

根据上面的【例 6-15】相关资料,假设企业要求的最低报酬率是 10%。要求:计算现值指数 PI。

【解答】根据【例 6-15】提供的相关资料和【例 6-17】计算出的 NPV,可知:

现值指数(PI) = $\dfrac{\sum\limits_{t=1}^{n}\text{CIF}_t(P/F,i,t)}{\text{COF}_0}$ = $\dfrac{39055}{100000}$ ≈ 0.39

3. 现值指数指标的应用

对于独立方案决策时：

当现值指数 PI>1，方案可行；当现值指数 PI<1，方案不可行。

对于互斥方案决策时，由于现值指数是一个正指标，所以，当各备选方案的现值指数都大于 1 时，应选择现值指数最大的为最优方案。

4. 现值指数优缺点

现值指数的优点是考虑了资金时间价值、投资风险价值；考虑了项目计算期全部的净现金，同时，流量现值指数是一个相对数，因此，解决了不同投资额方案间的净现值缺乏可比性的问题。能够从动态的角度反映项目投资的资金投入与总产出之间的关系。但其缺点是不能够直接反映投资项目的实际收益水平，在投资规模不同的互斥方案决策时，可能得出与净现值结论不一致。这时应以净现值为选择标准。

(五) 内部收益率

1. 内部收益率的概念

内部收益率（Internal Rate of Return，简称"IRR"），也称内含报酬率。它是指在整个投资项目寿命期内，各年现金流入量的现值之和等于各年现金流出量的现值之和时所使用的折现率或各年净现金流量的现值累计等于零时所使用的折现率。内部收益率反映了项目以每年的净收益归还全部投资以后所获得的最大收益率，也就是项目内部潜在的最大盈利能力。

2. 内部收益率指标的计算

根据内部收益率的定义，可用公式表示如下：

当

$$\sum_{t=1}^{n}\text{CIF}_t(P/F,i,t) = \sum_{t=0}^{n}\text{COF}_t(P/F,i,t)$$

或：NPV=$\sum\limits_{t=0}^{n}\text{NCF}_t(P/F,i,t)$ = $\sum\limits_{t=1}^{n}\text{CIF}_t(P/F,i,t)$ - COF_0 = 0 时，i = IRR

其中：CIF——年现金流入量；COF——年现金流出量；NPV——净现值；

NCF_t——某年的净现金流量；i——贴现率；n——投资项目寿命期；

(P/F,i,t)——复利现值系数；IRR——内部收益率。

内部收益率的计算较为复杂，根据投资后正常经营下每年净营业现金流量是否相等，一般有两种计算方法。

(1) 当投资后正常经营下各年的净营业现金流量相等时，可以利用年金现值计算原理计算出内含报酬率。

计算步骤如下：

①根据，$NPV = \sum_{t=1}^{n} NCF_t(P/F,i,n) - COF_0$，由于各年的净现金流量相等

令：$NPV = CIF(P/A, IRR, n) - COF_0 = 0$，

则（P/A，IRR，n）= $COF_0/CIF = a$（假设数为 a）

②根据数值 a，在年金现值系数表中，查第 n 年的接近 a 的这个数值。

③若在第 n 年系数表上恰好能找到 a，则对应的贴现率 i，就是所求的内部收益率 IRR。

④若找不到 a，查找出上下接近 a 值的所对应的贴现率，再采用内插法求 IRR。

（2）当项目计算期内各年的净营业现金流量不等时，可采用逐次测试法来确定内部收益率 IRR。

计算步骤如下：

①先估计一个贴现率 i_1，将这个贴现率代入净现值的公式来计算该方案的净现值 NPV_1；

②如果净现值 $NPV_1 > 0$，说明低估了内部收益率 IRR，该方案本身的报酬率应超过估计的贴现率 i_1，应提高贴现率到 i_2，进一步计算净现值 NPV_2；

③如果净现值 $NPV_1 < 0$，说明高估了内部收益率 IRR，该方案本身的报酬率应低于估计的贴现率 i_1，应降低贴现率到 i_2，进一步计算其对应的净现值 NPV_2；

④经过多次测试，寻找出使净现值由正变负或由负变正，并且接近于零的两个贴现率，即可停止测试；

⑤最后用插值法计算出内含报酬率 IRR。

设：当贴现率 = i_1 时，$NPV_1 > 0$；当贴现率 = i_2 时，$NPV_2 < 0$

则：$IRR = i_1 + (i_2 - i_1) \dfrac{NPV_1}{NPV_1 - NPV_2}$

在实际工作中，大多数投资项目的每期净现金流量是不相等的，因此，逐次测试法更具有普遍意义，但计算较复杂，不便于人工计算。

【例 6 – 20】

设某企业有甲、乙两个投资方案，投资额均为 200000 元，投产后每年可获得净现金流量如表 6 – 9 所示。

表 6 – 9　　　　　　　　　甲、乙方案现金流量表　　　　　　　　　（单位：元）

年序	甲方案		乙方案	
	现净流出	现金流入	现净流出	现金流入
0	–200000		–200000	
1		70000		56000
2		70000		64000
3		70000		68000
4		70000		70000
5		70000		80000

要求：计算甲、乙两个方案的内涵报酬率IRR？

【解答】

从上面提供的相关数据可知，甲方案未来各期净营业现金流量均为70000元，可视同年金，原始投资额200000元，可视同年金现值，寿命期为5年，可以利用年金现值计算原理计算出内含报酬率。

令　$NPV = NCF(P/A, IRR, n) - COF_0 = 0$

即：$70000(P/A, IRR, 5) - 200000 = 0$

$(P/A, IRR, 5) = \dfrac{200000}{70000} = 2.857$

查年金现值表中，期数为5，与年金现值系数2.857相邻近的折现率如下：

当贴现率=22%时，年金现值系数=2.864；当贴现率=24%时，年金现值系数=2.754。

用内插法计算可得出：

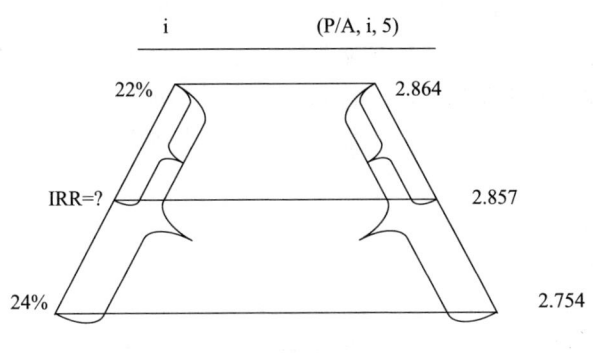

图6-10　内插法图

$IRR = 22\% + (24\% - 22\%) \times (2.864 - 2.857)/(2.864 - 2.754)$

甲方案的内涵报酬率$IRR = 22\% + 0.13\% = 22.13\%$

而由于乙方案投资后各期的净现金流量不相等，所以，应采用逐次测试法计算内部收益率。其逐次测试过程如表6-10所示：

表6-10　　　　　　　　乙方案逐次测试表　　　　　　　　（单位：元）

年序	净现金流量	第一次测试：19%		第二次测试：20%	
		折现系数	现值	折现系数	现值
0	-200000	1	-200000	1	-200000
1	56000	0.840	47040	0.833	46648
2	64000	0.706	45184	0.694	44416
3	68000	0.593	40324	0.578	39304
4	70000	0.498	34860	0.482	33740
5	80000	0.418	33440	0.402	32160
净现值			848		-3732

再根据内插法,可得出乙方案内含报酬率如下:

乙方案的内涵报酬率 $IRR = 19\% + (20\% - 19\%) \times \dfrac{848}{848 - (-3732)} = 19.18\%$

3. 内部收益率指标的应用

对于独立方案决策时,当 IRR > 必要报酬率,方案可行;IRR < 必要报酬率,方案不可行。

对于互斥方案决策时,由于内部收益率是一个正指标,所以,当各备选方案的内部收益率都大于必要报酬率时,应选内部收益率最大的为最优方案。

4. 内部收益率优缺点

内部收益率优点是能从动态的角度直接反映投资项目的实际收益水平,反映了项目本身的投资收益率的最大值,也可以作为项目能够接受的资金成本率的上限,有助于筹资决策和投资决策。同时,内部收益率是一个相对指标,克服了净现值的不可比的缺点。

内部收益率缺点在于该指标是假设企业收回的每年净现金流量进行再投资时,仍以内含报酬率为再投资报酬率,具有较大的主观性。此外,该指标不适用于非常规方案的决策,否则可能出现多个内含报酬率,导致难以决策。正是因为内部收益率这两方面的缺点,当互斥方案决策时,可能得出与净现值结论不一致。这时应以净现值为选择标准。

(六)外部收益率

1. 外部收益率的概念

外部收益率(External Rate of Return,简称"ERR"),是使一个投资方案原投资额的终值与各年的净现金流量按基准收益率或设定的折现率计算的终值之和相等时的收益率。

2. 外部收益率的计算

根据外部收益率的定义,可用公式表示如下:

当:$COF_0 (1 + i)^n = \sum\limits_{t=1}^{n} NCF_t (1 + i)^t$ 时,第一贴现率 $i = ERR$

其中:COF_0——投资额现值;NCF_t——某年的净现金流量;i——贴现率;

n——投资项目寿命期;ERR——外部收益率。

【例 6 - 21】

根据上面的【例 6 - 20】相关资料,假设企业要求的最低报酬率是 10%。要求:计算甲方案的外部收益率?

【解答】

根据提供相关数据,可知甲方案的外部收益率计算如下:

$200000 (1 + ERR_甲)^5 = 70000 (F/A, 10\%, 5) = 427700$

$(1 + ERR_甲)^5 = \dfrac{427700}{200000} = 2.1385$

通过查复利终值系数表第 5 年的系数值接近于 2.1385 的折现率，可知，当折现率 = 16%，其系数 = 2.1003；当折现率 = 17%，其系数 = 2.1924
再用内插法得出：
甲方案的外部收益率
$ERR_{甲} = 16\% + (17\% - 16\%) \times (2.1924 - 2.1385)/(2.1924 - 2.1003) = 16.59\%$

3. 外部收益率指标的应用

外部收益率的应用原则与内部收益率法一样。

4. 外部收益率优缺点

该指标是假设企业收回的每年净现金流量进行再投资时，根据特定的经济环境、资金市场、投资项目及特定的时期用科学方法进行预测得到的，与实际再投资报酬率更为接近，在投资决策中更能为决策者提供可靠有用的信息。此外，由于外部收益率用公式计算只有得出一个解，因此，不仅适于常规方案，也适用于非常规方案。但由于应用习惯问题，相对于内部收益率，在实际中应用较少。

第四节 长期投资决策的分析方法及应用

长期投资决策一般可分为独立方案决策和互斥方案决策，各自采取的方法也不相同。对于独立方案决策一般是采用上节所介绍的指标，如投资回收期、净现值、现值指数、内部收益率等指标进行相关决策。而于互斥方案决策则采用净现值（净现值率、内部收益率）比较法、差额投资内部收益率法、年等额净回收额法、现金流出量现值比较法（费用总额比较法）、年等额现金流出量比较法（年均成本比较法）等方法。

一、独立方案投资决策分析方法

对这类决策可用投资决策的相关指标来判断方案是否可行。具体判断标准，在前面介绍各指标时已列出，现综合汇总这些指标的判断来决定独立方案是否是可行的标准。

投资利润率 ROI ≥ 基准投资利润率 i

投资回收期 PP ≤ 基准投资回收期（如投资项目的寿命期或经济寿命期）

净现值 NPV ≥ 0

净现值率 NPVR ≥ 0

获利指数 PI ≥ 1

内部收益率 IRR ≥ 行业基准折现率 i

外部收益率 IRR ≥ 行业基准折现率 i

【例 6-22】

某厂打算购买一套设备生产甲产品,其买价为 110000 元,安装费为 10000 元。如果该套设备预计可用 5 年,期满后的残值为零,每年可加工甲产品 15000 件,每件能提供的贡献边际(现金流入)为 5 元,其中,单位变动成本为 3 元。根据市场预测,假设在今后 5 年内产销能平衡,该厂规定其投资报酬率至少应达到 12%,假设不考虑所得税的影响。

要求:根据上述资料,对这套设备应否购置进行决策分析?

【解答】

根据提供的相关数据,可知:

该设备的原始价值,也即初始投资额 COF_0 = 110000 + 10000 = 120000(元)

年折旧额 = 120000 ÷ 5 = 24000(元)

年利润额 = 贡献边际总额 − 固定成本总额 = 15000 × 5 − 24000 = 51000(元)

年营业净现金流量 = 年利润额 + 年折旧额 = 51000 + 24000 = 75000(元)

年付现成本 = 单位变动成本 × 销量 = 3 × 15000 = 45000(元)

年营业现金流入量 = 年营业净现金流量 + 年付现成本
= 75000 + 45000 = 120000(元)

表 6-11　　　　　　　　　　累计现金流量现值表　　　　　　　　　　(单位:元)

年度	现金流量	复利现值系数 (P/F, 12%, t)	现金流量现值	累计现金流量现值
0	−120000	1	−120000	−120000
1	75000	0.893	66975	−53025
2	75000	0.797	59775	6750
3	75000	0.711	53325	60075
4	75000	0.636	47700	107775
5	75000	0.567	42525	150300

根据上面整理得出的数据,再利用上一节的相关指标计算公式,可分别解出各指标的值,分别如下:

总投资利润率 ROI = 51000/120000 = 42.5% ≥ 基准投资利润率 12%

静态投资回收期 PP = 120000/75000 = 1.6 年 ≤ 基准投资回收期 5 年

动态投资回收期 PP = $2 - 1 + \dfrac{53025}{59775}$ = 1.89 年 ≤ 基准投资回收期 5 年

净现值 NPV = 75000(P/A, 12%, 5) − 120000 = 150300 元 ≥ 0

净现值率 NPVR = 150300/120000 = 125.3% ≥ 0

获利指数 $PI = \dfrac{120000(P/A,12\%,5)}{120000+45000(P/A,12\%,5)} = 1.53 \geqslant 1$

内部收益率 $IRR = 55.97\% \geqslant$ 基准折现率 12%

外部收益率 $ERR = 31.69\% \geqslant$ 基准折现率 12%

从上面的计算结果，可知，无论采用哪个指标都得出该方案是可行的。

二、互斥方案投资决策分析方法

互斥方案决策是指在每一个备选方案已具备技术上及经济上可行性的前提下，再利用相关决策方法比较各个方案的优劣，从而从各个备选方案中最终选出一个最优方案的过程。互斥方案投资决策方法主要有净现值（净现值率、内部收益率）比较法、差量分析法、年平均净现值法、费用总额比较法和年均成本比较法等方法。

（一）净现值比较法

1. 净现值比较法的概念

通过比较不同方案的净现值大小，从而选择净现值大的方案为最优方案的一种分析方法。

2. 净现值比较法的适用条件

不同备选投资方案的初始投资额相同，且项目的寿命期相等，但年营业现金流量不同的情况。

3. 净现值比较法的计算步骤：

假设只有两个备选方案，分别为 A 方案和 B 方案

第一步，分别计算出每个备选投资方案的净现值。

NPV_A；NPV_B

第二步，对各备选投资方案的净现值进行比较、评价。

若 $NPV_A > NPV_B$ 时，则选 A 方案；

若 $NPV_B < NPV_B$ 时，则选 B 方案。

上式净现值比较法也可使用净现值率、内部收益率等指标进行比较，原理相同。

（二）差量分析法

1. 差量分析法的概念

差量分析法，是指由于不同投资方案投资额不同，通过计算差量投资所增加的净现值或内部收益率后，再判断是选择投资额大的还是选择投资额小的方案进行投资的决策方法。

2. 差量分析法的适用条件

不同备选投资方案的投资额不相同，年营业现金流量不同，但项目的寿命期相等的情况。

3. 差量分析法的计算步骤

假设只有两个备选方案，分别为 A 方案和 B 方案，且 A 方案的投资额大于 B 方

案的投资额。

第一步,分别计算出差量的投资额:

$\triangle COF_0 = COF_0^A - COF_0^B$

第二步,计算出每年的差量净现金流量:

$\triangle NCF = NCF_A - NCF_B$

第三步,计算出差量净现值△NPV或差量内部收益率△IRR:

$\triangle NPV = \sum \triangle NCF_t(P/F,i,n) - \triangle COF_0$

或:令$\triangle NPV = \sum \triangle NCF_t(P/F,i,n) - \triangle COF_0 = 0$ 求:$\triangle IRR = ?$

第四步,各备选投资方案的评价:

若△NPV>0或△IRR>企业的基准报酬率(或企业资金成本),则应选投资额大的A方案。

若△NPV<0或△IRR<企业的基准报酬率(资金成本),则应选投资额小的B方案。

(三) 年平均净现值法

1. 年平均净现值法的概念

年平均净现值法也称年等额净回收额法,是通过比较不同方案的年平均净现值,从而选择年平均净现值最大的方案为优的一种投资决策分析方法。

2. 年平均净现值法适用条件

不同方案的原始投资相同、但项目寿命期不同,年营业现金流量不同的情况。

3. 年平均净现值法计算步骤

假设只有A方案和B方案,

第一步,分别计算出每个方案的净现值NPV。

NPV_A; NPV_B;

第二步,分别计算每个方案的年平均净现值。

值得注意的是,考虑货币时间价值求平均数实际就是求年金。

A方案的年平均净现值:

$$ANPV_A = \frac{NPV_A}{(P/A,i,n_A)}$$

B方案的年平均净现值:

$$ANPV_B = \frac{NPV_B}{(P/A,i,n_B)}$$

第三步,各备选投资方案的评价:

若$ANPV_A > ANPV_B$,则应选A方案;

$ANPV_A < ANPV_B$,则应选B方案。

（四）费用总额比较法

1. 费用总额比较法的概念

费用总额比较法又称现金流出量现值比较法，是通过比较不同方案的现金流出量的现值，从而选择现金流出量现值最小的方案为最优方案的一种投资决策分析方法。

2. 费用总额比较法适用条件

当不同备选投资方案的相关现金流入量相同，且项目寿命期相同，但现金流出量不同的情况。

3. 费用总额比较法计算步骤

假设只有两个备选方案，分别为 A 方案和 B 方案。

第一步，分别计算出不同方案的现金流出量的现值：

A 方案金流出量的现值 $TC_A = \sum COF_A \times (P/F, i, n_A)$

B 方案金流出量的现值 $TC_B = \sum COF_B \times (P/F, i, n_B)$

第二步，做出各备选投资方案的评价：

若 $TC_A < TC_B$，则应选 A 方案；

若 $TC_A > TC_B$，则应选 B 方案。

4. 费用总额比较法的适用范围：

①固定资产是租赁还是购买的决策；

②固定资产是维修还更新的决策；

③购买何种固定资产的决策。

（五）年均成本比较法

1. 年均成本比较法的概念

年均成本比较法又称年等额现金流出量比较法，是通过比较不同方案的年等额现金流出量，再选择年等额现金流出量最小的方案为最优方案的一种投资决策分析方法。

2. 年均成本比较法的适用条件

当不同备选投资方案的相关现金流入量相同，但项目寿命期不相同，且现金流出量也不同的情况。

3. 年均成本比较法计算步骤

第一步，分别计算出不同方案的现金流出量的现值：

A 方案金流出量的现值 $TC_A = \sum COF_A \times (P/F, i, n_A)$

B 方案金流出量的现值 $TC_B = \sum COF_B \times (P/F, i, n_B)$

第二步，分别计算出不同方案的年平均现金流出量：

A 方案年平均现金流出量 $AC_A = TC_A / (P/A, i, n_A)$

B 方案年平均现金流出量 $AC_B = TC_B / (P/A, i, n_B)$

第三步，各备选投资方案的评价：

若 $AC_A < AC_B$，则应选 A 方案；

若 $AC_A > AC_B$，则应选 B 方案。

4. 年均成本比较法适用范围：

①固定资产是租赁还是购买的决策；

②固定资产是维修还更新的决策；

③确定固定资产的经济寿命的决策。

三、互斥方案投资决策分析方法的应用

（一）固定资产何时更新的决策

固定资产使用到一定时间，必须要进行更新，至于固定资产何时为最佳更新期，应从固定资产的经济寿命来考虑。固定资产经济寿命是由其使用的经济效益来决定的，当固定资产的年平均成本达到最低的使用期限，就是固定资产的经济寿命。而固定资产自然寿命则是指，固定资产从开始投入使用直至丧失其应有性能而无法修复再使用为止的期限。一般来说，固定资产的经济寿命短于自然寿命。

要确定固定资产的经济寿命，就要计算出固定资产在使用期限内各年的年平均成本。年平均成本包括年平均资产成本和年平均运行成本两部分。

年平均资产成本是指年平均投资于固定资产上的成本，在不考虑货币时间价值情况下，是年折旧额；若考虑货币时间价值，则指原始投资额减去残值部分的余额除以资本回收系数而换算的每年末的等额资产成本，以及残值占用资金的每年应计利息。年平均资产成本随着时间的推移，会逐年减少。

年平均运行成本是指由于固定资产长期使用而追加的年平均维修费用及效率降低而增加的原材料能源等消耗。若考虑货币时间价值，则将每年发生的运行成本分别乘以相应的复利现值系数转为现值，再除以资本回收系数，即换算为年平均运行成本。年平均运行成本随着时间的推移，会逐年增加。

固定资产年均成本与年平均资产成本、年平均运行成本的关系可用图 6-11 形象反映。

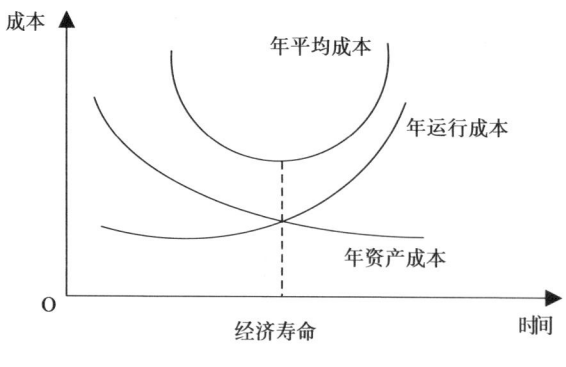

图 6-11 固定资产经济寿命图

1. 不考虑货币时间价值时固定资产经济寿命的计算

设：

AC——固定资产的年平成本；

C_0——固定资产的原始价值；

S_n——固定资产每 n 年残值；

g——固定资产每年运行成本的增加数；

固定资产第一年运行成本 = 0；

（n-1）g——第 n 年固定资产的年运行成本；

n^*——固定资产经济寿命。

固定资产的年均成本 = 年平均资产成本 + 年平均运行成本

即：$AC = \dfrac{C_0 - S_n}{n} + \dfrac{(n-1)g}{2}$

对 n 求导，令：$AC' = 0$，则 $AC' = -\dfrac{C_0 - S_n}{n^2} + \dfrac{g}{2} = 0$

得出：固定资产经济寿命 $n^* = \sqrt{\dfrac{2(C_0 - S_n)}{g}}$

2. 考虑货币时间价值时固定资产经济寿命的计算

设：有关符号表示意义同上，另增加下列一些符号表示意义。

OC_n——第 n 年运行成本

i——年折现率或资金成本

得出：$\dfrac{\text{固定资产年}}{\text{平均成本}} = \dfrac{\text{初始投资额现值} - \text{残值} \times \text{复利现值系数} + \text{运行成本总现值}}{\text{年金现值系数}}$

即：$AC = \dfrac{C_0 - S_n \times (1-i)^{-n} + \sum\limits_{t=1}^{n} OC_t \times (1-i)^{-t}}{(P/A, i, n)}$

若年运行成本相等，则固定资产的年平均成本可如下表示：

固定资产年平均成本 = $\dfrac{\text{初始投资额现值}}{\text{年金现值}}$ + 年平均运行成本 - $\dfrac{\text{残值}}{\text{年金终值系数}}$

即：$AC = \dfrac{C_0}{(P/A, i, n)} + OC - \dfrac{S_n}{(F/A, i, n)}$

固定资产年均成本的另一种计算方法如下：

年平均成本 = $\dfrac{\text{初始投资额现值} - \text{残值}}{\text{年金现值系数}}$ + 残值 × 资金成本 + 年运行成本

$AC = \dfrac{C_0 - S_n}{(P/A, i, n)} + S_n \times i + OC$

【例 6-23】

某企业购入一台设备，原价19200元，使用年限为8年。其残值第一年末为7000

元,以后各年末依次为 6000 元、5000 元、4000 元、3000 元、2000 元、800 元、200 元。假定第一年运行维修费为 500 元,以后逐年递增 1000 元。年利率为 12%。

要求:确定该项设备的经济寿命期。

【解答】

根据题目提供的相关数据和考虑货币时间价值计算的经济寿命的相关公式,可知,

第一年该设备的年均成本

$$AC_1 = \frac{19200 - 7000 \times (1-12\%)^{-1} + 500 \times (1-12\%)^{-1}}{(P/A,12\%,1)} = 15001.81(元)$$

或:$AC_1 = \frac{19200 - 7000}{(P/A,12\%,1)} + 7000 \times 12\% + 500 = 15001.81(元)$

第二年该设备的年均成本

$$AC_2 = \frac{19200 - 6000 \times (1-12\%)^{-2} + 500 \times (1-12\%)^{-1} + 1500 \times (1-12\%)^{-2}}{(P/A,12\%,2)}$$

$= 9502.96(元)$

或:

$$AC_2 = \frac{19200 - 6000 + 500 \times (1-12\%)^{-1} + 1500 \times (1-12\%)^{-2}}{(P/A,12\%,2)} + 6000 \times 12\%$$

$= 9502.96(元)$

第三年该设备的年均成本

$$AC_3 = 19200 - 5000 \times (1-12\%)^{-3} + 500 \times (1-12\%)^{-1} + 1500 \times (1-12\%)^{-2}$$
$$+ 2500 \times (1-12\%)^{-3} \Big/ (P/A,12\%,3)$$

$= 7939.19(元)$

或:

$$AC_3 = [19200 - 5000 + 500 \times (1-12\%)^{-1} + 1500 \times (1-12\%)^{-2} + 2500 \times$$
$$(1-12\%)^{-3}] \Big/ (P/A,12\%,3) + 5000 \times 12\%$$

$= 7939.19(元)$

第四年该设备的年均成本

$$AC_4 = 19200 - 4000 \times (1-12\%)^{-4} + 500 \times (1-12\%)^{-1} + 1500 \times (1-12\%)^{-2}$$
$$+ 2500 \times (1-12\%)^{-3} + 3500 \times (1-12\%)^{-4} \Big/ (P/A,12\%,4)$$

$= 7344.09(元)$

或:

$$AC_4 = [19200 - 4000 + 500 \times (1-12\%)^{-1} + 1500 \times (1-12\%)^{-2} + 2500$$
$$\times (1-12\%)^{-3} + 3500 \times (1-12\%)^{-4}] \Big/ (P/A,12\%,4) + 4000 \times 12\%$$

= 7344.09(元)

同理,可计算出第 5~8 年的该设备的年平均成本分别为 7130.55 元、7096.57 元、7180.45 元和 7262.98 元。

从上面各年年均成本计算结果可知,第六年的年平均成本最低,因此,该设备的经济寿命为第六年末。

(二) 固定资产是否更新决策的分析

固定资产更新是对技术上或经济上不宜继续使用的旧资产,用新的资产更换或用先进的技术对原有设备进行局部改造,目的在于以最小的投资,取得最大的收益。固定资产更新决策就是从经济效果出发,运用一定的方法,研究各种固定资产最合理的更新方案,选择最佳方案的过程。

【例 6-24】

设某厂目前正在使用的机器 E,其重置价值为 2000 元,从现在算起,预计可用 5 年,其年运行成本为 1200 元,5 年末的残值为零,关于机器 E 的更新,目前有两种方案可供选择。方案 I:5 年以后机器 F 取代机器 E,机器 F 的有关数据是:购价 10000 元,可用 15 年,最终残值为零,年运行成本 600 元,方案 II:以机器 G 立即取代机器 E,机器 G 的有关数据是:购价 8000 元,可用 15 年,最终的残值为零,年运行成本 900 元,设备上的投资要求达到的最低报酬率为 10%。

要求:该厂应选择哪个方案?

【解答】根据题目提供的相关资料,可将两个方案涉及现金流量图 6-12,图 6-13 形象反映出来。

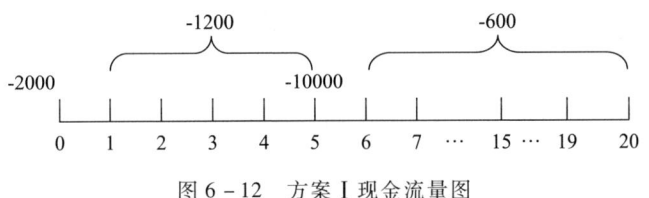

图 6-12 方案 I 现金流量图

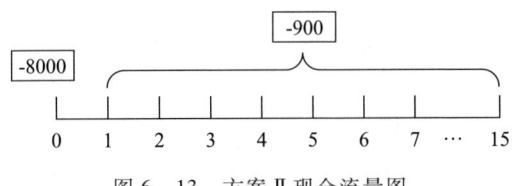

图 6-13 方案 II 现金流量图

由图 6-12,图 6-13 可知,两方案涉及的现金流都只是现金流出量,且相关方案的寿命期不相同,因此,可用年金成本法来确定选哪个方案。

对于方案 I 的年均成本为

$AC_1 = \{2000 + 1200 \times (P/A, 10\%, 5) + 10000 \times (P/F, 10\%, 5)$

$$+ 600 \times (P/A, 10\%, 15) \times (P/F, 10\%, 5)\} \div (P/A, 10\%, 20)$$
$$= 1831 \text{ (元)}$$

对于方案Ⅱ的年均成本为

$$AC_2 = 8000 \div (P/A, 10\%, 15) + 900$$
$$= 1952 \text{ (元)}$$

由于方案Ⅰ的年均成本小于方案Ⅱ的年均成本,故企业应选择方案Ⅰ。

本题两个方案的寿命期不相同,但可以将它们转化为同一寿命期,这时也可采用费用总额法进行比较确定最优方案。

(1) 以15年为"比较期"的对比分析。

对于方案Ⅰ:

现金流出量现值 $TC_1 = \{2000/(P/A, 10\%, 5) + 1200\} \times (P/A, 10\%, 5) + \{10000/$
$$(P/A, 10\%, 15) + 600\} \times (P/A, 10\%, 10) \times (P/F, 10\%, 5)$$
$$= 13859 (元)$$

对于方案Ⅱ:

现金流出量现值 $TC_2 = 8000 + 900 \times (P/A, 10\%, 15)$
$$= 14847 (元)$$

由于方案Ⅰ的现金流出量现值小于方案Ⅱ的现金流出量的现值,故企业应选择方案Ⅰ。

(2) 以5年为"比较期"的对比分析。直接以机器E和机器G的可比年均成本比较。

对于方案Ⅰ:

年平均成本 $AC_1 = 2000/(P/A, 10\%, 5) + 1200 = 1728$ (元)

对于方案Ⅱ:

年平均成本 $AC_2 = 8000/(P/A, 10\%, 15) + 900 = 1952$ (元)

由于方案Ⅰ的年均成本小于方案Ⅱ的年均成本,故企业应选择方案Ⅰ。

(三) 固定资产购置的决策

购置何种固定资产的决策是指在已经决定要购买固定资产的前提下,在几种购置固定资产的方案中,通过对比分析进行最优方案的选择。

【例6-25】

某服务公司拟购置一部客车,现有两个可供选择的方案,一是买进汽车运输公司要出售的一部旧客车,二是可自己另行购置新车。其有关资料如下:如果购买旧客车,购价为30000元,需进行大修方可使用,修理费为8000元,并预计第4年末还需大修一次,预计大修成本6000元。如保养得好,尚可使用10年,期满后残值为4000元,该车每年的使用费估计为14000元。如果另行购置新车,购价为50000元,使用年限为10年。预计新车在第四年末需大修一次,预计大修成本为2400元,残值是4000元,每年使用费为10000元。该公司规定的投资报酬率为16%。

要求：对该公司应选用哪种方案进行决策分析。

【解答】根据题目提供的相关资料，可将两个方案涉及现金流用图 6 – 14，图 6 – 15形象反映出来。

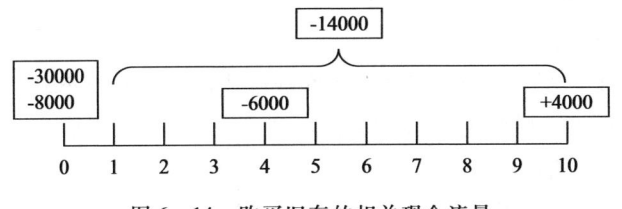

图 6 – 14　购买旧车的相关现金流量

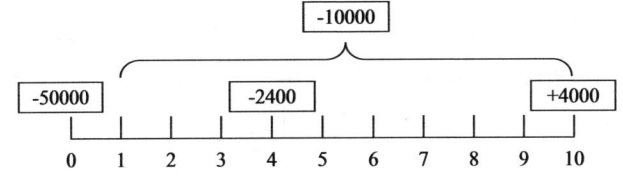

图 6 – 15　购买新车的相关现金流量

【解答一】用差量净现值法

从图 6 – 15 可知，两个方案的时间寿命相同，初始投资额不等，有不同的现金流出量，若现金流出量减少，可视为现金流入量的增加，因此，可用差量净现值法或用差量内部收益率法。此处，只介绍差量净现值法的计算。

（1）计算购置新车每年增加的现金净流量（即使用费的节约数）：14000 – 10000 = 4000（元）。

（2）购买新车增加的现金净流入量的现值为：

$4000 \times (P/A, 16\%, 10) + (6000 - 2400) \times (P/F, 16\%, 4) = 21319.20$（元）

因为旧车与新车的残值相同，所以在此省略不计。

所以购置新车增加的净现值为：21319.20 –（50000 – 30000 – 8000）= + 9319.20（元）。

以上计算的结果表明，购置新客车方案的净现值比购买旧客车的净现值大 9319.20 元，可见以选择购买新车的方案为宜。

【解答二】用费用总额法

从图 6 – 14，图 6 – 15 可知，两个方案的时间寿命相同，除残值为现金流入量，且两个方案的残值相等，可视为与决策无关的现金流量，其他都表现为现金流出量，因此，可用费用总额法进行决策。

购买旧车的现金流出量的现值为：

$TC_1 = (30000 + 8000) + 14000 \times (P/A, 16\%, 10) + 6000 \times (P/F, 16\%, 4) - 4000 \times (P/F, 16\%, 10)$

$= 108052$（元）

购买新车的现金流出量的现值为

$TC_2 = 50000 + 10000 \times (P/A,16\%,10) + 2400 \times (P/F,16\%,4) - 4000 \\ \times (P/F,16\%,10)$

$= 98746.8$（元）

以上计算的结果表明，购置新客车方案现金流出量的现值小于购买旧客车现金流出量的现值，可见以选择购买新车的方案为宜。

（四）固定资产租赁或购买的决策

企业所需的固定资产可根据情况选择租赁和购买取得，两者的区别在于租赁投资是分期逐次支付的，而购买则是一次性的投资支出。为了取得最优投资效益，企业应对租赁和购买投资方式进行评价，从而选择对自己较为有利的投资方式。

进行固定资产租赁或购买决策，应考虑租赁费用和纳税利益两个因素。由于租赁费用是在成本中列支，所以得到纳税利益；自己购置固定资产，资产每年要计提折旧也可以得到纳税利益。

【例6-26】

某企业需用一台生产设备，若企业自己购买，购价为100000元，可用10年，无残值，用直线法进行折旧。若向外租赁，每年需支付租金20000元，租赁期为10年。利率为10%，企业所得税率为25%。要求：为该企业进行购买或租赁设备的决策。

【解答】

该购买或租赁相关支出的现值如下：

购买支出现值 $= 100000 - \left(\dfrac{100000}{10}\right) \times 25\% \times (P/A,10\%,10) = 84640$（元）

租赁支出现值 $= 20000 \times (P/A,10\%,10) - 20000 \times 25\% \times (P/A,10\%,10) = 92160$（元）

上述计算结果表明，该设备购买支出数的现值小于租赁支出数的现值，说明该机器不宜向外租赁，而应自行购买。

第五节　长期投资决策的敏感分析

敏感分析在第四章本量利分析中已作详细介绍，敏感分析在长期投资决策中应用，可以从两个方面进行：一是分别计算有关因素变动对净现值和内部收益率的影响程度；二是计算有关因素的变动极限。如果有关因素较小变化将对净现值和内部收益率产生较大的影响，即表明该因素的敏感性强；反之，则表明该因素的敏感性弱。

具体分析方法，可参考第四章本量利分析中的敏感分析思路，应用到长期投资决策中。

一、净现值条件下的敏感性分析

如果以净现值作为投资方案的评价指标,其评判方案可行的最基本标准是净现值等于零。而计算净现值需要考虑现金净流量(NCF)、投资项目的寿命期、利率等三个基本因素,如不考虑利率因素,其敏感分析主要是基于现金净流量(NCF)和投资项目的寿命期这两个因素来分析的。当然,现金净流量(NCF)这个因素又可进一步细分出如销售量、销售单价、单位变动成本等因素。不管哪个因素对净现值 NPV 敏感性分析,其基本原理是,在其他因素不变的条件下,分析该因素变化对净现值的影响,即最终可用敏感系数来反映影响程度大小。

二、内部收益率条件下的因素敏感性分析

如果以内部收益率作为投资方案的评价指标,其评判方案可行的最基本标准是内部收益率 IRR 大于项目要求的最低报酬率即资金成本。当内部收益率等于资金成本,方案处于保本状态。所以,用内部收益率进行敏感性分析,其基本方法也是在其他因素不变的条件下,影响内部收益率变动的某因素变动对内部收益率的影响程度,即最终可用敏感系数来反映影响程度大小。

净现值和内部收益率条件下,敏感性分析的具体分析方法,可参考第四章本量利分析中的敏感分析思路,应用到长期投资决策中,本章仅以一简例来做简要介绍。

【例 6-27】

假定某企业将投资一项目,该项目的总投资额为 300000 元,建成后预计可以使用 6 年,无残值,每年实现的营业现金流量 80000 元,折现率预计为 10%。

要求:对该项目分别从净现值和内部收益率两方面进行相关敏感性分析。

【解答】

1. 以净现值为基础的敏感性分析

按照折现率 10% 为方案的选择标准,该方案目前可获得的净现值为:

净现值 NPV = 80000 × (P/A,10%,6) - 300000

= 80000 × 4.3553 - 300000 = 348424 - 300000

= 48424(元)

由于该方案的净现值大于零,因此,方案可行。

现进行敏感分析如下:

(1) 每年净现金流入量 CIF 的下限是多少,即每年净现金流入量变动幅度多少时,该方案仍可行?

每年净现金流入量 CIF 的下限就是在其他因素不变的情况下,使该方案的净现值为零时的年净现金流入量最小值。即令:

NPV = CIF × (P/A,10%,6) - 300000 = 0

此时,每年净现金流入量最小值应为:$CIF = \dfrac{300000}{(P/A,10\%,6)} = 68881.23(元)$

每年净现金流入量变动率 = $\frac{68881.23 - 80000}{80000}$ = -13.90%

而此时，净现值的变动率 = $\frac{0 - 48424}{48424}$ = -100%

净现金流入量的敏感系数 = $\frac{-100\%}{-13.90\%}$ = 7.19

(2) 方案有效使用年限 n 的下限应是多少？即有效使用年限 n 变动幅度多少时，该方案仍可行？

有效使用年限的下限的计算，就是在其他因素不变的情况下，使该方案的净现值为零时的有效使用年限 n 最小值。

即令：NPV = 80000 × (P/A,10%,n) - 300000 = 0

也即：(P/A,10%,n) = $\frac{300000}{80000}$ = 3.75

通过查年金现值系数表可得：

当 n = 4 时，(P/A,10%,n) = 3.1699

当 n = 5 时，(P/A,10%,n) = 3.7908

用内插法计算，

有效使用年限的最小值 n = 4 + (5 - 4) × $\frac{3.75 - 3.1699}{3.7908 - 3.1699}$ = 4.92(年)

有效使用年限变动率 = $\frac{4.92 - 6}{6}$ = -18%

而此时，净现值的变动率 = $\frac{0 - 48424}{48424}$ = -100%

有效使用年限的敏感系数 = $\frac{-100\%}{-18\%}$ = 5.56

从上述计算可知，这两因素都可影响方案的净现值，且它们的影响程度通过上述计算得到的敏感系数可知，净现金流入量对方案是否可行的影响比有效使用年限的影响更大。

2. 以内部报酬率为基础的敏感性分析

根据提供的相关数据，可知该方案内部报酬率 IRR 的计算如下：

令：NPV = 80000 × (P/A,IRR,6) - 300000 = 0

也即：(P/A,IRR,6) = $\frac{300000}{80000}$ = 3.75

通过查年金现值系数表可得：

当折现率 = 14% 时，(P/A,14%,6) = 3.8887

当折现率 = 16% 时，(P/A,16%,6) = 3.6847

再采用内插法计算内部报酬率 IRR

IRR = 14% + (16% - 14%) × $\frac{3.8887 - 3.75}{3.8887 - 3.6847}$ = 15.35%

由于该方案的内部报酬率 IRR 大于预计折现率 10%，因此，方案可行。

对内部报酬率 IRR 的敏感分析可参考上面净现值 NPV 的敏感分析，分别从年净现金流入量和有效使用年限对内部报酬率的影响程度来分析，由于内部收益率分析计算较复杂，具体分析过程省略。通过计算可知，年净现金流入量对内部报酬率的敏感系数是 2.51；有效使用年限对内部报酬率的敏感系数是 1.97，故可得出，净现金流入量对方案是否可行的影响比有效使用年限的影响更大。

总之，敏感性分析有助于管理当局在进行投资决策分析时，做到心中有数，预先防范，避免失误，一旦未来因素发生变化，可利用确定的敏感区间来分析因素变动对决策结果的影响程度，提高了决策的效率和科学性。

【本章小结】

长期投资是凡涉及投入大量资金，获取报酬或收益的持续期间超过一年以上，且能在较长时间内影响企业经营获利能力的投资。长期投资主要具有持续时间长；投资资金多；面临风险大三个主要特点。

长期投资决策需综合考虑的四个因素分别是货币时间价值、风险价值、资金成本和现金流量。它们之间没有先后、主次之分。

货币时间价值有两种表示方式，分别以绝对指标表示的利息和以相对指标表示的利息率。利息的计算方法，年金按收付的时间和收付的次数可分类普通年金、先付年金、递延年金、永续年金。

投资的风险价值或称风险报酬是投资者由于冒风险进行投资而获得的超过资金时间价值的额外收益。可用标准差或标准离差率来衡量风险大小。

资金成本也称资本成本，是指企业为筹集和使用资金而付出的代价。资金成本包括资金筹集费和资金占用费两部分。个别资本成本的计算主要有长期借款、债券、普通股、留存收益、优先股等资本成本的计算。

现金流量是指投资项目从施工、投产直到报废（或转让）为止的整个期间各年现金流入量和现金流出量的总称。从现金流量内容看，可分为现金流入量、现金流出量和净现金流量从现金流量在一个完整投资项目所经历的三个阶段看，可分为投资现金流量、年营业现金流量、项目终止现金流量长期投资决策评价指标比较多，可以按不同标志进行分类，其中主要的分类是按是否考虑资金时间价值分类要分为贴现指标和非贴现指标。贴现指标主要包括动态投资回收期、净现值、净现值率、获利指数、内部收益率、外部收益率等指标。非贴现指标主要包括投资利润率和静态投资回收期。

长期投资决策一般可分为独立方案决策和互斥方案决策，各自采取的方法也不相同。对于独立方案决策一般如投资回收期、净现值、现值指数、内部收益率等指标进行相关决策。而于互斥方案决策则采用净现值比较法、差量分析法、年均净现值法、费用总额比较法、年和年均成本比较法等方法。

敏感分析在长期投资决策中应用，可以从两个方面进行：一是分别计算有关因素变动对净现值和内部收益率的影响程度；二是计算有关因素的变动极限。

【案例分析】

申江轮渡公司拥有渡轮多艘，其中一艘已相当陈旧，故财务经理向总经理提出淘汰旧船，购置新船的建议。

新船的买价为 40000 元，可望运行 10 年，该船每年的运行成本为 12000 元。估计 5 年后需大修一次，其成本为 2500 元，10 年结束时，估计该船的残值为 5000 元。

业务经理不同意财务经理的意见，凭他多年的工作经验，认为该船虽属陈旧，但通过全面翻新，尚能继续发挥其运行效益。所以他向总经理提出了翻修旧船的方案。据该方案预算，立即翻修的成本为 20000 元，估计 5 年后还需大修一次，其成本为 800 元。如这些修理计划得到实施，该船可望运行的期限也将是 10 年。10 年内该船每年的运行成本为 16000 元。10 年后，其残值也将是 5000 元。

根据当前的市场情况，该旧船的现时折让价格为 7000 元，年利率为 18%。

要求：这两个方案报给总经理，假如你是总经理，应该选择哪一个方案？为什么？

案例资料来源：石人瑾，林宝環，谢荣：《管理会计》[M]，上海三联书店 1994 年版。

【课后练习】

一、思考题

1. 货币时间价值具有什么特点？名义利率与实际利率的区别在哪？
2. 什么是现金流量？在管理会计的长期投资决策中，现金流量信息能够起到什么作用？
3. 怎样估算现金流量的具体项目？
4. 在什么条件下可以按公式法计算回收期？
5. 为什么在应用相关指标决策时，如净现值与现值指数；净现值与内部收益率相冲突时，应选净现值为评价标准？
6. 内部收益率这指标有什么优缺点？

二、单选题

1. 在进行原始投资额不同而且项目计算期也不同的多个互斥方案的比较决策时，应当优先考虑使用的方法是（   ）。

A. 净现值法　　　　　　　　　B. 净现值率法
C. 年等额净回收额法　　　　　D. 投资回收期法

2. 下列各项中，既属于非折现指标又属于反指标的是（　　）。
A. 投资利润率　　　　　　　　B. 静态投资回收期
C. 内部收益率　　　　　　　　D. 原始投资回收率

3. 当贴现率与内含报酬率相等时，说明（　　）。
A. 净现值大于零　　　　　　　B. 净现值小于零
C. 现值指数等于零　　　　　　D. 现值指数等于1

4. 在项目投资决策的现金流量分析中使用的"经营成本"是指（　　）。
A. 变动成本　　　　　　　　　B. 付现成本
C. 全部成本　　　　　　　　　D. 固定成本

5. 下列年金不需要计算终值的是（　　）。
A. 普通年金　　　　　　　　　B. 永续年金
C. 预付年金　　　　　　　　　D. 递延年金

6. 某投资项目按15%的贴现率计算的净现值为500元，按18%的贴现率计算的净现值为-480元，则该投资项目的内部收益率（　　）。
A. 16、25%　　　　　　　　　B. 16、531%
C. 22、5%　　　　　　　　　 D. 21、5%

7. 个投资方案的现值指数小1，说明该投资方案的（　　）。
A. 投资报酬率大于资金成本
B. 投资报酬率小于资金成本
C. 投资报酬率等于资金成本
D. 投资报酬率是理想的

8. 下列属于现金流出量的是（　　）。
A. 残值回收　　　　　　　　　B. 上缴所得税
C. 取得营业收入　　　　　　　D. 计提折旧费用

9. 属于长期决策的有（　　）决策。
A. 亏损产品是否停产　　　　　B. 是否接受追加订货
C. 固定资产更新改造　　　　　D. 最优生产批量

三、多选题

1. 下列各项中，可用于原始投资不相同的互斥投资方案比较决策的方法有（　　）。
A. 差额投资内部收益率法　　　B. 净现值法
C. 静态投资回收期法　　　　　D. 年等额净回收额法

E. 逐次逼近测试法

2. 利用评价指标对进行单一的独立投资项目财务可行性评价时，能够得出完全相同结论的指标有（　　）。

A. 净现值　　　　　　　　　　B. 净现值率

C. 获利指数　　　　　　　　　D. 内部收益率

E. 静态投资回收期

3. 参加多个互斥方案比较决策的方案必须同时具备的前提条件有（　　）。

A. 净现值 >0　　　　　　　　B. 获利指数 >1

C. 净现值率 <0　　　　　　　D. 静态投资回收期 < 基准回收期

E. 内部收益率 > 行业基准折现率

4. 一个投资项目的现金流出量，主要包括（　　）。

A. 在固定资产上的投资　　　　B. 在流动资产上的投资

C. 固定资产报废时的残值收入　D. 固定资产使用时资产折旧

E. 使用该项固定资产所需增加的变动成本

5. 下列各项中，属于揭示现金流量指标优点的说法有（　　）。

A. 可以序时动态地反映项目的投入产出关系

B. 便于完整、准确、全面地评价项目的效益

C. 能克服利润信息相关性差的缺点

D. 能简化投资决策评价指标计算

E. 便于采用货币时间价值

6. 在单纯固定资产投资项目中，不可能发生的现金流量有（　　）。

A. 流动资金投资　　　　　　　B. 回收固定资产余值

C. 回收流动资金　　　　　　　D. 经营成本

E. 资本化利息

7. 年金是一种特殊的等额系列收付款项，其特点包括（　　）。

A. 连续性　　　　　　　　　　B. 等额性

C. 同方向性　　　　　　　　　D. 一次性

E. 递减性

8. 下列项目中，属于年金的有（　　）。

A. 按直线法计提的折旧　　　　B. 按产量法计提的折旧

C. 定期支付的租金　　　　　　D. 定期上交的保险费

E. 开办费的每年摊销额

四、判断题

1. 净现值是指项目投产后各年报酬的现值合计与投资现值合计之间的差额。

（　　）

2. 如果投资项目所用的资金是自有资金,则无须考虑资金成本。   (   )
3. 在考虑货币时间价值的情况下,求某项费用的平均数就是求该费用的年金。
   (   )
4. 内部收益率是净现值等于零时的贴现率。   (   )
5. 资金成本是新投资项目是否能接受的最低报酬率。   (   )
6. 非折现指标包括净现值、净现值率、获利指数和内部收益率等。   (   )
7. 内插法是一种近似计算的方法,它假定当自变量在一个比较小的区间范围内,自变量与因变量之间存在着线性关系;只有在按逐次测试逼近法计算内部收益率时,才有应用内插法的必要。   (   )

五、计算题

1. 已知:某固定资产投资项目的有关资料如下:

年数	0	1	2	3	4	5	合计
净现金流量(万元)	-500	200	100	100	200	100	200
复利现值系数	1	0.89286	0.79719	0.71178	0.63552	0.56743	—
累计净现金流量							
折现的净现金流量							

要求:(1)将上表的空白处填上数字(保留全部小数)。
     (2)列出该项目的原始投资额、项目计算期和净现值。

2. 某企业面临甲、乙两个投资方案的选择。其中,甲方案需投资 36000 元,项目寿命 6 年,采用直线法计提折旧,设备无残值,6 年中每年销售收入为 15000 元,每年的付现成本为 4000 元;乙方案需投资 42000 元,采用直线法计提折旧,使用寿命也是 6 年,5 年后有残值收入 5000 元,6 年中每年收入为 17000 元,付现成本第一年为 5000 元,以后随着设备折旧,逐年将增加修理费 400 元,另需垫支流动资金 4000 元。假设所得税率为 30%,最低投资报酬率为 12%。

要求:分别计算两个方案的现金流量、静态投资回收期、动态投资回收期、净现值率和内含报酬率,并对其做出评价。

3. 已知:某企业准备添置一条生产线,共需要投资 202 万元。建设期为一年,全部资金于建设起点一次投入。该项目预计可使用 10 年,期满有净残值 2 万元。生产线投入使用后不要求追加投入流动资金,每年可使企业增加净利润 15 万元。企业按直线法计提固定资产折旧。行业基准折现率为 10%,(PA/A,10%,10)=6.14457,(P/F,10%,1)=0.90909,(P/F,10%,11)=0.35049。

要求:
(1)用简单法计算该项目的净现金流量。
(2)计算该项目的净现值。

4. 企业一台旧设备，尚可继续使用 4 年，预计 4 年后残值为 2400 元，目前变价出售可获 20000 元。使用该设备每年获营业收入 500000 元，经营成本 350000 元。市场上有一新型号设备，价值 90000 元，预计 4 年后残值为 5000 元。使用新设备不会增加收入，但可使每年经营成本降低 25000 元。如果企业所得税率为 33%。

要求：
（1）分别确定新旧设备的原始投资差额；
（2）分别计算新旧设备的每年折旧差额；
（3）分别计算新旧设备的每年净利润差额；
（4）计算新旧设备残值的差额；
（5）计算新旧设备各年的净现金流量 NCF，并在此基础上计算两者之差 ΔNCF；
（6）直接按差量分析法计算 ΔNCF。

5. 某公司拟购置一台设备，需投资 36000 元，该设备可使用 10 年。假定第一年运行维修费为 1000 元，以后逐年递增 1000 元。其残值第一年为 10000 元，以后各年末依次为 8000 元、6000 元、5000 元、4000 元、3000 元、2000 元、1000 元、500 元、0 元。利率为 15%。

要求：计算该设备的经济寿命期。

【本章参考文献】

1. 吴大军：《管理会计》[M]，大连：东北财经大学出版社 2013 年版。
2. 孙茂竹，文光伟，杨万贵：《管理会计学》[M]，北京：人民大学出版社 2015 年版。
3. 余绪缨：《管理会计》[M]，北京：中国财政经济出版社 1999 年版。
4. 毛付根：《管理会计》[M]，北京：高等教育出版社 2008 年版。
5. 贺颖奇，陈佳俊：《管理会计》[M]，上海：上海财经大学出版 2003 年版。
6. 温素彬：《管理会计·理论·模型·案例》[M]，北京：机械工业出版社 2017 年版。
7. 陆宇建，李冠众：《管理会计学》[M]，大连：东北财经大学出版社 2017 年版。
8. 石人瑾，林宝環，谢荣：《管理会计》[M]，上海：上海三联书店 1994 年版。

第七章

全面预算管理

【本章学习目标】

通过本章的学习
1. 掌握传统的全面预算体系的具体构成内容
2. 重点掌握弹性预算、零基预算和滚动预算等具体方法的特征及操作技巧
3. 熟悉预算编制程序
4. 了解全面预算的概念和作用
5. 一般了解固定预算、增量预算和定期预算的含义

第一节 预算管理概述

一、预算的含义与作用

（一）预算的含义

预算是企业在预测、决策的基础上，以数量和金额的形式反映企业未来一定时期内经营、投资、财务等活动的具体计划，是为实现企业目标而对各种资源和企业活动做的详细安排。预算是一种可据以执行和控制经济活动的、最为具体的计划，是对目标的具体化，是将企业活动导向预定目标的有力工具。

（二）预算的作用

主要表现在以下三个方面：

（1）预算通过引导和控制经济活动，使企业经营达到预期目标。
（2）预算可以实现企业内部各个部门之间的协调。
（3）预算可以作为业绩考核的标准。

二、全面预算的基本体系

全面预算的基本体系，是指以本企业的经营目标为出发点，通过市场需求的研究

和预测，以销售预算为起点，进而延伸到生产、成本费用及资金收支等各方面的预算，最后编制预计财务报表的一种预算体系。

全面预算的基本内容主要由业务预算、专门决策预算、财务预算三部分组成。其基本体系的具体内容如下图所示：

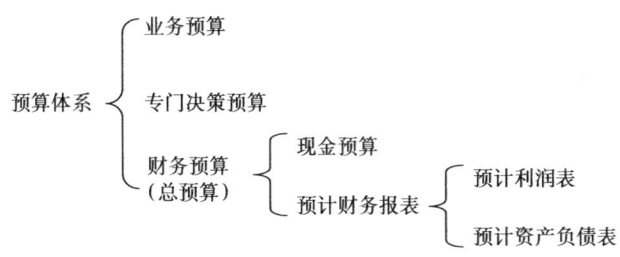

图 7-1 全面预算的基本体系

（一）业务预算

业务预算是基础，主要包括与企业日常经营活动直接相关的经营业务的销售预算、生产预算、直接材料预算、直接人工预算、制造费用预算、产品成本预算、销售费用预算和管理费用预算等。

其中销售预算又是业务预算的编制起点，根据"以销定产"的原则确定生产预算并考虑所需要的销售费用。编制生产预算时，除要考虑计划销售量以外，还需要考虑现有存货和期末存货。

根据生产预算来确定直接材料、直接人工和制造费用预算，产品成本预算是有关预算的汇总。

（二）专门决策预算

专门决策预算是指企业不经常发生的、一次性的重要决策预算。专门决策预算直接反映相关决策的结果，是实际中选方案的进一步规划。

主要包括：根据长期投资决策结论编制的与购置、更新、改造、扩建固定资产决策有关的资本支出预算；与资源开发、产品改造和新产品试制有关的生产经营决策预算等。

（三）财务预算

财务预算是指企业在计划期内反映有关预计现金收支、财务状况和经营成果的预算。主要包括现金预算和预计财务报表。财务预算是依赖于业务预算和专门决策预算而编制的，是整个预算体系的主体，是全部预算的综合反映。

三、预算工作的组织

预算工作的组织包括决策层、管理层、执行层和考核层，具体如下：

（1）企业董事会或类似机构应当对企业预算的管理工作负总责。企业董事会或者经理办公会可以根据情况设立预算委员会或指定财务管理部门负责预算管理事宜，

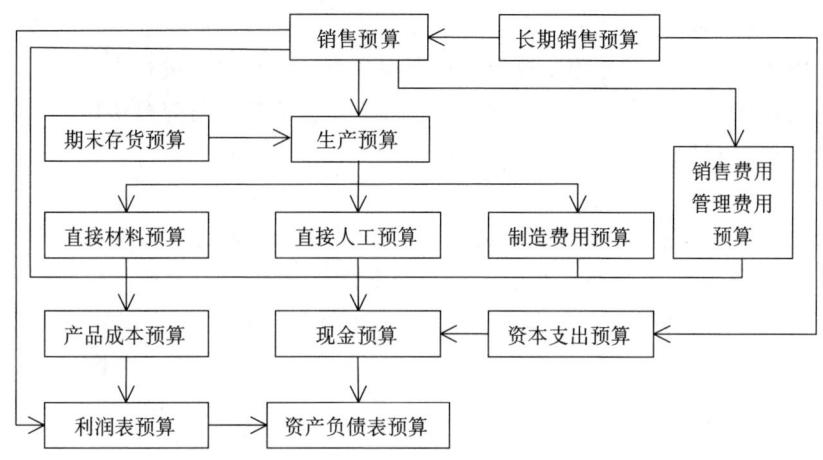

图 7-2 全面预算的基本构成

并对企业法定代表人负责。

（2）预算委员会或财务管理部门主要拟订预算的目标、政策，制定预算管理的具体措施和办法，审议、平衡预算方案，组织下达预算，协调解决预算编制和执行中的问题，组织审计、考核预算的执行情况，督促企业完成预算目标。

（3）企业财务管理部门具体负责企业预算的跟踪管理，监督预算的执行情况，分析预算与实际执行的差异及原因，提出改进管理的意见与建议。

（4）企业内部生产、投资、物资、人力资源、市场营销等职能部门具体负责本部门业务涉及的预算编制、执行、分析等工作，并配合预算委员会或财务管理部门做好企业总预算的综合平衡、协调、分析、控制与考核等工作。其主要负责人参与企业预算委员会的工作，并对本部门预算执行结果承担责任。

（5）企业所属基层单位是企业预算的基本单位，在企业财务管理部门的指导下，负责本单位现金流量、经营成果和各项成本费用预算的编制、控制、分析工作，接受企业的检查、考核。其主要负责人对本单位财务预算的执行结果承担责任。

四、预算的编制程序

企业编制预算，一般应按照"上下结合、分级编制、逐级汇总"的程序进行。

（一）下达目标

企业董事会或经理办公会根据企业发展战略和预算期经济形势的初步预测，在决策的基础上提出下一年度企业预算目标。包括销售或营业目标、成本费用目标、利润目标和现金流量目标，并确定预算编制的政策，由预算委员会下达各预算执行单位。

（二）编制上报

各预算执行单位按照企业预算委员会下达的预算目标和政策，结合自身特点以及预测的执行条件，提出详细的本单位预算方案，上报企业财务管理部门。

（三）审查平衡

企业财务管理部门对各预算执行单位上报的财务预算方案进行审查、汇总，提出综合平衡的建议。在审查、平衡过程中，预算委员会应当进行充分协调，对发现的问题提出初步调整意见，并反馈给有关预算执行单位予以修正。

（四）审议批准

企业财务管理部门在有关预算执行单位修正调整的基础上，编制出企业预算方案，报财务预算委员会讨论。对于不符合企业发展战略或者预算目标的事项，企业预算委员会应当责成有关预算执行单位进一步修订、调整。在讨论、调整的基础上，企业财务管理部门正式编制企业年度预算草案，提交董事会或经理办公会审议批准。

（五）下达执行

企业财务管理部门对董事会或经理办公会审议批准的年度总预算，一般在次年3月底以前，分解成一系列的指标体系，由预算委员会逐级下达各预算执行单位执行。

第二节 编制预算的方法

一、增量预算法与零基预算法

（一）增量预算法

增量预算法是指在基期成本费用水平的基础上，结合预算期业务量水平及有关降低成本的措施，通过调整有关费用项目而编制预算的方法。

增量预算存在一定的优缺点：这种预算方法比较简单，但它是以过去的水平为基础，往往不加分析地保留或接受原有的成本项目，或按主观臆断平均削减，或只增不减，这样容易造成预算的不足，或者安于现状，造成预算不合理的开支。

（二）零基预算法

零基预算法是"以零为基础的编制计划和预算的方法"的简称。它在编制预算时，不考虑以往会计期间所发生的费用项目或费用数额，而是一切以零为出发点，根据实际需要逐项审议预算期内各项费用的内容及开支标准是否合理，在综合平衡的基础上编制费用预算。

零基预算的最大特点是：它避免了把过去的不合理的开支项目和开支额度，延续到下一个会计期间，从而使预算更具有科学性和先进性。

（1）零基预算法的编制步骤。

①企业内部各级部门的员工，根据企业的生产经营目标，详细讨论计划期内应该发生的费用项目，并对每一费用项目编写一套方案，提出费用开支的目的以及需要开

支的费用数额。

②划分不可避免费用项目和可避免费用项目。在编制预算时，对不可避免费用项目必须保证资金供应；对可避免费用项目，则需要逐项进行成本与效益分析，尽量控制将可避免项目纳入预算当中。

③划分不可延缓费用项目和可延缓费用项目。在编制预算时，应把预算期内可供支配的资金在各费用项目之间分配。应优先安排不可延缓费用项目的支出，然后再根据需要按照费用项目的轻重缓急确定可延缓项目的开支。

（2）零基预算法的优缺点。

优点表现在：不受现有条条框框限制，对一切费用都以零为出发点。这样不仅能压缩资金开支，还能切实做到把有限的资金用在最需要的地方，从而调动各部门人员的积极性和创造性，量力而行，合理使用资金。

缺点表现在：由于一切均以零为起点进行分析、研究，势必带来繁重的工作量，有时其至得不偿失，难以突出重点。

二、固定预算法与弹性预算法

（一）固定预算法

固定预算法是一种最基本的全面预算编制方法，也叫静态预算法。在编制预算时，只根据预算期内正常、可实现的某一固定的业务量（如生产量、销售量等）水平作为唯一基础来编制预算的方法。

固定预算法的缺点表现在两个方面：

一是适应性差。因为编制预算的业务量基础是事先假定的某个业务量。在这种方法下，不论预算期内业务量水平实际可能发生哪些变动，都只按事先确定的某一个业务量水平作为编制预算的基础。

二是可比性差。当实际的业务量与编制预算所依据的业务量发生较大差异时，有关预算指标的实际数与预算数就会因业务量基础不同而失去可比性。

（二）弹性预算法

弹性预算就是在成本性态分析的基础上，充分考虑预算期各预定指标可能发生的变化而编制出的能适应各预定指标不同变化情况的预算，从而使得预算对企业在预算期的实际情况更加具有针对性，这种预算方法也称为动态预算。

由于未来业务量的变动会影响到成本费用和利润各个方面，因此弹性预算理论上适用于编制全面预算中所有与业务量有关的预算。但在实务中，主要用于编制成本费用预算和利润预算，尤其是成本费用预算。

编制弹性预算，要选用一个最能代表生产经营活动水平的业务量计量单位。例如，以手工操作为主的车间，就应选用人工工时；制造单一产品或零件的部门，可以选用实物数量；修理部门可以选用直接修理工时等。

弹性预算法所采用的业务量范围，视企业或部门的业务量变化情况而定，务必使实际业务量不至于超出相关的业务量范围。一般来说，可定在正常生产能力的70%~110%之间，或以历史上最高业务量和最低业务量为其上下限。弹性预算法编制预算的准确性，在很大程度上取决于成本性态分析的可靠性。

与按特定业务量水平编制的固定预算法相比，弹性预算法有两个显著特点：

弹性预算是按一系列业务量水平编制的，从而扩大了预算的适用范围。

弹性预算是按成本性态分类列示的，在预算执行中可以计算一定实际业务量的预算成本，以便于预算执行的评价和考核。

（1）弹性预算法的编制步骤。

①根据企业的生产经营情况，确定一个标准业务量的计量单位；

②确定合理的业务量相关范围；

③将费用按成本性态分为固定费用和变动费用，对混合成本按规定的分解方法进行分解；

④计算各项预算成本，并用一定的方式来表达。

（2）弹性预算法又分为公式法和列表法两种具体方法。

①公式法。根据成本性态，建立成本与业务量之间的数量关系：

$y = a + bx$

其中，y 表示某项预算成本总额，a 表示该项成本中的预算固定成本额，b 表示该项成本中的预算单位变动成本额，x 表示预计业务量。可利用该公式计算任一业务量（x）的预算成本（y）。

公式法的优点是便于在一定范围内计算任何业务量的预算成本，可比性和适应性强，编制预算的工作量相对较小。缺点是按公式进行成本分解比较麻烦，对每个费用子项目甚至细目逐一进行成本分解，工作量很大。

【例 7 - 1】

某企业制造费中油料费用与机器工时密切相关，预计预算期固定油料费用为 10000 元，单位工时的变动油料费用为 10 元，预算期机器总工时为 3000 小时。则预算期油料费用预算总额为（　　）元。

A. 10000　　　　　　　　　　B. 20000
C. 30000　　　　　　　　　　D. 40000

【解答】D

【解析】

预算期油料费用预算总额 = 10000 + 3000 × 10 = 40000（元）

【例 7 - 2】

A 企业经过分析，某种产品的制造费用与人工工时密切相关，采用公式法编制的制造费用预算如表 7 - 1 所示。

【解答】

表 7-1　　　　　　　公式法编制的制造费用预算　　　　　　　（单位：元）

业务量范围（人工工时）	420~660	
项目	固定费用（元/每月）	变动费用（元/人工工时）
运输费用		0.20
电力费用		1.00
材料费用		0.10
修理费用	85	0.85
油料费用	108	0.20
折旧费用	300	
人工费用	100	
合计	593	2.35
备注	当业务量超过600工时后，修理费中的固定费用将由85元上升为185元	

②列表法。列表法是在预计的业务量范围内将业务量分为若干个水平，然后按不同的业务量水平编制的预算。

应用列表法编制预算，首先要在确定的业务量范围内，划分出若干个不同水平，然后分别计算各项预算值，汇总列入一个预算表格。

列表法的优点是：不管实际业务量多少，不必经过计算即可找到与业务量相近的预算成本；混合成本中的阶梯成本和曲线成本，可按总成本性态模型计算填列，不必用数学方法修正为近似的直线成本。

列表法的缺点是：运用列表法编制预算，在评价和考核实际成本时，往往需要使用插值法来计算实际业务量的预算成本，比较麻烦。

【例 7-3】

甲企业采用列表法编制的 2015 年 6 月制造费用预算如表 7-2 所示。

表 7-2　　　　　　　列表法编制制造费用预算　　　　　　　（单位：元）

业务量（直接人工工时）	420	480	540	600	660
占正常生产能力百分比	70%	80%	90%	100%	110%
变动成本：					
运输费用（b=0.2）	84	96	108	120	132
电力费用（b=1.0）	420	480	540	600	660
材料费用（b=0.1）	42	48	54	60	66
合计	546	624	702	780	858
混合成本：					
修理费用	442	493	544	595	746

续表

油料费用	192	204	216	228	240
合计	634	697	760	823	986
固定成本：					
折旧费用	300	300	300	300	300
人工费用	100	100	100	100	100
合计	400	400	400	400	400
总计	1580	1721	1862	2003	2244

设实际工时为 500 工时，实际发生制造费用 1750 元，要求评价其实际成本控制业绩。

【解答】

企业控制成本较好，节约了成本。

在考核时，将实际成本和实际业务量的预算成本进行对比。

实际业务量的预算成本 = 650 + 510 + 208 + 400 = 1768（元）

【解析】

变动成本 = 500 × 1.3 = 650（元）

固定成本 = 400 元

混合成本：

①设修理费为 x：

(500 − 480) ÷ (540 − 480) = (x − 493) ÷ (544 − 493)

x = 510 元

②设油料费为 y：

(500 − 480) ÷ (540 − 480) = (y − 204) ÷ (216 − 204)

y = 208 元

三、定期预算法与滚动预算法

(一) 定期预算法

定期预算，也称为阶段性预算，是指在编制预算时以不变的会计期间（如日历年度）作为预算期的一种编制预算的方法。

定期预算法的优点是：能够使预算期间与会计期间相对应，便于将实际数与预算数进行对比，也有利于对预算执行情况进行分析和评价。

定期预算法的缺点是：

(1) 盲目性。由于定期预算往往是在年初甚至提前两三个月编制的，对于整个预算年度的生产经营活动很难做出准确的预算，尤其是对预算后期的预算只能进行笼统地估算，缺乏远期指导性，给预算的执行带来很多困难，不利于对生产经营活动的考核与评价。

(2) 滞后性。由于定期预算不能随情况的变化及时调整,当预算中所规划的各种活动在预算期内发生重大变化时（如预算期临时中途转产）,就会造成预算滞后过时,使之成为虚假预算。

(3) 间断性。由于受预算期间的限制,致使经营管理者的决策视野局限于本期规划的经营活动,通常不考虑下期。例如,一些企业提前完成本期预算后,以为可以松一口气,其他事等来年再说,形成人为的预算间断。因此,按定期预算方法编制的预算不能适应连续不断的经营过程,从而不利于企业的长远发展。为了克服定期预算法的缺点,在实践中可采用滚动预算的方法编制预算。

(二) 滚动预算法

滚动预算法又称连续预算法或永续预算法,是指不将预算期与会计年度挂钩,使预算期始终保持为一个固定长度（一般为12个月）,随着预算的执行不断地补充预算,逐期向后滚动,连续不断地以预算形式规划未来经营活动的一种预算方法。

滚动预算的基本做法是使预算期始终保持12个月,每过1个月或1个季度,立即在期末增列1个月或1个季度的预算,逐期往后滚动,因而在任何一个时期都使预算保持为12个月的时间长度。这种预算能使企业各级管理人员对未来始终保持整整12个月时间的考虑和规划,从而保证企业的经营管理工作能够稳定而有序地进行。

采用滚动预算法编制预算,按照滚动的时间单位不同可分为逐月滚动、逐季滚动和混合滚动。

(1) 逐月滚动。逐月滚动是指在预算编制过程中,以月份为预算的编制和滚动单位,每个月调整一次预算的方法。按照逐月滚动方式编制的预算比较精确,但工作量较大。

(2) 逐季滚动。逐季滚动是指在预算编制过程中,以季度为预算的编制和滚动单位,每个季度调整一次预算的方法。逐季滚动编制的预算比逐月滚动的工作量小,但精确度较差。

(3) 混合滚动。混合滚动是指在预算编制过程中,同时以月份和季度作为预算的编制和滚动单位的方法。这种预算方法的理论依据是人们对未来的了解程度具有对近期把握较大,对远期的预计把握较小的特征。

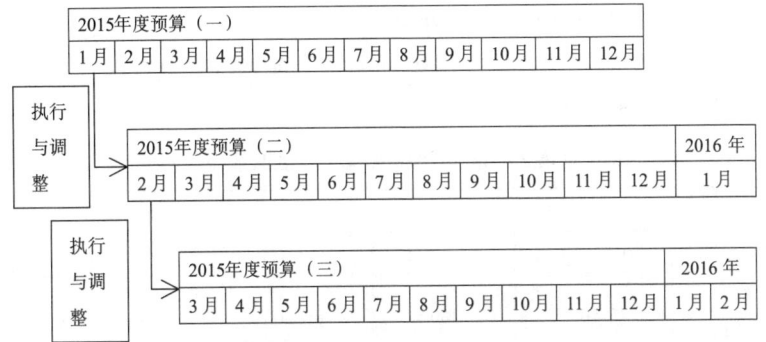

图7-3 逐月滚动预算方式示意图

运用滚动预算法编制预算，使预算期间依时间顺序向后滚动，能够保持预算的持续性，有利于结合企业近期目标和长期目标，考虑未来业务活动。使预算随时间的推进不断加以调整和修订，能使预算与实际情况更加相适应，有利于充分发挥预算的指导和控制作用。

【例 7-4】

某公司甲车间采用滚动预算方法编制制造费用预算。已知 2015 年各季度的制造费用预算如表 7-3 所示（其中间接材料费用忽略不计）。

表 7-3　　　　　　　　滚动预算方法编制制造费用预算　　　　　　　（单位：元）

项目	第一季度	第二季度	第三季度	第四季度	合计
直接人工预算总工时	52000	51000	51000	46000	200000
变动制造费用					
间接人工费用	208000	204000	204000	184000	800000
水电与维修费用	130000	127500	127500	115000	500000
小计	338000	331500	331500	299000	1300000
固定制造费用					
设备租金	180000	180000	180000	180000	720000
管理人员工资	80000	80000	80000	80000	320000
小计	260000	260000	260000	260000	1040000
制造费用合计	598000	591500	591500	559000	2340000

2015 年 3 月 31 日公司在编制 2015 年第 2 季度至 2016 年第 1 季度滚动预算时，发现未来的四个季度中将出现以下情况：

（1）间接人工费用预算工时分配率将上涨 10%，即上涨为 4.4 元/小时。

（2）原设备租赁合同到期，公司新签订的租赁合同中设备年租金将降低 20%，即降低为 576000 元。

（3）2015 年第 2 季度至 2016 年第 1 季度预计直接人工总工时分别为 51500 小时、51000 小时、46000 小时和 57500 小时。

要求：编制 2015 年第 2 季度至 2016 年第 1 季度制造费用预算。

【解答】如表 7-4 所示。

表 7-4　　　　　2015 年第 2 季度至 2016 年第 1 季度制造费用预算　　　　（单位：元）

项目	2015 年度			2016 年度	合计
	第二季度	第三季度	第四季度	第一季度	
直接人工预算总工时（小时）	51500	51000	46000	57500	206000
变动制造费用					

续表

项目	2015年度			2016年度	合计
	第二季度	第三季度	第四季度	第一季度	
间接人工费用	226600	224400	202400	253000	906400
水电与维修费用	128750	127500	115000	143750	515000
小计	355350	351900	317400	396750	1421400
固定制造费用					
设备租金	144000	144000	144000	144000	576000
管理人员工资	80000	80000	80000	80000	320000
小计	224000	224000	224000	224000	896000
制造费用合计	579350	575900	541400	620750	2317400

【例7-5】

丁公司采用逐季滚动预算和零基预算相结合的方法编制制造费用预算，相关资料如下。

资料一：2015年分季度的制造费用预算如表7-5所示。

表7-5　　　　　　　　2015年分季度制造费用预算　　　　　　　　（单位：元）

项目	第一季度	第二季度	第三季度	第四季度	合计
直接人工预算总工时（小时）	11400	12060	12360	12600	48420
变动制造费用	91200	×	×	×	387360
其中：间接人工费用	50160	53064	54384	55440	213048
固定制造费用	56000	56000	56000	56000	224000
其中：设备租金	48500	48500	48500	48500	194000
生产准备与车间管理	×	×	×	×	×

注：表中"×"表示省略的数据。

资料二：2015年第二季度至2016年第一季度滚动预算期间，将发生如下变动：

（1）直接人工预算总工时为50000小时。

（2）间接人工费用预算工时分配率将提高10%。

（3）2015年第一季度末重新签订设备租赁合同，新租赁合同中设备年租金将降低20%。

资料三：2015年第二季度至2016年第一季度，公司管理层决定将固定制造费用总额控制在185200元以内，固定制造费用由设备租金、生产准备费用和车间管理费组成。其中设备租金属于约束性固定成本，生产准备费和车间管理费属于酌量性固定成本。根据历史资料分析，生产准备费的成本效益远高于车间管理费。为满足生产经营需要，车间管理费总预算额的控制区间为12000元至15000元。

要求：

（1）根据资料一和资料二，计算2015年第二季度至2016年第一季度滚动期间的下列指标：

①间接人工费用预算工时分配率；

②间接人工费用总预算额；

③设备租金总预算额。

（2）根据资料二和资料三，在综合平衡基础上根据成本效益分析原则，完成2015年第二季度至2016年第一季度滚动期间的下列事项：

①确定车间管理费用总预算额；

②计算生产准备费总预算额。

【解答】

（1）间接人工费用预算工时分配率 =（213048÷48420）×（1+10%）= 4.84（元/小时）

间接人工费用总预算额 = 50000×4.84 = 242000（元）

设备租金总预算额 = 194000×（1-20%）= 155200（元）

（2）设备租金是约束性固定成本，是必须支付的。生产准备费和车间管理费属于酌量性固定成本，发生额的大小取决于管理当局的决策行动，由于生产准备费的成本效益远高于车间管理费，根据成本效益分析原则，应该尽量减少车间管理费。

①车间管理费用总预算额 = 12000（元）

②生产准备费总预算额 = 185200 - 155200 - 12000 = 18000（元）

第三节　预算编制

一、业务预算的编制

（一）销售预算的编制

销售预算是指在销售预测的基础上编制的，用于规划预算期销售活动的一种业务预算。

销售预算的主要内容是销量、单价和销售收入。销量是根据市场预测或销货合同并结合企业生产能力确定的；单价是通过价格决策确定的；销售收入是两者的乘积，在销售预算中计算得出。

销售预算是整个预算的编制起点，也是编制其他有关预算的基础。

【重点关注】

1. 预算期末应收账款余额的确定（两种方法）

（1）根据收款条件

（2）根据平衡等式

预算期末应收账款余额＝预算期初应收账款余额＋该期销售收入－本期经营现金收入

2. 本期经营现金收入的确定（两种方法）

（1）根据收款条件

（2）根据平衡等式

本期经营现金收入＝该期销售收入＋预算期初应收账款余额－预算期末应收账款余额

【例7-6】

M公司编制2016年的销售预算，销售的预计资料如表7-6所示：

表7-6　　　　　　　　2016年M公司销售预计资料

季度	一	二	三	四	全年
预计销售量（件）	100	150	200	180	630
预计单位售价（元）	200	200	200	200	200

预计企业每季度销售收入中，本季度收到现金60%，另外的40%现金要到下季度才能收到，2015年末的应收账款金额为6200元。

要求：

（1）根据上述资料编制M公司2016年度销售预算。

（2）计算M公司2016年年末应收账款数额。

【解答】

（1）2016年M公司销售预算

表7-7　　　　　　　　2016年M公司销售预算　　　　　　　　（单位：元）

季度	一	二	三	四	全年
预计销售量（件）	100	150	200	180	630
预计单位售价	200	200	200	200	200
销售收入	20000	30000	40000	36000	126000
预计现金收入	—	—	—	—	—
上年应收账款	6200				6200
第一季度	12000	8000			20000

续表

季度	一	二	三	四	全年
第二季度		18000	12000		30000
第三季度			24000	16000	40000
第四季度				21600	21600
现金收入合计	18200	26000	36000	37600	117800

（2）年末应收账款 = 36000 × 40% = 14400（元）

【例 7-7】

某企业只生产一种产品，产品售价 8 元/件。2014 年 12 月销售 20000 件，2015 年 1 月预计销售 30000 件，2015 年 2 月预计销售 40000 件。根据经验，商品售出后当月可收回货款的 60%，次月收回 30%，再次月收回 10%。要求计算：

（1）2015 年 2 月预计现金收入为多少？

（2）2015 年 2 月末应收账款为多少？

【解答】

（1）现金收入 = 40000 × 8 × 60% + 30000 × 8 × 30% + 20000 × 8 × 10% = 280000（元）

（2）应收账款 = 40000 × 8 × 40% + 30000 × 8 × 10% = 152000（元）

（二）生产预算的编制

生产预算是根据销售预算编制的，并可以作为编制直接材料预算和产品成本预算的依据。其主要内容有销售量、期初和期末产成品存货、生产量，他们之间的关系如下：

预计生产量 = 预计销售量 + 预计期末产成品存货 - 预计期初产成品存货

期末产成品存货数量通常按下期销售量的一定百分比确定，年初产成品存货是编制预算时预计的，年末产成品存货根据长期销售趋势来确定。

【例 7-8】

M 公司 2016 年预计销量如表 7-8 所示，年初产成品存货有 10 件，年末产成品存货预计有 20 件，各季度末产成品存货量按照下季销量的 10% 安排。

要求：编制 M 公司的生产预算。

表 7-8　　　　　　　　　M 公司 2016 年生产预算资料　　　　　　　　（单位：件）

季度	一	二	三	四	全年
预计销售量	100	150	200	180	630
加：预计期末产成品存货					
合计					

续表

季度	一	二	三	四	全年
减：预计期初产成品存货					
预计生产量					

【解答】

生产预算在实际编制时是比较复杂的，产量受到生产能力的限制，产成品存货数量受到仓库容量的限制，只能在此范围内来安排产成品存货数量和各期生产量。此外，有的季度可能销量很大，可以用赶工方法增产，为此要多付加班费。如果提前在淡季生产，会因增加产成品存货而多付资金利息。因此，要权衡两者得失，选择成本最低的方案。如表7-9所示。

生产预算

表7-9　　　　　　　　　　M公司2016年生产预算　　　　　　　　　　（单位：件）

季度	一	二	三	四	全年
预计销售量	100	150	200	180	630
加：预计期末产成品存货	15	20	18	20	20
合计	115	170	218	200	650
减：预计期初产成品存货	10	15	20	18	10
预计生产量	105	155	198	182	640

【例7-9】

某批发企业销售甲商品，第三季度各月预计的销售量分别为1000件、1200件和1100件，企业计划每月月末产品存货量为下月预计销售量的20%。下列各项预计中，正确的有（　　）。

A. 8月期初存货为240件

B. 8月生产量为1180件

C. 8月期末存货为220件

D. 第三季度生产量为3300件

【解答】ABC

【解析】第三季度生产量不仅取决于销量，还要取决于期初期末存量，所以选项D错误。

表 7-10　　　　　　　　　　　产量预算表　　　　　　　　　　（单位：件）

月份	7	8	9
销量	1000	1200	1100
期末存货	1200×20% = 240	1100×20% = 220	
期初存货		240	220
生产量		1200 + 220 - 240 = 1180	

（三）直接材料预算的编制

直接材料预算又称直接材料采购预算，是在生产预算的基础上编制的，编制时也要考虑期初、期末原材料、存货的水平。应注意采购量、耗用量与库存量之间的关系，以避免材料的供应不足造成停工待料，或者超过储备而造成积压，占用资金。

预计采购量 = 生产需用量 + 期末材料存量 - 期初材料存量

生产需用量 = 预计生产量 × 单位产品材料用量

各季度期末材料存量根据本季度或下季度生产需用量的一定百分比确定。

年初和年末的材料存货量，是根据当前情况和长期销售预测估计的。

为了便于以后编制现金预算，通常要预计材料采购各季度的现金支出。每个季度的现金支出包括偿还上期应付账款和本期应支付的采购货款。

【重点关注】

1. 采购成本的计算

某种材料耗用量 = 产品预计生产量 × 单位产品定额耗用量

某种材料采购量 = 某种材料耗用量 + 该种材料期末结存量 - 该种材料期初结存量

某种材料采购成本 = 某种材料采购量 × 材料计划单价

2. 预算期末的应付账款余额的确定（两种方法）

（1）根据付款条件

（2）根据平衡等式

预算期末应付账款余额 = 预算期初应付账款余额 + 该期预计采购金额 - 该预算期采购现金支出

3. 本期采购现金支出的确定（两种方法）

（1）根据付款条件

（2）根据平衡等式

预算期采购现金支出 = 该期预计采购金额 + 预算期初应付账款余额 - 预算期末应付账款余额

预计采购金额 =（产品预计生产量 × 单位产品定额耗用量 + 该种材料期末结存量 - 该种材料期初结存量）× 材料计划单价

【例 7-10】

M 公司预计的生产量如表所示，单位产品预算的材料用量 10 千克/件，材料预算单价为 5 元/千克，上年年末材料存量 300 千克，预计本年的年末存量为 400 千克，各季末材料存量按照下季生产需用量的 20% 安排。上年末的应付账款为 2350 元，企业材料采购的货款有 50% 在本季度内付清，另外 50% 在下季度付清。

要求：编制下列材料预算。如表 7-11 所示。

表 7-11　　　　　　　　　　M 公司材料预算资料

季度	一	二	三	四	全年
预计生产量（件）	105	155	198	182	640
单位产品材料用量（千克/件）					
生产需用量（千克）					
加：预计期末存量（千克）					
减：预计期初存量（千克）					
预计材料采购量（千克）					
单价（元/千克）					
预计采购金额（元）					
预计现金支出					
上年应付账款					
第一季度					
第二季度					
第三季度					
第四季度					
合计					

【解答】

如表 7-12 所示。

表 7-12　　　　　　　　　　M 公司材料预算表

季度	一	二	三	四	全年
预计生产量（件）	105	155	198	182	640
单位产品材料用量（千克/件）	10	10	10	10	10
生产需用量（千克）	1050	1550	1980	1820	6400
加：预计期末存量（千克）	310	396	364	400	400
减：预计期初存量（千克）	300	310	396	364	300
预计材料采购量（千克）	1060	1636	1948	1856	6500
单价（元/千克）	5	5	5	5	5
预计采购金额（元）	5300	8180	9740	9280	32500

续表

	预计现金支出				
上年应付账款	—	—	—	—	2350
第一季度（采购5300元）	5000（2350+2650）	2650	—	—	5300
第二季度（采购8180元）	—	4090	4090	—	8180
第三季度（采购9740元）	—	—	4870	4870	9740
第四季度（采购9280元）	—	—	—	4640	4640
合计	5000	6740	8960	9510	30210

【例 7-11】

E 公司只产销一种甲产品，甲产品只消耗乙材料。2015 年第 4 季度按定期预算法编制 2016 年的企业预算，部分预算资料如下。

资料一：乙材料 2016 年年初的预计结存量为 2000 千克，各季度末乙材料的预计结存量数据如表 7-13 所示：

表 7-13　　2016 年各季度末乙材料预计结存量

季度	一	二	三	四
乙材料（千克）	1000	1200	1200	1300

每季度乙材料的购货款于当季支付 40%，剩余 60% 于下一个季度支付；2016 年年初的预计应付账款余额为 80000 元。该公司 2016 年度乙材料的采购预算如表 7-14 所示。

表 7-14　　2016 年各季度末乙材料预计生产资料

项目	一季度	二季度	三季度	四季度	全年
预计甲产品生产量（件）	3200	3200	3600	4000	14000
材料定额单耗（千克/件）	5	—	—	—	—
预计生产需要量（千克）	—	16000	—	—	70000
加：期末结存量（千克）	—	—	—	—	—
预计需要量合计（千克）	17000	A	19200	21300	B
减：期初结存量（千克）	—	1000	C	—	—
预计材料采购量（千克）	D	—	20100	E	—
材料计划单价（元/千克）	10	—	—	—	—
预计采购金额（元）	150000	162000	180000	201000	693000

注：表内"材料定额单耗"是指在现有生产技术条件下，生产单位产品所需要的材料数量；全年乙材料计划单价不变；表内的"-"为省略的数值。

要求：
(1) 确定 E 公司乙材料采购预算表中用字母表示的项目数值。
(2) 计算 E 公司 2016 年第 1 季度预计采购现金支出和第 4 季度末预计应付款金额。

【解答】
(1) A = 16000 + 1200 = 17200（千克）
B = 70000 + 1300 = 71300（千克）
C = 1200（千克）
D = 17000 - 2000 = 15000（千克）
E = 71300 - 2000 = 69300（千克）
或：E = 693000 ÷ 10 = 69300（千克）
(2) 第 1 季度预计采购支出 = 150000 × 40% + 80000 = 140000（元）
第 4 季度末预计应付账款 = 201000 × 60% = 120600（元）

（四）直接人工预算的编制

直接人工预算是一种既反映预算期内人工工时消耗水平，又规划人工成本开支的业务预算。直接人工预算也是以生产预算为基础编制的。

直接人工预算主要内容有预计产量、单位产品工时、人工总工时、每小时人工成本和人工总成本。"预计产量"数据来自生产预算，单位产品人工工时和每小时人工成本数据来自标准成本资料，人工总工时和人工总成本是在直接人工预算中计算出来的。由于人工工资都需要使用现金支付，所以不需另外预计现金支出，可直接参加现金预算的汇总。

【例 7 - 12】

M 公司预计 2016 年各季度生产量为 105 件、155 件、198 件、182 件，单位产品预算工时为 10 小时/件，单位小时人工成本为 2 元。

要求：编制人工预算。如表 7 - 15 所示。

【解答】

表 7 - 15　　　　　M 公司 2016 年度直接人工预算表

季度	一	二	三	四	全年
预计产量（件）	105	155	198	182	640
单位产品工时（小时/件）	10	10	10	10	10
人工总工时（小时）	1050	1550	1980	1820	6400
每小时人工成本（元/小时）	2	2	2	2	2
人工总成本（元）	2100	3100	3960	3640	12800

（五）制造费用预算的编制

制造费用预算按成本性态可以分为变动制造费用预算和固定制造费用预算两

部分。

为适应企业内部管理的需要,只需将变动制造费用以直接人工预算为基础来编制,即根据预计人工工时和预计的变动制造费用分配率来计算。而固定制造费用则作为期间成本直接列入损益作为当期利润的一个扣减项目,按每季度实际需要的支付额预计,然后求出全年数。

为了便于以后编制现金预算,需要预计现金支出。制造费用中,除折旧费外都需支付现金,所以根据每个季度制造费用数额扣除折旧费后,即可得出"现金支出的费用"。

【例 7–13】

M 公司 2016 年各季度预计生产量为 105 件、155 件、198 件、182 件,单位变动成本预算为间接人工每件 1 元,间接材料每件 1 元,修理费每件 2 元,水电费每件 1 元。单位产品工时为 10 小时/件,固定制造费用预算数如表 7–16 所示,每季度固定制造费用中包含的折旧费用为 1000 元。

要求:(1)编制 M 公司 2016 年制造费用预算表。

(2)计算预算的变动制造费用小时费用分配率和固定制造费用小时费用分配率。

表 7–16　　　　　　　　M 公司 2016 年制造费用预算资料表

季度	一	二	三	四	全年
变动制造费用:					
间接人工（1 元/件）					
间接材料（1 元/件）					
修理费（2 元/件）					
水电费（1 元/件）					
小计					
固定制造费用:					
修理费	1000	1140	900	900	3940
折旧	1000	1000	1000	1000	4000
管理人员工资	200	200	200	200	800
保险费	75	85	110	190	460
财产税	100	100	100	100	400
小计	2375	2525	2310	2390	9600
合计	2900	3300	3300	3300	12800
减:折旧					
现金支出的费用					

【解答】(1)M 公司 2016 年制造费用预算,如表 7–17 所示。

表 7-17　　　　　　　　　　　M 公司 2016 年制造费用预算表

季度	一	二	三	四	全年
变动制造费用：					
间接人工（1元/件）	105	155	198	182	640
间接材料（1元/件）	105	155	198	182	640
修理费（2元/件）	210	310	396	364	1280
水电费（1元/件）	105	155	198	182	640
小计	525	775	990	910	3200
固定制造费用：					
修理费	1000	1140	900	900	3940
折旧	1000	1000	1000	1000	4000
管理人员工资	200	200	200	200	800
保险费	75	85	110	190	460
财产税	100	100	100	100	400
小计	2375	2525	2310	2390	9600
合计	2900	3300	3300	3300	12800
减：折旧	1000	1000	1000	1000	4000
现金支出的费用	1900	2300	2300	2300	8800

（2）预算总工时 = 640 × 10 = 6400（小时）

变动制造费用分配率 = 3200 ÷ 6400 = 0.5（元/小时）

固定制造费用分配率 = 9600 ÷ 6400 = 1.5（元/小时）

（六）产品成本预算的编制

产品成本预算是销售预算、生产预算、直接材料预算、直接人工预算、制造费用预算的汇总。其主要内容是产品的单位成本和总成本。

【例 7-14】

M 公司 2016 年单位产品预算资料如下：单位产品的材料用量为 10 千克，材料单价为 5 元/千克，单位产品的加工工时为 10 小时，每小时的人工成本为 2 元，变动制造费用预算分配率为 0.5 元/小时，固定制造费用预算分配率为 1.5 元/小时。本年预算的产品生产量为 640 件，销售量为 630 件，期末存货量为 20 件。

要求：编制产品成本预算。

【解答】

如表 7-18 所示。

表 7-18　　　　　　　　　　M 公司 2016 年产品成本预算

项目	单位成本			生产成本 (640 件)	期末存货 (20 件)	销货成本 (630 件)
	每千克/每小时	投入量	成本（元）			
直接材料	5	10 千克	50	32000	1000	31500
直接人工	2	10 小时	20	12800	400	12600
变动制造费用	0.5	10 小时	5	3200	100	3150
固定制造费用	1.5	10 小时	15	9600	300	9450
合计			90	57600	1800	56700

（七）销售及管理费用预算的编制

销售费用预算是指为了实现销售预算所需支付的费用预算。它以销售预算为基础，分析销售收入、销售利润和销售费用的关系，力求实现销售费用的最有效使用。在安排销售费用时，要利用本量利分析方法，费用的支出应能获取更多的收益。

在草拟销售费用预算时，要对过去的销售费用进行分析。考察过去销售费用支出的必要性和效果。销售费用预算应和销售预算相配合，应有按品种、按地区、按用途的具体预算数额。

管理费用是搞好一般管理业务所必要的费用。在编制管理费用预算时，要分析企业的业务成绩和一般经济状况，务必做到费用合理化。管理费用多属于固定成本，所以一般是以过去的实际开支为基础，按预算期的可预见变化来调整。重要的是，必须充分考察每种费用是否必要，以便提高费用效率。

二、专门决策预算的编制

专门决策预算主要是长期投资预算（又称资本支出预算），通常是指与项目投资决策相关的专门预算，它往往涉及长期建设项目的资金投放与筹集，并经常跨越多个年度。

编制专门决策预算的依据，是项目财务可行性分析资料以及企业筹资决策资料。专门决策预算的要点是准确反映项目资金投资支出与筹资计划，它同时也是编制现金预算和预计资产负债表的依据。

三、财务预算的编制

（一）现金预算的编制

现金预算又称为现金收支预算，是反映预算期企业全部现金收入和全部现金支出的预算。现金预算实际上是其他预算有关现金收支部分的汇总，以及收支差额平衡措施的具体计划。如表 7-19 所示。

表 7-19　　　　　　　　　　　　现金预算编制表

编制依据	业务预算和专门决策预算
内容	(1) 可供使用现金 (2) 现金支出 (3) 现金余缺 (4) 现金筹措与运用
关系公式	可供使用现金 = 期初余额 + 现金收入 可供使用现金 - 现金支出 = 现金余缺 现金余缺 + 现金筹措 - 现金运用 = 期末现金余额
期初现金余额	
加：现金收入	当期现销 + 收回前期赊销
可供使用现金	
减：现金支出	
经营性现金支出	直接材料（直接材料预算） 直接人工（直接人工预算） 制造费用（制造费用预算） 销售及管理费用（销售及管理费用预算） 所得税费用
资本性现金支出	购买设备（资本支出预算） 股利
现金支出合计	
现金余缺	
现金筹措与运用	借入长期借款（资本支出预算） 取得短期借款 归还短期借款
期末现金余额	

【提示】

现金余缺部分列示的是可供使用现金与现金支出合计的差额。若现金多余，可用于偿还以前的借款或作短期投资；若现金不足，可向银行取得新的借款，或者出售已购买的短期有价证券，以弥补现金之不足，并能符合最低现金余额之要求。

"现金余缺"为正数，不一定是"现金多余"。因为现金余缺仅仅表示现金收支的差额，企业对期末现金余额不仅有要求，而且企业还需要考虑当期必须偿还的债务本息（无论现金是否多余或不足）等其他因素，所以财务部门应根据计算出的现金余缺的金额与期末现金余额、当期必须偿还债务的本息等进行比较，来确定预算期现金是多余还是不足，进而确定预算期现金投放或筹措。当然，如果计算出"现金余缺"项目的金额为负，则一定表明现金不足。

【例 7 - 15】

M 公司 2015 年年末现金余额为 8000 元，2016 年理想的现金余额为 3000 元；M 公司 2015 年末的长期借款余额为 120000 元，2015 年末的短期借款余额为 0 元，企业短期借款年利率为 10%，长期借款年利率为 12%。如果资金不足，可以取得短期借款，银行的要求是借款额必须是 1000 元的整数倍。借款利息按季支付，做预算时假设新增借款发生在季度的期初，归还借款发生在季度的期末，归还借款是 100 元的整数倍。

要求：填写表 7 - 20 中空格的位置。

表 7 - 20　　　　　　　　　　M 公司现金预算资料

季度	一	二	三	四	全年
期初现金余额					
加：现金收入（销售预算）	18200	26000	36000	37600	117800
可供使用现金					
减：现金支出	—	—	—	—	—
直接材料（直接材料预算）	5000	6740	8960	9510	30210
直接人工（直接人工预算）	2100	3100	3960	3640	12800
制造费用（制造费用预算）	1900	2300	2300	2300	8800
销售及管理费用（销售及管理费用预算）	5000	5000	5000	5000	20000
所得税费用（预计数）	4000	4000	4000	4000	16000
购买设备（资本支出预算）	50000	—	—	80000	130000
股利	—	—	—	8000	8000
现金支出合计	68000	21140	24220	112450	225810
现金余缺					
现金筹措与运用					
借入长期借款（资本支出预算）	30000	—	—	60000	90000
取得短期借款					
归还短期借款					
短期借款利息					
长期借款利息					
期末现金余额					

【解答】：

如表 7 - 21 所示。

表 7 - 21　　　　　　　　　　M 公司现金预算编制表

季度	一	二	三	四	全年
期初现金余额	8000	3200	3060	3040	8000
加：现金收入（销售预算）	18200	26000	36000	37600	117800
可供使用现金	26200	29200	39060	40640	125800
减：现金支出					
直接材料（直接材料预算）	5000	6740	8960	9510	30210
直接人工（直接人工预算）	2100	3100	3960	3640	12800
制造费用（制造费用预算）	1900	2300	2300	2300	8800
销售及管理费用（销售及管理费用预算）	5000	5000	5000	5000	20000
所得税费用（预计数）	4000	4000	4000	4000	16000
购买设备	50000	—	—	80000	130000
股利	—	—	—	8000	8000
现金支出合计	68000	21140	24220	112450	225810
现金余缺	-41800	8060	14840	-71810	-100010
现金筹措与运用					
借入长期借款	30000			60000	90000
取得短期借款	20000			22000	42000
归还短期借款		0	6800		6800
短期借款利息（年利 10%）	500	500	500	880	2380
长期借款利息（年利 12%）	4500	4500	4500	6300	19800
期末现金余额	3200	3060	3040	3010	3010

【例 7 - 16】

某企业现着手编制 2016 年 4 月的现金收支预算。预计 2016 年 4 月初现金余额为 8000 元；月初应收账款 4000 元，预计月内可收回 80%；本月销货 50000 元，预计月内收款比例为 50%；本月采购材料 8000 元，预计月内付款 70%；月初应付账款余额 5000 元需在月内全部付清；本月以现金支付工资 8400 元，制造费用等间接费用付现 16000 元；其他经营性现金支出 900 元；购买设备支付现金 10000 元。企业现金不足时，可向银行借款，借款金额为 1000 元的整数倍，假设不考虑银行借款利息；现金多余时可购买有价证券。要求月末现金余额不低于 5000 元。

要求：

(1) 计算现金收入；

(2) 计算现金支出；

(3) 计算现金余缺；

(4) 确定最佳资金筹措或运用数额；

(5) 确定现金月末余额。

【解答】

(1) 现金收入 = 4000 × 80% + 50000 × 50% = 28200（元）

(2) 现金支出 = 8000 × 70% + 5000 + 8400 + 16000 + 900 + 10000 = 45900（元）

(3) 现金余缺 = 8000 + 28200 - 45900 = -9700（元）

(4) 最佳资金筹措：银行借款数额 = 5000 + 10000 = 15000（元）

(5) 现金月末余额 = 15000 - 9700 = 5300（元）

【例 7 - 17】

甲公司是一个生产番茄酱的公司。该公司每年都要在 12 月编制下一年度的分季度现金预算。有关资料如下：

(1) 该公司只生产一种 50 千克桶装番茄酱。由于原料采购的季节性，只在第二季度进行生产，而销售全年都会发生。

(2) 每季度的销售收入预计如下：第一季度 750 万元，第二季度 1800 万元，第三季度 750 万元，第四季度 750 万元。

(3) 所有销售均为赊销。应收账款期初余额为 250 万元，预计可以在第一季度收回。每个季度的销售有 2/3 在本季度内收到现金，另外 1/3 于下一个季度收回。

(4) 采购番茄原料预计支出 912 万元，第一季度需要预付 50%，第二季度支付剩余的款项。

(5) 直接人工费用预计发生 880 万元，于第二季度支付。

(6) 付现的制造费用第二季度发生 850 万元，其他季度均发生 150 万元。付现制造费用均在发生的季度支付。

(7) 每季度发生并支付销售和管理费用 100 万元。

(8) 全年预计所得税 160 万元，分 4 个季度预交，每季度支付 40 万元。

(9) 公司计划在下半年安装一条新的生产线，第三季度、第四季度各支付设备款 200 万元。

(10) 期初现金余额为 15 万元，没有银行借款和其他负债。公司需要保留的最低现金余额为 10 万元。现金不足最低现金余额时需向银行借款，超过最低现金余额时需偿还借款，借款和还款数额均为 5 万元的倍数。借款年利率为 8%，每季度支付一次利息，计算借款利息时，假定借款均在季度初发生，还款均在季度末发生。

要求：请根据上述资料，为甲公司编制现金预算。

【解答】

如表 7-22 所示。

表 7-22　　　　　　　　　甲公司现金预算编制表

季度	一	二	三	四	合计
期初现金余额	15	19	10.3	12.6	15
现金收入					
本期销售本期收款	500	1200	500	500	
上期销售本期收款	250	250	600	250	
现金收入合计	750	1450	1100	750	4050
现金支出					
直接材料	456	456	0	0	912
直接人工	0	880	0	0	880
制造费用	150	850	150	150	1300
销售与管理费用	100	100	100	100	400
所得税费用	40	40	40	40	160
购买设备支出	0	0	200	200	400
现金支出合计	746	2326	490	490	4052
现金多余或不足	19	-857	620.3	272.6	13
向银行借款		885			885
归还银行借款			590	255	845
支付借款利息		17.7	17.7	5.9	41.3
期末现金余额	19	10.3	12.6	11.7	11.7

(二) 预计利润表的编制

预计利润表综合反映企业在计划期的预计经营成果，是企业最主要的财务预算之一。

通过编制预计利润表，可以了解企业预期的盈利水平。如果预算利润与最初编制方针中的目标利润有较大的不一致，就需要调整部门预算，设法达到目标，或者经企业领导同意后修改目标利润。

编制预计利润表的依据是各业务预算、专门决策预算和现金预算。

【例 7-18】资料见【例 7-3】至【例 7-15】，要求编制预计利润表。

【解答】

如表 7-23 所示。

表 7-23　　　　　　　　　　　预计利润表　　　　　　　　　　（单位：元）

项目	金额
销售收入（销售预算）	126000
销货成本（产品成本预算）	56700
毛利	69300
销售及管理费用（销售及管理费用预算）	22500
利息（现金预算）	22180
利润总额	24620
所得税费用（估计）	16000
税后净收益	8620

【提示】

1. 要注意按照权责发生制来编。
2. "所得税"项目是在利润规划时估计的，并已列入现金预算。它通常不是根据"利润"和所得税税率计算出来的。

（三）预计资产负债表的编制

预计资产负债表反映企业在计划期末预计的财务状况。编制预计资产负债表的目的，在于判断预算反映的财务状况的稳定性和流动性。如果通过预计资产负债表的分析，发现某些财务比率不佳，必要时可修改有关预算，以改善财务状况。

预计资产负债的编制需以计划期开始日的资产负债表为基础，结合计划期间各项业务预算、专门决策预算、现金预算和预计利润表进行编制。它是编制全面预算的终点。

【例 7-19】资料见【例 7-3】至【例 7-15】，要求编制 M 公司预计资产负债表。

【解答】

如表 7-24 所示。

表 7-24　　　　　　　　　　预计资产负债表　　　　　　　　　　（单位：元）

资产	年初余额	年末余额	负债和股东权益	年初余额	年末余额
流动资产：			流动负债：		
货币资金（现金预算）	8000	3010	短期借款（现金预算）	0	35200（20000 - 6800 + 22000）
应收账款（销售预算）	6200	14400（36000×40%）	应付账款（直接材料预算）	2350	4640（9280×50%）

续表

资产	年初余额	年末余额	负债和股东权益	年初余额	年末余额
存货（直接材料预算、产品成本预算）	2400	2000（期末材料 400×5）+1800（期末存货 20×90）=3800	流动负债合计	2350	39840
流动资产合计	16600	21210	非流动负债：		
			长期借款（现金预算）	120000	210000（120000+30000+60000）
固定资产（制造费用预算及销售费用预算的折旧）	43750	37250（43750-4000-2500）	非流动负债合计	120000	210000
在建工程（资本支出预算）	100000	230000（100000+130000）	负债合计	122350	249840
非流动资产合计	143750	267250	股东权益		
			股本	20000	20000
			资本公积	5000	5000
			盈余公积	10000	10000
			未分配利润	3000	3620（3000+8620-8000）
			股东权益合计	38000	38620
资产总计	160350	288460	负债和股东权益合计	160350	288460

第四节 预算的执行与调整

一、预算的执行

预算的执行是指经法定程序审查和批准的预算的具体实施过程，是把预算由计划变为现实的具体实施步骤。预算执行工作是实现预算收支任务的关键步骤，也是整个预算管理工作的中心环节。

企业预算一经批复下达，各预算执行单位就必须认真组织实施，将预算指标层层分解，从横向到纵向落实到内部各部门、各单位、各环节和各岗位，形成全方位的预算执行责任体系。

企业应当将预算作为预算期内组织、协调各项经营活动的基本依据，将年度预算细分为月份和季度预算，以分期预算控制确保年度预算目标的实现。

企业应当强化现金流量的预算管理，按时组织预算资金的收入，严格控制预算资金的支付，调节资金收付平衡，控制支付风险。

对于预算内的资金拨付，按照授权审批程序执行对于预算外的项目支出，应当按预算管理制度规范支付程序；对于无合同、无凭证、无手续的项目支出，不予支付。

企业应当严格执行销售、生产和成本费用预算，努力完成利润指标。在日常控制中，企业应当健全凭证记录，完善各项管理规章制度，严格执行生产经营月度计划和成本费用的定额、定率标准，加强实时监控。对预算执行中出现的异常情况，企业有关部门应及时查明原因，提出解决办法。

企业应当建立预算报告制度，要求各预算执行单位定期报告预算的执行情况。对于预算执行中发现的新情况、新问题及出现偏差较大的重大项目，企业财务管理部门以至预算委员会应当责成有关预算执行单位查找原因，提出改进经营管理的措施和建议。

企业财务管理部门应当利用财务报表监控预算的执行情况，及时向预算执行单位、企业预算委员会以至董事会或经理办公会提供财务预算的执行进度、执行差异及其对企业预算目标的影响等财务信息，促进企业完成预算目标。

二、预算的调整

企业正式下达执行的预算，一般不予调整。预算执行单位在执行中由于市场环境、经营条件、政策法规等发生重大变化，致使预算的编制基础不成立，或者将导致预算执行结果产生重大偏差的，可以调整预算。

企业应当建立内部弹性预算机制，对于不影响预算目标的业务预算、资本预算、筹资预算之间的调整，企业可以按照内部授权批准制度执行，鼓励预算执行单位及时采取有效的经营管理对策，保证预算目标的实现。

企业调整预算，应当由预算执行单位逐级向企业预算委员会提出书面报告，阐述预算执行的具体情况、客观因素变化情况及其对预算执行造成的影响程度，提出预算指标的调整幅度。

企业财务管理部门应当对预算执行单位的预算调整报告进行审核分析，集中编制企业年度预算调整方案，提交预算委员会以至企业董事会或经理办公会审议批准，然后下达执行。

对于预算执行单位提出的预算调整事项，企业进行决策时，一般应当遵循以下要求：

（1）预算调整事项不能偏离企业发展战略；

（2）预算调整方案应当在经济上能够实现最优化；

（3）预算调整重点应当放在预算执行中出现的重要的、非正常的、不符合常规的关键性差异方面。

第五节 预算的分析与考核

企业应当建立预算分析制度，由预算委员会定期召开预算执行分析会议，全面掌握预算的执行情况，研究、解决预算执行中存在的问题，纠正预算的执行偏差。

开展预算执行分析，企业管理部门及各预算执行单位应当充分收集有关财务、业务、市场、技术、政策、法律等方面的信息资料，根据不同情况分别采用比率分析、比较分析、因素分析、平衡分析等方法，从定量与定性两个层面充分反映预算执行单位的现状、发展趋势及其存在的潜力。

针对预算的执行偏差，企业财务管理部门及各预算执行单位应当充分、客观地分析产生的原因，提出相应的解决措施或建议，提交董事会或经理办公会研究决定。

企业预算委员会应当定期组织预算审计，纠正预算执行中存在的问题，充分发挥内部审计的监督作用，维护预算管理的严肃性。

预算审计可以采用全面审计或者抽样审计。在特殊情况下，企业也可组织不定期的专项审计。审计工作结束后，企业内部审计机构应当形成审计报告，直接提交预算委员会以至董事会或经理办公会，作为预算调整、改进内部经营管理和财务考核的一项重要参考。

预算年度终了，预算委员会应当向董事会或者经理办公会报告预算执行情况，并依据预算完成情况和预算审计情况对预算执行单位进行考核。

企业内部预算执行单位上报的预算执行报告，应经本部门、本单位负责人按照内部议事规范审议通过，作为企业进行财务考核的基本依据。企业预算按调整后的预算执行，预算完成情况以企业年度财务会计报告为准。

企业预算执行考核是企业绩效评价的主要内容，应当结合年度内部经济责任制进行考核，与预算执行单位负责人的奖惩挂钩，并作为企业内部人力资源管理的参考。

【本章小结】

全面预算管理，是利用预算对企业内部各部门、各单位的各种财务及非财务资源进行分配、考核、控制，以便有效组织和协调企业的生产经营活动，完成既定的经营目标。

全面预算反映的是企业未来某一特定期间（一般不超过一年或一个经营周期）

的全部生产、经营活动的财务计划，它以实现企业的目标利润（企业一定期间内利润的预计额，是企业奋斗的目标，根据目标利润制定作业指标，如销售量、生产量、成本、资金筹集额等）为目的，以销售预测为起点，进而对生产、成本及现金收支等进行预测，并编制预计损益表、预计现金流量表和预计资产负债表，反映企业在未来期间的财务状况和经营成果。

全面预算的基本内容主要由业务预算、专门决策预算、财务预算三部分组成。

全面预算管理是利用预算对组织内部各部门、各单位的各种财务及非财务资源进行分配、考核、控制，以便有效地组织和协调企业的生产经营活动，完成既定的经营目标，作为一种现代化管理手段，具有其鲜明的特点，主要表现为效益型、市场适应性、主动性和综合性。

全面预算的内容极为复杂，为了保证自编预算的统一性，企业的预算管理委员会应制定一些基本目标、要求和原则，作为各部门、各单位自编预算的基础。

企业财务预算可以根据不同的预算项目，分别采用固定预算、弹性预算、增量预算、零基预算、定期预算和滚动预算等方法进行编制。

【案例分析】

中国有色集团全业务流程预算管控平台案例

据《财务与会计》2016年第9期"业务引领全员参与扎实打造全面预算管理平台——中国有色集团全面预算管理实践"介绍，中国有色集团以"成本管理和现金流"为核心，建设了全业务流程预算管控平台，初步实现了"从业务到财务"的数据贯通，形成了涵盖各个业务板块、各个专业部门、各个预算环节的全面预算管理体系。其主要做法是：

一是实现业务财务数据的一体化计算。中国有色在预算编制中着重对基础业务数据的测算，再通过固化业务数据到财务报表间的计算逻辑，从而自动计算生成财务报表数据。

二是加强预算执行分析。在业务财务数据一体化的基础上，中国有色采用本量利分析法，研究成本、产量（销量）和利润之间的内在联系，进行预算执行分析。

三是通过信息化手段固化流程。中国有色结合信息化手段，在全面预算管控平台中分别设置了投资、采购、生产、销售、人事、财务等不同部门、不同岗位、不同职责权限的账号，每一个账号都对应明确的职责权限。同时，设置了严格的预算审批流程，将每个账号都串联在审批流程中，实现基于同一系统平台的多部门、多层次的预算管理。如图7-4所示。

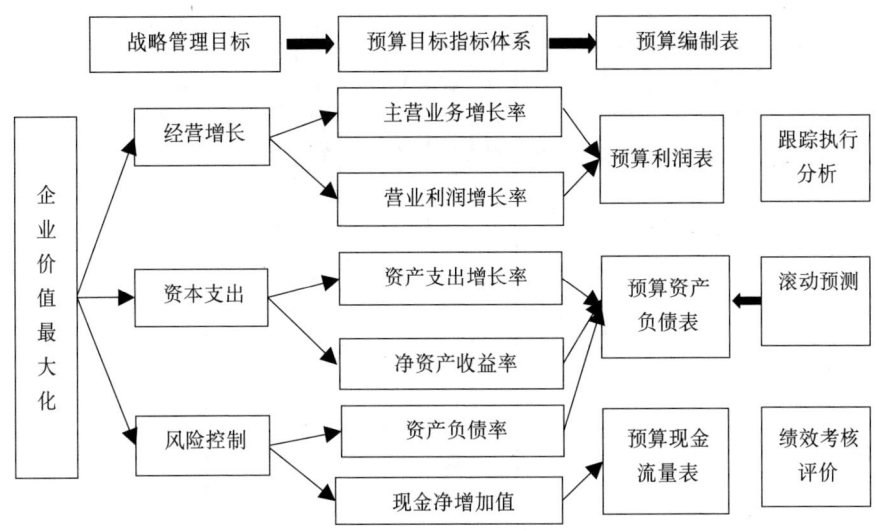

图 7-4 业务财务一体化的预算逻辑图

表 7-25 多部门、多层次的预算表

		预算管理处	资金管理处	会计核算处	财税管理处	办公厅	投资部	企业发展部	人事部	科学技术部	矿产勘察部	战略研究室	质量环保部	信息中心	法律事务部	审计部	党群工作部	机关党委	工会
经营预算	业务计划							A				B							
	收入预算	A						C											
	成本预算	A						C											
	采购(存货)预算	A						C											
	费用预算	A						C											
	人力预算							C	A										
投资预算	基建投资预算						A	C											
	技改投资预算						A	C											
	设备购置预算						A	C											
	资源获取预算							C			A								
	资源勘察预算							C			A								
	兼并收购预算						A	A											
	其他投资						A	C											

续表

		预算管理处	资金管理处	会计核算处	财税管理处	办公厅	投资部	企业发展部	人事部	科学技术部	矿产勘察研究室	战略	质量环保部	信息中心	法律事务部	审计部	党群工作部	机关党委	工会
专项预算	信息化建设专项预算							C						A					
	节能环保专项预算							C					A						
	科技创新专项预算							C		A									
	安全专项资金预算							C					A						
	社会责任专项预算					A		C											
财务预算	集团机关费用预算	A																	
	资产处置预算						A												
	专项资金预算		A																
	筹资预算		A																
	税金预算				A														
	其他财务预算	A																	

注：A 填报审核；B 参与审核；C 知情。

案例资料来源：刘宇："业务引领、全员参与、扎实打造全面预算管理平台——中国有色集团全面预算管理实践"[J]，《财务与会计》，2016（9）：16-20。

讨论

1. 案例中全面预算管理的创新有哪些？
2. 试解释业务财务一体化预算逻辑？

【课后练习】

一、思考题

1. 简述责任会计制度的构成。
2. 简述建立责任会计制度应遵循的原则。

3. 如何评价投资中心的经营业绩?

二、单选题

1. 下列各项中能揭示全面预算本质的说法是:全面预算是关于未来期间内( )。
   A. 企业的成本计划   B. 事业单位的收支计划
   C. 企业总体计划的数量说明   D. 企业总体较好的文字说明

2. 在管理会计中,用于概括与企业日常业务直接相关、具有实质性的基本活动的一系列预算的概念是( )。
   A. 专门决策预算   B. 业务预算
   C. 财务预算   D. 销售预算

3. 现金预算属于下列项目中( )。
   A. 业务预算   B. 生产预算
   C. 财务预算   D. 专门决策预算

4. 预计期初存货 50 件,期末存货 40 件,本期销售 250 件,则本期生产量为( )。
   A. 250   B. 240
   C. 260   D. 230

5. 某产品销售款的回收情况是:销售当月收款 60%,次月收款 40%,201×年 1—3 月的销售额估计为 7000 元、9000 元、6000 元。由此可预测 201×年 2 月的现金收入为( )。
   A. 7200 元   B. 7800 元
   C. 8200 元   D. 9000 元

6. 编制生产预算以( )为基础。
   A. 采购预算   B. 销售预算
   C. 财务预算   D. 管理费预算

7. 下列预算中,不属于业务预算的是( )。
   A. 预计利润表   B. 销售与管理费用预算
   C. 制造费用预算   D. 销售预算

8. 下列预算中,属于专门决策预算的是( )。
   A. 财务费用预算   B. 直接人工预算
   C. 资本支出预算   D. 产品成本预算

9. 在成本性态分析基础上,分别按一系列可能达到的预计业务量水平而编制的能适应多种情况的预算,称为( )。
   A. 滚动预算   B. 零基预算
   C. 弹性预算   D. 连续预算

10. 全面预算的起点是（　　）。
A. 现金预算　　　　　　　　B. 生产预算
C. 销售预算　　　　　　　　D. 管理费预算

三、多选题

1. 下列各项中，属于全面预算体系构成内容的有（　　）。
A. 业务预算　　　　　　　　B. 财务预算
C. 专门决策预算　　　　　　D. 零基预算
E. 滚动预算

2. 下列各项中，属于专门决策预算内容的有（　　）。
A. 一次性专门业务预算　　　B. 预计利润表
C. 预计资产负债表　　　　　D. 资本支出预算
E. 销售预算

3. 编制生产预算时需要考虑的因素有（　　）。
A. 基期生产量　　　　　　　B. 基期销售量
C. 预售期预计销售量　　　　D. 预算期预计期初存货量
E. 预算期预计期末存货量

4. 编制直接人工预算时需要考虑的因素有（　　）。
A. 基期生产量　　　　　　　B. 预计销售量
C. 生产预算中的预计生产量　D. 标准单位直接人工工时
E. 标准工资率

5. 下列各项中，能够为编制预计利润表提供信息来源的有（　　）。
A. 销售预算　　　　　　　　B. 产品成本预算
C. 推销及管理费用预算　　　D. 制造费用预算
E. 专门决策预算

四、计算题

1. A公司2011年度前6个月的预计销售量如下：

（单位：千克）

月份	1	2	3	4	5	6
预计销售量	3000	3600	3800	5000	3800	4000

该公司只生产这一种产品，单位产品材料用量为4千克。此外，该公司采取下列政策：期末存货水平为随后两个月预计销售量的50%，月末原材料存货量保持在次月预计生产需用量的150%。2010年12月31日的所有存货也反映了这种政策。

要求：（1）编制2011年1—4月的生产预算；

(2) 编制 2011 年 1—3 月的直接材料预算。

2. 某公司 1 月、2 月销售额分别为 20 万元，自 3 月起月销售额增长至 30 万元。公司当月收款 30%，次月收款 70%。公司在销售前一个月购买材料，并且在购买后的下一个月支付货款，原材料成本占销售额的 60%，其他费用如下：

月份	工资	租金	其他费用	税金
3 月	30000	12000	3000	
4 月	30000	12000	4000	90000

若该公司 2 月底的现金余额为 50000 元，且每月现金余额不少于 50000 元。要求：根据以上资料编制 3 月、4 月的现金预算（把表格中的数据填写完整，并要列出计算过程）。

（单位：元）

项目	3 月	4 月
期初现金余额	50000	（ ）
加：销售现金收入	（ ）	（ ）
减：现金支出	180000	180000
购原材料	30000	30000
工资	12000	12000
租金	3000	4000
其他费用	—	90000
税金	（ ）	（ ）
支出合计	（ ）	（ ）
现金多余或不足		（ ）
从银行借款	（ ）	（ ）
期末现金余额		

3. 已知：A 公司生产经营甲产品，在预算年度（2008 年）内预计各季度销售量分别为 1900 件、2400 件、2600 件和 2900 件；其销售单价均为 50 元。假定该公司在当季收到货款 60%，其余部分在下季收讫，年初的应收账款余额为 42000 元。适用的增值税税率为 17。

要求：编制销售预算和预计现金收入计算表。

4. 某公司年末预计下一年的销售收入与当年销售收入相同，均为 240 万元，全年销售额均衡。请根据以下信息编制预计利润表和预计资产负债表。

（1）最低现金余额 10 万元；

（2）销售额的平均收现期为 60 天；

（3）存货一年周转 8 次；

（4）应付账款为一个月的购买金额；

（5）各项费用总计 60 万元；

（6）明年末固定资产净值为 50 万元；

（7）短期借款为 4.3 万元，长期负债为 30 万元，明年偿还 7.5 万元；

（8）目前账面未分配利润为 40 万元；

（9）实收资本为 20 万元；

（10）销售成本为销售额的 60%

（11）销售成本中的 50% 为外购原材料成本；

（12）企业所得税税率为 30%。

要求：

（1）请根据上述信息编制预计利润表（采用完全成本法）。

（2）请根据上述信息编制预计资产负债表。并列出以下指标的计算过程：应收账款、存货、应付账款、长期负债、未分配利润。

5. 已知：甲企业 2014 年度制造费用的明细项目如下。间接人工：基本工资为 3000 元，另外每工时补助津贴为 0.1 元；物料费：每工时负担 0.15 元；折旧费：5000 元；维护费：固定的维护费为 2000 元，另外每工时负担 0.08 元；水电费：固定部分为 1000 元，另外每工时负担 0.2 元。要求：根据上述资料为该企业在生产能量为 3000~6000 工时的相关范围内，采用列表法编制一套能适应多种业务量的制造费用弹性预算（间隔为 1000 工时）

【本章参考文献】

1. 王华：《管理会计学》[M]，武汉：湖北科学技术出版社 2014 年版。

2. 孙茂竹，文光伟，杨万贵：《管理会计学（第七版）》[M]，北京：中国人民大学出版社 2017 年版。

3. 吴大军：《管理会计（第三版）》[M]，大连：东北财经大学出版社 2013 年版。

4. 郭晓梅：《高级管理会计理论与实务》[M]，大连：东北财经大学出版社 2016 年版。

5. 罗伯特·S. 卡普兰、安东尼·A. 阿特金森著，丁友刚译：《高级管理会计（第 3 版）》[M]，大连：东北财经大学出版社 2011 年版。

6. 刘宇："业务引领，全员参与，扎实打造全面预算管理平台——中国有色集团全面预算管理实践"[J]，《财务与会计》，2016（9）：16-20。

第八章

标准成本控制

【本章学习目标】

通过本章的学习
1. 了解标准成本的含义、分类
2. 掌握标准成本的确定
3. 掌握成本差异的计算及其分析

第一节 标准成本系统概述

一、标准成本系统的含义

标准成本系统亦称标准成本管理,是指围绕标准成本的相关指标而设计的,将成本的事前控制、事中控制、事后控制及核算功能有机结合而形成的一种成本控制系统。标准成本系统最初产生于 20 世纪 20 年代的美国,是泰勒科学管理思想在成本会计中的具体体现。标准成本系统包括标准成本的制定、差异的计算与分析和差异的账务处理 3 个组成部分。

标准成本系统以标准成本为基础,把成本的实际发生额区分为标准成本和成本差异两部分,并以成本差异为线索,进行分析研究,具体掌握差异的成因和责任,并及时采取有效措施消除"不利"差异,实现对成本的有效控制。由此可见,标准成本系统是对成本进行计划和控制的有效工具,是引导管理者不断改进成本的指示器。产品的标准成本的构成与产品成本一致。产品的标准成本包括直接材料标准成本、直接人工标准成本和制造费用的标准成本,分别适用于对直接材料、直接人工和制造费用的计划和控制。

二、标准成本的含义

标准成本是根据已经达到的生产技术水平,在有效的经营条件下,经过努力可以达到的一种目标成本。标准成本是在正常生产经营条件下应该实现的，可以作为控制成本开支、评价实际成本、衡量工作效率的依据和尺度的一种目标成本。"标准成本"一词在实际中有两种含义：一种是单位产品的标准，它是根据单位产品的标准消耗量和标准单价计算出来的，准确地说应该叫"成本标准"。成本标准＝单位产品标准消耗量×标准单价。另一种是指实际产量的标准成本，是根据实际产品产量和单位产品标准成本计算出来的。标准成本＝实际产量×单位产品标准成本。

三、标准成本的种类

标准成本有不同的方式，根据所要求达到的效率的不同，所采取的标准有理想标准成本、正常标准成本和现实标准成本。

（一）理想标准成本

理想标准成本是最佳工作状态下可以达到的成本水平，它是排除了一切失误、浪费、机器的闲置等因素，根据理论上的耗用量、价格以及最高的生产能力制定的标准成本。这种标准成本要求太高、通常会因达不到而影响工人的积极性，同时让管理层感到在任何时候都没有改进的余地。

（二）正常标准成本

正常标准成本是在正常生产经营条件下应该达到的成本水平，它是根据正常的耗用水平、正常的价格和正常的生产经营能力利用程度制定的标准成本。这种标准成本通常反映了过去一段时期实际成本水平的平均值、反映该行业价格的平均水平、平均的生产能力和技术能力、在生产技术和经营管理条件变动不大的情况下，它是一种可以较长时间采用的标准成本。

（三）现实标准成本

现实标准成本是在有效经营生产条件下应该达到的成本水平，它是根据现在所采用的价格水平、生产耗用量以及生产经营能力利用程度制定的标准成本。这种标准成本最接近实际成本，最切实可行，通常认为它能激励工人努力达到所制定的标准，并为管理层提供衡量的标准。在经济形势变化无常的情况下，这种标准成本最为合适。与正常标准成本不同的是，它需要根据现实情况的变化不断进行修改，而正常标准成本则可以较长一段时间保持固定不变。

四、标准成本系统的作用

（一）标准成本系统有利于加强成本控制

标准成本是在对实际情况认真调查、分析的基础上，用科学方法制定的，所以它具有客观性和科学性，是有效进行成本控制的依据。

成本差异是成本升降的数量反映，在日常经济活动中，通过不断地计算和分析差异，便可以找到成本升降的真正原因，并可以采取有效的调整行动，来消除实际成本超出预定标准的差异，提高成本管理水平。

（二）标准成本有助于"责任会计"的推行

由于标准成本的每个成本项目都采用单独的数量标准和价格标准，企业管理者可以及时掌握各成本项目的实际成本同预定目标之间差异的责任归属，从而可以分清各部门的责任。

（三）标准成本可以为正确地进行经营决策提供有用数据

标准成本可以为正确地进行经营决策提供有用数据。例如，在制定产品价格时，它可以作为定价基础，用于产品销售定价决策；在评价有关方案的经济效果时，它可以作为定量化成本决策分析的依据，用于对有关方案的鉴别与选优。

（四）简化日常的账务处理和期末的报表编制工作

在标准成本系统中，将标准成本和成本差异分别列示，材料、在产品和销售成本都可直接按标准成本入账，因而可以简化日常的账务处理和期末的报表编制工作。

第二节　标准成本的制定和成本差异计算分析

采用标准成本法的前提和关键是标准成本的制定。标准成本是由会计部门会同生产、采购、人事、行政管理、技术等有关责任部门，在对企业生产经营的具体条件进行认真分析研究的基础上共同制定的。

由于产品成本是由直接材料、直接人工和制造费用3个成本项目构成的，因而应根据这些成本项目的特点分别制定其标准成本。又鉴于标准成本总额是实际产量同单位标准成本的乘积，因而只需要确定单位产品各个成本项目的标准成本，就可很容易地计算出标准成本总额。

如前文所述，单位产品的标准成本是单位产品标准消耗量和标准单价两因素的乘积，这两个因素可以分别称之为单位产品的"数量标准"和"价格标准"，因此制定标准成本的基本公式：

标准成本 = 数量标准 × 价格标准

在完全成本计算法下，其标准成本的具体项目由直接材料成本标准、直接人工成本标准、制造费用标准构成。在变动成本计算法中制造费用标准只包括变动性制造费用标准。

成本差异（cost variance）是指产品实际成本与标准成本的差额。如果实际成本超过标准成本，所形成的差异称为不利差异，用"U"（unfavorable variance）来表示；反之，如果实际成本低于标准成本，所形成的差异称为有利差异，用"F"（favorable variance）来表示。成本差异对管理当局而言，是一种重要的"信号"，可据此发现问题，具体分析差异形成的原因和责任，进而采取相应的措施，实现对成本的控制，促进成本的降低。

由于标准成本是根据标准数量和标准价格计算的，而实际成本是根据实际用量和实际价格计算的，成本差异总额是由用量变动或价格变动引起的，因此，成本差异的通用模式可表述为：

①实际数量×实际价格
②实际数量×标准价格
③标准数量×标准价格

①-②=价格差异
②-③=数量差异
①-③=成本总差

一、直接材料标准成本的制定及差异的计算与分析

（一）直接材料标准成本的制定

确定直接材料标准成本，数量标准应按产品耗用的各种材料分别计算。价格标准主要由采购部门确定，包括买价和采购费用，也要按各种材料分别计算。

某单位产品耗用某种材料的标准成本 = 价格标准 × 用量标准

某单位产品直接材料标准成本 = $\sum$ 该产品所耗用的各种材料标准成本

（二）直接材料成本差异的计算分析

直接材料差异指产品直接材料的实际成本与标准成本之间的差异，包括材料数量差异和材料价格差异两部分。材料数量差异由材料实际耗用量与标准耗用量不同引起；材料价格差异由材料实际价格与标准价格不同引起。材料数量差异和材料价格差异的计算公式如下：

材料数量差异 =（实际用量 × 标准价格）-（标准用量 × 标准价格）
　　　　　　 =（实际用量 - 标准用量）× 标准价格
材料价格差异 =（实际价格 × 实际用量）-（标准价格 × 实际用量）
　　　　　　 =（实际价格 - 标准价格）× 实际用量

现将以上公式综合如下：

实际价格×实际用量(1)
标准价格×实际用量(2)
标准价格×标准用量(3)

材料价格差异 =(1)-(2)
材料数量差异 =(2)-(3)
材料成本差异 =(1)-(3)

【例 8-1】

某公司 A 产品的单位标准材料用量为 10 千克，每千克标准价格为 1 元，设某年 5 月投入生产 A 产品 150 台，实际耗用材料 1450 千克，实际单价为 1.1 元/千克，那么，材料的成本差异是多少？

【解答】
材料价格差异 = (1.1 - 1) × 1450 = 145（元）(U)
材料数量差异 = (1450 - 150 × 10) × 1 = -50（元）(F)
材料成本差异 = 1450 × 1.1 - 1500 × 1
　　　　　　 = 95（元）(U)
或　　　　　 = -50 + 145
　　　　　　 = 95（元）(U)

从上例中可以知道，材料价格方面的原因使材料成本增加了 145 元，而材料用量的节约使材料成本下降了 50 元。材料价格差异通常应由采购部门负责，因为影响材料采购价格的各种因素（如采购批量、供应商的选择、交货方式、材料质量、运输工具等）一般都是由采购部门控制并受其决策的影响。当然，有些因素是采购部门无法控制的。例如，通货膨胀因素的影响、国家对原材料价格的调整等。因此，对材料价格差异，一定要作进一步的分析研究，查明产生差异的真正原因，分清各部门的经营责任，只有在科学分析的基础上，才能进行有效的控制。影响材料用量的因素也是多种多样的，包括生产工人的技术熟练程度和对工作的责任感、材料的质量、生产设备的状况等。一般来说，用量超过标准太多是工人粗心大意、缺乏培训或技术素质较低等原因造成的，应由生产部门负责，但用量差异有时也会由其他部门的原因所造成。例如，采购部门购入了低质量的材料，导致生产部门用料过多，由此而产生的材料用量差异应由采购部门负责；再如，由于设备管理部门，生产设备不能完全发挥其生产能力、造成材料用量差异，则应由设备管理部门负责。找出和分析造成差异的原因是进行有效控制的基础。

二、直接人工标准成本的制定及差异的计算与分析

（一）直接人工标准成本的制定

确定直接人工的标准成本，其中数量标准是生产单位产品所需要的标准工作时间，包括对产品的直接加工所用工时、必要的间歇和停工时间所用的工时，按产品的加工步骤（或工序）分别计算。价格标准是工资率标准，采用计时工资制下，就是每一标准工时应负担的工资。

某单位产品直接人工标准成本 = 价格标准 × 用量标准
某单位产品直接人工标准成本 = Σ（小时工资率 × 工时标准）

（二）直接人工标准成本差异的计算与分析

直接人工差异指生产工人工资的实际发生额与按实际产量和标准工资计算的工资额之间的差额，包括直接人工效率差异（即"数量"差异，或工时利用差异）和直接人工工资率差异（即"价格"差异）两部分，其计算方法与直接材料差异的计算方法相同，只需将其中的"数量"用"工时"代替，"价格"用"工资率"代替即可。其计算公式为：

直接人工效率差异 =（实际工时×标准工资率）-（标准工时×标准工资率）
        =（实际工时-标准工时）×标准工资率
直接人工工资率差异 =（实际工资率×实际工时）-（标准工资率×实际工时）
        =（实际工资率-标准工资率）×实际工时

现将以上公式综合如下：

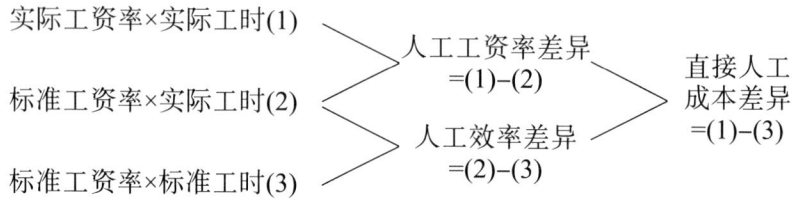

【例 8 – 2】

如例 8 – 1 中 A 产品的直接人工标准工时为每台 10 小时，每小时标准工资为 2 元，实际耗用 1550 小时，实际生产量 150 台，实际工资率为 1.8 元/小时，那么，直接人工成本差异是多少？

【解答】

直接人工工资率差异 =（1.8 - 2）× 1550 = -310（元）(F)
直接人工效率差异 =（1550 - 150 × 10）× 2 = 100（元）(U)
直接人工成本差异 = 1550 × 1.8 - 150 × 10 × 2
        = -210（元）(F)
或   = 100 +（-310）= -210（元）(F)

同样，从上例中我们知道，由于实际工资率低于标准工资率使直接人工成本节约 310 元，实际工时耗用量超过标准工时耗用量导致直接人工成本超额 100 元。工资率差异形成的原因，大多是由生产中使用不同工资等级的工人引起的。效率差异形成的原因，主要是由于工人的熟练程度、设备的原因、管理的问题，也可能是由于原材料的质量问题引起的。所以，找出差异的同时要分析产生差异的具体原因，分清不同的责任部门，才能采取有效的控制措施。

三、制造费用标准成本的制定及差异的计算与分析

（一）制造费用标准成本的制定

确定制造费用的标准成本，其中数量标准是指单位产品应耗用的工时，价格标准是指制造费用分配率标准。制造费用分配率标准，取决于以下两方面因素。

（1）预算工时，一般是指直接人工（机器工作）总工时，是预计产量乘以单位产品标准工时；

（2）制造费用预算总额，按固定费用、变动费用分别编制。固定制造费用预算总额是反映在预计产量下耗用的固定制造费用预算数额，变动制造费用预算总额也是反映在预计产量下耗用的变动制造费用预算数额。制造（固定、变动）费用预算额

除以预算工时,即为制造费用的分配率标准。其计算公式如下:

$$变动(固定)制造费用标准分配率 = \frac{变动(固定)制造费用预算总额}{预算工时}$$

变动(固定)制造费用标准成本 = 变动(固定)制造费用标准分配率 × 标准工时

(二) 变动制造费用差异的计算与分析

变动制造费用差异是指实际变动制造费用和标准变动制造费用之间的差额,包括变动制造费用效率差异(即"数量"差异)和变动制造费用分配率差异(即"价格"差异)两部分。变动制造费用效率差异是由实际耗用工时与标准耗用工时不同引起的差异;变动制造费用分配率差异是由变动制造费用实际分配率和标准分配率不同引起的差异。其计算公式为:

变动制造费用效率差异 = (实际工时 × 变动制造费用标准分配率) - (标准工时 × 变动制造费用标准分配率)

= (实际工时 - 标准工时) × 变动制造费用标准分配率

变动制造费用分配率差异 = (变动制造费用实际分配率 × 实际工时) - (变动制造费用标准分配率 × 实际工时)

= (变动制造费用实际分配率 - 变动制造费用标准分配率) × 实际工时

现将以上公式综合如下:

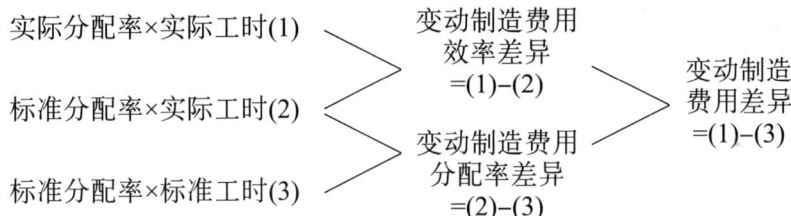

【例 8 - 3】

如例 8 - 1 中 A 产品标准工时为 10 小时,变动制造费用标准分配率为 0.5 元/小时,实际耗用 1550 小时,实际生产量 150 台,实际分配率为 0.45 元/小时,那么,变动制造费用差异是多少?

【解答】

变动制造费用分配率差异 = (0.45 - 0.5) × 1550 = -77.5(元)(F)

变动制造费用效率差异 = (1550 - 150 × 10) × 0.5 = 25(元)(U)

变动制造费用差异 = 1550 × 0.45 - 150 × 10 × 0.5

= -52.5(元)(F)

或　　　　　　　　= -77.5 + 25 = -52.5(元)(F)

由于变动制造费用是由许多明细项目组成的,并且与一定的生产水平相联系,因而仅通过上例中的差异计算来反映变动制造费用差异总额,并不能达到日常控制与考核的要求。因此，实际工作中通常根据变动制造费用各明细项目的弹性预算与实际发生数进行对比分析，并相应采取必要的控制措施。

（三）固定制造费用差异的计算与分析

固定制造费用在相关范围内不受生产活动水平变动的影响，因此，对固定制造费用的控制可以按照固定费用预算进行控制。固定制造费用成本差异是指在实际产量下固定制造费用实际发生额与其标准发生额之间的差额，其计算公式如下：

固定制造费用成本差异 = 固定制造费用实际成本 - 固定制造费用标准成本
= 实际工时 × 固定制造费用实际分配率 - 标准工时 × 固定制造费用标准分配率

式中，成本差异是在实际产量的基础上计算出来的。由于产量的变动只会对单位产品中的固定制造费用产生影响；产量增加时，单位产品负担的固定制造费用会减少；产量减少时，单位产品负担的固定制造费用会增加。由此可知，实际产量与设计生产能力所规定的产量或计划产量的差异会对单位产品所负担的固定制造费用产生影响。固定制造费用成本差异的分析方法通常有两因素分析法和三因素分析法两种。

（1）两因素分析法。两因素分析法是将固定制造费用成本差异分为固定制造费用预算差异和固定制造费用能量差异两部分。

固定制造费用预算差异，是指固定制造费用实际发生额与固定制造费用预算数额之间的差额。其计算公式为：

固定制造费用预算差异 = 固定制造费用实际成本 - 固定制造费用预算数

固定制造费用能量差异，是指实际产量的标准工时（简称标准工时）与预计产量的标准工时（简称预算工时）产生的差异。其计算公式如下：

固定制造费用能量差异 = 固定制造费用预算数 - 固定制造费用标准成本
= （预算工时 - 标准工时）× 固定制造费用标准分配率

这二种差异的形成可以用下列公式表示：

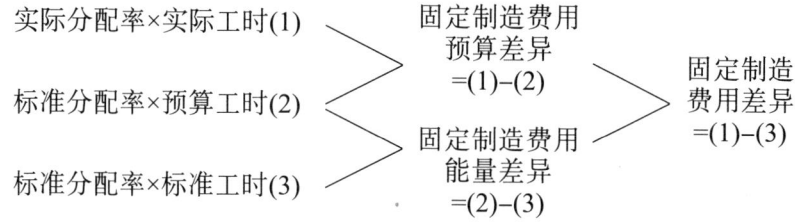

计算结果正数为超支，负数为节约。

【例 8-4】

如例 8-1 中 A 产品固定制造费用预算为 600 元，计划产量 120 台，实际产量 150 台，实际固定制造费用为 675 元。

要求：采用二因素分析法计算固定制造费用相关差异。

【解答】

固定制造费用标准分配率 = 600 ÷ (120 × 10) = 0.5 （元/小时）

固定制造费用预算差异 = 675 - 600 = 75(元)(U)
固定制造费用能量差异 = 600 - (150 × 10 × 0.5) = -150(元)(F)
或　　　　　　　　 = (120 × 10 - 150 × 10) × 0.5 = -150(元)(F)
总差异 = 675 - (150 × 10 × 0.5) = -75(元)(F)
或　　 = 75 + (-150) = -75(元)(F)

固定制造费用预算差异，表示固定制造费用实际支付额与预算额之差，应根据节约或超支情况分析客观和主观原因。固定制造费用能量差异并不表示支付固定制造费用的超额或节约，该差异主要是反映计划生产能力的利用程度。因为，即使实际固定制造费用与预算一样，只要实际产量与计划产量有出入，仍然会产生少分配或多分配的情况，该差异的基本特点可概述如下：

·若预计产量标准总工时等于实际产量标准工时，则没有生产能力利用差异。
·若预计产量标准总工时大于实际产量标准工时，则生产能力利用差异为不利差异，表示预计生产能力尚未得到充分利用。
·若预计产量标准总工时小于实际产量标准工时，则生产能力利用差异为有利差异，表示预计生产能力已得到充分利用。

（2）三因素分析法。三因素分析法是将固定制造费用成本差异分为预算差异、效率差异和能力差异三部分。不同的是三因素法将两因素法中的"能量差异"进一步分解为能力差异和效率差异。能力差异是实际工时未达到预计生产能量而形成的差异，效率差异是实际工时脱离实际产量标准工时而形成的差异。其计算公式如下：

固定制造费用能力差异 = 固定制造费用预算 - 实际工时 × 固定制造费用标准分配率
　　　　　　　　　　 = (预算工时 - 实际工时) × 固定制造费用标准分配率
固定制造费用效率差异 = 实际工时 × 固定制造费用标准分配率 - 标准工时 × 固定制造费用标准分配率
　　　　　　　　　　 = (实际工时 - 标准工时) × 固定制造费用标准分配率

三因素分析法中的这三种差异的形成可以用下列公式表示：

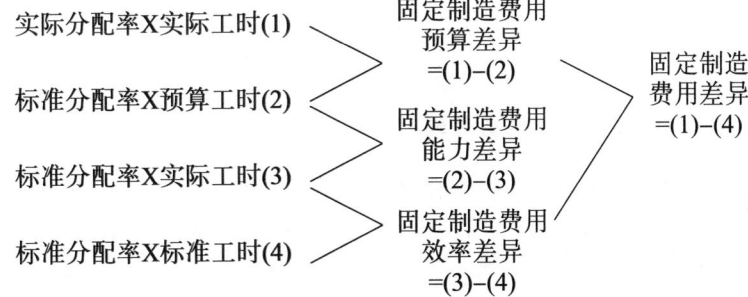

【例 8 - 5】
如例 8 - 1 中 A 产品固定制造费用预算为 600 元，计划产量 120 台，实际产量 150 台，实际耗用 1550 小时，实际固定制造费用为 675 元。

要求：采用三因素分析法计算固定制造费用相关差异。

【解答】

固定制造费用标准分配率 = 600 ÷ (120 × 10) = 0.5(元/小时)

固定制造费用预算差异 = 675 - 600 = 75(元)(U)

固定制造费用能力差异 = 600 - (1550 × 0.5) = -175(元)(F)

固定制造费用效率差异 = 1550 × 0.5 - (150 × 10 × 0.5) = 25(元)(U)

总差异 = 675 - (150 × 10 × 0.5) = -75(元)(F)

或　　　= 75 + (-175) + 25 = -75(元)(F)

从以上两种方法的计算公式与计算结果可以看出，二因素法和三因素法在实质上并无差别。

第三节　成本差异的账务处理

作为一个完整的标准成本会计系统，标准成本的制定和成本差异的计算、分析、应该与成本核算结合起来，成为一种成本核算与成本控制相结合的完整体系。采用标准成本法进行账务处理时，对产品的标准成本与成本差异应分别进行核算。

一、标准成本会计制度下的核算账户

会计账户是进行账务处理的必要工具。实行标准成本会计，必须设置和运用一系列账户，这些账户可以分为两大类。一类是进行基本业务处理的有关财务会计的账户，如"原材料""应付工资""库存商品""生产成本"或"在产品""主营业务成本"等；另一类是专门用来归集日常计算出来的成本差异的管理会计账户。根据不同的成本项目分别设置成本差异账户，如直接材料数量差异和价格差异、直接人工效率差异和工资率差异、变动性制造费用效率差异和分配率差异、固定性制造费用预算差异和能量差异（若采用三因素法，则为预算差异、效率差异和能力差异）、成本差异净额等账户。

二、标准成本会计制度下账务处理的特点

标准成本会计的账务处理一般具有以下三方面的特点：

1. 在标准成本会计制度下，"原材料""生产成本"或"库存商品""主营业务成本"等主要账户无论是借方还是贷方，均按实际产量的标准成本入账。

2. 根据各种成本差异的名称，分别建立专门的成本差异账户，用来登记实际发生的差异。借方登记不利差异，贷方登记有利差异，以便日常据以控制和考核各项成本指标。

3. 每月月终，企业应根据各种成本差异账户的借方或贷方余额，将所有差异进

行汇总，编制"成本差异汇总表"，并计算成本差异净额。

三、成本差异的账务处理方法

成本差异有两种处理方法，分述如下：

1. 递延法。将成本差异净额按标准成本比例分配给在产品、完工产品和本期已销售的产品。采用这种方法的理由是：本期发生的成本差异与上述三者均有关系，这样分配差异后，使资产负债表上的存货项目及利润表上的销售成本项目反映的都是实际成本。

该方法的缺点是发生的超支或浪费将虚增资产负债表上的产成品、在产品、原材料等资产的价值，而节约将虚减这些资产的价值。而且，分摊会增加核算工作量。

2. 直接处理法。将成本差异净额全部计入当期损益，不再分配给在产品和产成品。在这种处理方法下，资产负债表中的"在产品"项目和"库存商品"项目只反映标准成本。

采用这种方法的理由是：标准成本是采用科学的方法严密计算确定的，故出现的差异净额不会很大。如果标准制定不合理，差异净额很大，那么应当修订标准，以使其符合实际，而不是去分配差异。本期发生的成本差异是本期成本控制的功过，应当全部体现在本期的损益之中，只有这样，才能使各期的利润如实地反映各期生产经营工作的全部成效。因此，期末资产负债表中的在产品项目和产成品项目以标准成本计价能较为真实地反映资产的价值，避免因差异而造成波动，另外也可以简化核算工作量。目前，实行标准成本会计的现代企业中，对成本差异净额的处理一般采用这种方法。

【本章小结】

标准成本系统是进行成本计划和控制的系统，包括标准成本的制定、成本差异的计算和分析、差异的账务处理三个部分。标准成本是数量标准与价格标准的乘积，所以各变动成本项目的成本差异归纳为由数量因素形成的差异（即数量差异）和由价格因素形成的差异（即价格差异）两大类、而固定性制造费用成本差异的计算有两因素法和三因素法。

【案例分析】

MWI公司标准成本计算系统的实施

Mark Wright 公司（MWI）是一家位于美国中西部的专业冷冻食品加工企业。自1982年成立以来，该公司拥有一批忠实的顾客，这些顾客愿意支付溢价购买公司提供的经过特殊加工的高质量冷冻食品。最近两年，公司在经营地区销售额快速增长，而且有许多顾客要求其在全国范围内供应公司产品。为了满足这一需求，公司扩大了加工能力，这导致生产成本和经销成本的增加。而且，在其传统销售地区以外，公司还遭遇了来自竞争对手的价格压力。

由于MWI想要继续扩张，因此公司的首席执行官Jim Condon聘请了一家顾问公司帮助自己确定最佳行动方案。顾问公司建议采用标准成本计算系统，这也有助于弹性预算制度的实行，以便更好地消化市场扩张时可以预计到的需求的变化。Condon会见了公司管理层的成员，通报了顾问公司的建议，然后要求他们负责制定标准成本。在与各自员工讨论之后，管理层成员又重新开会讨论这个问题。

采购经理Jane Morgan建议，为了满足生产的增长，需要从公司传统的采购来源以外采购食品原料，这将会增加材料和运输的成本，并且可能导致供货质量的下降。如果要保持或降低目前的成本，就要由生产部门来弥补这部分增加的成本。

生产经理Stan Walters反驳说，要提高产量就要加快生产周期，再加上可能出现供货质量的下降，将导致产品质量的下降和更高的废品率。在这种情况下，可能难以保持或降低单位人工耗用量，而预测未来单位产品的人工比例也将变得很困难。

技术工程师Tom Lopez说，如果设备没有按照规定每天进行定时的适当维护和彻底清洗，生产的冷冻食品的质量和独特口味很可能受到影响。

销售副总裁Jack Reid指出，如果不能保证产品质量，公司预期的销售额的增长幅度就无法实现。

最后，公司管理层将遇到的难题向Condon做了汇报，他表示，如果不能就制定适当的标准成本取得一致意见，那么，他将请顾问公司来制定标准，每个人都要接受这一结果。

要求：

（1）列出采用标准成本计算系统的主要优点。

（2）列出标准成本计算系统可能导致的不利之处。

案例资料来源：孙茂竹，文光伟，杨万贵：《管理会计学（第七版）学习指导书》[M]，北京：中国人民大学出版社2015年版。

【课后练习】

一、思考题

1. 简述标准成本系统的含义及作用。
2. 成本差异的种类有哪些？
3. 试述各种成本差异的计算。

二、单选题

1. 在下列标准成本中，可以作为评价实际成本依据的是（　　）。

A. 理想标准成本   B. 基本标准成本
C. 现行标准成本   D. 历史平均标准成本

2. 在成本差异分析中，数量差异的大小是（   ）。
A. 由用量脱离标准的程度以及实际价格高低所决定的
B. 由用量脱离标准的程度以及标准价格高低所决定
C. 由价格脱离标准的程度以及实际用量高低所决定
D. 由价格脱离标准的程度以及标准数量高低所决定

3. 标准成本法是在泰勒的生产过程标准化思想影响下，于20世纪20年代产生于（   ）。
A. 英国   B. 美国
C. 日本   D. 法国

4. 为了计算固定制造费用标准分配率，需要设定一个（   ）。
A. 标准工时   B. 实际工时
C. 定额工时   D. 预算工时

5. 由于生产不当、计划错误、调度失误等造成的损失，应由（   ）负责。
A. 财务部门   B. 劳动部门
C. 生产部门   D. 采购部门

6. 使用三因素分析法分析固定制造费用差异时，固定制造费用的效率差异反映（   ）。
A. 实际工时脱离生产能量形成的差异
B. 实际工时脱离实际产量标准工时形成的差异
C. 实际产量标准工时脱离生产能量形成的差异
D. 实际耗费与预算金额的差异

7. 我国企业按标准成本制度进行核算时，应设置的差异账户是（   ）。
A. 生产成本差异   B. 材料价格差异
C. 直接人工差异   D. 制造费用差异

8. 标准成本制度的前提和关键是（   ）。
A. 标准成本的制定   B. 成本差异的计算
C. 成本差异的分析   D. 成本差异的账务处理

9. 成本差异是指在标准成本控制系统下，企业在一定时期生产一定数量的产品所发生的实际成本与（   ）之间的差额。
A. 计划成本   B. 历史成本
C. 标准成本   D. 预算成本

10. 直接人工效率差异是指单位（   ）耗用量脱离单位标准人工工时耗用量所产生的差异。
A. 实际人工工时   B. 定额人工工时

C. 预算人工工时 　　　　　　　D. 正常人工工时

三、多选题

1. 下列标准成本差异中，通常应由生产部门负责的有（　　）。
   A. 直接材料的价格差异　　　　B. 直接人工的数量差异
   C. 变动制造费用的价格差异　　D. 变动制造费用的数量差异
2. 固定制造费用的能量差异，可以进一步分为（　　）。
   A. 能力差异　　　　　　　　　B. 效率差异
   C. 预算差异　　　　　　　　　D. 以上任何两种差异
3. 下列属于价格差异的有（　　）。
   A. 工资率差异　　　　　　　　B. 人工效率差异
   C. 变动制造费用分配率差异　　D. 变动制造费用效率差异
4. 标准成本下，应按标准成本登记的账户有（　　）。
   A. 生产成本　　　　　　　　　B. 原材料
   C. 库存商品　　　　　　　　　D. 制造费用
5. 对成本差异进行期末处理的递延法是将本期的各种成本差异，按标准成本的比例分配给（　　）。
   A. 期末固定资产　　　　　　　B. 期末在产品
   C. 期末产成品　　　　　　　　D. 本期已售产品

四、判断题

1. 标准成本是在正常生产经营条件下应该实现的，可以作为控制成本开支、评价实际成本、衡量工作效率的依据和尺度的一种目标成本。（　　）
2. 在经济形势变化无常的情况下，最为合适的标准成本是现实标准成本。（　　）
3. 材料成本脱离标准的差异、人工成本脱离标准的差异、制造费用脱离标准的差异，都可以分为"量差"和"价差"两部分。（　　）
4. 递延法下，期末资产负债表的在产品和产成品项目反映的都是实际成本而不是标准成本。（　　）
5. 如果企业采用变动成本法计算成本，则不需要制定固定制造费用的标准成本，也不需要进行固定制造费用成本差异的计算和分析，而固定制造费用的控制则通过预算管理来进行。（　　）

五、计算题

资料：A企业采用标准成本法。其A产品的正常生产能量为1000件，单位产品标准成本如下表所示。

单位产品标准成本（A 产品）

直接材料	0.1 千克 ×150 元/千克	15 元
直接人工	5 小时 ×4 元/小时	20 元
制造费用：		
其中：变动费用	6000 元 ÷1000 件	6 元
固定费用	5000 元 ÷1000 件	5 元
单位产品标准成本	——	46 元

本月生产 A 产品 800 件，实际单位成本为：

直接材料	0.11 千克 ×140 元/千克	15.4 元
直接人工	5.5 小时 ×3.9 元/小时	21.45 元
制造费用：		
其中：变动费用	4000 元 ÷800 件	5 元
固定费用	5000 元 ÷8000 件	6.25 元
单位产品实际成本	——	48.1 元

要求：

（1）计算直接材料成本差异。

（2）计算直接人工成本差异。

（3）计算变动制造费用差异。

（4）分别采用二因素法、三因素法，计算固定制造费用差异。

【本章参考文献】

1. 孙茂竹，文光伟，杨万贵：《管理会计学》[M]，北京：中国人民大学出版社 2015 年版。

2. 孙茂竹，文光伟，杨万贵：《管理会计学学习指导书》[M]，北京：中国人民大学出版社 2015 年版。

3. 赵书和：《成本与管理会计》[M]，北京：机械工业出版社 2012 年版。

4. 温素彬：《管理会计（第 2 版）》[M]，北京：机械工业出版社 2014 年版。

5. 万寿义，任月君：《成本会计》[M]，大连：东北财经大学出版社 2016 年版。

6. 单昭祥，韩冰：《新编管理会计学》[M]，大连：东北财经大学出版社 2017 年版。

第九章

作业成本法与作业成本管理

【本章学习目标】

通过本章的学习
1. 理解和运用作业、成本动因等基本概念
2. 领会作业成本计算程序
3. 熟悉作业成本管理的特点、步骤及方法
4. 掌握估时作业成本法的产生及应用流程
5. 熟悉估时作业成本法的应用扩展

第一节 作业成本计算法

20 世纪 80 年代以后,由于科学技术的飞速发展和买方市场的逐步形成,制造业的环境发生了重大改变。在现代制造环境下,传统成本计算方法提供的成本资料已不能真实反映产品所耗用的资源,新的成本计算方法应运而生,即作业成本法。作业成本法最主要的创新是引入"成本动因"作为成本分配标准,而不是传统的数量分配标准。这种分配方法将产品同其所消耗的资源之间建立起一种更准确的因果关系,因而对现代企业的成本核算及管理具有重大意义。

一、传统成本计算法的局限性

传统成本计算方法包括完全成本法和变动成本法,制造费用分配的基础是业务量,影响成本的因素通常只有一个。特别是完全成本法,它要求将构成全部成本的直接材料、直接人工和制造费用全部计入有关产品成本中。由于直接材料和直接人工均可以直接追溯到有关产品,而制造费用所归集的间接成本在总成本中所占比重往往较低,且这些费用的发生通常与业务量有显著的相关性。因此,在传统的成本计算方法中,制造费用的分配是以业务量为基础,通常按一个或少数几个分配标准进行分配,

常用的分配标准有人工工时、机器工时等。

这种分配方法在传统的生产环境中是比较合适的,因为传统生产工艺流程较为简单,间接制造费用所占的比重不大;产品结构相似,产品品种较为单一,差别较小;采用单一的分配基础或少数几个分配基础不会对成本计算结果造成太大的扭曲,成本计算提供的信息能够满足决策和控制的要求。

(1) 传统成本计算无法适应制造环境的变化。20世纪80年代初期以来,建立在电子技术革命基础的高度自动化的先进制造企业带来了管理观念和管理技术的巨大变革,适时制采购与制造系统以及与其密切相关的零库存、弹性制造单元、全面制造管理等崭新的管理理念与技术应运而生,这些革新使管理者们必须通过财务成本信息判断他们的决策对公司利润的影响,因而准确、相关的成本信息是企业在激烈竞争中生存、发展和实现盈利的关键。当直接人工和直接材料作为最主要的生产要素,当技术稳定且产品的变动范围有限时,传统的以数量为基础的成本计算是有用的。然而伴随着制造环境的变化,企业成本的构成发生巨大变动,直接人工与直接材料的比重越来越小,而制造费用的比重越来越大,传统成本计算无法满足成本决策的需要。

(2) 传统成本计算无法真实反应产品成本结构的重大变化。传统成本计算以产出量为基础,采用单一的间接成本分配率,将间接成本分配给产品或服务。其假设前提是,所有产品或服务从间接成本发生中所获得的好处与间接成本分配所采用的基础(如直接人工小时或成本金额)是等比例的。直接人工含量越高的产品应需要承担更多的间接成本分配额。在先进的制造环境下,许多人工已被机器取代,因此直接人工成本比例大大下降,固定制造费用大比例上升。20世纪70年代前的间接费用仅为直接人工成本的50%~60%,而今天大多数公司的间接费用为直接人工成本的400%~500%,以往直接人工成本占产品成本的40%~50%,而今天不到10%,甚至仅占产品成本的3%~5%。产品成本结构的重大变化使得传统的以数量为基础的成本计算不能正确反映产品的消耗,而且使得在产品成本中占有越来越小比重的直接人工去分配占有越来越大比重的制造费用,分配越来越多与工时不相关的作业费用(如质量检测、试验、物料搬运、调整准备等)以及忽略批量不同产品实际耗费的差异等,必将歪曲产品成本,引起经营决策失误和产品成本失控。

(3) 产品多样化加剧了传统成本计算对成本的歪曲。产品多样化对成本的歪曲主要表现在两方面。一方面,成本构成的变化和产品多样化的要求加剧了传统成本计算所导致的成本歪曲。在劳动密集型的制造环境中,人工成本占据全部制造成本的首要地位,传统成本计算将其核心定位于计量和控制直接人工成本,显然是非常必要的。但在技术密集型为主导的现代制造环境中,人工成本的含量越来越低,间接成本反而成为份额最大的成本项目,以直接人工成本为基础确定的间接成本必然对成本有较大歪曲;另一方面,传统成本计算所导致的成本歪曲在多样化产品的企业尤为严重。数量、规格和多样化程度不同的产品,消耗的支持性资源也存在巨大的数量差异。随着产品的多样化程度提高,为处理交易和支持性作业量所需要的资源量也就提高,传统成本计算下的产品成本歪曲也因此而加剧。大量事实证明,传统成本计算将多计大规格、高产量产品的成本,同时少计小规格、低产量产品的成本。

由于市场需求和生产环境的变化,传统的成本分配方法不能满足经营管理对成本信息的要求。因此,将分配制造费用的业务量基础改为作业基础,由此产生了作业成本法。

2. 作业成本法的原理

作业成本法(activity based costing,ABC)是一种通过对所有作业活动跟踪地进行动态反映,计量作业和成本对象的成本、评价作业业绩和资源利用情况的方法。它根据资源耗用的因果关系进行成本分配,并依据作业的资源消耗将资源成本分配给作业,再按成本对象对作业的消耗将作业成本分配到成本对象。其理论依据是:产品消耗作业,作业消耗资源。

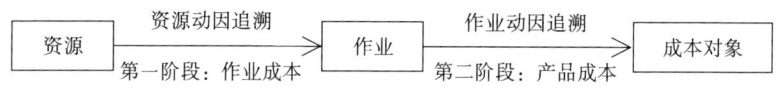

图 9-1 作业成本法的成本分配两阶段

作业成本法认为,许多企业的资源消耗并不是直接为最终产出物服务的,而是服务于一系列的辅助作业。要准确计算产品成本,首先要确认产生作业的成本动因,计算作业对资源的消耗(作业成本),再按成本对象对作业的消耗计算产品成本,从而使产出物和投入之间建立因果关系,使成本分配具有技术上和经济上的依据,以提高成本计算准确性。从这点看,作业成本法本质上是一种直接成本计算方法,消除了人为设立的分配标准的影响,因而是一种先进的成本计算方法。作业成本计算与传统成本计算最明显的区别是:第一,以作业中心(成本库)来归集资源耗费;第二,依据成本动因的不同采用多元化的制造费用分配标准。

二、作业成本法的基本概念

(一) 资源

资源是作业执行过程中所需要花费的代价,它是支持作业的成本费用来源。一种资源可能会被一个或多个作业所消耗,同样,一个作业库通常会消耗一种或多种资源。与某项作业直接相关的资源应当直接计入该项作业成本(如直接材料);如果某项资源支持多种作业,就要通过一定的标准将资源分配计入各项相应的作业成本。

(二) 作业

作业(activity)是指某个组织为了某一特定目的而进行的消耗资源的活动或事项。例如,产品制造过程中的产品设计、设备安装及材料搬运等;顾客服务部门中的处理顾客订单、解决产品问题及提供顾客报告等。在作业成本会计中,对作业可从不同的角度来进行分类。

(1) 作业按受益范围分类。

①产量级作业。产量级作业是指每生产一件产品就进行一次作业，对资源的消耗量与产品的产量或销量成比例。例如，电视机的装箱作业与电视机产量成比例，产量增加一倍，装箱作业成本增加一倍。

②批次级作业。批次级作业是指每加工一批产品就进行一次的作业，如操作准备、检测（除非每件产品都被检测）、生产进度安排和物料装卸等。批次级作业的成本总额与加工批次的多少有关，而与各批次中产品数量的多少无关，是一个批次中所有单位产品的共同成本和固定成本，如订货成本、材料整理成本、包装发运成本等。

③品种级作业。品种级作业是针对不同种类产品进行的作业。它与产品种类数相关，如产品规格更新、工艺流程的变化、产品检测程序的开发和产品营销等。品种级作业成本随产品品种的多少而变化，其成本计算对象是产品或产品生产线，如产品开发设计成本、产品功能改进成本等。

④生产维护级作业。生产维护级作业是指那些维持工厂制造过程的作业。生产维护级作业成本属于企业全部产品的共同成本，没有任何特定产品可以从中受益，如工厂治安和环境维护费用、财产保险和财产税、车间管理费和售后服务支出等。相对于各产品而言，生产维护级作业成本都是固定成本，不随产量、批次、品种等的变动而变动。

(2) 作业按是否能增加产品或服务的价值分类。

①增值作业。增值作业是指能够增加产品价值的作业。例如，采购订单的获取、在产品的加工以及完工产品的包装均属于增值作业。

②非增值作业。非增值作业是指不能增加产品价值的作业。如质量检验、仓储及等待作业。

(三) 成本动因

成本动因也称成本驱动因素，是指引起成本发生的原因。根据发生的阶段不同，成本动因可分为资源动因和作业动因。

(1) 资源动因。资源动因是各项作业引起资源耗费的原因。资源动因反映了各项作业对资源的耗费情况，是将资源成本分配到作业的依据。资源动因决定着资源的耗用量，资源耗用量的高低与最终产品没有直接关系，而与资源动因的数量相关。例如，产品质量检验工作需要检验人员和设备，并耗用能源。检验作业是作业对象，各检验作业占用检验时间的长短决定了其耗用检验成本的多少，因此，检验时间就是资源动因。

假定质量检验部门有两大资源消耗，工资和奖金50000元和原材料10000元，质量检验部门发生"外购材料检验""在产品检验"和"库存商品检验"等三项作业，各项作业消耗的检验人工小时是其资源动因。如果该部门20%的人员将其50%的时间花费到检验外购材料，那么人力成本的10%（20%×50%），即5000元（=50000×10%），就应分配到"外购材料检验"的作业。

（2）作业动因。作业动因是引起产品成本变动的因素，是将作业成本分配到产品或劳务的依据。它计量每类产品消耗作业的比率，可以合理解释作业成本发生的原因和产品消耗作业的多少。通常，经过相同作业活动的产品，可以归入一个作业库进行成本归集和分配。作业动因的确认决定作业成本分配的准确性，当作业动因能够准确反映产品对作业的消耗情况时，产品成本的计算结果就会比较准确。

三、作业成本法的核算程序

作业成本法的程序可概括表示为两阶段模型：首先，根据资源动因将成本分配至各项作业；再以成本对象所耗用的作业为基础（作业动因），将作业成本分配到成本对象。具体来说，作业成本核算可分为以下四个步骤，核算过程如图9-2所示。

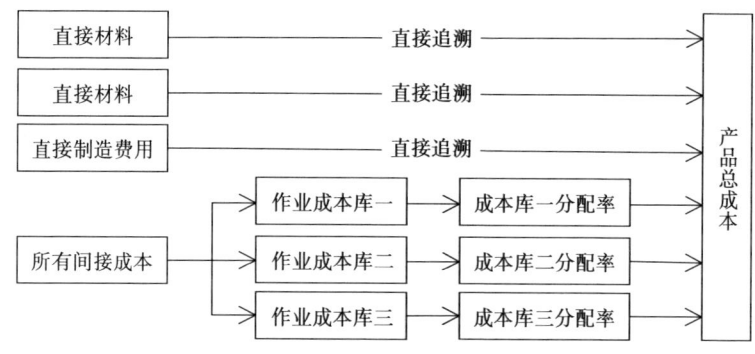

图9-2 作业成本法核算过程

（一）作业的确认和分类

首先，需要对每项消耗企业资源的作业进行定义，识别每项作业在生产活动中的作用、与其他作业的区别以及每项作业与耗用资源的联系。常见的作业有材料订购、材料的整理准备、机器设备的调整准备、机器设备的维修保养、生产线上产品运送和产品质量控制、车间管理等。然后，就要对确定的作业进行分类。作业成本法根据作业的服务对象不同区分出四个层次的作业，即单位作业、批次作业、产品作业和管理作业。

（二）分析作业动因，建立同质成本库

作业成本法下，每种作业活动所发生的成本是按产品生产消耗的作业动因分配的，为此，首先要分析产品成本与作业之间的关系，确定每种作业的具体作业动因。然后，在作业按服务对象和范围分类的基础上，进一步按作业动因分类，将具有相同作业动因的作业合并在一起，建立同质成本库。

（三）按成本库归集作业成本，并计算作业成本分配率

按追溯到成本对象的方式不同，成本可分为直接成本和间接成本。作业成本库归集分配那些不能直接追溯其产生来源的间接成本。对于直接材料、直接人工和直接制造费用等直接成本，可以直接追溯到产品成本，其过程与传统成本计算法无异。而对

表9-1 作业分类及作业动因示例

作业类别	典型作业	作业动因
产量级作业	每件产品的质量检查	产品数量
	直接人工操作	直接人工工时
	机器消耗动力	机器工时
批次级作业	设备调整	调整小时或调整次数
	各批次产品的质量检验	检验小时或调整次数
	采购材料	采购次数
品种级作业	产品设计	产品种类
	零件管理	零件数量
	工艺流程改造	产品种类
生产维护级作业	行政管理	管理人员工作时间
	应收账款回收	客户数量
	员工培训	员工人数

于各项间接成本，首先应按其资源动因分配到各作业成本库，期末再将各成本库归集的资源耗用量（作业成本）按各成本库的成本动因进行分配，计入相关产品成本中。资源成本分配率和作业成本分配率计算公式如下：

某项资源成本分配率＝当期某项资源总成本／当期资源动因总量

某作业成本分配率＝该作业成本库当期归集的作业成本／当期作业动因数量

（四）计算产品总成本和单位成本

根据每种产品或服务消耗的成本动因和成本库分配率，将作业成本库归集的作业成本分配于产品或服务。

某产品分配的作业成本总额＝∑（该产品耗用作业量×作业成本分配率）

某产品总成本＝该产品直接成本＋该产品分配的各项作业成本总额

进行当期完工产品与在产品之间的成本分配以及完工产品分配和单位成本的计算，与传统成本计算方法没有区别。

四、作业成本计算法举例

【例9-1】

某公司生产甲、乙两种产品。甲产品为小批量、高技术产品，生产工人平均技术水平较高；乙产品为大批量产品，生产工艺较甲产品简单。有关资料如表9-2所示。

表 9-2　　　　　　　　　　　产量及作业资料汇总表

项目 \ 产品	甲产品	乙产品
销量（件）	10000	40000
机器调整次数（次）	5	2
原材料处理次数（次）	10	5
质量检验次数（次）	100	50
机器制造小时（小时）	20000	60000
直接材料（元）	250000	600000
直接人工（元）	100000	240000

此外，该企业当年制造费用项目与发生金额如表 9-3 所示。

表 9-3　　　　　　　　　制造费用项目与发生金额

项目	金额
机器调整成本	140000
原材料处理成本	150000
质量检验成本	300000
间接人工支出	34000
燃料与水电费用	160000
设备折旧	240000
其他费用	176000
合　计	1200000

（一）传统成本计算法下的成本计算

按传统成本计算法，制造费用可按机器制造工时进行分配，制造费用分配率为：
制造费用分配率 = 1200000/(20000 + 60000) = 15（元/件）
甲产品应分摊的制造费用 = 20000 × 15 = 300000（元）
乙产品应分摊的制造费用 = 60000 × 15 = 900000（元）
根据上述分析，编制产品成本计算表，如表 9-4 所示。

表 9-4　　　　　　　　传统成本法下成本计算表

项目	甲产品	乙产品
直接材料	250000	600000
直接工资	100000	240000
制造费用	300000	900000
总成本	650000	1740000

续表

项目	甲产品	乙产品
产销量	10000	40000
单位产品成本	65	43.5

（二）作业成本法下的成本计算

作业成本计算的关键在于对制造费用的处理不是完全按机器制造工时进行分配，而是根据作业中心与成本动因确定各类制造费用的分配标准。具体计算过程如下：

（1）对于机器调整成本，其成本动因是机器调整次数。

分配率 = 140000/(5 + 2) = 20000（元/次）

甲产品应分配机器调整成本 = 5 × 20000 = 100000（元）

乙产品应分配机器调整成本 = 2 × 20000 = 40000（元）

（2）对于原材料处理成本，其成本动因是原材料处理次数。

分配率 = 150000/(10 + 5) = 10000（元/次）

甲产品应分配原材料处理成本 = 10 × 10000 = 100000（元）

乙产品应分配原材料处理成本 = 5 × 10000 = 50000（元）

（3）对于质量检验成本，其成本动因是质量检验次数。

分配率 = 300000/(100 + 50) = 2000（元/次）

甲产品应分配质量检验成本 = 100 × 2000 = 200000（元）

乙产品应分配质量检验成本 = 50 × 2000 = 100000（元）

（4）对于间接人工支出，其成本动因是直接人工成本。

分配率 = 34000/(100000 + 240000) = 0.1（元/元）

甲产品应分配间接人工支出 = 0.1 × 100000 = 10000（元）

乙产品应分配间接人工支出 = 0.1 × 240000 = 24000（元）

（5）对于燃料与水电费用、设备折旧，其成本动因都是机器制造小时。

其共同的分配率为：分配率 = (160000 + 240000)/(20000 + 60000) = 5（元/机器工时）

甲产品应分配的这两项费用 = 5 × 20000 = 100000（元）

乙产品应分配的这两项费用 = 5 × 60000 = 300000（元）

（6）对于其他费用，由于其成本动因无法确定，故以上述甲、乙两产品分摊所有费用的比例作为分配基础。

甲产品所分配的费用 = 100000 + 100000 + 200000 + 10000 + 100000 = 510000（元）

乙产品所分配的费用 = 40000 + 50000 + 100000 + 24000 + 300000 = 514000（元）

∴ 其他费用分配率 = 176000/(510000 + 514000) = 0.171875（元/元）

甲产品应分配的其他费用 = 0.171875 × 510000 = 87656（元）

乙产品应分配的其他费用 = 0.171875 × 514000 = 88344（元）

∴ 应分配给甲产品的制造费用金额 = 510000 + 87656 = 597656（元）

应分配给乙产品的制造费用金额 = 514000 + 88344 = 602344（元）

根据上述分析与计算，编制作业成本计算表，如表 9 - 5 所示。

表 9 - 5　　　　　　　　　　作业成本计算法下成本计算表

项目	甲产品	乙产品
直接材料成本	250000	600000
直接工资成本	100000	240000
制造费用	597656	602344
总成本	947656	1442344
产销量	10000	40000
单位产品成本	94.8	36.1

（三）两种方法计算结果的比较

比较表 9 - 4 和表 9 - 5，按作业成本计算法，甲产品单位成本由传统成本计算的 65 元提高到 94.8 元，提高幅度为 46%；乙产品单位成本由传统成本计算的 43.5 元下降到 36.1 元，下降幅度为 17%。可见，在传统成本计算下，产量较大的普通型产品的成本被多计或高估，而产量较少的精密型产品的成本则被少计或低估。导致这种结果的主要原因在于，传统成本计算法采用的是单一的分配标准进行制造费用的分配，忽视了各种产品生产的复杂性、技术含量的不同以及与此相联系的作业量的不同。相比之下，传统成本计算法失真较大，而作业成本计算法考虑了引起制造费用发生的具有代表性的各种成本动因，并以此为基础分配制造费用，因此它能较客观、真实地反映高新技术环境下各种产品的成本。

五、作业成本法与传统成本计算法的比较

作业成本法与传统成本计算法既有区别又有联系。作业成本法与传统成本计算法在直接材料与直接人工的计算上没有差异，二者的最终目的都是计算最终产出（产品、劳务或顾客）的成本。其区别主要体现在：

（一）成本核算对象不同

传统成本计算法下，产品成本核算对象是产品，作业成本的核算对象包括作业、作业中心（构成一个业务过程的相互联系的作业集合）、产品和劳务（完成一定的作业之后所提供的顾客价值的载体）、顾客（企业内外部解释产品或劳务的购买者）、市场（企业提供的最终产出物销售的区域）。作业成本法将作业的成本分配给上述各成本计算对象。同时，通过对作业成本的确认、计量，为尽可能消除"不增值的作业"、提高"可增值的作业"，及时获得不同决策所需的相关成本信息。

（二）成本核算范围不同

在传统成本计算法下，成本的核算范围是产品成本。在作业成本法下，成本核算范围有所拓宽，包括产品成本、作业成本、动因成本。这些成本信息消除了传统成本计算法下成本信息扭曲的缺陷，使企业管理当局准确评价产品和作业流程，有助于提高产品管理决策的质量。

（三）成本核算的观念不同

传统成本计算法只是为了存货估价而将发生的费用分配到成本计算对象，而作业成本计算法则是为了管理决策，改进企业的经营过程而将已发生的费用分配到成本计算对象。

（四）费用分配标准不同

在传统成本计算法下，假定所有间接费用都与直接人工或机器小时或者产出数量线性相关，并以某一数量为分配标准分配间接费用。采用这种单一标准进行间接费用的分配，无法正确反映不同产品生产使用不同生产流程或作业技术造成的费用发生的不同。而在作业成本法下，首先汇集各作业中心消耗的各种资源，再将各作业中心的成本按各自的作业动因分配到各产品。它是采用多种标准分配间接费用，是对不同的作业中心采用不同的作业动因来分配间接费用。因此，从间接费用的分配准确性来说，作业成本法计算的成本信息比较客观、真实、准确。从成本管理的角度讲，作业成本管理把着眼点放在成本发生的前因后果上，通过对所有作业活动进行跟踪动态反映，可以更好地发挥决策、计划和控制作用，以促进作业成本管理的不断提高。

第二节 作业成本管理方法

作业成本计算法虽然起源于准确计算产品成本的动机，但是，其意义已经完全超越这一需求，深入企业作业链——价值链的重构，乃至企业组织结构设计等问题中。

一、作业成本管理的概念

作业成本管理是指企业利用作业成本计算所获利的信息，进行作业管理，以达到不断消除浪费、实现持续改善，并最终实现企业战略目标的一系列活动。

作业成本管理是将成本管理的起点和核心由"商品"转移到"作业"层次的一种管理方法。在作业成本管理过程中，企业是一个为最终满足顾客需求、实现投资者财富最大化而运行的一系列有密切联系的作业的集合体。最终产品作为企业内部一系列作业的集合体，它凝聚了在各个作业上形成而最终转移给顾客的价值。因此，作业链同时也表现为价值链，而作业的推移，同时也表现为价值在企业内部的逐步积累与转移，最终形成转移给企业外部顾客的总价值。

二、作业成本管理的基本内容

作业成本管理是由两个相互关联的过程组成，一方面是作业成本的计算（分配）过程，即所谓的成本分配观；另一方面是作业的控制过程，即过程观，包括作业产生的原因分析、作业确认和作业评价。这两方面的内容及相互关系如图9-3所示。

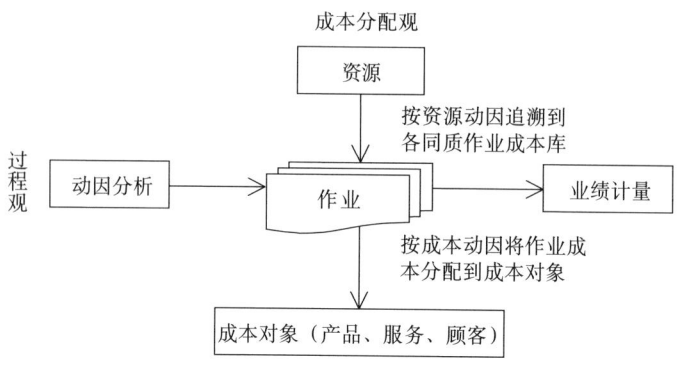

图 9 - 3　二维作业成本管理模型

图 9-3 的纵向分部分反映了成本分配观，说明成本对象引起对作业的需求，而作业的需求，又引起对资源的需求，这是因为完成一定的作业要耗费一定资源，形成作业的成本，随着作业的逐步推移，作业成本逐步积累，最终归属于引起对作业需求的成本对象，这就形成了资源耗费——成本自上而下的纵向分配。

图 9-3 的横向部分，则反映了引起一种作业耗费资源的驱动因素——成本动因，并进一步衡量作业完成的效果如何（业绩计量）。请注意，该图纵横两部分相交的中心是作业成本计算和作业成本管理的焦点。

根据管理层次的不同，作业成本管理分为经营性作业成本管理和战略性作业成本管理。战略性作业成本管理是通过战略层面上思考什是正确的事，改变对作业管理的根本要求，从而增加企业利润的成本管理，包括产品组合决策、产品设计、产品开发、供应商关系等能够降低对作业要求的决策。经营性作业成本管理包括为提高效率、降低成本、提高资产利用率而采取的行动，即正确地做事情。经营性作业成本管理将企业对作业的要求视为既定值，试图以尽可能少的资源达到这一要求，经营性作业成本管理或者增加产出、或者减少支出，以较少的物力、人力、资本实现既定的收入和利润。

作业成本管理的目标是从为顾客提供满意的产品中获得更多利润。企业要使顾客（外部顾客）满意，首先要以员工（内部顾客）满意作为基础和条件。只有员工满意，才能达到持续改善的理想境界，消除一切不增加价值的作业，从而优化企业作业链—价值链，进而使顾客满意。因此，企业应从战略层面进行价值链分析，从经营层面，进行作业分析，对导致成本产生的原因即作业进行分析，而不是对成本本身，进而降低企业的成本。

（一）价值链分析

创造价值是公司计划和执行战略的一个重要组成部分。价值链理论是由迈克尔·波特（Michael E. Porter）1985 年在《竞争优势》一书中提出的。价值链理论认为，不断改进和优化价值链，尽可能提高顾客价值，是提高企业竞争优势的关键。价值是指客户从公司的产品或服务中获得的有用性。价值链是指为提供满足顾客需要的产品和服务所发生的一系列消耗资源的作业。价值链（value chain）是一个业务职能序列，其中顾客有用性被加到公司的产品或服务中。价值链分析是一种战略分析工具，借此可以更好地理解企业的竞争优势，识别何处可以增加顾客价值或降低成本。

价值链理论把企业看作是为最终满足顾客需要而设计成的一系列的集合体，形成一个由此及彼、由内到外的作业链。每完成一项作业都要消耗一定的资源，而作业的产出又会形成一定的价值，再转移到下一个作业，按此逐步推移，直到最终把产品提供给企业外部的顾客，以满足他们的需要。最终产品作为企业内部一系列作业的集合体，它凝聚了在各个作业上形成而最终转移给顾客的价值。因此，作业链同时也表现为价值链，而作业的推移，同时也表现为价值在企业内部的逐步积累与转移，最终形成转移给企业外部顾客的总价值。

从顾客手中收回的价值，就形成企业的收入。收入补偿完所有有关作业所消耗资源价值之后的余额，即为企业的利润。价值链列示了总价值，并且包括价值活动和利润。利润是总价值与从事各种活动的总成本之差。

价值链分析模型把企业内外活动分为基本活动和支持性活动，如图9-4所示。基本活动是涉及产品的物质创造及其销售、转移给买方和售后服务的各种活动。辅助活动是辅助基本活动并通过提供外购投入、技术、人力资源管理以及各种企业范围的职能以相互支持的各种活动。这些价值活动的再分解能够达到范围更加狭窄的活动层次，潜在活动的数量通常十分巨大。这样就可以做到细分竞争优势的来源，使其准确到位。

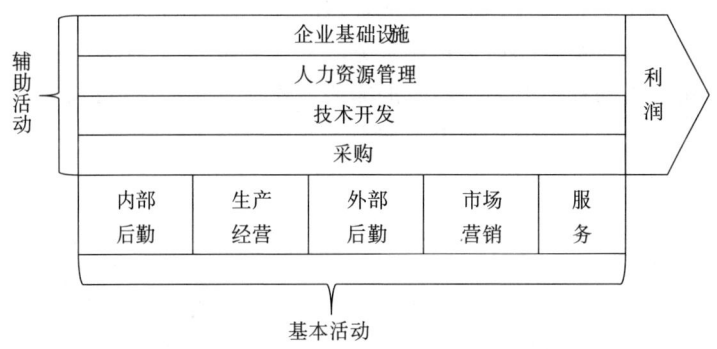

图9-4 迈克尔·波特价值链分析模型

另一方面，还有学者将价值链看成是企业内部的一个业务职能序列，其中顾客有用性被加到公司的产品或服务中，包括研发、设计、生产、营销、分销和售后服务等六项业务职能，如图9-5所示。其中，每一项职能对企业满足顾客需求并长期保持顾客满意度和忠诚度都是必要的。但这并不意味着管理人员在计划和管理其作业时应该依内部价值链的顺序进行。如果价值链上的两个或多个职能能够像一个团队一样共同发展，公司将获得更大的利益。如生产、营销、分销和售后服务部门的经理参与设计决策通常会使选中的设计降低公司的总成本。再如，对于整个价值链，公司可以使用顾客关系管理系统整合人和技术，以加强公司与顾客、合作伙伴和分销商的关系。

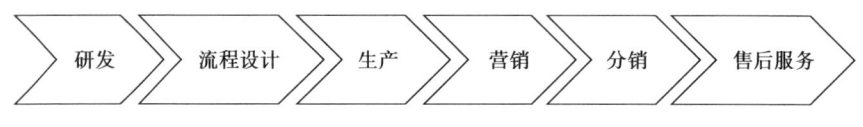

图9-5 企业内部价值链

此外，上述企业价值链分析只局限于企业内部的价值链，而价值链分析还可以延伸到企业外部，从更广泛的视野，探讨整个产业上所有企业的竞争地位和相应的分化、组合问题，延伸到企业同与其直接相联系的供应者、顾客之间的关系的分析，以便据以改善彼此的价值链，取得协作互利的效果。

（二）作业分析

作业分析就是确认、描述和评价一个企业所执行作业这样一个过程。作业分析的目的就是找出在不需某种作业的条件下生产产品的途径。作业分析应区分增值作业和非增值作业，最终消除非增值作业、提高增值作业的效率，使作业链达到最优。

增值作业（value—added activity）是指可为最终产品或劳务增加价值，缺少它会影响顾客对产品或劳务的满意程度。反之，不能为最终产品或劳务增加价值的作业为非增值作业。相应地，增值成本是以完美的效率执行增值作业的成本。非增值成本是指由非增值作业或增值作业的低效执行而引起的成本。由于竞争的加剧，很多企业正在努力消除非增值作业，如果非增值作业被消除了，由此节约的成本将使产品价格降低，提高企业竞争力。消除非增值作业常见的方法就是外包，支付一定的价格，进而由外部专业公司或机构提高专业、高效的非增值作业，企业就可以将主要资源用于增值作业和核心竞争力的管理和提高上，即企业在消除非增值作业的同时，还应尽量使增值作业达到最优效率。

但是，有些作业是为了遵守法律规定而产生的。如为遵守证券交易委员会（SEC）和证券交易所的报告要求和税收填报要求而执行的作业。虽然这些作业不增加顾客价值，但却是信息不对称和企业内、外部价值链管理不完善的情况下必然要存在的作业。因此，并不是所有的非增值作业都要消除。

非增值作业可以存在于组织的任何地方。而日本丰田生产方式提出的浪费/非增值作业的概念范围则又有所扩大。精益生产（也称为丰田生产方式）是通过持续改进措施，识别和消除所有产品和服务中的浪费/非增值型作业的系统方法。浪费是指不为产品增加价值的任何事情，不利于生产符合客户要求的任何事情，顾客不愿付钱由你去做的任何事情以及尽管是增加价值但所用的资源超过了"绝对最少"界限的活动。精益生产认为，过量生产、等待、库存、搬运、加工、动作不合理、不合格品及其返工等均是浪费。因此，企业应有效确认并尽可能地消除这些非增值作业。

综上所述，作业分析的主要作用如下：

（1）通过区分增值作业和非增值作业，从而更有效地管理成本；

（2）关注关键活动过程和作业的有效性，并寻找降低成本、增加顾客价值的途径；

（3）通过将资源分配给关键的增值作业、关键顾客、关键产品，并通过持续改进，以提高企业竞争能力。

总之，作业分析要把管理的重点放在那些为顾客创造价值的最重要作业上，通过对作业的跟踪和动态反映，及事前、事中、事后的作业链及价值链分析，实现企业持续低成本、高效益的目标。

三、作业成本管理实例

管理者在进行了作业成本分析、了解产品成本之后，可以采取许多可行策略来增加产品系列的获利能力，如产品重新定价、替代产品、重新设计产品、改进生产过程和经营策略、技术投资和产品削减等。本书以产品定价和组合决策、产品设计决策为例说明作业成本管理的应用。

（一）产品定价与产品组合决策

作业成本管理给管理人员提供了关于生产和销售不同产品的成本信息，依据这些信息，管理人员能做出定价和产品组合决策。例如：ABC 公司产品 A，传统成本计算法下，A 产品成本为 54 元，而作业成本计算表明，A 产品的作业成本为 45 元，市场上竞争对手的销售价格为 55 元，公司能够以低于竞争对手的价格进行产品销售仍能够获利。因此，ABC 公司管理者决定以 52 元的价格进行产品 A 销售，且公司的管理者有信心通过作业成本动因分析进一步降低产品的生产成本。

如果 ABC 公司还有其他更加复杂的 B 产品的生产和销售，在没有作业成本法提供的成本信息的情况下，公司管理者可以误认为 52 元的销售价格可能会造成亏损，而使公司转而生产复杂产品 B，从而在产品组合上做出错误决策。

如果复杂产品 B 的作业成本为 150 元，比产品 A 的作业成本高出很多，而传统生产法计算出的产品 B 的生产成本为 100 元，产品 B 的市场销售价格为 155 元。在传统成本数据下，ABC 可能会放弃产品 A 转而生产 B 产品，进而会造成企业总体利润率的下降。

作业成本法发现，该企业将生产重心放到复杂产品的生产上是错误的，简单产品生产耗费的作业和资源更少，会带来更高的利润。因此，如果产品生产的复杂性程度有较大区别，在产品组合决策时，企业应以作业成本计算结果为依据，选择边际贡献总额最大的产品或产品组合进行生产。

（二）重新设计产品

一些产品之所以昂贵是由于设计不合理。在没有作业成本引导产品设计的情况下，工程师们往往忽略许多部件及产品的成本。他们为性能而设计产品却不考虑添加独特部件的成本、新买主和复杂生产的需要。削减产品成本的最好机会是产品的初次设计。作业成本分析可以揭示一些设计中存在的昂贵的复杂部件以及生产过程，它们很少增加产品的绩效和功能，故可以被删除或修改。产品的重新设计是非常有吸引力的选择。因为它不会被顾客发现，如果设计成功了，公司也不必进行重新定价或替代其他产品。

如某电脑公司生产 S 系列的个人电脑，通过分析顾客需求与竞争对手发现，顾客更加关注该产品的稳定性与价格，因此，企业对 S 系列个人电脑进行改进，主要措施如下：

（1）改用更加简单、稳定的主板，以降低材料成本；
（2）改用标准化和简易安装接口的零件，降低单位人工时间及成本；
（3）减少功能复杂的零件，以节约采购成本；
（4）总体上，该个人电脑体积和重量也随之下降，运货成本随之出现下降，且产品稳定性的提升使得产品的返修及"三包"等质量成本大幅度下降。产品设计改进后 S 系列个人电脑的成本变化如表 9-6 所示。

表 9-6　　　　　　　　　S 系列个人电脑产品成本分析表

成本类别	成本动因	重新设计前生产		作业量总额	成本动因分配率	重新设计后生产		作业量总额	成本动因分配率
		成本动因作业量明细				成本动因作业量明细			
(1)	(2)	(3)	(4)	(5)=(3)(4)	(6)	(7)	(8)	(9)=(7)(8)	(10)
直接生产成本									
直接材料	零件数量	1	件	200 000	台产品	200 000	￥460	1	件	200 000	台产品	200 000	￥385
直接生产人工	直接人工小时	3.2	直接人工小时	200 000	台产品	640 000	￥20	2.65	直接人工小时	20000	台产品	530 000	￥20
直接机器成本（固定）	机器小时					300 000	￥38					300 000	￥38

续表

					间接生产成本						
订货与收货成本	订货数量	50	订单数/零件	450	种零件	22 500	¥80	50	订单数/零件	425	种零件	21250	¥80
测试与检查成本	测试小时数	30	测试小时	200 000	台产品	6000 000	¥2	15	测试小时	200 000 a	台产品	3000 000	¥2
返工成本	返工小时	2.5	返工小时/缺陷产品	8% 16 000	缺陷率 缺陷产品数量	40 000	¥40	2.5	返工小时/缺陷产品	6.5% 13 000 b	缺陷率 缺陷产品数量	32500	¥40
合计							¥640					¥565

注：a—8%缺陷率 200000台完工产品＝16000台缺陷产品；b—6.5%缺陷率 200000台完工产品＝13000台缺陷产品。

作业成本计算的结果对成本管理的许多方面都造成了影响，如基于作业成本法的成本性态分析等。一方面，作业成本法及作业成本管理的应用能够解决产品成本计算中成本扭曲的问题，提高成本计算准确性，提高成本管理和决策的质量；另一方面，作业成本法对间接成本的分配更合理，并能够应用于期间费用的成本核算和责任确定，是一种广泛的完全成本法，不仅是一种成本计算方法而且是一种成本控制方法。

但作业成本法的应用也存在一些问题，并不是所有企业应用作业成本法及作业成本管理都能够成功。作业成本法提供的成本信息仍然是历史信息，对成本管理的意义不大；成本动因的选择具有很大的主观性；作业成本法没有完全解决与作业无关的间接成本的分配问题；对制造费用比例较小的企业不适用。而且，作业成本法应用需要对现有的成本核算系统进行改进，培训员工使用新成本核算系统，越大规模的推行耗费的人力和物力越多，并且需要企业信息系统提供相关的作业量及成本信息。如某银行经纪业务的资金运营中心应用该模型时，传统的作业成本模型需要在超过100个营业网点调查70000个员工的时间分配，并提交他们的调查结果。同时，为了管理作业成本的数据收集、处理并编写报告，该中心需要14个全职员工。同时，作业成本计算和管理的维护成本也较高，在改变处理程序和资源消耗流程、增加新的作业和订单、渠道和客户的多样性或复杂性增加时，均需要改变成本核算和管理系统。因此，简化的作业成本法——估时作业成本法被提出。

第三节 估时作业成本法

以"作业消耗资源,产品(服务)消耗作业"为基本思路的传统作业成本法在实施过程中的高成本使许多企业放弃了作业成本法的应用。2004 年 11 月,卡普兰(Kaplan)在哈佛工商评论上发表了"估时作业成本法"(time – driven activity – based costing,以下简称"TDABC")。估时作业成本法直接将时间作为成本动因,将资源分配到诸如准备、订单、产品、提供的服务和客户等成本对象上。估时作业成本法修正了传统的作业成本法模型,解决了其在应用中的高成本等问题。

一、估时作业成本法的产生

(一)传统作业成本法的缺陷

20 世纪 80 年代中期,作业成本法使管理者明白了不是所有的收入都是有益的收入,也不是所有的客户都是可以带来利润的客户。传统的作业成本法在施行和维护方面的困难使它不能成为一种有效、省时且随时可以更新的管理工具。

(1)访谈和调查太耗时且成本高。建立作业成本法系统的成本十分高昂,维护过程十分复杂,调整起来也相当困难。同时,由于此方法需要靠企业的员工对其在不同作业上的工作时间比例进行主观估计,除去员工费尽心思地回想其时间分配所导致的计量误差外,事先知道这些数据用途的员工可能会有意歪曲事实或谎报他们的结果。这些都会使人们对其成本分配的准确性产生怀疑。

(2)传统作业成本法的数据是主观估计的,难于验证。如果企业的作业比较复杂,作业成本法就会包含大量作业。此时,作业成本法并不能完全准确地反映实际运营的复杂性,成本计算结果也不一定准确。以送货作业为例,公司应确认整车发货、零担发货、隔夜快递或第三方运送等不同方式之间的成本差异,而不是每次发货的成本固定不变。另外,选择的送货服务可能是标准服务,也可能是加快服务。为了反映不同运送安排资源耗费的差异,传统作业成本法需要增加作业项目,从而增加了模型的复杂程度。并多次向员工询问各种作业时间,估计不同情况下作业时间的变化,作业时间的估计比较主观,且成本分配结果可能不准确。

(3)数据存储、处理和报告成本高。当作业成本法系统的设计者想进一步扩充作业种类,从而更清晰、更详细的解释和描述各项作业时,对储存和处理数据的计算机模型的能力要求将会呈非线性增长。例如,某公司建立了一个全公司范围的作业成本法模型,该模型按月分析 150 项作业并分配成本给 60 万个成本对象(包括产品、库存量单位和客户),在两年的时间里需要模型估计、计算和存储数据的项目超过了 20 亿。模型的膨胀致使很多作业成本法系统超出了类似微软 Excel 这样的一般电子表格工具的信息处理能力,甚至许多有关作业成本法的商业软件包对此也无能为力。假如将需要处理的数据集中起来,系统依然要花上数天时间才能处理 1 个月的数据。传统 ABC 软件在计量整个企业成本上存在上述困难,及时对其进行改进,它所带来的收益也不能弥补和运行的高成本。

(4) 忽视未使用生产能力的潜能。当人们在访谈和调查员工各项作业的时间耗费时,报告的作业时间总额为成本分配基础,并没有考虑员工闲暇或非生产时间的影响。因此,传统作业成本法计算的成本动因比率均假设资源是满负荷运转的。但事实上,产能的满负荷运转是不可能的。成本动因比率应该按照实际产能而不是按实际使用产能计算。

为了解决作业成本法存在的上述缺陷,一种新的方法——估时作业成本法产生了。

(二) 估时作业成本法的原理

估时作业成本法在把资源分摊给各成本对象(包括订单、产品和客户)之前并不需要询问和调查员工以分摊资源成本给各项作业。通过节省这一程序,估时作业成本法简化了成本计算流程。这种崭新的成本模型的分析框架非常简明,利用该方法只需要估计两组非常容易得到的数据,就可以把资源成本直接分配给成本对象。

(1) 计算投入的资源能力成本。以一个处理客户订单的部门或流程为例。估时作业成本法模型要计算为该部门或该流程提供的所有资源的成本,包括人事成本、监督成本、租金成本、设备和技术成本等。用总成本除以本部门的产能(职工实际工作的时间),就能得到产能成本率。

(2) 将资源成本分配到各成本计算对象。估时作业成本法通过估计各成本对象需要的资源产能(一般是"时间",新方法的名字也是由此而来的),使用产能成本率把各部门的资源成本分配到成本对象上去。我们以对客户的订单处理时间进行估算为例。传统作业成本法假设所有客户的订单都是相同的,但是,估时作业成本法不必假设所有客户的订单都是相同的。它可以根据各订单的具体要求对处理时间进行相应的估计。例如,手工订单、自动订单、加急订单、国际订单、易碎品和危险品的订单或者是无信用记录的新客户发来的订单等,它们各自都应该有对应的时间估计量。TDABC 模型模拟整个公司运作的实际过程,因此与传统作业成本法相比,它能更好地反映复杂的现实情况和不同作业之间存在的处理时间上的差异,又对数据的估计、存储和处理能力没有过多需求。

(三) 估时作业成本法与传统作业成本法的比较

我们通过一个例子比较传统作业成本法和估时作业成本法,以此来看估时作业成本法的优点。下面我们来分析一个客户服务部门。该部门每季度的经营费用是 567000 美元,包括员工工资、管理人员工资、部门信息技术成本、通信成本和租金。假定这 567000 美元是本季度既定的,不会根据本部门工作量的多少而变化。

(1) 传统作业成本法。传统作业成本法分析始于项目小组对管理人员和部门员工的调查,以掌握该部门员工需要处理的各种不同作业项目。为了简便起见,假定作业成本法项目小组查明该部门负责以下 3 项作业。

①处理客户订单。

②接待客户咨询和投诉。

③执行客户信用调查。

接下来，项目小组开始询问并调查员工，要求他们估计花费或预计花费在这 3 项作业上的时间比。通常来说，这一调查过程是相当耗时间的，并且对员工来说也很难回答。员工通常都会问："您说的是我昨天的工作情况吗？"调查成员回答说："不，最好您能回忆起过去 3 个月或者 6 个月的一般情况，并由此估计出在这段时间内您在处理订单、接待咨询和投诉以及核实信用报告所分配的时间比例等情况。"ABC 项目小组确实也不能考证员工主观时间分配的有效性，除非他们愿意再花几周时间来观察实际工作中各项作业占用的时间比重。

假设调查显示 3 项作业的时间比重分配比例是 70%、10% 和 20%。项目小组根据这一比例把部门总成本（567000 美元）分摊给 3 项作业。同时，项目小组也收集了本季度 3 项作业实际或估计的工作量，结果如下：

①49000 份客户订单。

②1400 次客户咨询。

③2500 项信用调查。

为了简化分析，项目小组还做出了另外一个假定，即处理所有的订单都需要占用相同的资源（时间），所有客户咨询的时间相等，并且每项信用调查都要付出相同的努力。据此，ABC 系统计算出如下平均成本动因率：

表 9-7 传统作业成本法成本计算表

作业	花费的时间	成本分配（美元）	成本动因	成本动因率
处理客户订单	70	396900	49000	8.10 美元/订单
接待客户咨询	10	56700	1400	40.50 美元/客户咨询
执行信用调查	20	113400	2500	45.36 美元/信用调查
总计	100	567000		

项目小组依据订单数目、投诉次数和所需的信用调查次数，按照成本动因率把客户服务部门的花费分摊给每位客户。

(2) 估时作业成本法。TDABC 省去了"确定作业项目"这项工作。因此，也不必将部门成本分配到部门从事的各项作业上。估时法避免了传统方法所必需的成本高、耗时大且主观的作业调查工作，它利用时间方程自动地把资源成本直接分配到作业和服务上。我们只需要估计两个参数：各部门的产能成本率和该部门开展业务的产能使用量。这两个参数都可以被容易且客观地估算出来。

①产能成本率的估计：产能成本率=产能成本/实际产能。

为了估计实际的产能，TDABC 项目小组需要确认实际工作中使用的资源（一般为人事或设备）量。假定该部门雇用了28名一线工人（其中不包括管理人员和维修人员）。每名员工一个月平均工作20天（一季度工作60天），一天工作7.5小时，员工们都按时上班，因此每位员工一个季度工作450小时或者27000分钟。但是，并不是所有的上班时间都用来进行生产性工作。客户服务部门的员工每天用于休息、培训和接受教育时间加在一起大约有75分钟。因此，每位员工的实际产能大约是每季度22500分钟（375分钟/天×60天/季度），28名一线员工的实际产能就是630000分钟。而产能成本每月为567000美元，则估计的产能成本率为：

产能成本率 = 567000（美元）/630000（分钟）= 0.90（美元/分钟）

②产能使用量的估计。TDABC模型估计的产能使用量通常都是以时间计量。与传统方法相比，TDABC并不利用业务动因，而仅仅要求项目小组估计出每次进行作业的必要时间。可以通过直接观察或者调查询问得到结果。而且，不像传统作业成本法模型，要主观估计时间分配比重，TDABC需要的产能消耗估计很容易被观测和验证。在本例中，我们假定TDABC小组得出了以下3项与客户有关的作业的平均耗费时间，处理单个客户订单需要8分钟，接待一个客户咨询需要44分钟，进行一次执行信用调查需要50分钟。

通过把产能成本率与进行各项作业的单位时间的估计值相乘，该小组很简单地就计算出了客户服务部门3项作业的成本动因率，如表9-8所示。利用TDABC得到的成本动因率略低于传统作业成本法模型的估计结果。

表9-8　　　　　　　　　　估时作业成本法成本动因计算表

作用	TDABC的成本动因	
	单位耗时（分钟）	成本动因率（0.9/分钟）
处理客户订单	8	7.20美元
接待客户咨询	44	39.6美元
执行信用调查	50	45.00美元

因此，企业可以用该部门客户服务时间来替代传统作业成本法模型中的3项作业。

客户服务总时间（分钟）= 8×处理订单的数量 + 44×客户咨询的次数 + 50×客户信用调查的次数

表9-9表明，在此期间只有92%的投入产能（630000分钟里的578600分钟）被投入了生产性活动。因此，在本阶段567000美元的总开支里只有92%应该分配给客户。由于按调查分配工作量，传统作业成本法过高估计了作业成本。虽然调查的结果相当准确（70%、10%和20%的估算比例与67.7%、10.6%和21.6%的实际生产工作比重情况非常接近），但这毕竟包括了使用和未使用的产能成本。通过明确规定每项作业耗时量，企业可以获得更准备的作业成本信息和潜在作业效率信息。同时，也可以了解产能中未使用的产能（51400小时）和成本（46260美元）。

表 9-9　　　　　　　　　　　估时作业成本法成本计算表

作业	单位耗时（分钟）	数量	总分钟	总成本（美元）
处理客户订单	8	49000	392000	352800
接待客户咨询	44	1400	61600	55440
执行信用调查	50	2500	125000	112500
使用约产能			578600	520740
未使用的产能（8.2%）			51400	46260
总计			630000	567000

通过上例的对比，我们知道估时作业成本法成功地克服了传统作业成本法的缺陷，并且具有以下优点：

①可以更容易更快地建立一个准备的模型；

②能根据订单、流程、供应者和客户各自的特点把成本分摊给各项业务和订单，并能提供有关流程效率和产能利用情况的明确信息。

③能预测资料需求量，使公司能够根据预期的订单数量和情况的复杂性对资源产能做出预算。

④可以在任何行业和公司使用，不管其客户、产品、渠道、部门以及流程方面的情况多么复杂，有多少员工和资本支出额。

二、估时作业成本法的应用流程

估时作业成本法的应用分为准备阶段、数据定义、获取和分析阶段、建立试验模型阶段和全公司推广阶段四个阶段。

（一）准备阶段

项目开始之初，执行发起人应该确定模型的目标。TDABC 模型能用于多种目的，例如关注改进流程的作业，为进行信息技术或其他支持性部门的成本分析提供基础，推动产品和流程的合理化。最具有代表性的目标是，将亏损客户转变为盈利客户，从而提升企业获利能力。明确的模型目标可以帮助挑选合适的项目小组成员。衡量和管理客户获利能力的项目应当让市场营销部门或销售部门的经理参与项目小组。如果项目的主要目标是寻求优化流程和降低成本的话，那么负责制造或生产的副总裁就是理想人选。

第一阶段同时也明确了模型的范围。初始 ABC 模型应用通常在一个部门或分支机构进行试验，很少在整个公司范围内铺开。这种试验性研究应用能比较快地发现模型的好处和应用成本，避免了一开始就建立一个全公司范围模型的高投入、高风险和高耗时。确定模型范围的同时，项目小组要估计试验开始和完成时间、成本和需要收集的数据来源。即使在试验阶段，项目小组也应当预想到模型在整个公司的推广应用。由于 TDABC 模型有很好的升级潜能，一旦试验成功，公司模型将是试验模型的逻辑拓展。

在第一阶段同时还要确定项目小组构成,表 9-10 是一个典型的 TDABC 项目小组构成。由于全公司模型涉及许多部门和分支机构,所以 TDABC 项目需要高级管理层的积极发起和支持。对于数据如何收集并自动输入模型,项目小组中的信息技术部门员工要提供专业指导和技术。操作员工需要学习使用专业技术,特别是详细的时间方程,从而提升模型的可靠性。

表 9-10 典型的项目小组

小组成员	背景	作用	具体要求
执行发起人	管理或财务	得到行政支持 提出构想 按模型需要行动	不经常参与 出席关键会议 (一个月 2 天)
项目负责人	作业成本法经验 咨询或项目管理经验	决定模型结构 安排工作日程 主持会议	活跃成员 每周 3~5 天
系统支持人员	信息技术	收集数据 整合系统	不经常参与 最初的 5~10 天
模型建立人员	操作人员 咨询师 会计人员	建立模型 建立方程 验证	活跃成员 每周 2~5 天

(二) 数据定义、获取和分析

要实现 TDABC 模型准确性更高的潜力,需要获取详细的业务和订单层面的数据。从 ERP 系统中我们可以获取一份数据文档,有些数据不能自动生成,所以项目小组需要通过信息技术界定 TDABC 模型需要的数据来源范围。TDABC 模型引入的关键因素是执行一个作业或向一位客户提供服务等需要的时间。业务不同的特征决定了其耗费时间的长短也不同。所以,项目小组要进行决定性的一步就是估计时间方程。假设一个部门中有一个由 n 个作业构成的流程,每个作业所耗费的单位时间为 T_i,每个作业处理的项目数量为 X_i,那么我们便可以估算出其时间方程为:

流程所需时间 $T = \sum (T_i \times X_i), i = 1, 2 \cdots n$

如果知道部门在每一项作业上发生的时间动因数量,便可以确定一个部门消耗的总时间。在建立时间方程时,一般建议采用如下顺序。

(1) 从成本最高的流程开始。从耗费时间最长和成本最高的流程开始建立 TDABC 模型。与只有一个员工、年成本只有 6 万美元的部门相比,在这些成本高昂的流程中建立精确成本模型对公司的业绩可能有更大的影响。

(2) 定义流程范围。弄清楚流程从何开始以及何时结束。例如,对于出外摊销,主要作业应当是销售人员拜访客户,但流程时间也可以包括与客户约定所耗费的时间、会面准备时间、来往于客户驻地耗用的时间以及会面后与客户联络的时间。

(3) 确定主要时间动因。确定每项作业中耗费时间（产能）最大、最有影响的因素。

(4) 使用容易获得的动因变量。公司不应当仅仅为了 TDABC 模型而使用新的数据收集技术，例如，如果一个公司的 CRM 系统没有销售人员在一个客户身上花费多少时间的资料，也可以用其他已有的资料，例如是否为新客户、账户类型、销售量、订单数、销售退回次数或电话数量等来估计销售人员所用的时间。然而，如果是占很大成本比例的关键流程有数据空白的话，就有充分的理由要求采用新的数据系统来填补这些空白。如果这个空白对于管理这个流程有决定性作用，那么投资于新的数据系统就是必要的。

(5) 从最简单的开始。最开始，一个时间方程用一个动因变量。例如为客户送货的时间应当先根据送货的订单数量来估计，如果需要更精确，再考虑哪些数据能使它更精确，例如客户与公司的距离、运送的数量、是否货到付款等。

(6) 让具体操作的员工参与到建立和完善模型的过程中来。成本模型只是符合了组织的设想，然而忽视部门的参与会阻碍公司业务的发展，最终使公司陷入困境。项目小组成员应当向工人和销售人员解释项目的目的，然后说明如何参与其中，和他们一起建立时间方程。这样，复杂情况就更容易被理解和添加了。

产能成本率是估时作业成本模型中的第二个基本要素。产能成本率的分子涵盖了员工或设备进行生产工作需要的所有资源成本。这些资源成本包括支付给一线员工和管理人员的全部开支、设备成本、占用成本和那些能追溯到部门或流程及一线员工的间接支持部门成本。如果某部门执行若干个流程，每个流程需要不同的资源组合，那么必须先将该部门的成本分配到这些主要流程中去，然后再分别计算各流程的产能成本率。

部门或流程产能成本率计算中的分母应该是工作资源的实际产能。实际产能的估计值等于理论产能（员工或机器每月能工作的小时数或分钟数）扣除休息、培训、教育、维护和维修时间后的余额。为了反映为处理高峰和季节性需求而提供的产能，可以对此进行调整。

所以，项目小组需要与财务部门合作来确认模型中各个部门和流程的成本。项目范围决定了要分析的部门和流程。例如，一个分销商的试验模型，要核算供应商获利能力，需要的成本数据包括与供应商和客户打交道的部门和流程的成本。

(三) 建立试验模型

(1) 建立最初的试验模型，是上述所有工作的目的。在这个阶段，项目小组用时间方程将部门和流程分配到成本对象，例如项目、订单和客户上去。可以采用如下步骤建立模型：

①将总分类账中的财务数据追溯到各个部门。

②将部门承担的完全成本分配到一个或多个流程。

③上传业务数据。
④为每个流程做出时间估计和设计时间方程。
⑤用时间方程将流程承担的完全成本分配到成本对象。
⑥计算每个订单、供应商或客户的成本及获利能力。

建立试验模型的主要成果之一是学会如何把 ERP 系统和其他系统中的数据自动纳入专业软件中,从而满足 TDABC 模型计算和生成管理报告的需要。这个步骤为模型扩展到整个公司提供了基础。建立一个包括所有部门、所有机构、上万个客户以及数以万计业务的全公司模型不是一件随便就能完成的事情。项目小组在小范围的试验模型上积累了经验和技术后,将模型扩展到整个公司就会变得容易一些,风险也会随之降低。

(2)一旦模型建立并允许,项目小组必须在财务和运营上对它进行验证。对于财务上的验证,模型分配的成本应当和总分类账的财务数据相一致。当通过加总各层次的成本得到相同的数据时,模型的计算就被证明是正确的,公司就能运行这个模型。营运过程验证可以检查时间方程估计的准确性。项目小组成员应尽力让模型计算出来的流程或部门总耗时与按部门员工人数或机器数量估计的可用时间相符。项目小组将模型与实际时间按流程逐项进行比较,同时应提出如下问题:

①如果流程作业明显超过实际产能,那么是否是一些时间估计过高?该部门是否用了没有计入模型的额外的资源或时间?
②如果模型预测的结果是流程运转低于产能,那么是否是流程从事的作业比时间方程中设定的要多?
③复查历史资料,是否流程或部门一直都未充分利用或超额利用产能?

完成了这些数据验证之后,项目小组要检查技术部门成本率和估计各种时间方程中使用的参数,无论是两者哪个存在错误,随着实际结果和计算结果的不断比较都会暴露出来。

(四)全公司推广阶段

如果一个公司拥有多个类似的分支机构,最初将 TDABC 模型在一家试行成功的话,则会较容易地扩展到全公司。以某金属公司为例,该公司在全美有 40 个分销机构,各个分销机构的工作流程基本一致,均包括采购、收货、入库、挑选、切割、成型、打磨、装载、运输、开票和收款。它在三个分销机构建立了估时作业成本法模型,三个试验分支机构的时间方程模板通过了实际数据的验证后,公司就可以简单而快速地按照特定参数为各个分支机构建立了时间方程,并迅速推广到其他分支机构。公司的首席信息官(CIO)奥多·米塞利(Aldo Miscelli)评价估时作业成本法"帮助公司设立了所有流程和部门的设备利用和成本标杆,这有助于我们专注于那些最有利的机会。"

对于更庞大、结构更复杂的公司,在每个业务部门则可以设立一个独立的项目小组,将原始的试验机构的项目小组变成培训师、公司顾问以及全公司项目管理者的角色，以提高估时作业成本法的推广效率。

三、估时作业成本法的应用扩展

TDABC 系统模拟整个企业运作的实际过程，与传统 ABC 相比，它能更好地反映复杂的现实情况和不同作业之间存在的处理时间上的差异，又对数据的估计、存储和处理能力没有过多要求。正是由于估时作业成本法有这些优点，其应用领域不断得到扩展。

（一）用于假设分析，特别是作业预算

利用 TDABC 模型的结构框架，可以预测满足未来运营所需的资源供给和成本变化。这些预测能够给管理人员提供相关信息，用于调整未来资源供给及相关开支，从而符合资源需求。作业预算可以消除许多在传统项目预算过程中的协议与约定，取而代之的是周密、严谨、清晰的分析模型，在这个模型中，管理人员可以核定整个企业为提供产能在人员和设备资源上的开支以及为完成预期的生产和销售计划所需要做的工作。

（二）可以建立快速盈利能力评价模型

快速盈利模型，利用估时作业成本法模型的简单和实用性，可以为并购企业提供一个适用于尽职调查程序的实用新工具。现在，行业模板、信息技术以及 TDABC 的创新方面的进步，能帮助并购企业迅速找出关键问题、疑问和扭亏为盈的方法。所有这些进步，能够让并购企业根据这些很容易捕捉到利润改进机会，制定一项全面的价值创造计划。

（三）与精益管理等项目的融合

TDABC 在业务流程改进上具有巨大的扩展应用潜力，例如 TDABC 对精益管理、标杆管理等业务流程改进做出了巨大贡献。精益管理主要专注于找出减少浪费和增加客户价值的机会，而 TDABC 能够提升这种价值的传递，因为它的应用更广泛，是对整个企业问题的解决，它涵盖了整个企业范围内的流程时间和成本数据，而不仅仅局限于对单个部门或流程进行研究。因此，精益管理和 TDABC 的联合，能让企业获得单靠任一种方法都不能取得的好处。

【本章小结】

ABC 成本法又称作业成本分析法、作业成本计算法、作业成本核算法。

作业成本法的指导思想是："成本对象消耗作业，作业消耗资源"。作业成本法把直接成本和间接成本（包括期间费用）作为产品（服务）消耗作业的成本同等地对待，拓宽了成本的计算范围，使计算出来的产品（服务）成本更准确真实。

作业是成本计算的核心和基本对象，产品成本或服务成本是全部作业的成本总和，是实际耗用企业资源成本的终结。

作业成本法在精确成本信息，改善经营过程，为资源决策、产品定价及组合决策提供完善的信息等方面，都受到了广泛的赞誉。自 20 世纪 90 年代以来，世界上许多先进的公司已经实施作业成本法以改善原有的会计系统，增强企业的竞争力。

作业成本计算法不仅是一种成本计算方法，更是成本计算与成本管理的有机结合。作业成本计算法基于资源耗用的因果关系进行成本分配：根据作业活动耗用资源的情况，将资源耗费分配给作业；再依照成本对象消耗作业的情况，把作业成本分配给成本对象。

【案例分析】

普华公司的产品成本困境

普华公司生产三种电子产品，分别是产品 X、产品 Y、产品 Z。产品 X 是三种产品中工艺最简单的一种，公司每年销售 10000 件；产品 Y 工艺相对复杂一些，公司每年销售 20000 件，在三种产品中销量最大；产品 Z 工艺最复杂，公司每年销售 4000 件。公司设有一个生产车间，主要工序包括零部件排序准备、自动插件、手工插件、压焊、技术冲洗及烘干、质量检测和包装。原材料和零部件均外购。ART 公司一直采用传统成本计算法计算产品成本。

传统成本计算法：

1. 公司有关的成本资料如表 9 – 11 所示。

表 9 – 11　　　　　　　　　公司有关的成本资料

	产品 X	产品 Y	产品 Z	合计
产量（件）	10000	20000	4000	
直接材料（元）	500000	1800000	80000	2380000
直接人工（元）	580000	1600000	160000	2340000
制造费用（元）				3894000
直接人工工时（小时）	30000	80000	8000	118000

2. 在传统成本计算法下，ART 公司以直接人工工时为基础分配制造费用如表 9 – 12 所示。

表 9 – 12　　　　　　　　公司有关的制造费用分配资料

	产品 X	产品 Y	产品 Z	合计
年直接人工工时	30000	80000	8000	118000
分配率		3894000/118000 = 33		
制造费用	990000	2640000	264000	3894000

3. 采用传统成本法计算的产品成本资料如表9-13所示。

表9-13　　　　　　　　　　传统成本法计算的产品成本

	产品 X	产品 Y	产品 Z
直接材料	500000	1800000	80000
直接人工	580000	1600000	160000
制造费用	990000	2640000	264000
合计	2070000	6040000	504000
产量（件）	10000	20000	4000
单位产品成本	207	302	126

（1）公司的定价策略。公司采用成本加成定价法作为定价策略，按照产品成本的125%设定目标售价，如表9-14所示。

表9-14　　　　　　　　　　传统成本法计算的产品目标售价

	产品 X	产品 Y	产品 Z
产品成本	207.00	302.00	126.00
目标售价（产品成本×125%）	258.75	377.50	157.50
实际售价	258.75	328.00	250.00

（2）产品销售方面的困境。近几年，公司在产品销售方面出现了一些问题。产品 X 按照目标售价正常出售。但来自外国公司的竞争迫使公司将产品 Y 的实际售价降低到328元，远远低于目标售价377.5元。产品 Z 的售价定于157.5元时，公司收到的订单的数量非常多，超过其生产能力，因此公司将产品 Z 的售价提高到250元。即使在250元这一价格下，公司收到订单依然很多，其他公司在产品 Z 的市场上无力与公司竞争。上述情况表明，产品 X 的销售及盈利状况正常，产品 Z 是一种高盈利低产量的优势产品，而产品 Y 是公司的主要产品，年销售量最高，但现在却面临困境，因此产品 Y 成为公司管理人员关注的焦点。在分析过程中，管理人员对传统成本计算法提供的成本资料的正确性产生了怀疑。他们决定使用作业成本计算法重新计算产品成本。

作业成本计算：

①管理人员经过分析，认定了公司发生的主要作业并将其划分为几个同质作业成本库，然后将间接费用归集到各作业成本库中。归集的结果如表9-15所示。

表9-15　　　　　　　　作业成本法计算的制造费用分配

制造费用	金额（元）
装配	1212600
材料采购	200000
物料处理	600000
起动准备	3000
质量控制	421000
产品包装	250000
工程处理	700000
管理	507400
合计	3894000

②管理人员认定各作业成本库的成本动因并计算单位作业成本如表9-16所示。

表9-16　　　　　　　　作业成本法成本动因

制造费用	成本动因	作业量			
		产品X	产品Y	产品Z	合计
装配	机器小时（小时）	10000	25000	8000	43000
材料采购	订单数量（张）	1200	4800	14000	20000
物料处理	材料移动（次数）	700	3000	6300	10000
起动准备	准备次数（次数）	1000	4000	10000	15000
质量控制	检验小时（小时）	4000	8000	8000	20000
产品包装	包装次数（次）	400	3000	6600	10000
工程处理	工程处理时间（小时）	10000	18000	12000	40000
管理	直接人工（小时）	30000	80000	8000	118000

单位作业成本如表9-17所示。

表9-17　　　　　　　　作业成本法下单位作业成本

制造费用	成本动因	年制造费用	年作业量	单位作业成本
装配	机器小时（小时）	1212600	43000	28.2
材料采购	订单数量（张）	200000	20000	10
物料处理	材料移动（次数）	600000	10000	60
起动准备	准备次数（次数）	3000	15000	0.2
质量控制	检验小时（小时）	421000	20000	21.05
产品包装	包装次数（次）	250000	10000	25
工程处理	工程处理时间（小时）	700000	40000	17.5
管理	直接人工（小时）	507400	118000	4.3

③将作业成本库的制造费用按单位作业成本分摊到各产品,如表9-18所示。

表9-18 作业成本库的制造费用分摊

	单位作业成本	X产品		Y产品		Z产品	
		作业量	作业成本（元）	作业量	作业成本（元）	作业量	作业成本（元）
装配	28.2	10000	282000	25000	705000	8000	225600
材料采购	10	1200	12000	4800	48000	14000	140000
物料处理	60	700	42000	3000	180000	6300	378000
起动准备	0.2	1000	200	4000	800	10000	2000
质量控制	21.05	4000	84200	8000	168400	8000	168400
产品包装	25	400	10000	3000	75000	6600	165000
工程处理	17.5	10000	175000	18000	315000	12000	210000
管理	4.3	30000	129000	80000	344000	8000	34400
合计							

④经过重新计算,管理人员得到的产品成本资料如表9-19所示。

表9-19 作业成本下的产品成本

	产品X	产品Y	产品Z
直接材料	500000	1800000	80000
直接人工	580000	1600000	160000
装配	282000	705000	225600
材料采购	12000	48000	140000
物料处理	42000	180000	378000
起动准备	200	800	2000
质量控制	84200	168400	168400
产品包装	10000	75000	165000
工程处理	175000	315000	210000
管理	129000	344000	34400
合计（元）	1814400	5236200	1563400
产量	10000	20000	4000
单位产品成本（元）	181.44	261.81	390.85

讨论

1. 完成作业成本计算,谈谈你对该公司产品销售方面的看法?产品销售方面存在哪些问题？什么原因产生的？为什么？

2. 试对比分析两种成本计算方法的差异。

3. 请解释为什么 Y 和 Z 产品会出现截然不同的市场反应？企业应该怎样定价？企业应该在什么样的情况下考虑用作业成本法解决问题？

案例资料来源：https://wenku.baidu.com/view/817acd58f121dd36a22d8240.html。

【课后练习】

一、思考题

1. 什么是作业成本法？
2. 什么是作业？它分为几种类型？
3. 什么是作业链和价值链？
4. 什么是资源动因？什么是作业动因？它们的区别是什么？
5. 试述作业成本法法下的成本计算程序？
6. 作业成本法和传统成本法有何区别？
7. 估时作业成本法的核心思想是什么？

二、练习题

1. 某公司采用作业成本会计核算该公司的铬合金车轮制造过程。公司管理者确定了四种作业：材料搬运、机器调整准备、零件安装和抛光。20×6 年预计的作业成本和各自的作业成本分配基数如表 9-20 所示。

表 9-20　　　　　作业成本和各自的作业成本分配基数

作业	预计成本总额（元）	分配基数
材料搬运	12000	零件数量
机器调整准备	3400	调整准备次数
零件安装	48000	零件数量
抛光	80000	直接人工小时
合计	143400	

本年路路通公司预计生产 1000 个铬合金车轮，预计使用 3000 个零件，需要对机器调整准备 10 次，抛光需用 2000 个直接人工小时。

要求：

(1) 计算每项作业的成本分配率。

(2) 计算每个车轮的间接制造成本。

2. 某公司的移动电话部装配和测试数字处理器。处理器 G27 的有关数据如表 9-21 所示。

表 9-21　　　　　　　　　处理器 G27 的有关数据

直接材料成本（元）	56.00
分配的作业成本（元）	?
产品制造成本（元）	?

生产处理器所需的作业如表 9-22 所示。

表 9-22　　　　　　　　　　生产处理器所需作业

作业	分配基础	每单位分配的成本（元）
启动	原材料通过数量	1×0.90=0.90
浸洗	浸洗数量	20×0.25=?
手工嵌入	手工嵌入数量	5×?=2.00
波纹焊接	焊接零件数量	1×4.50=4.50
底座安装	底座安装数量	?×0.7=2.80
测试	每个处理器的标准测试时间	0.15×90.00=?
缺陷分析	缺陷分析和修理的标准时间	0.16×?=8.00
合计		?

要求：

（1）填入表中 ? 所缺数字。

（2）在这个成本系统下，直接人工成本如何分配给产品？

（3）为什么管理者喜欢作业成本会计系统而不喜欢根据直接人工分配所有加工成本的老成本系统？

3. 某公司的移动电话部装配和测试数字处理器。处理器 G27 的有关数据如下：

河岸办公用品公司生产电脑桌。公司使用了作业成本会计系统，它的作业及有关数据如表 9-23 所示。

表 9-23　　　　　　　　　处理器 G27 的作业及有关数据

作业	预计作业成本（元）	分配基数	成本分配率
材料搬运	300000	零件数量	0.60
装配	2500000	直接人工小时	15.00
喷漆	170000	喷漆桌子个数	5.00

3 月，河岸公司生产两种类型的电脑桌——标准型和简化型（使用较少的零部件

并且未经喷漆）。总量、直接材料成本总额和其他总量数据如表9-24所示。

表9-24　　　　　　　　　电脑桌的总量等有关数据

产品	直接材料		装配直接	
	生产总量	成本总额（元）	零件总数	人工小时总量
标准型	6000	96000	120000	6000
简化型	1500	21000	30000	900

要求：

（1）计算每种电脑桌的单位产品制造成本。

（2）假设产前作业，例如产品设计，分配给每种产品：标准型每个分配5元和简化型每个分配3元。类似的分析也用于产后作业，如分销、营销和客户服务。每个标准型和简化型电脑桌分配的产后成本分别是25元和22元。计算单位产品的完全成本。

（3）哪种产品成本被列示在对外财务报表上？哪种产品成本被管理者用于制定决策？解释它们的差异。

（4）如果每个标准型电脑桌要盈利42元，河岸公司的管理者应制定的产品价格是多少？

4. 某网公司开发互联网应用软件。市场竞争异常激烈，并且公司的竞争对手不断以低价推出新产品。公司生产多种软件——从使用户建立个人网页的简单程序到复杂的商业搜索引擎。与绝大多数软件公司一样，该公司的原材料成本是不重要的。

公司刚刚雇用陈龙，他刚从某大学会计系毕业。陈龙请求软件部经理王虎与他共同研究作业成本会计原理。陈龙和王虎确定了作业、相关成本和成本分配基数，如表9-25所示。

表9-25　　　　　　作业、相关成本和成本分配基数等有关数据

作业	估计的间接作业成本（元）	分配基数	估计的成本分配基数数量
软件开发	1600000	新软件	4个
内容编写	2400000	编码条数	12000000条
测试	288000	测试小时	1800小时
间接成本合计	4288000		

该网公司计划开发两种新软件：

X-Page——用作开发个人网页；

X-Secure——商业安全和防火墙软件。

X-Page需要编写500000条代码及测试100个小时，而X-Secure需要编写7500000条代码及测试600个小时。公司预计生产和销售30000套X-Page软件和10套X-Secure软件。

要求：

（1）计算每种作业的成本分配率。

（2）采用作业成本分配率计算 X – Page 和 X – Secure 的作业成本。（提示：首先计算分配给每个产品线的总成本，然后计算单位成本。）

（3）公司的原始单一成本分配基数成本系统按每编程小时 100 元将间接成本分配给产品。X – Page 需要 10000 个编程小时，而 X – Secure 需要 15000 个编程小时。计算原始成本系统下分配给 X – Page 和 X – Secure 的间接成本总额。然后计算每种产品的单位间接成本。

（4）比较作业成本会计系统和原始成本系统的单位成本。单位成本是如何变化的？解释产品成本为何这样变化。

【本章参考文献】

1. 王华：《管理会计学》[M]，武汉：湖北科学技术出版社 2014 年版。
2. 孙茂竹，文光伟，杨万贵：《管理会计学（第七版）》[M]，北京：中国人民大学出版社 2017 年版。
3. 吴大军：《管理会计（第三版）》[M]，大连：东北财经大学出版社 2013 年版。
4. 莫尔斯、戴维斯著，张鸣译：《管理会计：侧重于战略管理（第 3 版）》[M]，上海：上海财经大学出版社 2005 年版。
5. 罗伯特·S. 卡普兰、安东尼·A. 阿特金森著，丁友刚译：《高级管理会计（第 3 版）》[M]，大连：东北财经大学出版社 2011 年版。
6. 郭晓梅：高级管理会计理论与实务 [M]，大连：东北财经大学出版社 2016 年版。
7. https://wenku.baidu.com/view/817acd58f121dd36a22d8240.html.

第十章

业绩评价

【本章学习目标】

通过本章的学习
1. 了解责任中心业绩评价及综合业绩评价体系
2. 了解集权管理与分权管理
3. 掌握责任中心业绩评价
4. 熟悉企业内部转让价格的制定
5. 理解平衡计分卡的基本原理

第一节 企业分权管理

一、集权管理和分权管理

（一）集权管理

集权管理是把生产经营决策权较多地集中在企业最高管理层，而下属单位则从事执行工作。该种形式有利于集中领导、实现目标一致、合理利用资源，但是，不利于进行各个部门之间的协调、市场应变能力较差、下级单位积极性受限。

（二）分权管理

分权管理是将企业的生产经营决策权同相应的经济责任下放给下层管理人员，以便下层管理人员及时有效地根据情况进行决策。它主要适应于各经营单位独立经营、独立核算的情况。该种形式的主要缺点在于不便于协调各事业部与总部的关系、统一指挥不够灵活。分权管理制度的典型表现形式是在企业中建立一种具有半自主权的组织机构——事业部。它把分权管理与独立核算结合在一起，在总公司统一领导下，按产品、地区、市场划分经营单位即事业部，各个事业部实行相对独立经营、独立核算，具有从生产、研发到销售的全部职能。

二、分权管理与责任会计

在实行分权管理的条件下，如何协调各分权单位之间的关系，使各分权单位之间以及企业与分权单位之间在工作和目标上达成一致，防止各个部分片面追求局部利益，将是管理关注的重点。

企业的管理会计绝不是单纯的选择集权或者分权，这两者之间尤其要调剂有度、协同使用。而有效控制此"度"的根源就在于清晰界定分权单位的权、责、利，形成企业各层次、各部门、各分支机构有效地分权，由此各分权单位的权、责、利就会集中统一到总公司的整体目标上，也就形成了有效的集权。因此在分权企业中，管理会计的主要功能在利用会计信息对各分权单位进行业绩的计量与评价。具体表现为：根据授予基层单位的权利和责任以及对其业绩的计量、评价方式，把企业划分成不同形式的责任中心，并建立起以各个责任中心为主题，以责、权、利相统一的机制为基础，通过信息的积累、加工和反馈而形成的企业中层内部严密的控制系统，即责任会计系统。

第二节 责任中心与责任会计

一、责任中心

责任中心是指承担一定经济责任，并享有一定权利的企业内部（责任）单位。责任会计是适应分权管理要求，在企业内部建立若干责任单位，对各责任单位权责范围内的生产经营活动进行规划及业绩考评的内部控制制度，是以各个责任中心为主体，以责、权、效、利相统一的机制为基础形成的为评价和控制企业经营活动的进度和效果服务的信息系统。责任中心的基本特征是责、权、利相结合，一般分为成本中心、利润中心、投资中心等。

（一）成本中心

（1）成本中心的含义。如果某个责任中心不形成或者不考核其收入，而着重考核其所发生的成本或者费用，这类责任中心就称为成本中心。

成本中心往往没有收入，或者即使有少量收入，也不成为考核的主要内容。例如，某火力发电厂的输煤车间，它没有直接的产品形成，因而也没有销售收入，所以其为典型的成本中心。成本中心可能有少量的收入，但不成为其主要的考核内容。例如，某机械制造厂的维修车间，主要为本厂的各个车间服务，但同时有少量外部的维修业务，但这部分对外业务并不是维修车间的主要职能，因此其仍然是成本中心，在考核时，只需考核其成本，而不需要考核其收入。成本中心可大可小，可以是一个分厂，也可以是一个车间，也可以是一个班组，大的成本中心还可以划分为若干个小的成本中心。

(2) 成本中心的类型。成本中心可以分为标准成本中心和费用中心。

标准成本中心，是指所发生的投入是可以针对产品对象化的生产成本的责任中心，即这类中心所生产的产品一般是稳定而明确的，并且已经知道单位产品所需要的投入量的责任中心。任何一种能够计算产出的数量以及投入与产出之间存在明确的比例关系的，进行重复性经营活动的单位都可以有标准成本中心，既包括制造业的生产单位，也包括非生产组织单位。标准成本中心的典型代表是制造业的分厂、车间、工段、班组等。由于不需要做出定价决策、产量决策或产品的品种构成决策，标准成本中心的经理只对产出耗用的投入成本和数量负责，对收入和利润没有责任。

费用中心是指所发生的投入是不能针对产品对象化的费用的责任中心。这类成本中心适用于产出难以计量或虽可计量但投入产出关系又不明确，难以判断其经营效率的单位，或者投入和产出之间没有密切关系的单位。这类成本中心包括一些管理职能部门，如会计、人事、计划部门；研究开发部门，如设备改造、新产品研制等以及某些销售部门，如广告、宣传、仓储部门。对这类成本中心通常考核其总成本投入量。

还有一类责任中心，只对责任中心的收入进行考核，而不考核成本、费用。这类责任中心被称为收入中心，主要适用于企业内部的销售部门或分公司。

(二) 利润中心

(1) 利润中心的含义。利润中心是指能够同时控制生产和销售，既要对成本负责又要对收入负责，但没有责任或没有权力决定该中心资产投资水平，因而可以根据其利润的多少来评价该中心的业绩的责任中心。这类责任中心的层次较成本中心高，通常具有生产经营权，如能独立生产并自行对外销售最终产品或中间产品的分厂，不仅要考核成本，还要考核其收入，并进一步将收入与成本配比，考核其利润。利润中心的管理人员被同时赋予生产和销售的决策权，有权制定资源供应决策并有自行定价权。利润中心管理人员能够决定生产什么、如何生产、产品质量水平、价格高低、生产资源如何在不同产品之间进行分配等，但没有责任或没有权力决定该中心资产投资的水平。

利润中心成立的根本在于其是可以利用利润衡量其一定时期的业绩的组织单位，但并不是所有可以计量利润的组织单位都可以称为利润中心。有些组织单位的利润不可以直接计量，但从性质上符合利润中心的定义，这类中心的利润计量必须借助于一些能够实现其利润计量的指标（如内部转移价格）。

(2) 利润中心的类型。利润中心可以分为自然利润中心与人为利润中心。自然利润中心是指能够直接对外销售产品或提供劳务，从而给企业带来收益的利润中心。它既可为企业内部其他单位提供产品或劳务，又可像独立经营的企业一样直接对外销售产品或提供劳务。这类利润中心具有产品的销售权、定价权、材料采购权和生产决策权。总而言之，自然利润中心具有很强的独立自主性。

人为利润中心是指不能直接对外销售产品或提供劳务，只能在企业内部各个责任中心之间按照内部转移价格相互提供产品或劳务而形成收入的利润中心，由于这种利润不是企业真实实现的利润，所以称为人为利润中心。这类利润中心也具有较强的自主性，可以自主决定产品的生产、销售、定价及材料的采购等，但是其产品主要在企业内部按照内部转移价格出售产品，只有少量对外出售或者不直接对外销售，对外销售全部由专门的销售机构完成的。例如，大型钢铁公司分成采矿、选矿、炼铁、炼钢、轧钢等几个部分，这些生产部门的产品主要在公司内部转移，它们只有少量对外销售，或者全部对外销售由专门的销售机构完成，这些部门可以被确定为人为的利润中心。再如，企业内部的辅助部门（包括修理、供电、供水、供气等部门），可以按固定的价格向生产部门收费，它们也可以确定为人为利润中心。

自然利润中心和人为利润中心的区别在于其产品是对外销售还是内部转移。自然利润中心的产品对外销售，其收入是实际售价，真实客观；人为利润中心的产品是企业的中间产品，在企业内部转移，其价格按内部转移定价方法确定存在一定的主观性。

（三）投资中心

投资中心是对投资负责的责任中心，一个以本身投资的盈利能力为基础对最高层管理者负责的企业单位。其特点是既要对成本、收入、利润负责，又要对利润与投资之间的比例关系、投资的效果、资本支出决策、存货储存量、顾客应收账款政策、坏账收回和材料采购负责。投资中心同时也是利润中心，它与利润中心的区别主要有两点：一是权利不同。利润中心没有投资决策权，它只是在企业投资形成后进行具体的经营。二是评价方法不同。评价利润中心业绩时，不进行投入产出的比较，而在评价投资中心业绩时，必须将所获得的利润与所占用的资产进行比较。正因为如此，只有具备经营决策权和投资决策权的独立经营单位才能成为投资中心。投资中心的使用范围限于经营规模和管理权力较大的部门，一般是企业的最高层，如事业部、分公司、分厂等。投资中心是分权管理的最突出表现，它一般是独立法人。投资中心与利润中心相比，利润中心只有短期的经营决策权，投资中心除此之外还拥有长期投资决策权，因而其权力更大，但同时经营责任也更大。

成本中心、利润中心和投资中心都是责任中心，而企业内部各责任中心间存在一种等级制度。一个大公司或集团公司可能是由多个投资中心组成，每个投资中心可能有几个利润中心，而每个利润中心可能又有几个成本中心。投资中心、利润中心和成本中心之间的关系是：基本成本中心对复合成本中心或利润中心负责；利润中心向投资中心负责；投资中心向董事会负责。企业各种类型和层次的责任中心形成了一个连锁责任网络，这就促使每个责任中心为保证经营目标一致而协调运转。他们之间的关系如图10-1所示。

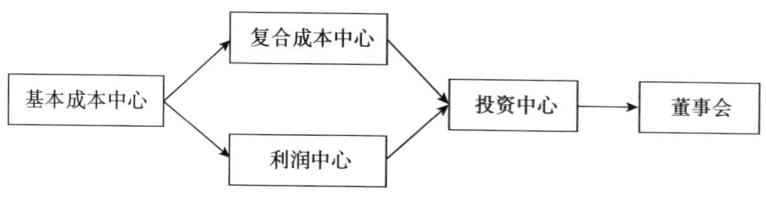

图 10-1　投资中心、利润中心和成本中心之间的关系图示

二、责任会计

（一）基本概念

责任会计是在企业内部建立若干责任中心，分清各责任中心的工作范围，贯彻权、责、利相结合的原则，并对各责任中心负责的经济活动进行控制与考核，将会计工作同责任制度紧密结合起来的一种企业内部控制制度。

责任会计的目的是提供各种会计报告，以使各责任中心的责任人了解其相应的责、权、利，作为今后评价各责任中心业绩的主要依据。

一个有效的责任会计制度必须具备3个特征。

(1) 与组织策略及组织目标保持高度一致。
(2) 能适应组织的结构及每个管理者的不同决策责任。
(3) 能激励管理者及雇员。

（二）责任会计的内容体系

责任会计的内容体系包括以下6个方面。

(1) 合理划分责任中心——责任中心是责任会计的工作对象。
(2) 编制责任预算——控制的依据。
(3) 合理的内部转让价格。
(4) 建立健全严密的记录、报告系统。
(5) 分析和评价实际工作业绩。
(6) 建立公正、权威的内部协调机制。

第三节 责任中心的业绩评价

一、成本中心的业绩评价

（一）成本中心的目标

成本中心的特点是没有经营权或销售权，无法控制收益，因而其责任只是对其职权范围内发生的成本或费用负责，成本中心的目标也就是在保质和保量完成生产任务或搞好管理工作的前提下，控制和降低成本费用。

由于责任会计是围绕责任中心来组织，以各个责任中心为对象进行有关资料的搜集、整理和分析，因而，成本中心的成本与一般所说的完全成本法下的产品成本有很大不同。责任成本是成本中心控制、评价的主要内容。

责任成本与产品成本是两个不同的成本概念，两者之间既有区别又有联系。两者区别是：①计算的原则不同。②成本的计算对象不同。③两者的目的不同。责任成本与产品成本虽有区别，但两者也有联系，就某一定时期来说，全厂的产品总成本与全厂的责任成本的总和是相等的。

（二）成本中心的控制

成本中心所能控制的主要是在生产或经营管理过程中所发生的耗费，为了提高这种控制的有效性，必须明确如下要素。

（1）成本中心的责任成本必须是可控成本。凡是责任中心能控制的各种耗费称为可控成本，可控成本是经理人员能够通过他们的决策影响其金额大小的支出项目。可控成本必须符合以下三个条件：责任中心有办法知道将发生什么样性质的耗费；责任中心有办法计算它的耗费；责任中心有办法控制并调节它的耗费。凡不符合上述三条件的成本，即为不可控成本，不可控成本是经理人员不能通过决策影响的费用项目，但可能是其他经理人员控制的。例如，产品生产部门使用的外购部件成本不是生产部门可以控制的，但对负责部件采购经理来说却是可能控制的。属于某成本中心的各项可控成本之和，即构成该中心的责任成本。

（2）成本中心的责任划分必须明确。

（3）为各成本中心编制成本预算。

（4）建立责任成本计量体系。

（三）成本中心的业绩评价

（1）标准成本中心的业绩评价。对成本中心的业绩评价，是以责任成本为重点，以业绩报告为依据，计量责任成本的实际数与预算数的差异，并分析研究其发生的原因。标准成本计算已经在第九章中详细介绍。

（2）费用中心的业绩评价。费用中心，一般以一定的业务工作量为基础，事先按期编制费用弹性预算来评价费用中心的成本控制业绩。由于很难依据一个费用中心的工作质量和服务水平来确定预算数额，一个解决办法是考察同行业类似职能的支出水平。例如，有的根据销售收入的一定百分比来制定研究开发费用预算。尽管很难解释为什么研究开发费用与销售额具有某种因果关系，但是百分比法还是使人们能够在同行业之间进行比较。另外一个解决办法是零基预算法，从根本上说，决定费用中心预算水平有赖于了解情况的专业人员的判断。

（四）成本中心的业绩报告

为了正确衡量成本中心的工作成绩，企业内部各个层次的成本中心都应定期编制业绩报告。成本中心业绩报告应将可控成本作为重点，即以业绩报告为依据来衡量责任成本的实际数究竟与预算数发生多大的差异，并分析研究其发生的原因，成本中心业绩报告通常只需按该中心的可控成本的各明细项目列示其预算数（责任预算）、实际数和差异数。指标可用金额、实物或时间量度。

由于各个责任中心是逐级设置的，因而责任预算和业绩报告也可自下而上，从最基层的成本中心逐级向上汇编，直至最高管理层次。每一级的责任预算和业绩报告，除最基层只有本身的可控成本外，都应包括下属单位转来的责任成本和本身的可控成本，这样就形成了一条"连锁责任"。

成本中心业绩报告的基本内容和一般格式如表10-1所示。

表10-1　　某公司装配车间（成本中心）业绩报告（2013年7月）　　（单位：元）

摘要	预算	实际	差异
下属单位转来的责任成本：			
甲工段	12000	12800	800（不利差异）
乙工段	12000	11500	500（有利差异）
小计	24000	24300	300（不利差异）
本车间的可控成本：			
间接人工	1500	1520	20（不利差异）
管理人员薪金	3200	3140	60（有利差异）
设备折旧费	2000	2000	0（无差异）
设备维修费	1500	1670	170（不利差异）
物料费	800	980	180（不利差异）
小计	9000	9310	310（不利差异）
本车间的责任成本合计	33000	33610	610（不利差异）

应当注意的是，对于各成本中心发生的不可控成本，有两种不同的处理方法：①全部省略，不予列示，以便突出可控成本；②作为业绩报告的参考资料，以便管理部门了解该成本中心在一定期间消耗的全貌。业绩报告中的成本差异是评价与考核成本中心工作实际实绩好坏的重要标志。凡预算数大于实际数，称为有利差异，即表示节约或顺差；若预算数小于实际数，称为不利差异，即表示超支或逆差。某些企业在业绩报告的"差异"栏后面加上"差异原因分析"一栏，这栏的目的主要是为今后修改预算或采取措施巩固成绩、纠正缺点提供信息反馈。

二、利润中心的业绩评价

（一）利润中心的目标

建立利润中心的主要目标，是通过授予必要的经营权和确立利润这一综合指标来推动和促进各责任中心扩大销售、节约成本、努力实现自己的利润目标，促使企业有限的资金得到最有效的利用。

（二）利润中心的控制要求

利润中心的控制要求主要包括如下：

（1）各利润中心经营策略的授权必须明确；

（2）利润评价指标的确定要合理；

（3）制定合理的内部转让价格；

（4）建立利润中心评价体系。

(三) 利润中心的业绩评价

利润中心业绩的评估与评价，主要是通过一定期间实际实现的利润同"责任预算"所确定的预计利润数进行比较，并进而对差异形成的原因和责任进行具体剖析，借以对其经营上的得失和有关人员的功过做出全面而正确的评估。通常以"边际贡献"作为业绩评价指标。边际贡献指标用于责任中心业绩评价，还可以引申分部经理边际和分部边际等指标。其计算公式分别为：

分部边际贡献 = 分部销售收入 − 分部变动成本

分部经理可控边际 = 分部边际贡献 − 分部经理人员可控的固定成本

分部边际 = 分部经理可控边际 − 分部经理不可控的固定成本

分部税前利润 = 分部边际 − 分配的共同固定成本

公司税前利润 = $\sum$ 各分部税前利润

至少可用四种可以选择的指标进行业绩评价。

（1）分部经理边际贡献。分部经理边际贡献主要用于评价利润中心负责人的经营业绩，因而应针对经理人员的可控成本费用进行评估和评价。

（2）分部利润。

（3）税前部门净利。

（四）利润中心的业绩报告

企业内部各个层次的利润中心都应定期编制绩效报告。由于利润中心既对成本负责，又对收入及利润负责，因而对利润中心进行评价与考核。利润中心绩效报告既要反映有关收入、成本等项目的实际数、预算额及相应差异，又要反映该期内的销售收入、变动成本、边际贡献、可控固定成本、不可控固定成本和净收益等，也就是应以业绩报告为依据来衡量其实际销售收入与销售成本是否达到目标销售额和目标成本的水平。

利润中心编制的业绩报告，首先需要列示出销售收入的预算数、实际数与差异数。应该注意的是：如果销售收入的预算数大于实际数，则为不利差异；如果销售收入的预算数小于实际数，则为有利差异。

利润中心业绩报告的基本内容和一般格式如表 10 - 2 所示。

表 10 - 2　某公司汽车事业部轮胎厂（利润中心）业绩报告（2014 年 6 月）　（单位：元）

项目	预算数	实际数	差异
销售收入	270000	272000	2000（有利差异）
变动成本			
变动性生产成本	80000	88000	8000（不利差异）
变动性销售及管理费用	60000	56000	4000（有利差异）
边际贡献	130000	128000	2000（不利差异）
固定成本			

续表

项目	预算数	实际数	差异
部门可控固定成本	14000	16000	2000（不利差异）
部门可控边际贡献	116000	112000	4000（不利差异）
部门不可控固定成本	12000	10200	1800（有利差异）
税前净利	104000	101800	2200（不利差异）

三、投资中心的业绩评价

（一）投资中心的目标

投资中心实质上也是利润中心，不仅要对成本、收入、利润负责，还要对所占用的全部投资承担责任，因此投资中心的评价与考核不仅必须衡量其获利能力的大小，还要考核资金运用的经济效益。

投资中心的业绩评价指标主要有投资报酬率和剩余收益。

（二）投资中心的控制要求

主要包括：

（1）投资中心的投资决策权必须落实。

（2）利润中心的所有控制要求都适合投资中心。

（3）投资决策讲究科学化。

（4）各投资中心共同使用的资产必须划分清楚；共同发生的成本也应该按适当的标准进行分配；各投资中心之间相互调剂使用的现金、存款、固定资产等，均应实行有偿使用；只有这样，才能符合责任会计的要求，正确评估和评价各投资中心的经济效益。

（5）当企业是由几个投资中心组成的时候，每个投资中心的战略目标应与企业整体的目标保持一致。每个投资中心的业绩评价方法应与企业整体的业绩评价方法相同。

（三）投资中心的业绩评价

根据投资中心生产经营活动的特点，企业会从努力程度和完成任务的能力这两方面评估投资中心经理的表现。通常以投资报酬率和剩余收益作为评估和评价投资中心经营成果的主要指标。

（1）投资报酬率。投资报酬率是部门的经营净利润除以该部门经营净资产。其中，经营净利润是指未扣除利息及税负之前的利润，即 EBIT（earnings before interest and taxes）；经营净资产是指经营业务利用的全部资产，计算时应按期初及期末的平均余额为准。

投资报酬率＝经营净利润÷经营净资产
　　　　　＝资本周转率×销售利润率
　　　　　＝资本周转率×销售成本率×成本费用利润率

经营净利润 = 销售收入 - 销售成本 - 经营费用

【例 10 – 1】

某个部门的经营净资产额为 400000 元,本年度实现销售收入 600000 元,发生总成本 520000 元,部门经营净利润为 80000 元。该部门的投资报酬率为多少?

【解答】

投资报酬率 = 80000 ÷ 400000 = 20%

资本周转率 = 600000 ÷ 400000 = 1.5(次)

销售成本率 = 520000 ÷ 600000 = 86.67%

成本费用利润率 = 80000 ÷ 520000 = 15.38%

投资利润率 = 1.5 × 86.67% × 15.38% = 20%

投资中心为了对投资利润率实施有效的控制,以便进一步提高投资报酬水平,可以采取的措施包括增加销售、降低成本、节省投资等。

投资利润率指标的优点有:①促使管理人员像控制费用一样地控制经营资产的占用。②可以在同一个企业不同投资中心之间,或者在同一行业不同企业之间进行比较。③投资利润率的分解,使得管理人员可以从销售利润率和资金周转率两个方面进一步查找原因。

投资利润率指标的缺点有:①以投资利润率进行评价与考核的主要依据,可能会使某些投资中心为本中心利益而放弃对整个企业有利的投资项目,造成投资中心的近期目标与整个企业的长远目标相背离。例如,部门经理会放弃高于企业资本成本而低于部门投资报酬率的投资机会,或者改变现有部门投资结构,或者为了提高投资报酬率,降低经营成本,为了眼前利益而忽视长远利益。②投资利润率的计算与资本支出预算分析所用的现金流量的分析方法不一致,从而不便于投资项目建成投产后与原定目标的对照。③从控制角度来说,由于约束性固定费用的存在,投资利润率的计量不全是投资中心所能控制的,削弱了投资利润率指标的作用。

在对投资中心进行业绩的评价与考核时,应同时采用其他如市场占有率、劳动生产率、存货周转率、应收账款周转率等辅助指标。

(2)剩余收益。

①剩余收益的计算。剩余收益是指投资中心的营业利润扣减其营业资产按规定的最低预期报酬率所计算的基本利润以后的余额。

剩余收益 = 经营净利润 -(经营净资产 × 规定的基准收益率)

= 部门边际贡献 - 部门资产应计报酬

②剩余收益的优缺点。以剩余收益作为评价成果的尺度,可以消除利用投资报酬率进行业绩评价所带来的错误信号,并促使管理当局重视对投资中心业绩用金额的绝对数进行评价;可以引导企业经营者采纳高于企业资金成本的决策,促使部门目标和企业整体目标趋于一致,克服了投资报酬率指标的不足。

剩余收益的最主要优点是可以使业绩评价与企业的目标协调一致,引导部门经理采纳高于企业资本成本的决策。

【例 10-2】

某企业的一个投资中心的经营净资产额为 300000 元,部门边际贡献为 51000 元,该企业的资金成本为 10%。该部门现有一个投资机会,投资额为 100000 元,该投资可以使部门边际贡献每年增加 13000 元,则该部门是否应利用该投资机会进行增资。该部门现有一项资产价值 50000 元,每年获利 6000 元,则该部门经理是否应放弃该资产进行减资。请提供数据予以支持增资和减资的决策。

【解答】

部门现有投资报酬率 = 51000/300000 = 17%

部门现有剩余收益 = 51000 - 300000 × 10% = 21000(元)

增资:

投资报酬率 = (51000 + 13000)/(300000 + 100000)
= 16% < 17%

剩余收益 = (51000 + 13000) - (300000 + 100000) × 10%
= 24000(元) > 21000(元)

减资:

投资报酬率 = (51000 - 6000)/(300000 - 50000)
= 18% > 17%

剩余收益 = (51000 - 6000) - (300000 - 50000) × 10%
= 20000(元) < 21000(元)

计算结果表明,该投资中心接受新增投资机会之后,尽管投资利润率有所下降,但剩余收益将比目前增加 3000(= 24000 - 21000)元,意味着该投资中心的绩效有所改善。以剩余收益作为投资中心的业绩考评依据,将会使投资中心的经理人员乐于接受高于资金成本或预定最低投资利润率的投资项目,避免了片面强调本部门利益而损害整个企业经济利益的行为。该投资中心放弃该资产之后,尽管投资利润率有所上升,但剩余收益将比目前减少了 1000(= 21000 - 20000)元,意味着该投资中心的绩效有所下降。以投资报酬率作为投资中心的业绩考评依据,将会使投资中心的经理人员乐于接受高于资金成本或预定最低投资利润率的投资项目,而减少整个企业的剩余收益,但利用剩余收益指标可以克服这个缺点。

另外,剩余收益允许使用不同的风险资本成本。从现代财务理论来看,不同的投资有不同的风险,要求按风险调整程度调整其资本成本。因此,不同行业部门的资本成本不同,甚至同一部门的资产也属于不同的风险类型。在使用剩余收益指标时,可以对不同部门或者不同资产规定不同的资产成本百分比,使剩余收益这个指标更加灵活。而投资报酬率评价方法并不区分不同资产,无法分别处理风险不同的资产。

与此同时,由于剩余收益是绝对数指标,不便于不同部门之间的比较。规模大的部门一般会比规模小的部门取得更大的剩余收益,但投资报酬率却较小。因此,在利用剩余收益作为评价指标时,要克服规模大小导致的评价标准不一致的问题,应该事先建立与每个部门资产结构相适应的剩余收益预算,然后通过实际与预算的对比来评价部门业绩。

【例 10-3】

假设某个部门的营业资产为 20000 元,营业利润为 4000 元,则投资报酬率 = 20%,假设企业整体资本成本为 15%。部门经理现面临一个投资报酬率为 17% 的投资机会,投资额为 10000 元,每年利润 1700 元,尽管对整个企业来说,由于投资报酬率高于资本成本,应当利用这个投资机会,但该部门却不愿意,因为这会使部门的投资报酬率由过去的 20% 下降到 19%。

投资报酬率 = (4000 + 1700) ÷ (20000 + 10000) = 19%

同样道理,假设该部门现有资产中有一项价值 5000 元,该资产每年获利 850 元,投资报酬率为 17%,超过了资本成本。部门经理却愿意放弃该项资产,以提高部门的投资报酬率。

投资报酬率 = (4000 - 850) ÷ (20000 - 5000) = 21%

当使用投资报酬率作为业绩评价标准时,部门经理可以通过加大公式分子或减少公式的分母来提高这个比率。实际上,减少分母更容易实现,这样做会失去不是最有利但可以扩大企业总利润的项目,从引导部门经理采取于企业总体利益一致的决策来看,投资报酬率不是一个很好的指标,而剩余收益正好可以弥补。

在本例中:

目前部门剩余收益 = 4000 - 20000 × 15% = 1000(元)

采用增资方案后的剩余收益 = (4000 + 1700) - (20000 + 10000) × 15%
                      = 1200(元)

采用减资方案后的剩余收益 = (4000 - 850) - (20000 - 5000) × 15%
                      = 900(元)

用剩余收益进行评价,部门经理会采纳增资方案而放弃减资方案,这正是与企业整体目标一致的。

但是使用剩余收益指标也存在缺点,具体表现在剩余收益指标是绝对指标,不便于不同规模的企业之间的比较,规模大的部门容易获得较大的剩余收益;剩余收益计算公式中含有净利润,因此它同样具有会计收益指标的固有缺陷。

(四)投资中心的业绩报告

投资中心的业绩报告与利润中心的相似,除需列出销售收入、销售成本、营业利润的预算数、实际数和差异数以外,还要列出营业资产、投资报酬率、剩余收益等项指标,以便对投资中心的业绩进行全面的评价与考核。不同责任中心的比较如表 10-3 所示。

假定某公司的甲事业部为一投资中心,若其预期的报酬率为 10%,根据该部有关收入、成本及营业资产等资料,编制的投资中心业绩报告如表 10-4 所示。

表 10 – 3　　　　　　　　　　不同责任中心的比较

类别	决策权	业绩指标	考核业绩所依据的会计信息
成本中心	选择投入资源（人力、材料及其他设备）	产量一定的情况下，最小的总成本；预算一定时，最大的产出量	成本
利润中心	较大的经营决策自主权、选择投入资源组合、选择产品组合、确定售价（或产出数量）	边际贡献、可控利润总额	收入、成本、利润
投资中心	拥有较大的经营自主权和投资决策权	投资报酬率、剩余收益	收入、成本、利润、资本投资、其他

表 10 – 4　　　　　某公司甲事业部业绩报告（2014 年第 2 季度）

摘要		预算	实际	差异
销售收入（元）		1500000	1875000	375000（有利差异）
销售成本（元）		1402500	1762500	360000（不利差异）
营业利润（元）		97500	112500	15000（有利差异）
营业资产平均占用额（元）		375000	450000	75000（不利差异）
投资报酬率	销售利润率%	6.5	6	0.5（不利差异）
	资本周转率（次）	4	4.17	0.17（有利差异）
	投资报酬率%	26	25	1（不利差异）
剩余收益（元）	营业利润	97500	112500	15000（有利差异）
	营业资产×最低报酬率	37500	45000	7500（有利差异）
	剩余收益	60000	67500	7500（有利差异）

从投资中心的业绩报告来看，它的实际投资报酬率虽比预算数低 1%，但实际上该中心扩大了销售业务，除保证达到公司的最低报酬率 10% 以外，还比预算增加了剩余收益 7500 元。因此，就整个企业来说，甲事业部还是得到了较好的经济效益。

第四节　企业内部转让价格的制定

一、内部转让价格的概念及作用

（一）内部转让价格的基本概念

内部转让价格是指企业内部各责任中心之间由于相互提供产品或劳务，为区分责任和评估业绩进行结算或转账所选用的一种价格标准。转让价格如何制定，以什么为基础需要考虑哪些因素，是企业内部管理中业绩评价的重要问题。

内部转让交易并不影响企业整体利润总额的大小，但会影响各分部利润的大小。转让价格高意味着供应分部的利润要大于转让价格低时的利润。同样，转让价格高意味着分部成本高，比低转让价格获得更小的利润。尽管转让价格与企业整体营利性无关，但转让价格的高低决定了内部供应双方的利润，影响供需双方的工作积极性。

（二）内部转让价格制定的作用

制定内部转让价格的作用在于：第一，明确责任中心的经济责任，确定的内部转让价格应该能使转让方有经营回报。它提供了把所有经营单位共同赚取的利润分解为各单位利润的方法。第二，使各责任中心的业绩评价能建立在客观、可比的基础上，对利润中心的业绩评价、以商业的方式计量，转让价格的大小应该是公允的市场价格。第三，通过内部转让价格能够知道每个责任中心对企业所做出的贡献，使管理部门能根据各责任中心的有关会计信息，正确地进行部门决策。

二、内部转让价格类型

内部转让价格的制定通常遵循以下两条基本原则：

第一，凡是成本中心之间提供产品或劳务以及有关中心的责任成本转让的，一般应按标准成本或预计分配率作为内部转让价格。其优点是简便易行，责任分清，不会把供应单位的浪费或无效劳动转嫁给耗用单位去负担，能激励双方降低成本的积极性。

第二，凡企业内部产品或劳务的转让以及责任成本的转账，涉及利润中心或投资中心的，则应尽可能采用市场价格，协调价格或成本加成作为制定内部转让价格的基础。

（一）以成本为基础的转让价格

以成本为基础的转让定价在实践中经常使用，特别适用于以下情况：一是转让产品没有外部市场；二是尽管有外部市场，但它是不完全的，因为市场价格受到制定转让价格企业对外销售产品数量的影响，或者因为只有有限的外部需求；三是产品包含秘方，管理人员不想对外泄露时。如果存在上述这三者之一的情况，就没有制定转让价格适合的市场价格基础。以成本为基础的转让价格适合于各成本中心之间相互提供产品或服务。

以成本为基础的转让价格有以下四种不同的形式。

（1）以完全成本为基础拟定的转让价格，包括：①实际完全成本；②标准完成成本。

（2）以变动成本为基础拟定的转让价格，包括：①实际变动成本；②标准变动成本。

（二）以市场为基础的转让价格

如果内部转让的产品或服务存在一个外部市场，市场价格是制定内部转让价格的最好依据。这是因为：①市场价格较客观，能促使卖方努力改善经营管理，不断降低成本；②最能体现责任中心的基本要求，使每个责任中心实质上成为一个独立的机构，各自经营，相互竞争；③如果制定内部转让价格能够确实反映真正的市场情况，那么净利指标就能作为评价其经营业绩的某种依据。

（三）根据协商价格制定的转让价格

根据协商价格制定的转让价格又称议价，是指买卖双方通过协商确定的一个双方均愿接受的价格，彼此统一的价格是双方在会计计算、政治妥协和最后混合折中下确定的。协商价格通常要低于市价，原因是内部结算价格中不包含外部推销、管理费用和税金等；内部转移的中间产品数量较大，单位成本相应较低；供应方大多拥有剩余生产能力。在协商中，如果双方都有充分了解各自分部的成本和收入，那么协商的过程将得到改进。如果有自由成本流和收入流信息，对各方管理者来说会更容易确定提高利润的机会，以利于各方在转让过程中都获益。这种价格应能反映特殊情况或非常情况而为买卖双方所同意。在一般情况下，议价往往可以以市价为上限，以变动成本为下限，在此范围内确定协商价格。

（四）双重内部价格

双重内部价格，是指对产品（半成品）的供需双方分别采用不同的转让价格。例如，对产品的出售部门，按协商的市场价格计价；而对购买部门，则按出售部门的单位变动成本计价，这样买卖双方都能接受，使双方利润都能达到最大。这样做旨在鼓励需求方部门从企业内部购买，如此记录的转让价格有利于反映需求方与供给方的部门业绩评估，转让价格仅用于内部业绩评价，计算得出的内部利润不代表企业的最终利润。

总之，产品在部门间进行内部转让时，一般按两种方法制定价格。当所有交易中售出部门都被看作利润中心时，使用以市价为基础的定价方法。当售出部门仅被看作内部转让的成本中心时，使用完全成本系统，有时也使用双重价格系统。但没有一个转让价格系统能在所有企业都适用。某一企业所选择的转让价格制定办法，必须反映该企业的要求和特性，而且最终必须看它是否促进决策的制定。

第五节 综合业绩评价体系

在 19 世纪以前，企业绩效评价基本是采用观察性业绩评价方法。从 20 世纪开始，企业绩效评价基本采用财务性业绩评价方法，由此进入了财务业绩评价的时代。业绩评价体系出现了财务模式、价值模式和平衡模式。其中，财务模式以杜邦公司创立以投资报酬率为中心的杜邦财务分析体系为代表，价值模式以经济增加值为代表，平衡模式以平衡计分卡（BSC）为代表。经济增加值并非单独作为价值模式的非财务业绩指标存在，思腾思特公司在该指标的基础上发展了"4M"（评价、管理、激励、理念）概念，形成了 EVA 体系；而平衡计分卡计量企业在财务、顾客、内部业务、学习和创新四个方面的业绩。

一、财务模式

财务模式以杜邦财务分析体系为代表。杜邦财务分析体系是由美国杜邦公司的经理创造的，又称杜邦系统（the Dupont System），如图 10-2 所示。

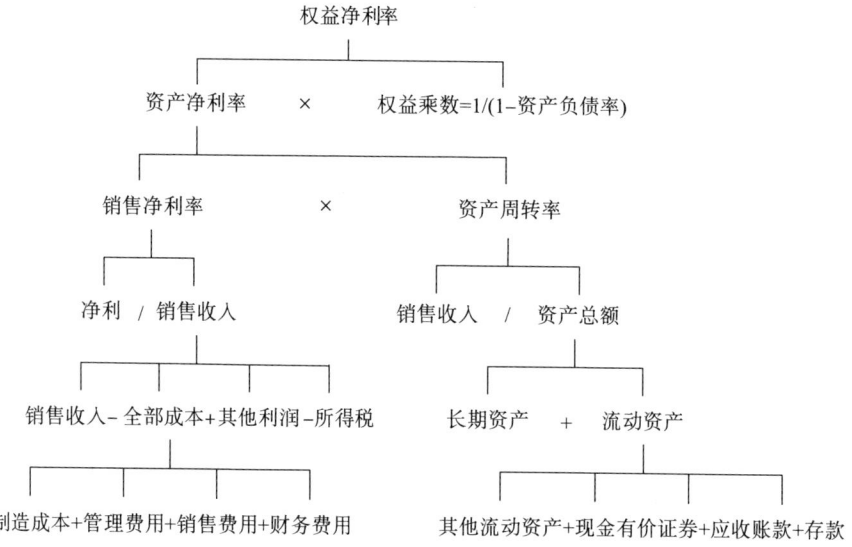

图 10-2 杜邦系统图

从图 10-2 可知，杜邦系统最显著的特点是将若干个用以评价企业经营效率和财务状况的比率按其内在联系有机地结合起来，形成一个完整的指标体系，并最终通过权益净利率来综合反映。采用这一方法，有助于企业管理层更加清晰地看到权益净利率的决定因素以及销售净利率与总资产周转率、权益比率之间的相互关联关系，给管理层提供了一张考察公司资产管理效率和是否最大化股东投资回报的路线图，为报表分析者全面仔细地了解企业的经营和盈利状况提供方便。

杜邦分析法中的几种主要的财务指标关系为：

权益净利率 = 资产净利率（净利润/总资产）× 权益乘数（总资产/总权益）

资产净利率（净收入/总资产）= 销售净利率（净收入/总收益）× 资产周转率（总收益/总资产）

即：权益净利率 = 销售净利率 × 资产周转率 × 权益乘数

其中，权益乘数 = 1 ÷（1 - 资产负债率）

公式中的资产负债率是指全年平均资产负债率，它是企业全年平均负债总额与全年平均资产总额的百分比。

杜邦体系包括以下主要指标：权益净利率是一个综合性最强的财务分析指标，是杜邦分析系统的核心。权益净利率受资产净利率和权益乘数的影响,资产净利率是影响权益净利率的最重要的指标,具有很强的综合性,而资产净利率又取决于销售净利率和资产周转率的高低。资产周转率是反映总资产的周转速度的指标。对资产周转率的分析,需要对影响资产周转的各因素进行分析,以判明影响公司资产周转的主要问题在哪里。除了对资产的各构成部分从占有量上是否合理进行分析外,还可以通过对流动资产周转率、存货周转率、应收账款周转率等有关各资产组成部分使用效率的分析,判明影响资产周转的主要问题出在哪里。销售净利率反映销售收入的收益水平。销售净利率高低的因素分析,需要从销售额和销售成本两个方面进行。扩大销售收入,降低成本费用是提高企业销售利润率的根本途径,而扩大销售,同时也是提高资产周转率的必要条件和途径。权益乘数表示企业的负债程度,反映了公司利用财务杠杆进行经营活动的程度。资产负债率高,权益乘数就大,这说明公司负债程度高,公司会有较多的杠杆利益,但风险也高;反之,资产负债率低,权益乘数就小,这说明公司负债程度低,公司会有较少的杠杆利益,但相应所承担的风险也低。

二、价值模式

价值模式以经济附加值为代表。运用经济增加值(EVA)和修正的经济增加(REVA)指标的目的在于使公司经营者以股东价值最大化作为其行为准则,积极谋求企业战略目标的实现。

(一)经济附加值指标

(1)经济附加值。经济附加值(economic value – added,EVA)是经过调整的营业净利润(net operating profit after tax,NOPAT)减去公司现有资产经济价值的机会成本后的余额。更具体地说,经济附加值就是指企业税后营业净利润与全部投入资本(自有资本和借入资本之和)成本之间的差额。如果这一差额是正数,说明企业创造了价值,创造了财富;反之,则表示企业发生了损失。如果差额为零,说明企业的利润仅能满足债权人和投资者预期获得的收益。

$$EVA = NOPAT - WACC \times (NA)$$

式中:WACC 是企业的加权平均资本成本;

NA 是公司资产期初的经济价值;

NOPAT = 报告期营业净利润 + 坏账储备的增加 + 后进先出计价方法下存货的增加 + 商誉的摊销 + 净资本化研究开发费用的增加 + 其他营业收入(包括投资收益)- 现金营业税。

$$WACC = \frac{D_M}{D_M + E_M}(1 - T)K_D + \frac{E_M}{D_M + E_M} \cdot K_E$$

式中:D_M 为公司负债总额的市场价值;

E_M 为公司所有者权益的市场价值;

K_D 为负债的税前成本;

T 为公司的边际税率；

K_E 为所有者权益的成本。

运用经济附加值指标衡量企业业绩和投资者价值是否增加的基本思路是：投资者可以自由地将他们投资于公司的资本变现，并将其投资于其他资产。因此，投资者从公司至少应获得其投资的机会成本。这意味着，从经营利润中扣除按权益的经济价值计算的资本的机会成本后，才是股东从经营活动中得到的增值收益。

(2) 修正的经济附加值。经济附加值计算过程中的资产价值依然是会计账面价值，可能与现实经济环境不相符。1997 年，杰弗利等人提出了修正的经济附加值 (refined economic value – added, REVA)。该指标认为，公司用于创造利润的资本价值总额既不是公司资产的账面价值，也不是公司资产的经济价值，而是其市场价值。这是因为：在任何一个会计年度的开始，投资者作为一个整体都可将公司按照当时的市场价值出售，然后将获得的收入投资到与原来公司风险水平相同的资产上，从而得到相当于公司加权平均资本成本的回报。如果投资者没有将其拥有的资产变现，这些投资者就放弃了获得其投资的加权资本成本的机会。在任何一个给定的时期内，如果一个公司真正为其投资者创造了利润，那么该公司的期末利润必须超过以期初资本的市场价值计算的资本成本，而不是仅仅超过以公司期初资产的经济价值为基础计算的资本成本。因为投资者投资到该公司的资本的实际价值（可变现价值）是当时的市场价值，而不是经济价值。其计算公式为：

$REVA_t = NOPAT_t - WACC \times (MV_{t-1})$

式中：$NOPAT_t$ 为 t 期期末公司调整后的营业净利润，MV_{t-1} 为 t–1 期期末公司资产的市场总价值。

MV_{t-1} = 公司所有者权益的市场价值 + 经过调整的公司负债价值 t – 1 期的总负债减无利息的流动负债

(二) 经济附加值绩效评价制度的特点

(1) 体现了企业价值的增加。经济附加值强调在计算企业利润时，必须考虑企业所有资本的成本。按照这种观念，许多账面上表现出利润的企业实际上是亏本经营。因此，有些企业虽然"创造"了巨额的利润，但企业价值却未必得到增值，相反，企业价值可能被毁灭。

(2) 强调了资本成本对于企业利润的影响。只有经济附加值大于零，企业才创造了价值。经济附加值强调企业资本成本，纠正会计学将权益资本视为"免费午餐"的观念，通过把会计利润转化为经济利润，在一定程度上弥补了财务报表的内在缺陷，消除了资本结构不同对利润的影响。使得不同资本结构的企业经营绩效具有可比性。

(3) 影响了企业的决策。经济附加值指标促使企业考虑资本成本，从而促使企业经理人直接关注与库存、应收账款以及与机器设备有关的成本，更为谨慎地使用资产，快速处理不良资产，减少消耗性资产的占用量，减少不必要的规模扩张。有些企业采用经济附加值之后,股票回购事项增加了,把自由现金流量返还给股东,由股东自己去投资。

就性质而言,经济附加值仍属财务业绩的综合性评价指标,以其为中心的业绩评价系统具有如下缺点:只能对全要素生产过程的结果进行反映,过于综合,不利于指导具体的管理行为;侧重于财务战略,忽视了对战略过程进行评价,容易削弱企业创造长期财富的能力。

第六节　战略业绩评价:平衡计分卡

一、平衡计分卡发展历程

1992 年,哈佛商学院教授罗伯特·S. 卡普兰和复兴全球战略集团创始人大卫·P. 诺顿在《哈佛商业评论》上联合发表了一篇题为《平衡计分卡——驱动业绩提高的衡量体系》的文章,这篇文章在当时的理论界和实业界引起了巨大的轰动。此后这两位学者一直在不断发展、完善他们的管理理论。

(一)平衡计分卡的基本思想

卡普兰和诺顿对平衡计分卡的最初描述是:"平衡计分卡就像飞机驾驶座舱中的飞行仪表,他使经营者对复杂的信息一目了然。"平衡计分卡就如同驾驶员赖以了解这些信息的飞行仪表一样,将与企业运营相关的各项指标清楚明了地反映在一张卡片上,使经营者既不依赖于单一指标进行片面的管理,又不至于因为过于琐碎、复杂的情况而分散注意力。

简言之,平衡计分卡的基本思路就是:将影响企业运营的包括企业内部条件和外部环境、表面现象和深层实质、短期成果和长远发展的各种因素划分为几个主要的方面,并针对各个方面的业绩目标,设计出相应的评价指标,以便系统、全面、迅速地反映企业的整体运营状况,为企业的平衡管理和战略实现服务。它的基本原理是:根据组织战略从财务、客户、内部流程、学习与成长四个角度定义组织绩效目标,每个角度包括战略目标、绩效指标、测量指标以及实现目标所需的行动方案,从而大大改进了以往绩效管理中由于仅关注财务指标造成的局限性。

(二)平衡计分卡的发展历程

(1)第一阶段(1992 年至 1995 年):平衡计分卡用于绩效管理。平衡计分卡思想的起源可以追溯到 20 世纪 80 年代中期,当时,美国企业界正在引进来自日本的管理新方法,如全面质量管理(TQM),雇员授权等,而原有的财务评价体系无法量化企业在采用这些管理新方法之后能力的提高。罗伯特·卡普兰(Robert Kaplan)1987 年所著的《失去的关联性:管理会计的兴衰》一书中,指出了原有的管理会计体系在这方面的不足和失误。1990 年,美国的诺兰诺顿学院设立了一个为期一年的项目,力图开发新的绩效测评模式,卡普兰和戴维·诺顿(David Norton)是这一项目的主要负责人,研究的重要成果之一就是形成 BSC 雏形。

1992 年,卡普兰和诺顿在《哈佛商业评论》上合作发表了里程碑性的文章《平衡计分卡——驱动业绩提高的衡量体系》,正式提出了平衡计分卡的概念和理论框架,第一次将财务指标与非财务指标结合起来,从四个角度衡量组织绩效。

1993 年,卡普兰和诺顿发表了关于平衡计分卡的第二篇文章《在实践中运用平衡计分卡》,回顾了在实践中将平衡计分卡与公司战略衔接的经验,将平衡考核理念延伸至组织战略领域,特别提出依据对战略成功实施的重要性来选择绩效指标的观点。

(2) 第二阶段(1996 年至 2000 年):将 BSC 的应用提升至战略管理的高度 1996 年,卡普兰和诺顿在《哈佛商业评论》发表了他们的第三篇论文:《运用平衡计分卡作为战略管理系统》。文中指出,BSC 已成为重要的管理框架,涵盖了包括目标设定、运营计划、薪酬制定、学习与发展在内的众多企业运营环节。

1996 年,卡普兰与诺顿关于平衡计分卡的第一本专著《平衡计分卡:化战略为行动》正式出版,书中详细阐述了 BSC 如何在四个角度分解企业战略,并将平衡计分卡考核指标与企业战略衔接以及在 BSC 的指导框架下,如何通过目标、行动计划、预算、反馈、学习和实施来贯彻企业战略。

(3) 第三阶段(2000 年至 2004 年):提出战略地图管理工具。早期 BSC 理论强调从四个角度衡量绩效,但未能明确四个角度之间以及每个角度内从上至下的逻辑联系,在实施过程中操作难度较大,因此在实践中,它作为管理理念的重要性远超过其作为具体的绩效管理方法。"战略地图"的提出很大程度上改变了这一切。1995 年起卡普兰和诺顿在其 BSC 管理咨询实践中逐渐开发出这一有效的沟通方式,即依据一系列战略分解与执行的逻辑关联,应用 BSC 基本框架建立因果关系的指标体系,使 BSC 变得便于操作和易于理解。2000 年,卡普兰和诺顿的文章《自上而下打造战略地图》,系统地介绍了战略地图的思想,并提出了通用战略地图模板。管理人员可以依据通用模板设计他们自己的战略地图。

随着平衡计分卡在全球的风靡,卡普兰和诺顿在总结众多企业实践成功经验的基础上,2001 年又出版了他们的第二部关于平衡计分卡的专著《战略中心组织》。在该著作中,卡普兰和诺顿指出企业可以通过平衡计分卡,依据公司的战略来建立企业内部的组织管理模式,要让企业的核心流程聚焦于企业的战略实践。该著作的出版标志着平衡计分卡开始成为组织管理的重要工具。

(4) 第四阶段(2005 年至今):组织协同——运用平衡计分卡创造企业合力 2006 年 4 月,卡普兰和诺顿又通过《组织协同:运用平衡计分卡创造企业合力》一书,集中阐述了集团公司总部如何通过战略地图和平衡计分卡促进组织协同,创造"企业价值"(相对于业务单位直接创造的"客户价值")的问题。作者认为,企业的价值定位阐述了企业如何创造合力的策略,而它可以通过平衡计分卡的四个角度来演绎。在财务合力角度,企业的价值来源于有效的内部资金管理和企业品牌管理;在客户合力角度,企业的价值来源于交叉销售和统一的客户价值定位;在内部流程合力角度,企业的价值来源于共享服务和合理有效的价值链整合;而在学习和成长合力角度,企业的价值来源于无形资产的有效利用。企业通过协同多个业务单元和共享服务单位,就可以创造合力从而实现企业价值创造。

二、平衡计分卡的构成

平衡计分卡最主要的特点就是把企业战略置于中心位置,将企业业绩评价与战略相联系。平衡计分卡一方面根据企业战略制定出各方面的目标和测评指标;另一方面又利用这些指标进行信息的反馈,反映企业战略的执行情况。平衡计分卡从财务、客户、内部经营过程、学习与成长等方面对企业的业绩进行评价,四个层面指标之间的联系可用图 10-3 表示,它为以下 4 个基本的问题提供了答案。

(1) 为了实现我们的远见,我们应该如何展现给我们的客户?(客户角度)

(2) 为了使股东和客户满意,我们必须做到什么样的内部经营?(内部经营过程角度)

(3) 为了达到目的,我们将如何保持我们的改革和成长的能力?(学习与成长角度)

(4) 为了使财务管理成功,我们应该如何向股东展示?(财务角度)

从 4 个不同角度向经理提供信息,以平衡计分卡作为业绩评价的基础,限制了使用评价指标的数目,从而使信息过载最小化。平衡计分卡迫使经理关注最重要的评价指标,而不是迷失在大量的信息和评价指标中。如图 10-3 所示。

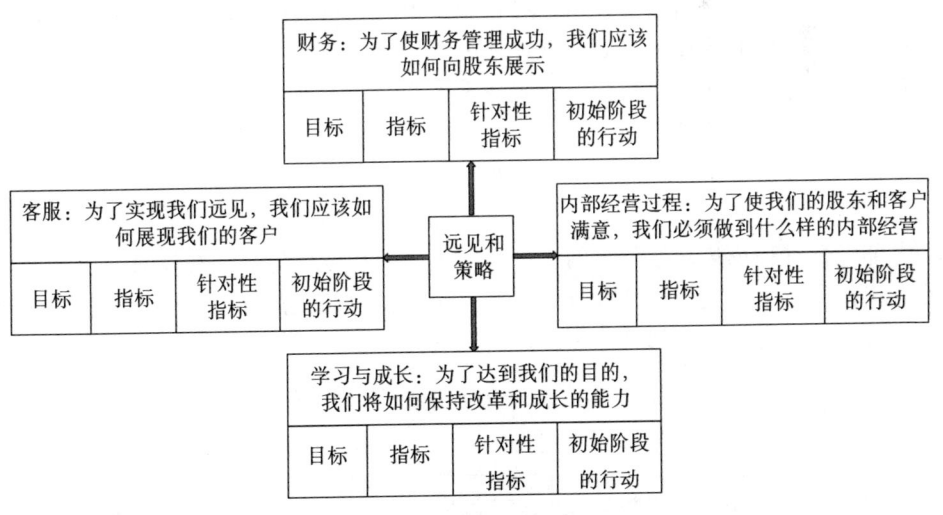

图 10-3 决策转化的 4 个方面

(一) 财务角度

平衡计分卡保留了原有财务方面的内容，是因为财务指标对概述已发生方案的经济结果是有价值的，能够显示企业的战略及其实施和执行是否正在为最终经营结果的改善作出贡献。财务指标通常与企业的盈利能力相联系。常见的指标包括资产负债率、流动比率、速动比率、应收账款周转率、存货周转率、资本金利润率、销售利税率等。

(二) 客户角度

客户视角通过客户如何感觉公司提供的价值来衡量绩效。客户应该处于最优先的地位，因为无论是学习与成长，还是内部经营过程，企业创造的价值只有在得到客户认可时才有意义。对于公司在客户方面的业绩可以从以下几个方面评价：

(1) 市场份额（市场占有率）。该指标反映了企业在市场上所占的业务比例（可以按客户数量、产品销售量或销售额进行计算）。

(2) 客户保持率。这个指标可以通过考察企业与客户的关系程度来计量，反映企业保留或维持同现有顾客关系的比率。

(3) 客户获得率。该指标反映和衡量企业赢得新客户和业务的比率。客户获得率既可以用新客户的数量来计算，又可以通过统计对新客户的销售额来计算。

(4) 客户满意程度。该指标反映客户对企业的认可度。只有当客户对他们的购买经历完全或特别满意时，企业才能指望他们再次购买自己的产品。要想保持现有客户并获得更多新客户，关键是提高客户对企业的满意程度。企业应通过多种调查方式来评价顾客对产品或服务的满意程度。

(5) 客户获利能力。该指标是指企业从单个客户或客户总体处获利的水平。企业不仅希望得到对公司满意的客户，更希望获得有利可图的顾客。这一衡量指标能够使企业做出战略性的选择，有利于合理地配置现有的资源。除了上述主要的五个指标外，企业还可考虑其他一些指标，如服务水准和服务态度、产品的品质等。

这些指标通常在各种类型的企业中都会出现。然而，为了适应不同的战略，指标应该根据那些经营单位预计能快速增长和可获利的目标客户群而制定。

(三) 内部经营角度

内部经营过程视角衡量公司创造价值的程序的有效性。只有有效的管理程序，才能使公司保持竞争力或变成具有竞争力的公司。在内部经营过程方面，经营部门要确认企业必须做好关键的内部管理过程。

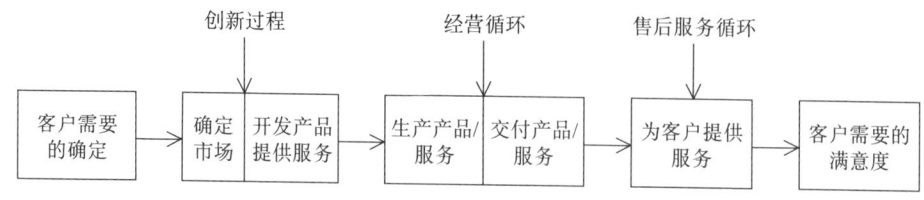

图 10-4 内部价值链

内部经营过程的核心问题包括：确定整套有关内部经营过程的价值观念、确定客户目前及将来的需要，并根据这些需要发展新客户，在经营过程中向现有客户提供有价值的产品和服务、提供充分的售后服务，使客户获得产品和服务增值。

内部经营过程指标着重于那些对客户的满意程度和达到企业的财务目标最大反应的内部经营上。虽然每项经营都是有其独特的、为客户创造价值和产生财务结果的过程，但一个通用的价值链模式一般包括三个方面的经营过程：创新、经营和售后服务。

创新过程由两个部分组成：第一部分，管理者进行市场调查来确定市场的规模、客户的喜好、目标产品及服务的价格，当企业展开它的内部工序来达到客户的需要时，关于市场规模和客户喜好的准确、有效的信息就变得十分重要了。第二部分，除了调查现有和潜在的客户，这部分也包括为企业所能提供的产品和服务设想出全新的机会和市场。

第二个主要步骤，经营过程就是将现有产品和服务生产出来并交付给顾客的过程。

最后一个阶段是在销售产品或提供服务之后给客户提供的服务。售后服务包括保证和维修、次品的处理和更换、支付手段的管理。

内部过程的评价应当以为客户创造价值、提高客户的评价为目标，通常包括：相对竞争对手的生产率，用于测评技术能力目标的实现程度，循环周期、成本报酬率，用于追求制造水平的卓越性目标的实现程度，新产品实际引入速度与计划速度的差异，用于评价新产品引入业务的目标实现程度。

内部经营过程方面表明，平衡计分卡是在企业为了达到财务目标和客户要求，必须确定全新的过程，并把创新过程结合到内部经营过程上。

（四）学习与创新角度

学习与成长是企业实现目标、取得成功的重要因素，是企业实现长期目标的重要力量源泉。例如，为员工提供各种培训，充分调动员工的积极性，提高信息技术，改善信息系统，推动企业持续不断地学习和成长。

学习与成长方面应关注 3 个方面的内容：

（1）员工能力管理方面。是否注重员工能力的提高，激发员工的主观能动性和创造力。可采用的指标有员工满意程度、员工保持率、员工的劳动生产率等。

（2）信息系统方面。是否做到信息沟通，使员工获得足够信息，及时、准确、全面了解客户的需求以及企业产品和服务的反馈信息，不断改进生产和服务过程。评价信息系统灵敏度的标准可以有：成本信息及时传递给一线员工所用的时间以及一线员工了解信息的途径是否多样化等。

（3）调动员工积极性和员工参与程度方面。企业的内部环境是否有利于激励员工发挥积极性，或者企业是否授权给员工。这一方面也可通过多种指标来衡量，如员工提议数量、员工提议质量、被采纳或执行提议的数量等。

三、平衡计分卡的实施步骤

平衡计分卡将企业战略与绩效评估模式进行结合，一般分为六个步骤。

（一）核心愿景的规划

找出组织的核心顾客，并依据服务对象的需求与期待，确立企业的发展方向与未来愿景，并将企业发展愿景的规划方向拓展到应用推广层面。

甲公司是一家家电企业，在强手如林的家电市场，在毛利率渐低的情况下要想继续扩大自己的市场占有率，进一步提高竞争力，唯一的出路只有不断推进技术进步和创新，整合企业各种资源，提高资金运作效率，构建先进的信息系统平台，保证信息的及时性、可靠性，提高宏观调控和科学决策水平，在高度专业化的基础上，稳步迈向多元化经营，实行多元化品牌战略。

公司战略重点是国际化战略及多元化的品牌战略，以科学的管理、先进的产品、一流的质量保证、先进的企业文化、高素质的员工为依托；公司的使命是以自己的产品和产业促进人类生活水平的提高，公司的价值观是成就员工、服务社会；公司的愿景是以市场为导向，以顾客为中心，以质量为基石，以技术为保障，打造白色家电国际品牌。

（二）发展战略的拟定

企业需依据规划的核心愿景，具有竞争力的专长项目，从顾客的利益与价值着手，进行产品或服务项目的优缺点分析，并发挥创新精神，然后拟定平衡计分卡的四个部分中的各项具体战略与指标。为落实各项战略，企业需进一步制定中期与长期计划。然而，各项战略或计划，亦需跟随着发展愿景进行。只有依据愿景的系统架构来执行战略，各项目标才有达成的可能；反之，如果只有愿景而没有执行的方案来引导，愿景将成为遥不可及的梦想。

把公司的总体战略目标分解到各层面，确定各层面战略目标。

（1）财务层面的目标。首先确定财务层面的目标，其他层面的目标都是根据财务目标而设定。家电企业对公司战略进行分析，并根据近几年的数据，制定年度财务目标：冰箱冰柜产销量达到400万台，同比增长达到20%，工业总产值达到100亿元。财务目标设定后，寻找财务目标实现的关键驱动因素，从销售收入增长、成本费用总额、流动资金周转展开。实现销售收入增长主要通过增加新客户收入和提高客户账户份额两条基本途径。对于公司来说，开发新的市场和开发新产品是公司提高收入的主要方法，同时留住老客户提高他们的销售量也非常有必要。提高生产率可以通过降低成本、提高资产利用率来实现。针对公司的现状，成本降低的空间还不小，改善销售效率，降低营销费用和降低生产成本还是有很大的空间。

（2）客户层面的目标。作为家电企业，产品的同质化越发严重，竞争异常激烈。要实现销售收入的增长，首先要保证并提高市场占有率，必须向客户提供优质的产品、快捷的供货、优良的售后服务并选择优先的供应商，建立良好的客户伙伴关系等。

(3) 内部经营的目标。根据战略重点确定内部流程层面的目标，如订单需求满足率、产品性能达标率、产品合格率、退换货率等。因家电产品更新换代较快，公司要注重产品的研发，新产品研发周期、新产品上市周期等也是内部流程要达到的目标。

(4) 学习与成长层面的目标。为完成财务层面目标，学习与成长层面的目标主要为员工满意度、培训目标达成率、绩效考核与薪酬的结合力度及有效性等。

（三）评估指标的选取

企业根据平衡计分卡的架构，规划出愿景与目标后，应制定具体的行动计划，继而驱动相关绩效评估指标的产生。绩效衡量指标的选取，将影响后续的绩效评估结果及其反馈。对于组织整体而言，除了愿景及战略的拟定外，在评估指标的选取方面，其客观性、具体性与代表性需要慎重考虑。

评估指标一般可分为数量化与非数量化指标。虽然数量化指标显现出一目了然的成果表现，是指标选取上的努力方向，但在非量化指标中，对于某些战略项目也有良好的评价效果。企业应根据战略目标，选取可与其配合的评价指标。

(1) 财务层面指标。财务层面指标可通过杜邦财务模型得到，利润和收入增长率都是要设定的指标。客户的选择和获得增加了新的收入，尤其是在进入新市场的时候，财务指标应该包括新产品的收入和新客户的收入。对公司来说，因为公司的战略重点是产品多元化和发展海外市场，为与战略保持一致，销售增长率、市场占有份额增长率是关键绩效指标。销售成本的高低也是决定盈利的关键指标，可以把现金流量、资产周转率、主营业务收入、净资产回报率、销售费用收入总额和销售净利润率作为重要衡量指标考虑在内。

(2) 客户层面指标。市场份额占有率反映经营单位在市场上所占有的业务比例。可以以客户数量、产品销售量进行计算。市场份额最大化必须建立在利润目标的基础上，不能只片面追求市场份额而不顾利润目标。

客户保持率是指企业保留和维持现有客户的比率。

客户获得率是指企业赢得新客户和业务的比率，客户获得率可以用新客户的数量来计算，也可以通过统计对新客户的销售额来计算。

客户满意度是指顾客对产品或服务的满意程度。要想保持客户保持率，提高客户获得率关键是提高客户满意度，企业应根据具体的业绩标准来评价客户满意度。

客户获利能力是指企业从单个客户或客户总体处的获利水平。为提高获利能力企业应提供优质的产品和服务，在客户心目中建立良好的企业形象和声誉并保持同客户的良好关系。

(3) 内部经营层面指标。内部流程层面指标为新产品的设计与开发，这是企业生存与发展的关键。产品的开发时间，能否在竞争对手之前推出新产品，是否具有竞争力；新产品销售额中所占比例；专利产品在销售额中所占比例；对客户需求的反应时间，即经营阶段的长短；经营质量；经营成本；供应商的开发；售后服务质量，包括提供担保、对产品进行修理、送货上门等企业形象建设。

（4）学习与成长层面指标。员工能力管理方面包括员工满意度、员工保持率、员工的劳动生产率、人才流失等。

信息系统方面包括信息沟通是否畅通，员工是否能及时获得足够的信息，准确、全面地了解客户的需求和企业产品和服务的反馈信息等。

员工的培训方面包括调动员工的积极性、员工的参与程度、员工的培训力度等。

以上四个方面的指标都是围绕公司的战略来设计的，平衡计分卡始终把战略置于中心的位置。因此，所有这四个方面可以理解为公司战略实施的过程和领域，也只有从统一的战略角度出发，这四个方面指标的设计才能够一致和连贯起来，起到相互补充和支持的作用。

在指标系统设计的过程中，应该使不同方面的目标关系明确，以使这些关系能被用于管理并产生效果，平衡计分卡指标的一体化系统应该结合关键的可变动的项目中的一系列复杂的因果关系——包括提前、滞后和反馈环节。因果关系链应该遍及平衡计分卡的四个方面。例如，资本报酬率可以作为财务方面的一个计量指标。这个财务指标的动因是现有客户的重复和扩大销售及现有客户忠诚的结果。因此，客户忠诚也被包括在平衡计分卡的客户方面，但是，如何做到保持客户呢？分析表明，按时支付对客户有很大作用。因此，改善按时支付可以产生较高的客户忠诚，同时也可以有较好的财务执行情况。因此，客户忠诚和按时支付在平衡计分卡的客户方面是结合在一起的。

公司要胜过他人实现按时交付，必须不断地思考哪些内部过程是必需的。为了达到按时支付，公司可能会要求在经营过程中缩短周转时间和高质量的内部过程。这两个都是平衡计分卡在内部经营方面的指标。那么企业如何改善质量并缩短它内部经营的周转时间呢？

通过培训员工并提高他们的技术，这是学习和成长方面的一项内容。图10-5显示了一个纵向指标穿过平衡计分卡时，一个因果关系链如何被建立起来。

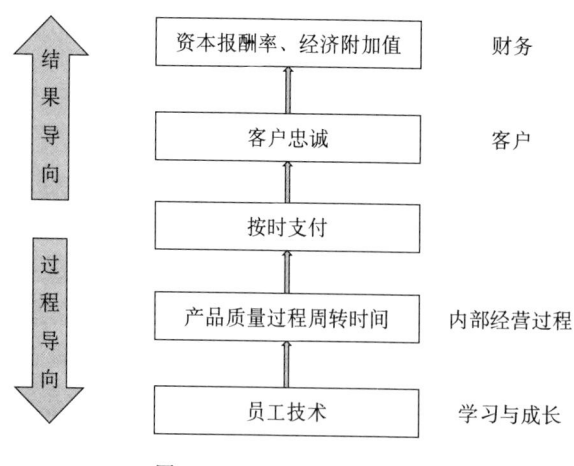

图10-5 因果关系的传递

因此，一个结构合理的平衡计分卡可以反映经营单位的策略，它可以确认并明确在结果指标和产生这些结果的执行动因之间因果关系的一连串假设。

（四）具体战略的执行

战略的合理落实是企业提升执行效率的关键。在拟定战略的过程中，员工的参与则尤为重要，而且最好能在愿景拟定的当时，即能考虑员工的专业意见。员工参与感的提升，不但可以借助实际作业者的经验，了解现有缺失并设定出可达成的目标，更重要的是能建立员工的使命感，促使员工将战略落实在每日的工作中，使各项拟定的战略得以具体实现。

（五）执行成果的评估

成果评估的目的在于了解工作的实际表现，企业应以客观、公正的态度，以具体化的数据反映实际作业的成果，并作为绩效评估的依据。绩效评估主要是依据衡量指标中所界定的范围，收集相关数值或文字数据，经整理与分析后进行相应的评估。作为执行评估的人员，应站在超然与独立的立场上，避免人为干涉等影响因素，只有这样才能提供可信度较高的评估报告。

（六）改善战略的反馈

根据绩效评估整体结果建立质量改善计划并进行修正，透过反馈机制作为后续工作的改善基础，将整个绩效评估模式转化为一个良性的互动循环系统。评估完成的结果，其主要目的是让企业发现具体问题，并获得改善的机会与战略，同时也应根据员工完成的绩效做出相应的奖惩，从而使企业管理模式更趋完善。

公司基于平衡计分卡的绩效管理运作体系，设计在公司各级体系建立起来后，怎样推进体系来实现企业具体的经营计划需要一个过程，这就是绩效管理循环。要实现企业的经营计划和管理目标，必须建立一个以提高管理者人力资源管理责任的绩效管理循环体系，通过管理者与员工共同参与的绩效计划、绩效辅导、绩效评估、绩效反馈以及绩效考核结果的应用等步骤，改进和提升员工的绩效水平，实现组织绩效的达成和不断提高。

【本章小结】

责任会计是在企业内部建立若干责任中心，分清各责任中心的工作范围，贯彻权、责、利相结合的原则，并对各责任中心负责的经济活动进行控制与考核，将会计工作同责任制度紧密结合起来的一种企业内部控制制度。

责任会计的目的是提供各种会计报告，以使各责任中心的责任人了解其相应的责、权、利，作为今后评价各责任中心业绩的主要依据。

责任中心是指承担一定经济责任，并享有一定权利的企业内部（责任）单位。责任会计是适应分权管理要求，在企业内部建立若干责任单位，对各责任单位权责范围内的生产经营活动进行规划及业绩考评的内部控制制度，是以各个责任中心为主体，以责、权、效、利相统一的机制为基础形成的为评价和控制企业经营活动的进度和效果服务的信息系统。责任中心的基本特征是责、权、利相结合，一般分为成本中心、利润中心、投资中心等。

成本中心可能有少量的收入，但不成为其主要的考核内容，在考核时，只需考核其成本，而不需要考核其收入。成本中心可大可小，可以是一个分厂，也可以是一个车间，也可以是一个班组，大的成本中心还可以划分为若干个小的成本中心。成本中心可以分为标准成本中心和费用中心。

利润中心是指能够同时控制生产和销售，既要对成本负责又要对收入负责，但没有责任或没有权力决定该中心资产投资水平，因而可以根据其利润的多少来评价该中心的业绩的责任中心。利润中心可以分为自然利润中心与人为利润中心。

投资中心是对投资负责的责任中心，一个以本身投资基础的盈利能力对最高层管理者负责的企业单位。其特点是既要对成本、收入、利润负责，又要对利润与投资之间的比例关系、投资的效果、资本支出决策、存货储存量、顾客应收账款政策、坏账收回和材料采购负责。投资中心同时也是利润中心。投资中心是分权管理的最突出表现，它一般是独立法人。投资中心与利润中心相比，利润中心只有短期的经营决策权，投资中心除此之外还拥有长期投资决策权，因而其权力更大，但同时经营责任也更大。

内部转让价格是指企业内部各责任中心之间由于相互提供产品或劳务，为区分责任和评估业绩进行结算或转账所选用的一种价格标准。转让价格如何制定，以什么为基础需要考虑哪些因素，是企业内部管理中业绩评价的重要问题。

业绩评价体系包括财务模式、价值模式和平衡模式。其中，财务模式以杜邦公司创立以投资报酬率为中心的杜邦财务分析体系为代表，价值模式以经济增加值为代表，平衡模式以平衡计分卡（BSC）为代表。经济增加值并非单独作为价值模式的非财务业绩指标存在，思腾思特公司在该指标的基础上发展了"4M"（评价、管理、激励、理念）概念，形成了EVA体系；而平衡计分卡计量企业在财务、顾客、内部业务、学习和创新四个方面的业绩。

【案例分析】

中国银联绩效管理的启示

中国银联是经中国人民银行批准的、由八十多家国内金融机构共同发起设立的股份有限公司，经营范围主要是建设和经营全国统一的银行卡跨行信息交换网络，制定银行卡跨行交易业务规范和技术标准，管理经营"银联"标志等。中国银联注册资本16.5亿元，于2002年3月26日成立，总部设在上海。

中国银联的重大战略转型——从联网通用到创建民族银行卡品牌。新的愿景：中国人走到哪里，银联卡用到哪里；新的策略：发行自主标准的银联卡，拓展银联卡境外受理网络。挑战是：

（1）如何让全体员工对这个重大战略深入认识和了解。

（2）如何把战略转化为可以操作的行动。

（3）如何把部门和员工的绩效与新的战略挂钩。

（4）如何衡量战略的执行情况和效果。

（5）如何建立与新战略适配的组织机构和业务流程。

公司在2004年底引入绩效考核工具时接触到平衡计分卡，并通过招标方式选择了博意门咨询公司作顾问来协助公司实施平衡计分卡项目，在项目推进的过程中，逐渐认识到平衡计分卡不仅仅是绩效考核的工具，更可在战略管理方面发挥积极的作用。公司总裁万建华先生亲自负责项目领导工作，并专门成立了项目核心小组，以人力资源部和战略发展部的人员为主，并吸收了业务管理部、财务部等其他部门的领导和业务骨干参与项目。公司总裁在启动平衡计分卡项目的公司全体员工动员会上，明确指出平衡计分卡的实施是公司创建民族品牌、迎接开放挑战、提升服务能力的一次大的管理变革。

平衡计分卡实施的成效如下：

1. 财务业绩

2006年公司的财务收入增长60%以上，交易量增长150%以上，境外交易量500%以上，银联标准卡发卡量增长20多倍，境内外受理市场也都取得了大幅度增长，超额完成年初制定的目标。

2. 非财务业绩

（1）品牌：持卡人满意度提高10%，商户满意度提高5%，成员银行总体满意度达到90.2%。

（2）客户影响：成员银行、移动等行业性大商户、商业联合会，与花旗银行、发现卡公司等形成了全球合作关系。

（3）运营绩效：公司转接成功率持续提高，公司通过实施平衡计分卡，对战略执行的理念和机制进行了系统梳理，建立了公司战略执行的决策、跟踪报告、调整制度，同时，在组织结构优化和管理流程优化上进行联动。例如，公司专门成立了"组织架构与流程优化"的项目小组，对组织结构进行调整；成立了明确的"市场体系"部门，协调了前后台部门的支持配合关系；公司也对产品创新、机构入网、市场营销等重要流程进行了调整优化。经过这些工作，公司在战略执行上的科学化、规范化、精细化程度大大加强，公司战略执行文化深入人心。经过近两年的实施应用，平衡计分卡管理工具有效地推动了公司的战略管理和绩效管理工作的开展，显著地促进了强调战略执行、提升内部管理效率和市场服务能力、努力创建民族银行卡品牌的管理机制和企业文化的形成和完善。

讨论

1. 平衡计分卡的构成有哪些？
2. 平衡计分卡的价值创造的基本原理？
3. 平衡计分卡在中国银联使用的效果怎样？

案例资料来源：平衡计分卡：中国银联的变革战略，http://www.sina.com.cn。

【课后练习】

一、思考题

1. 简述集权管理及分权管理。
2. 简述责任中心的基本特征。
3. 简述利润中心与投资中心的异同。
4. 简述投资中心、利润中心和成本中心之间的关系。
5. 简要概述一下责任会计的内容体系。
6. 简述平衡计分卡的构成。

二、单选题

1. 计算投资报酬率时，其经营资产计价是采用（　　）。
    A. 原始价值	B. 账面价值
    C. 委估价值	D. 市场价值
2. 责任会计的主体是（　　）。
    A. 管理部门	B. 责任中心
    C. 销售部门	D. 生产中心
3. 投资中心的利润与其投资额的比率是（　　）。
    A. 内部收益率	B. 剩余收益
    C. 部门贡献边际	D. 投资报酬率
4. 责任会计中确定责任成本的最重要的原则是（　　）。
    A. 可避免性	B. 因果性
    C. 可控性	D. 变动性
5. 成本中心的责任成本是指该中心的（　　）。
    A. 固定成本	B. 产品成本
    C. 可控成本之和	D. 不可控成本之和
6. 下列项目中，不属于利润中心负责范围的是（　　）。
    A. 成本	B. 收入
    C. 利润	D. 投资效果

7. 以获得最大净利为目标的组织单位是（　　）。
   A. 责任中心　　　　　　　　　　B. 成本中心
   C. 利润中心　　　　　　　　　　D. 投资中心

8. 对于成本中心来说，考核的主要内容是（　　）。
   A. 标准成本　　　　　　　　　　B. 可控制成本
   C. 直接成本　　　　　　　　　　D. 可变成本

9. 为了使部门经理在决策时与企业目标协调一致，应该采用的评价指标为（　　）。
   A. 投资报酬率　　　　　　　　　B. 剩余收益
   C. 现金回收率　　　　　　　　　D. 销售利润率

10. 在以成本作为内部转移价格制定基础的条件下，如果产品的转移涉及利润中心或投资中心时，下列方法中能够采用的只能是（　　）。
    A. 标准成本法　　　　　　　　　B. 变动成本法
    C. 实际成本法　　　　　　　　　D. 标准成本加成法

三、多选题

1. 建立责任会计应遵循的基本原则有（　　）。
   A. 反馈原则　　　　　　　　　　B. 可控性原则
   C. 责权利相结合原则　　　　　　D. 统一性原则
   E. 激励原则

2. 责任中心按其所负责任和控制范围不同，分为（　　）。
   A. 成本中心　　　　　　　　　　B. 费用中心
   C. 投资中心　　　　　　　　　　D. 收入中心
   E. 利润中心

3. 责任中心考核的指标包括（　　）。
   A. 可控成本　　　　　　　　　　B. 产品成本
   C. 利润　　　　　　　　　　　　D. 投资报酬率
   E. 剩余收益

4. 对投资中心考核的重点是（　　）。
   A. 贡献边际　　　　　　　　　　B. 销售收入
   C. 营业利润　　　　　　　　　　D. 投资报酬率
   E. 剩余收益

5. 利润中心分为（　　）。
   A. 自然利润中心　　　　　　　　B. 人为利润中心
   C. 实际利润中心　　　　　　　　D. 预算利润中心
   E. 标准利润中心

6. 成本中心可以是（　　）。
   A. 车间
   B. 个人
   C. 工段
   D. 班组
   E. 分厂

四、计算题

1. 假设东大公司某部门2015年6月的有关数据如下：部门销售收入20000万元，已售商品的变动成本和变动管理费用12000万元，部门的固定间接费用2000万元，其中800万元由部门销售经理可控制，1200万元为部门经理不可控制，分配的公司一般管理费用1000万元。

   要求：
   （1）计算东大公司分部边际贡献；
   （2）计算东大公司分部经理可控边际贡献；
   （3）计算东大公司分部边际；
   （4）计算东大公司分部税前利润。

2. 2015年某公司事业部的相关资料如下：投资利润率25%；销售利润率10%；销售收入2400000元。

   要求：
   （1）计算该事业部的经营资产；
   （2）假设公司加权平均资本成本为18%，请计算该事业部的剩余利润。

3. 某公司一投资中心的数据为：拥有资产10000元；风险是公司平均风险的1.5倍；销售收入15000元；变动销售成本和费用10000元；中心可控固定间接费用800元；中心不可控固定间接费用（为折旧）1200元；分配的公司管理费用1000元；公司的无风险报酬率8%；公司的平均报酬率12%。

   要求：
   （1）计算该投资中心的投资报酬率、剩余收益；
   （2）如果有一项目需投资6000元（不考虑折旧），风险与该中心相同，可于未来10年内每年收回利润900元，计算该投资中心的投资报酬率和剩余收益；
   （3）请分别根据投资中心的投资报酬率、剩余收益项目的判断项目的取舍；
   （4）从企业整体的角度分析，应该做出怎样的决策。

4. 东大公司是正保集团旗下的一个分公司，该公司今年的平均营业总资产为1000万元，利息费用为100万元，销售成本率为70%，资产周转率为1.5，销售利润率为15%，所得税率为25%。

   要求：
   （1）计算东大公司的投资报酬率；
   （2）计算东大公司的净利润；

(3) 计算东大公司的成本费用利润率。

5. 某企业有甲、乙两个利润中心，甲部门生产的 A 零件单位变动成本 30 元，是乙部门生产的 B 产品所需的一种配件。现在乙部门需要 A 零件 1000 件，乙部门生产 B 产品的单位加工费用和销售费用合计为 20 元，B 产品的销售单价为 70 元。A 零件可以以单价 40 元对外销售。

要求：

(1) 如果甲部门生产 A 零件 1000 件后没有闲置生产能力，为了保证责任中心的决策与企业总体利益相一致，企业应该以变动成本还是市场价格作为 A 零件的内部转让价格？

(2) 如果甲部门有闲置生产能力生产 1000 件 A 零件，为了保证责任中心的决策与企业总体利益相一致，企业应该以变动成本还是市场价格作为 A 零件的内部转让价格？

(3) 为了鼓励甲部门使用闲置生产能力，应如何确定 A 零件的内部转让价格？

(4) 为了鼓励甲部门使用闲置生产能力，以市场价格为内部转让价格，计算甲、乙两个部门的边际贡献。

【本章参考文献】

1. 王华：《管理会计学》[M]，武汉：湖北科学技术出版社 2014 年版。

2. 孙茂竹，文光伟，杨万贵：《管理会计学（第七版）》[M]，北京：中国人民大学出版社 2017 年版。

3. 吴大军：《管理会计（第三版）》[M]，大连：东北财经大学出版社 2013 年版。

4. 罗伯特·S. 卡普兰、安东尼·A. 阿特金森著，丁友刚译：高级管理会计（第 3 版）[M]，大连：东北财经大学出版社 2011 年版。

5. 平衡计分卡：中国银联的变革战略，http://www.sina.com.cn。

第十一章

战略管理会计

【本章学习目标】

通过本章的学习
1. 了解战略管理的基本原理
2. 熟悉战略管理的过程与特点
3. 了解战略管理的主要方法
4. 掌握战略管理会计的内涵

第一节 战略管理基本原理

一、战略管理的含义

"战略"一词起源于军事科学,它是同"战术""战役"相对应的概念。这种由军事科学确立的"战略"概念,被推广应用于政治、社会、经济等各个领域,其含义也变得越来越广泛了。概括地说,"战略"是指重大的、全局性的、长远性的谋划。战争强调"上兵伐谋",而在现代市场体系的商战中,同样也要强调以"谋略取胜",把制定正确的竞争谋略放在第一位。在现代市场经济体系中,企业之间的竞争已经从低层次的产品营销性竞争发展到高层次的全局性战略竞争。战略上的成功是企业在全球性的激烈市场竞争中求生存、求发展的根本保证。一般认为,战略管理是一种综合的管理方法,它将企业战略计划、实施和控制中所涉及的那些单一要素整合起来,以实现企业目标。战略管理是一个持续、互动的过程,如图11-1所示。

二、战略管理的过程

战略管理的主要过程包括战略分析、战略选择与战略实施三个阶段。

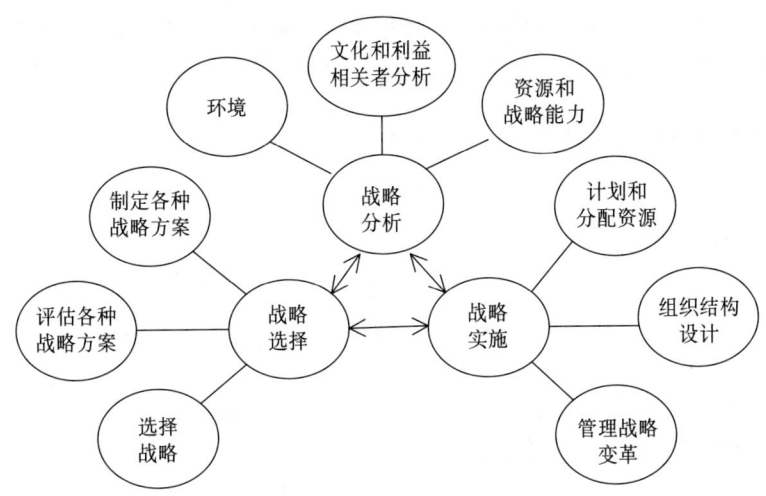

图 11-1　战略管理过程及组成要素

（一）战略分析

战略分析要从对企业内部和外部因素的分析入手，分析企业利益相关者的需求，确定企业的远景、使命及战略目标。战略分析需要考虑许多方面的问题，主要是外部因素分析与内部因素分析。外部因素分析包括对宏观环境、行业环境及经营环境的分析，例如政治、经济、社会、文化及技术因素等。内部因素分析主要包括内部资源分析、企业能力分析及市场竞争能力分析等。此外，还应对企业利益相关者的要求进行分析，了解与组织有关的个人和团体的价值观和期望是什么，对组织的愿望和要求是什么，在战略分析、选择和实施的过程中会有什么行动和反应，会对组织的行为产生什么影响和制约，进而确定企业的远景、使命和战略目标。

（二）战略选择

战略选择是指在战略分析的基础上，为企业选择一个合适的战略。战略选择是一个复杂的过程，涉及产品和服务的开发方向，进入哪一类市场，以什么方式进入市场等决策。在战略选择时，企业应尽可能多地列出可供选择的战略方案，不能只考虑比较明显的战略方案，战略方案的形成是战略选择的首要环节，是战略实施的基础和前提。其次，企业应进行战略方案的评价，对战略方案的适用性、可行性、可接受性等进行评价，以确定哪些方案最有助于企业战略目标的实现，最后选择战略。

（三）战略实施

战略实施是将战略转化为行动的过程，是制定战略计划、实施战略、监控和评价战略业绩，并在必要时进行战略调整的过程。战略实施包括为了实现目标，还需要获得哪些外部资源，如何在企业内部各部门和层次间分配及使用资源，对组织机构需要做哪些调整以及各级管理人员需要掌握哪些组织变革的技术和方法。

由于企业内外环境、条件的复杂性与可变性使得企业的战略管理表现为一个动态的、创造性的过程，不能单纯依据既成的事实和僵硬的数据作为判断依据，而应充分发挥人的创造性、想象力和洞察力，通过不断地适时修正，使之日趋完善。

三、战略管理的主要特点

与传统的企业管理相比，战略管理具有如下主要特点。

（一）战略管理是关于企业整体的管理

战略管理涉及企业的全局和整体，管理者需要跨越职能领域解决问题，仅有某一方面的知识和能力是不够的，需要有关它们相互关系和共同作用的知识。战略管理者需要与不同利益团体、不同工作职责的人进行协调，设法达成共识。而运营管理主要是智能性管理，仅凭某一领域的专长就可以发现并解决问题。

（二）战略管理不仅关注企业内部，还需要管理和改变企业与外部的关系

战略管理强调与外部的竞争与合作，并且满足利益相关者的期望。企业的外部关系不同于内部关系，它们不在企业的控制范围之内，而且获取有关信息比企业内部更难。而运营管理主要是管理企业内部的关系。

（三）战略管理具有很大的不确定性和模糊性

战略管理强调适应环境、长远发展和资源整合，影响因素复杂多变，难以预计和量化，管理者进行决策时，不可能做到完全有把握。而运营管理主要是处理比较确定的常规事务，比较容易预见和量化。

（四）战略管理涉及企业的变革

战略管理不是维持现有局面，而是不断改变现存状态，以适应不断变化的环境。战略管理可以说是对变革的管理。由于企业资源和文化具有连贯性，因此改革经常难以进行。而运营管理主要是在现有状态下把事情做好，而不是改变所有的状态。

四、战略的类型

企业通常是由众多具有相对独立性的经营单位所组成，其战略可以区分为三个层次。

（一）公司层战略

公司层战略是企业的总体战略，是指为实现企业总体目标，对企业未来基本发展方向所做出的长期性、总体性的谋划。企业总体战略着重于从企业生产经营的全局出发，制定对企业总体最有利的战略组合，其内容主要包括选择企业如何进入最具发展前景的产业；确定应从事的经营类型（业务范围）、各经营单位人力和物质资源的合理配置及流动；确定如何为企业总体提高投资报酬率的方法与途径等。依据企业是否应扩张，公司层战略分为成长战略、稳定战略和收缩战略。

（1）成长战略。成长战略是以发展壮大企业为基本导向，致力于使企业在产销规模、资产、利润或新产品开发等某一方或某几方面获得增长的战略。主要包括三种基本类型：一体化成长战略、密集型成长战略和多元化成长战略。

一体化成长战略是企业对具有优势和增长潜力的产品或业务，沿其经营链条的纵向或横向扩大业务的深度和广度，扩大经营规模，实现企业成长。其中，纵向一体化战略有利于节约与上、下游企业在市场上进行交易的成本，控制稀缺资源，保证关键投入的质量或者获得新客户。但这一战略也会增加企业内部的管理成本，因此，企业规模也并不是越大越好。而横向一体化战略通常是指企业收购、兼并或联合竞争企业的战略。企业采用横向一体化战略主要是为了减少竞争的压力，实现规模经济和增强自身实力以获取竞争优势。

密集型成长战略，也称加强型成长战略，是指企业充分利用现有产品或服务的潜力，强化现有产品或服务竞争地位的战略。如安索夫矩阵中的市场渗透、市场开发和产品开发战略，详见本章第二节中安索夫矩阵的说明。

多元化成长战略是指企业进入与现有产品和市场不同的领域。详见本章第二节中关于安索夫矩阵的论述。

（2）稳定战略。稳定战略也叫防御型战略、维持型战略，是指企业在战略方向上没有重大改变，在业务领域、市场地位和产销规模等方面基本保持现有状况，以安全经营为宗旨的战略。稳定战略有利于降低企业实施新战略的经营风险，减少资源重新配置的成本，并有助于防止企业过快发展可能带来的问题。主要包括暂停战略、无变战略和维持利润战略。总体来说，稳定战略较适合在短期内运用，长期实施则存在较大风险。

（3）收缩战略。收缩战略，也称撤退战略，是指企业因经营状况恶化而采取的缩小生产规模或取消某些业务的战略。采取收缩战略一般是因为部分产品或服务处于竞争，以至于销售下降、出现亏损等，从而在一定范围内采取的收缩或撤退措施，以抵御外部环境的压力，保存企业实力，等待有利时机。收缩战略的主要目标侧重于改善企业的现金流量，通常需要采用严格控制各项费用等方式渡过危机。这种战略是一种带有过渡性质的临时性战略，包括扭转战略、剥离战略和清算战略。

（二）事业单位层战略

各个经营单位因在生产经营上具有较大独立性，一般具有自行制定其经营战略的权力，因而各自构成一个"战略经营单位"（strategic business unit，SBU）。因为"战略经营单位"通常是按照同类产品或者服务进行设置，因而其战略管理应在企业总体战略的指导下，着重于改善其产品或者服务在所属产业细分市场中的竞争地位，为促进企业总体战略目标的实现进行协调一致的努力。因此，此类战略也称竞争战略，是在特定的一个行业内，企业用于区别自己与竞争对手业务的方式，是企业在特定市场环境中如何营造、获得竞争优势的途径或方法。1980年波特在《竞争战略》一书中将产品或行业的竞争战略分为成本领先、差异化战略与集中化战略三种。

（1）成本领先战略。成本领先战略的目标是成为整个行业中成本最低的制造商。低成本可能并不会减少消费者从产品中获得的价值，即使是购买一件低成本的产品，他们仍然愿意支付一个合理的价格。通过低成本生产，制造商在价格上可以与行业中的任一制造商竞争，并赚取更高的单位利润。

成本领先战略的优势主要包括以下方面：一是可以抵御竞争对手的进攻。低成本使企业可以制定比竞争者更低的价格，并仍然可以获得适当的收益。因此，即使面对激烈的竞争，成本领先者仍然可以有效地保护企业。二是具有较强的对供应商的议价能力。成本领先战略往往通过大规模生产或销售建立起成本优势，较大的购买量使这类企业对供应商往往具有较强的议价能力，从而进一步增加了其成本优势。三是形成了进入壁垒。成本领先战略充分利用了规模经济的成本优势，使得无法达到规模经济的企业难以进入该行业并与之竞争。因此，成本领先者有可能获得高于平均水平的投资回报。

成本领先战略主要适用于市场上存在大量的价格敏感用户，产品难以实现差异化，购买者不太关注品牌，消费者的转换成本较低等情况。这时，企业应当力求成为产业中的低成本生产者，使产品价格低于竞争者，以提高市场份额。

如美国西南航空公司主要通过两个层面实现成本领先战略。一是不提供机舱饮食，而且不区别头等舱、商务舱和经济舱；二是以无纸化办公和无票航班来节省成本。例如它们的客户只需拨打印在飞机两侧的电话号码或进入其网站，通过信用卡就可以订机票。办理登机时，客户提供一个编号即可，无须机票。此外，这些航空公司还充分利用二级机场在飞行时段上竞争相对不是很激烈的特点，减少飞机在停机坪上停留的时间，所以，与在繁忙机场运营的航空公司的飞机相比，它们的每架飞机赢得了更多的营运时间和营业收入。

（2）产品差异化战略。差异化战略是指企业针对大规模市场，通过提供与竞争者存在差异的产品或服务来获取竞争优势的战略，这种差异性可以来自于设计、品牌形象、技术、性能、营销渠道或客户服务等各个方面。成功的差异化战略能够吸引品牌忠诚度高且对价格不敏感的顾客，从而获得超过行业平均水平的收益。与成本领先战略主要用于提高市场份额不同，差异化战略有时能获得比成本领先战略更高的利润率。

差异化战略主要适用于以下一些情况：产品能够充分地实现差异化，且为顾客所认可；顾客的需求是多样化的；企业所在产业技术变革较快，创新成为竞争的焦点。

如某家欧洲时装制造商在全球收集有关时尚趋势的各类信息，并筛选最合适和高质量的材料，配合适当的加工和应用精确的剪裁技术，生产最优质的成衣。在欧美市场上，凭其产品的高品质和独特性（亦即其差异化），令企业拥有良好的声誉，维持其竞争优势。

（3）集中化战略。集中化战略是将目标集中在特定顾客或某一特定地理区域上，即在行业内很小的竞争范围内建立独特的竞争优势的战略。采用集中化战略的企业，由于受自身资源和能力的限制，无法在整个产业实现成本领先或者产品差异化，故而将资源和能力集中于目标细分市场，实现成本领先或差异化。市场集中化战略一般是中小企业采用的战略，可分为两类：集中成本领先战略和集中差异战略。

集中化战略主要适用于以下情形：企业资源和能力有限，难以在整个产业实现成本领先或差异化,只能选定个别细分市场;目标市场具有较大的需求空间或增长潜力;目标市场的竞争对手尚未采用同一战略。

以上战略并不是相互排斥的,一个企业可以在不同行业、不同产品或地区采用不同的战略,但对于同一产品,也可以同时采用多种竞争战略。本书以一家家具公司说明集中成本领先战略的使用。

一家瑞典的家具公司,以低价的完美设计和实用功能为竞争优势,以年轻消费者为目标市场,通过以下方法实现成本领先的战略:

①追求以合理且经济的方式开发并制造自己的产品,以减低物料的浪费;

②在全球范围内进行大量采购和制造外包,以最大限度地降低制造成本;

③采用以顾客自行安装的模块为导向的研发设计体系,降低安装成本;

④采用"平板包装"的方式运输商品节省仓储及运输费用或要求顾客自行运输购买的物品。

(三) 职能部门层战略

职能部门层战略也称职能战略或职能部门策略,侧重于企业内部特定职能部门运营效率的提高,如生产、财务、营销、研究与开发以及人力资源开发等。各个职能部门均掌握一定的人力和物质资源,分工协作履行一定的专业职能。它们的战略管理是在高层次战略方针的指导下,精心规划如何充分发挥人力、物力的潜能,在人尽其才、物尽其用的基础上,创造出优异的工作业绩,为实现企业总体的战略目标服务。

企业战略管理的上述三个层次之间存在着紧密联系,每一层次应遵循"目标一致"的原则,有效地实现各自的战略目标,同时三个层次之间相互作用,构成一个企业战略的完整体系,保证企业总体战略目标的顺利实现。各层次的主要战略如图11-2所示。

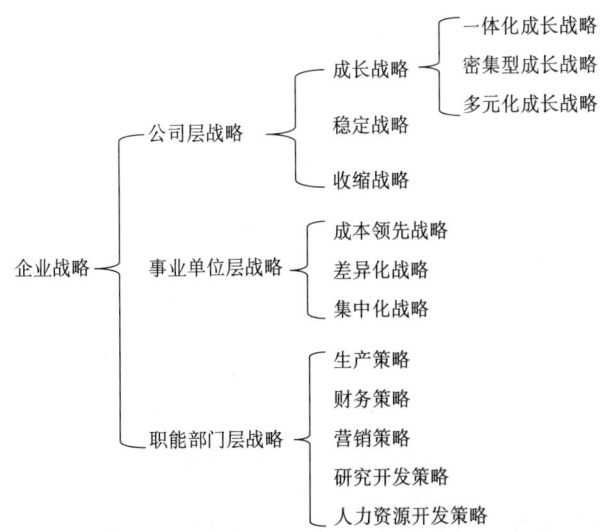

图11-2 企业的主要战略类型

第二节　战略管理方法

一、战略分析工具

在企业战略分析的过程中，有较多的战略管理方法或工具可以使用，使用较多的为企业内外部环境分析的SWOT分析和行业分析的五力模型。

（一）SWOT分析

SWOT分析，也叫态势分析，是将企业内部环境的优势与劣势、外部环境的机会与威胁同列在一张"十"字形图表中加以对照。这样既可以一目了然，又可以从内外环境的相互联系中做出更深入的分析评价。SWOT分析的四个要素为企业内部的优势（strengths）和劣势（weaknesses）以及企业外部的机会（opportunities）与威胁（threats）。将企业内部的优势与外部的机会相匹配，克服企业的劣势和威胁，有助于企业的战略的制定。图11-3列示了SWOT分析的典型格式。

优势	劣势
企业专家所拥有的专业市场知识	缺乏市场知识与经验
对自然资源的独有进入性	无差别的产品和服务
专利权	企业地理位置较差
新颖的、创新的产品或者服务	竞争对手进入分销渠道的优先地位
企业地理位置优越	产品或者服务质量低下
由于自主知识产权所获得的成本优势	声誉败坏
质量流程与控制优势	
品牌和声誉优势	
机会	威胁
发展中的新兴市场（例如中国互联网）	企业所处的市场中出现新的竞争对手
并购、合资或者战略联盟	价格战
进入具有吸引力的新的细分市场	竞争对手发明新颖的、创新的替代性的产品或者服务
新的国际市场	
政府规则放宽	政府颁布的新的规则或者政策
国际贸易壁垒消除	出现新的贸易壁垒
某一市场的领导者力量薄弱	针对企业产品或者服务的潜在税务负担

图11-3　典型的SWOT分析格式

（1）优势。优势是指能为企业带来重要竞争优势的积极因素或独特能力。其包括管理方面的专业知识、目前的市场地位、企业规模、企业结构、财务资源、人员配备、形象或声誉等。企业需要不断地寻找匹配其优势的机会,从而帮助企业优化协同效应。

(2) 劣势。劣势是指限制企业发展且有待改正的消极方面。例如,当前的能力或资源的不足、不良形象或声誉,这些都是企业的劣势。此外还包括缺乏现金流、高额的沉没成本、大量的客户投诉以及优秀人才的短缺等。

(3) 机会。机会是随着企业外部环境的改变而产生的有利于企业的时机。例如,有利于企业的政府法规的出台、新市场的出现、不断改善的经济因素或者竞争对手的破产等。

(4) 威胁。威胁是随着企业外部环境的改变而产生的不利于企业的时机。例如,不利于企业的立法出台、人们对环境影响的认识,政治或经济的动荡以及不断变化的社会条件等。综合四个要素的分析,把结果同列在一张"十"字形图表中加以对照,即为SWOT分析图。

(二) 波特的五力模型

迈克尔·波特提出了五力模型,用以确定企业在行业中的竞争优势和行业可能达到的最终资本回报率。这五力分别是行业新进入者的威胁、供应商的议价能力、购买商的议价能力、替代产品的威胁及同业竞争者的竞争强度。波特认为,这五种竞争驱动力决定了企业的最终盈利能力,如图11-4所示。其分析的具体步骤为:识别每一种影响公司竞争优势的关键方面或因素;对每一种因素相对于此公司的优势和重要性做出评估;确定这些因素的总优势是否值得公司进入或留在这个行业。

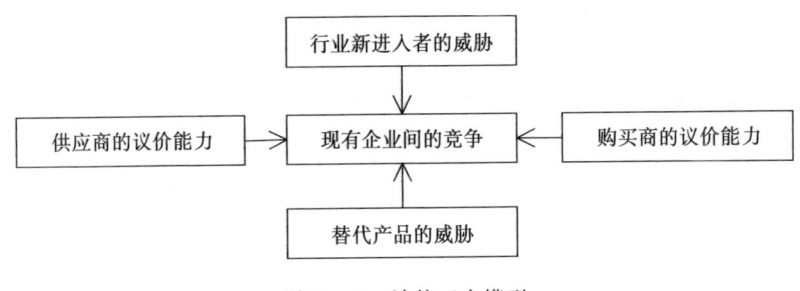

图11-4 波特五力模型

(1) 行业新进入者的威胁。新进入行业者越容易进入行业市场,当前行业的获利能力就越容易被削弱。新进入行业的企业会对现有的竞争者构成威胁,削弱现有企业产生理想财务回报率的能力,分割市场份额并激化市场竞争。新进入者通常会采取降低市场价格、引入有特色的新产品或者提高服务质量等策略来赢得市场份额。新进入者的威胁力度和数量很大程度上取决于各种进入壁垒的高度。决定进入壁垒高度的主要因素主要有以下方面:

①规模经济。规模经济表现为,在一定时期内产品的单位成本随着产品总产量的增加而降低。规模经济的作用迫使行业新进入者以较大规模进入行业,并且冒着被现有企业强烈反击的风险;新进入者也可以以较小规模进入,但是要长期忍受相对于现

有企业来说高产品成本的劣势。这两者都不是新进入者所期望的。

②客户忠诚度。在市场上存在了很长时间或者拥有良好形象而获得的信誉会提高顾客的忠诚度，从而使得新进入者难以建立品牌知名度并以此吸引客户获得新的市场份额。

③资本金投入。有些行业（如制药行业和科技行业）要求投入大量的资金来建立公司并进行研究和开发，因而与资金投入相关的投资风险就会阻碍新公司进入该行业。

④转换成本。如果消费者从一个供应商转向另一个供应商的成本较高，那么无论是从时间、金钱方面还是从便利性方面考虑，消费者改变购买意向的可能性都比较低。反之，如果消费者从一个供应商很方便的能转向另一个供应商，同时仍然能满足自身对产品的需求，那么消费者很容易改变购买意向，这种情况下新进入者对现有企业的威胁较大。

⑤对销售渠道的使用权。新进入者想通过已有渠道来销售其产品和服务可能会遇到困难，因为这些现有的渠道已经被现有的竞争对手所垄断。例如，超市会优先将货架提供给知名品牌，新进入者在货架上获得一席之地来摆放产品进行促销的机会就会大大减少。

⑥政府政策。政府可能会通过限制执照发放（例如通讯和电视广播行业）和限制外资的方式来限制某些公司进入某些行业。

⑦现有产品的成本优势（与规模经济无关）。当现有公司对市场非常了解、拥有主要客户的信任、在基础设施方面投入了大量的资金并且拥有专利技术、独占最优惠的资源、占据市场有利位置、获得政府补贴和经验曲线效应时，新进入者无论具有什么样的规模经济，都很难在市场中获得一席之地。

例如铁路行业的进入壁垒很高，主要是因为铁路行业在很多国家还是传统的垄断性行业，此外，铁路基本建设需要投入巨额资金。资金供给与需求的巨大缺口，必须也必然要通过其他资金来源进行弥补。

（2）供应商的议价能力。供应商，是指那些向行业提供产品或服务的企业、群体或个人，也包括劳动力和资本的供应商。供货商的威胁手段有两类：一是提高供应价格；二是降低供应产品或服务的质量。这些手段可以使下游行业利润下降。

许多因素会提高供应商在行业中的议价能力，从而降低公司在行业中的营利性，这些因素包括：

①市场中没有替代品，因而没有其他供货商。

②该产品或服务是独一无二的，且转换成本非常高。

③供应商所处的行业由少数几家公司主导并面向大多数客户销售，例如软件行业。因为行业中可供选择的供应商只有少数几家，购买商与供应商在价格、质量的条件上进行谈判时就没有什么选择余地。

④供应商的产品对于客户的生产业务很重要。

⑤企业的采购量占供应商产量的比例很低。
⑥供应商能够直接销售产品并与企业抢占市场。

20世纪90年代初,计算机芯片产业一直被某美资公司垄断,虽然市场上出现了其他中资和台资的计算机芯片等供应商,但实力相差很远。在这种情况下,该公司具有较强的议价能力,因此它们可以收取较高的价格。

(3) 购买商的议价能力。购买商是指该行业的客户或客户群,包括该行业的客户和寻求低成本以提高其自身利润或获取更好货源的分销商,希望为其消费者获得更多好处的政府机构或其他非营利性组织或希望以较低价格买入优质产品的个人消费者。购买商可能会要求降低产品价格,提高产品质量和获得优质服务,其结果是使行业竞争更加激烈,导致行业利润下降。

从本质上来说,购买商的议价能力与供应商的议价能力是相反的。在以下情况中,购买商处于有利的谈判地位:

①购买商从卖方购买的产品占了卖方销售量的很大比例。
②购买商所购买的产品对其生产经营来说不是很重要,而且该产品缺少唯一性,导致购买商不需要锁定一家供应商。
③转换其他供应商购买的成本较低。
④购买商所购买的产品或服务占其成本的比例较高,购买商更有可能进行谈判以获得最佳价格。
⑤购买商所购买的产品或服务容易被替代,在市场上充满供应商的竞争者。
⑥购买商的采购人员具有高超的谈判技巧。
⑦购买商有能力自行制造或提供供应商的产品或服务。

(4) 替代产品的威胁。替代产品是指可由其他企业生产的产品或提供的服务,它们具有的功能大致与现有产品或服务的功能相似,可以满足消费者同样的需求。购买商所面临的替代产品越多,其议价能力就越强。因此,替代产品通过以下方面来影响一个行业的营利性:设置价格上限(因为消费者可能轻易地转而购买可满足其相同需求的其他替代产品)、改变需求量和迫使企业投入更多资金并提高服务质量。例如,电能汽车的替代产品。随着社会"绿色"文化意识的增强和小型电动汽车的面世,电动车可能将成为下一代代步车中的新宠。因此,电能会是汽油在小型汽车中的替代产品。

(5) 现有企业间的竞争。现有企业间的竞争是指行业现有竞争者之间的竞争程度。一个企业的行为可能会引来另一个竞争对手采取相应的行为。竞争亦会令企业看到其需要改善的地方,以增强自身的竞争力。竞争程度取决于下列因素:

①竞争者的数量。市场中的竞争者越多,当中就必定有一定数量的企业为了占有更大的市场份额和取得更高的利润,而突破本行业约定俗成的一致行动的限制,做出排斥其他企业的竞争行为。因此,竞争者之间越难进行有效的合作,则竞争强度就越高。

②行业增长率。如果行业增长缓慢，而新进入者为了寻求发展，需要从其他竞争者那里争取市场份额，则竞争程度就会增强。此外，如果行业增长速度较为缓慢甚至停滞时，现有企业之间争夺既有市场份额的竞争就会变得激烈。

③行业的固定成本。如果行业的固定成本较高，企业唯有寻求降低单位产品的固定成本或增加产量，结果将导致企业在价格上相互竞争。

④产品的转换成本。如果产品缺乏差异性或具有标准化，购买商可轻易地更换供应商，则供应商之间就会相互竞争。

⑤不确定性。当一个企业不确定同行业中另一个企业会如何经营时，便可能会通过制定更具竞争力的战略来应对这种不确定性，例如，自愿降低产品的价格和提高服务质量等。

⑥战略重要性。如果企业最重要的战略目标是获得成功，则企业可能会采取具有竞争力的行为来实现目标。

⑦退出壁垒。使现有供应商难以退出某个行业的障碍会令同业的竞争激烈化。例如，机器设备或资产在市场中十分独特导致难以收回机器设备或资产的高额初始投资，或人员的遣散成本过高。这样，即使该行业的投资回报率较低，企业也会仍然坚持竞争，从而令该行业的竞争强度加大。

（三）利益相关者分析

利益相关者（stakeholder）是与企业有一定利益关系的个人或组织群体，包括内部利益相关者、外部利益相关者及关联利益相关者。如所有者和股东、银行及其他债权人、供应商、销售代理商和顾客、广告商、管理人员、雇员、工会、竞争对手、地方及国家政府、媒体、公众利益群体、政党和宗教群体等。

企业在进行战略分析时，应考虑不同利益相关者的要求、权利和期望，确定企业采取什么措施处理与不同利益相关者的关系。利益相关者能够影响组织，他们的意见一定要作为决策时需要考虑的因素。但是，所有利益相关者不可能对所有问题保持一致意见，其中一些群体要比另一些群体的影响力更大，这是如何平衡各方利益成为战略制定考虑的关键问题。根据利益相关者与企业的议价能力，企业对不同利益相关者的处理方式会有所差别，如图11-5所示。

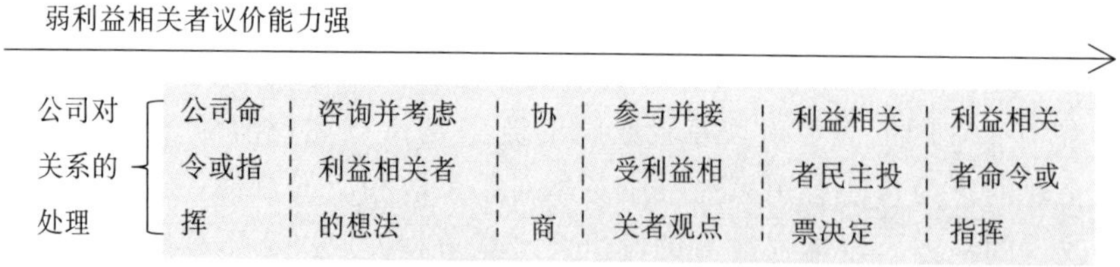

弱利益相关者议价能力强 →						
公司对关系的处理	公司命令或指挥	咨询并考虑利益相关者的想法	协商	参与并接受利益相关者观点	利益相关者民主投票决定	利益相关者命令或指挥

图11-5 利益相关者关系处理方式选择图

利益相关者分析帮助辨识利益相关者影响企业或被企业影响的方式以及其对企业自身、企业目标的态度。分为4个步骤：确认利益相关者；了解利益相关者的需求及利益，对利益相关者进行分类和排序；对利益相关者进行优选、平衡、调和与整合；进而将利益相关者纳入企业战略及行动方案。

企业可以使用利益相关者分析图进行利益相关者分类，进而决定与各种利益相关者构建什么样的关系。常用的利益相关者分析图有门德罗矩阵、权力动态矩阵以及权力、正当性与紧迫性模型等。本书以门德罗矩阵为例说明利益相关者分析。门德罗矩阵（Mendelow's matrix）由奥布罗·门德罗（Aubrey Mendelow）于1991年提出，也叫作权力利益矩阵、利益相关者矩阵，是根据利益相关者对企业影响力大小和从企业获得利益大小确定利益相关者类别，进而决定与各利益相关者关系的分析方法，如图11-6所示。

	利益水平	
	低	高
权力 低	A 最小努力	B 保持信心沟通
权力 高	C 保持满意	D 关键利益相关者

图11-6 门德罗矩阵

图11-6中，A组利益相关者对企业影响力低，从企业获得的利益水平少，只需要最低限度的关注。B组利益相关者影响力低但从企业获得的利益高，其没有能力影响企业的战略制定，但他们的观点可能通过游说等方式对更有权力的利益相关者造成重要影响，如社区代表和慈善机构。因此，企业应与此组利益相关者保持信息沟通，告知其企业的战略变化等重大信息。C组利益相关者虽然从企业获得的利益不多，但其对企业有非常大的影响力，而且还有可能转变成关键利益相关者。如大型机构投资者。因此，企业必须小心对待此类利益相关者，保持其对企业战略的满意。D组利益相关者既有很强的影响力，又与企业所采用的战略具有极高的关联性，如大客户。所以，企业制定的战略必须是此类利益相关者所接受的。

利益相关者分析可以帮助企业确定利益相关者的重要性程度，还有利于公司确定合理的公司治理架构以及帮助确定公司战略变化的主要反对者和倡导者，从而帮助企业更好地制定和执行战略和决策。

除了对战略制定产生影响外，利益相关者分析也是评价战略的有力工具。战略评价可以通过确定持反对意见的股东和他们对一些有争议的问题的影响力来完成。

二、企业战略选择工具

（一）安索夫矩阵

安索夫矩阵（Ansoff matrix）是由伊戈尔·安索夫于1975年提出，也叫产品/市场方格、产品市场扩张方格（product market expansion grid）、成长矢量矩阵（growth vector matrix），其基本假设是企业收入和利润增长的基本途径是现有产品和新产品市场占有率的增长。因此，安索夫矩阵是以产品和市场作为分类标准，区别出四种产品与市场的组合和相对应战略，以实现企业收入增长的目标，如图11-7所示。

	产品 现有	新的
现有 市场	A 市场渗透	B 产品开发
新的	C 市场开发	D 多元化

图 11-7 安索夫矩阵

（1）市场渗透——现有产品和市场。市场渗透战略的基础是增加现有产品或服务的市场份额，或增加现有市场中的经营业务。其目标是通过各种访求来增加产品的使用频率。例如改进罐头或盒子的配方、吸引竞争对手的顾客和新用户购买产品等。增长方法主要有：扩大市场份额、开发小众市场、保持市场份额等。

（2）产品开发——新产品和现有市场。产品开发战略是通过改进或改变产品或服务以增加产品销售量的战略。通常，拥有特定细分市场，能更加了解现有市场，产品综合性不强或服务范围窄小的企业可以采用这一战略。这一战略通常要求企业致力于对产品进行强有力的研究和开发。企业在采用该战略时应注意：充分利用企业对市场和客户的了解；保持相对于竞争对手的领先地位；从现有产品组合的不足中寻求新机会，使企业在现有市场中继续保持安全的地位。通常企业出现下述情况时可以考虑采用产品开发战略：

①企业产品具有较高的市场信誉度和顾客满意度；
②企业所在产业属于适宜创新的高速发展的高新技术产业；
③企业所在产业正处于高速增长阶段；
④企业具有较强的研究和开发能力；
⑤主要竞争对手以类似价格提供更高质量的产品。

（3）市场开发——现有产品和新市场。市场开发战略是指将现有产品或服务打入新市场的战略。其主要途径包括开辟其他区域市场和细分市场。当企业发现现有产品的生产难以转型生产新产品时，可以考虑市场开发战略。采用市场开发战略的企业应满足以下一个或多个条件：存在未开发或未饱和的市场；可得到新的、可靠的、经济的和高质量的销售渠道；企业在现有的经营领域十分成功；企业拥有扩大经营所需的资金和人力资源；企业存在过剩生产能力；企业的主业属于正在迅速全球化的产业。

（4）多元化成长战略——新产品和新市场。多元化成长战略是指企业进入与现有产品和市场均不同的领域。安索夫认为，在任何经营环境中，没有一家企业可以认为自身能够不受产品过时和需要枯竭的影响。因此，企业必须持续地调整以适应市场环境的变化，寻找发展的机会。当现有产品或市场不存在增长空间时，企业经常会考虑多元化战略。采取多元化成长战略有下列3种原因：现有产品或市场中持续经营并不能达到目标；企业以前由于现有产品或市场中成功经营而保留下来的资金超过其现有产品或市场扩张所需要的资金；与在现有产品或市场中的扩张相比，多元化战略可以给企业带来更多的利润。

多元化战略通常有两种类型：相关多元化战略和非相关多元化战略。

①相关多元化。相关多元化也称同心多元化，是指企业以现有业务为基础进入相关产业的战略。采用相关多元化战略有利于企业利用原有产业的优势来获取协同效应，即两种业务同时经营的盈利能力大于各自经营不同业务时的盈利能力之和。相关多元化的相关性可以是产品、生产技术、管理技能、营销技能以及用户等方面的共同性。

②非相关多元化。非相关多元化也称离心多元化，是企业进入与当前产业不相关产业的战略。如果企业当前产业缺乏吸引力，而企业也不具备较强的能力和技能转向相关产品或服务，较为现实的选择就是采用非相关多元化战略。采用非相关多元化战略的主要目标不是利用产品、技术、营销等方面的共同性，而是从财务上考虑平衡现金流或获取新的利润增长点。

（二）波士顿矩阵

企业各个自主经营的事业部（或利润中心）共同组成了企业的经营组合。当企业的事业部在不同的产业中进行竞争时，每个事业部都必须分别制定各自的战略。波士顿矩阵就是专门为帮助多部门企业制定战略而设计的。

波士顿矩阵（BCG Matrix）是由美国波士顿管理咨询公司于1970年提出，又称市场增长率—相对市场份额矩阵、波士顿咨询集团法、四象限分析法、产品系列结构管理法，以图示的方法通过相对市场份额和产业增长速度两个维度描绘各个事业部的差异，通过以上两个因素相互作用，划分出四种不同性质的产品类型，确认不同产品的发展前景，进而确定企业的业务组合。其中，相对市场份额是指一个事业部在其行业或市场中拥有的市场份额与该行业或市场上最大竞争对手拥有的市场份额的比值。如某啤酒企业在中国啤酒市场的份额为15%，而中国啤酒市场上最大厂商的市场份额为30%，则该企业的相对市场份额为0.5。相对市场份额列示在波士顿矩阵的X轴上。X轴的中位值通常设定为0.5，表示该公司的市场份额为本市场龙头企业的一半。Y轴代表整个行业的销售增长率，通常以百分比表示，其中位值通常为0。如果需要，企业也可根据具体情况修改坐标轴的数值范围。波士顿矩阵如图11-8所示。

波士顿矩阵对于企业产品所处的四个象限具有不同的定义和相应的战略对策。

（1）问题（question marks）象限（产品）。它是处于高增长率、低相对市场份额的第Ⅰ象限内的产品群或业务部门。前者说明市场机会大、发展前景好，而后者则说明在市场营销上存在问题。这类产品的现金需求量大而现金创造能力不足。例如在产

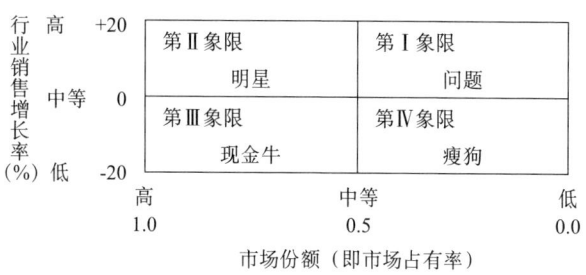

图 11-8 波士顿矩阵

品生命周期中处于引进期,因种种原因未能开拓市场局面的新产品即属此类产品。之所以被称为"问题",是因为公司必须在采用加强型成长战略来扶持此类产品和将其出售两种战略之间做出抉择,即此类产品应采取选择性投资战略。因此,对问题产品的改进与扶持方案一般应列入企业长期计划中。问题产品发展得好,会转化为明星产品;而取消投资的问题产品则会变为瘦狗产品。

(2)明星(stars)象限(产品)。它是指处于高增长率、高相对市场份额的第Ⅱ象限内的产品群或业务部门。这类产品可能成为企业的现金牛产品,需要加大投资以支持其迅速发展,获得或保持其在市场上的主导地位。这类产品可以采用的发展战略是前向、后向和水平一体化,市场渗透、市场开发、产品开发及合资经营等战略。

(3)现金牛(cash cow)象限(产品)。现金牛产品又称厚利产品,是指处于低增长率、高相对市场份额的第Ⅲ象限内的产品群或业务部门。这类产品已进入成熟期,其带来的现金收入超过其需要的现金投入,往往会被"揩脂"。这类产品是企业回收资金,支持其他产品,尤其明星产品投资的后盾。许多今天的现金牛正是昨天的明星演化而来。现金牛产品或部门应开展有效的管理,尽可能长时期地保持其强势地位,因此多采用产品开发或相关多元化战略。但是,当现金牛转而处于弱势时,企业应当考虑采用收缩或剥离战略。

如果公司只有一个现金牛业务,说明公司的财务状况比较脆弱。市场环境一旦变化,这项业务的市场份额下降,公司就不得不从其他业务单位中抽回现金来维持现金牛的领导地位,否则这个强壮的现金牛可能就会变弱,甚至成为瘦狗。

(4)瘦狗产品(dogs)象限(产品)。瘦狗产品也称衰退类产品,它是处在低增长率、低相对市场份额的第Ⅳ象限内的产品群或业务部门。在企业业务组合中,无论是企业内部,还是在外部市场,瘦狗多不受重视,往往是企业采取清算、剥离或收缩战略的对象。如果某业务部门或产品首次沦为瘦狗,收缩战略可能是最好的选择,因为在大规模的资产或成本削减后,许多瘦狗业务往往又会获得新的生命力,成为盈利部门。

波士顿矩阵的优点在于其能够促使人们关注企业各业务部门的现金流、投资额及业务分布的合理性。许多产品和业务部门会随着时间的推移发生逆时针方向的转变。从问题变为明星,从明星变为现金牛、从现金牛变为瘦狗,也可能从瘦狗变为问题。

但企业如果战略采用不当或经营出现问题,也可能出现顺时针的转变。随着时间的推移,企业应努力使自身的业务组合都能转变为各业务所在行业的明星或现金牛。

此外,战略实施的有效性是战略成功与否的重要保证,本书后面章节将说明战略实施过程的相关工具的使用。

第三节 战略管理会计的基本理论

战略管理会计是社会生产力进步以及战略管理理论不断发展和完善的必然结果。1981年,肯尼斯·西蒙兹(Kenneth Simmonds)首次提出了"战略管理会计"的概念,之后关于战略管理会计的文献大量出现,教科书中也开始出现战略管理会计的内容,战略管理会计被人们广泛接受。

一、战略管理会计的含义

对于战略管理会计,目前国内外并没有一个统一的定义。一种观点认为战略管理会计是一组创新的技术工具,是为战略管理服务的会计,是管理会计的一个分支;另一种观点认为,战略管理会计是管理会计和战略管理的结合,主张拓宽管理会计的视野和范围,改进传统理念和方法,以满足新形势下战略管理的信息需要,管理会计必须提升自己的指标原则,为组织的整体和长期战略性发展提供信息,称为战略性的管理会计。

本书支持后一种观点。战略管理会计是指以协助高层领导制定战略、选择战略、实施战略,既提供顾客和竞争对手具有战略相关性的外向型信息,也提供本企业与战略相关的内部信息,从战略高度进行分析和思考,从而促使企业目标实现的一种管理会计信息系统。战略管理会计是为企业战略管理服务的会计信息系统,是管理会计向战略管理领域的延伸和渗透。具体而言,它是指会计人员运用专门的方法为企业提供自身和外部市场以及竞争者的信息,通过分析、比较和选择,帮助企业管理层制定、实施战略计划以取得竞争优势的手段。战略管理会计相关的技术方法包括作业成本管理、战略成本管理、目标成本管理、标杆管理、产品生产周期成本和平衡计分卡等,本书将在后面相关章节进行阐述。

二、战略管理会计的主要特点

战略管理会计是为战略决策者提供他们所需信息,其提供的信息主要有以下特点。

(一)外向性

战略管理会计与传统管理会计最大的区别就在于其外向性。战略管理会计不仅关注企业内部的需求,还需要考虑顾客、竞争对手、供应商及其他外部利益相关者。

（二）长期性

战略管理会计提供的信息是企业长期发展需要的信息，信息收集面向企业未来发展。因此，在决策中会使用增量成本、机会成本等相关成本信息进行决策，并对未来的经济发展方向及产品和市场进行预测，以确保企业目标的实现和企业长期的生存和发展。

（三）多样性

战略管理会计不仅为企业战略管理提供财务信息，还提供许多非财务信息，除提供企业内部信息外，还提供企业战略管理相关的外部信息。如产品质量、员工技术能力、员工满意度、客户满意度、市场份额等信息，强调定量分析与定性分析的结合以及非财务信息的运用。

（四）全局性

战略管理会计需要站在企业战略管理的高度，提供满足战略管理需要的各方面的信息，以满足企业战略管理的需要。

三、战略管理会计的基本原则

（一）不同目的不同成本

在不同的成本管理要求下，成本管理的范围不同，成本核算的范围也需要发生变化，采用的成本计算方法也需要随之改变。如在适时制下和大规模生产模式下的产品成本含义就不相同，大规模生产中，产品成本通常指产品的所有生产成本，包括直接材料、直接人工和制造费用。而适时制下，产品成本通常仅为产品的材料成本，加工成本作为固定成本计入当期损益，以防止为了利润增加而增加存货的生产。

（二）成本效益原则

根据企业战略管理理念的变化，对企业战略管理会计提出了许多新的要求，管理会计人员在提供战略管理会计信息和构建企业战略管理会计信息系统时，必须考虑信息的收集成本与收益间的关系，提高企业管理的效率。

（三）技术性与行为性的结合

管理会计不仅要使用合理的技术方法进行信息的处理和运算，还需要考虑不同的管理会计方法或业绩评价方法对企业员工可能产生的行为后果，选择合理的指标或数据进行评价和管理。

第四节 战略管理会计实践

在现代市场经济体系中，企业之间的相互竞争，由于生产经营条件的不同，使有的企业处于相对强势的地位，有的企业处于相对弱势的地位。市场份额的变化是企业竞争地位（竞争能力）变化的具体反映，并由此而影响其盈利能力。在取得长期竞争优势的过程中，企业管理者要善于利用战略管理会计信息。本节以丰田管理会计模式为例，说明战略管理会计如何为企业战略管理和竞争优势的取得服务。

一、丰田管理的基本理念

1992年1月，丰田汽车为了应对企业的环境变化，制定了"丰田基本理念"，并将之作为企业今后的行动方针。这一理论也反映出企业的基本战略思想。

（1）遵守内外法律和其精神，通过开放、公平的企业活动，努力成为受国际社会依赖的企业市民。

（2）尊重各国、各地域的文化和习惯，通过扎根于该地域的企业活动，为经济、社会的发展做出贡献。

（3）以提供环保、安全的商品为使命，通过各种企业活动，参与构筑易于居住的地球和富裕的社会。

（4）努力在各种领域里研究和开发最先进的技术，提供满足世界上所有顾客需要的，充满魅力的商品和服务。

（5）以劳资的相互信赖和责任为基础，构建最大限度提高个人创造力和团队力量的企业土壤。

（6）通过在全球进行革新性经营，努力实现与社会的协调成长。

（7）以开放的交易关系为基础，努力进行相互的研究和创造，以实现长期安定成长和共存共荣。

这一基本理念是一种既承认分支机构在全球展开的组织多样性，同时又具有引导组织整体朝着某个方向共同前进的、非常重要的概念。而丰田生产方式则是在制造业经营中，"按照卖出去的时机进行生产"的技术层面、"造人"的人性化层面和包含上述两点在内的"包含进化原理"的系统。主要包含自动化和准时制（JIT）两个方面。

大野耐一曾经说过"我讨厌全部成本计算"，并拒绝来自公司总部的财务会计信息进入工厂。他认为，在传统成本计算方法下，人和机器运转得越多，库存生产得越多，单位成本越低，利润就会越多的，这一思想是违背准时制思想的。其次，由于传统成本概念中没有加入时间轴观念，除了将货币时间成本算作成本之外，物品的加工等待、搬运等待及躺在仓库里的时间等都没有算入成本，这也违背了准时制，妨碍丰田生产方式的执行。因此，其管理会计方法也出现了变化。

二、制造业经营系统的设计思想——从期间到产品

传统的"本期赚了多少钱"的观点变成了"哪个产品赚了多少钱"的产品视点。这对于以单一产品定胜负的中小企业或风险型项目而言，也非常重要。

（一）产品生命周期的观点

丰田管理的特长在于分车型管理产品计划的缜密性。分产品进行销售、生产、利

润、设备及用人计划。在丰田长期计划中,重视对综合长期新产品计划、各月各产品生产销售台数、重要设备投资、购入零部件、原材料价格预测和所需工时、人员效率和预测等各车型每个产品计划的制订。从个别产品诞生到终结的不间断时间轴上,制定出综合个别产品事业收入和支出的生命周期现金流计划,如图11-9所示。

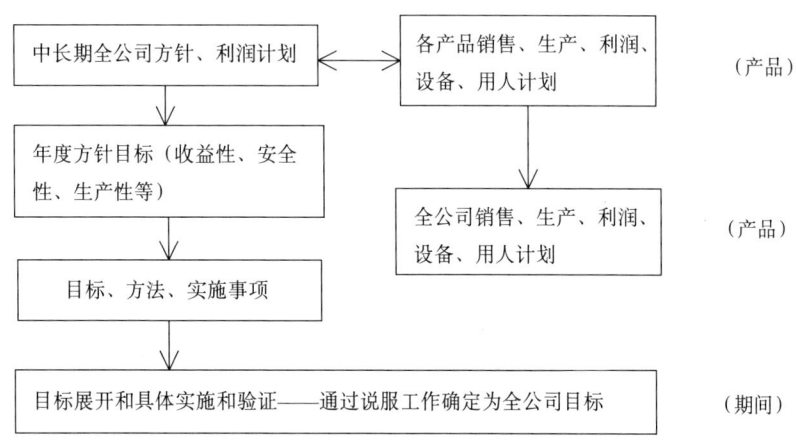

图11-9 以产品为中心的经营计划设计思想

图11-9中,将中长期全公司期间计划落实到单年度期间目标时,总部和工厂之间经过交流和磨合工作再确定全公司的目标,而且目标的表现形式不是货币金额的预算,而是具体的行动计划,以使得制定的具体行动计划能够得以执行,这样企业的期间利润自然会随之而来。同时,重视产品还体现在优先考虑产品企划、产品设计和过程设计的计划。在生产开始前,就对这三个方面尽可能地完美计划,称为事前完全准备。

(二) 利润现金流结合计算表

现实中,对现金流量的关心程度比对利润表的关心程度要小得多,利润增加、收入减少等利润表指标、股东价值以及经济增加值等业绩指标,促使企业和投资者将关注的焦点还是放在了"短期利润"上。表11-1将营业活动带来的现金流小计及其与税后利润的调整项作为利润表的重要部分报告给企业的董事会,则两者之间的差异甚至经营者的会计政策都可以实现可视化。如表11-1中,由于导入JIT带来的存货资产减少,使本期纯利润减少60万元,但是现金增加60万元,这种工厂的努力便可以体现并得到承认。

表11-1 利润现金流结合计算表 (单位:万元)

自××年××月××日至××年××月××日	
销售收入×××	
(略)	
税前利润	400

续表

自××年××月××日至××年××月××日	
（企业所得税等调整额，其他略）	
本期纯利润	220
营业活动带来的现金流	
折旧费	30
有形固定资产售出利润	-110
退职支付专用金增加额	80
自己创设营业权	-20
结转税金	-90
存货资产减少额	60
优先股票股利	5
有价证券相关的未实现损失	15
小计	190

三、与准时制匹配的会计指标

一般企业在导入 JIT 时通常会遇到困难，通常生产过程的时间缩短，库存减少，但会出现一时性的利润恶化，此时管理者不应感到失败，而应该确立鼓励增加现金流，提高流动资金效率，建立与丰田生产方式相适应的会计指标。

（一）增加时间机会成本的测定

丰田生产方式是三个维度的会计观，其产品成本 = 单位 × 数量 × 时间价值

在产品成本计算中，假定人工成本部分为固定成本，只考虑材料费部分，则产品成本计算为：

产品成本 = 材料费 + 材料费 × 投入资本成本率 × 资金占用时间 + 人工成本

如果材料费为 100 万元，投入资本成本率为 30%，如果企业生产完生产后立即交货，则算出的产品成本与传统成本方法的结果相同，但如果生产后产品在仓库中存放一年后才交货，则产品成本会多出 30 万元，即将产品销售前的所有时间成本均计入产品成本，在销售实现前占用资金时间越长，成本越高。例如由于中国人工成本和材料成本低廉，某日本企业曾经尝试将零部件生产转移到中国，而只在日本国内组装，结果则是由于运输成本和时间的增加，而使企业生产和资金使用效率大幅度的下降，利润随之下降。

（二）潜在利润的计算

企业不应只看利润的绝对额，应将利润和库存两者结合在一起，计算并未在本期实现的潜在利润（PP）。这一指标与总资产报酬率（ROA）指标类似，将其分母变成

了存货资产，测定出只限于生产系统内投入和产出的收益性，也叫作现场版 ROA。

潜在利润 = 营业利润 ÷ 存货成本

这一指标反映出在获得本期利润的同时，为下期准备而生产的库存有多少。这一指标能够反映利润的质量。如果企业利润上升而 PP 降低时，说明利润的增加主要来源于库存的增加，对于企业的生产应给予负面评价。当 PP 上升时，尽管利润率下降，由于存货资产减少得更多，现金流会出现好转，因此应给予正面的评价。

例如：某企业上期的营业利润为 100 万元，存货资产为 200 万元，则：

PP = 100 ÷ 200 = 0.5（万元）

（1）如果本期利润上升到 120 万元，存货资产变为 260 万元，则本期的潜在利润为：

PP = 120 ÷ 260 = 0.46（万元）

虽然报告利润增加了 20%，但库存却增加了 30%，从而使企业的现金利润恶化。企业应该对此种利润增加进行惩罚。

（2）如果本期利润下降到 80 万元，存货资产为 120 万元，则本期潜在利润为：

PP = 80 ÷ 120 = 0.67（万元）

此时，报告利润虽然下降了 20%，但存货资产下降了 40%，企业的现金利润得到了提高，对于此种利润减少的情况应进行奖励，说明企业导入准时制非常成功。

（三）产出会计法

以色列物理学家 E. 高德拉特提出的资源限制理论（Theory of Constraints，TOC），指出在组织和系统中一定存在瓶颈的限制，这些限制决定了组织和系统的效率。提高瓶颈活动或资源的运行效率并不能削减成本和提高企业的盈利能力，而应该是通过保障生产整体上的流畅，并尽可能地控制中间产品库存来实现组织整体效率的提升。产出会计是非常重视现金流的会计，它将销售收入中减去纯变动成本后的部分界定为产出边际贡献，将其运营费用作为固定成本从中扣除计算出企业的利润。其简化做法是将产品的直接材料成本看作是变动成本，而人工成本和制造费用均视为固定成本，在发生当期从收入中予以扣除。由于其变动成本的界定比变动成本法还要窄，因此也称为超级变动成本法。这种观点认为，发生在产品和完工产品上的加工成本需要企业支付现金，因此不能将其计入存货成本，而应是当期的期间费用。这样，没有销售产品的生产和加工会增加当期成本，减少企业利润。因此，此种成本计算方法能够在一定程度上抑制没有销售的产品生产和加工。

产出边际贡献 = 销售收入 − 直接材料成本

营业利润 = 产出边际贡献 − 加工成本 − 期间费用

产品边际贡献率 = 产品边际贡献总额 ÷ 瓶颈资源数量

资源限制理论强调企业内部各业务流程和部门均应按照瓶颈流程或部门的速度进行生产，以使得各部门或流程的生产资金得到合理使用，不会出现资金和库存积压的现象。企业生产效率的提升应以瓶颈流程和部门效率的提升为重点，减少不必要的瓶颈资源的占用，提高瓶颈资源的利用效率，进而提升公司总体利润。如在产品组合决策中选择生产产出边际贡献率高的产品或产品组合。

可见，丰田公司在成本管理中根据战略管理思想的变化进行了大幅度的修改，使得提供的会计信息能够符合战略管理的需要。

【本章小结】

战略管理是一种综合的管理方法，它将企业战略计划、实施和控制中所涉及的那些单一要素整合起来，以实现企业目标。战略管理的主要过程包括战略分析、战略选择与战略实施三个阶段。

战略管理的主要特点为：战略管理是关于企业整体的管理；战略管理不仅关注企业内部，还需要管理和改变企业与外部的关系；战略管理具有很大的不确定性和模糊性；战略管理涉及企业的变革。

在企业战略分析的过程中，有较多的战略管理方法或工具可以使用，使用较多的为企业内外部环境分析的 SWOT 分析和行业分析的五力模型以及利益相关者分析。

企业战略选择工具包括安索夫矩阵与波士顿矩阵。

战略管理会计是指以协助高层领导制定战略、选择战略、实施战略，既提供顾客和竞争对手具有战略相关性的外向型信息，也提供本企业与战略相关的内部信息，从战略高度进行分析和思考，从而促使企业目标实现的一种管理会计信息系统。战略管理会计是为企业战略管理服务的会计信息系统，是管理会计向战略管理领域的延伸和渗透。具体而言，它是指会计人员运用专门的方法为企业提供自身和外部市场以及竞争者的信息，通过分析、比较和选择，帮助企业管理层制定、实施战略计划以取得竞争优势的手段。战略管理会计相关的技术方法包括作业成本管理、战略成本管理、目标成本管理、标杆管理、产品生产周期成本和平衡计分卡等。

【案例分析】

美的战略转型：全球价值链布控

美的集团（以下简称美的）（SZ000333）创业于 1968 年，于 1980 年进入家电行业，主营产品是电风扇，并逐步在具有协同效应的市场上向多元化产品延伸。目前，美的拥有中国最完整的空调、冰箱、洗衣机等一系列家电产品产业链，同时拥有中国最完整的小家电和厨房家电产品群。其着眼于全球化布局，在海外设立了 60 多个分支机构，14 个生产基地，产品远销 200 多个国家和地区，其中家电产品的全球销量平均每年达到 4 亿台。

2011 年起，美的两次自主进行战略转型。2013 年 9 月 18 日美的在深圳证券交易所上市。2015年美的首次进入福布斯全球500强榜单，列第436位。2016年美的首次登上《财富》世界500强排行榜，居于第481位，2017年位于第450名。美的也是2016年CCTV中国十佳上市公司之一，在睿富全球2016（第22届）中国最具价值品牌排行榜列第4位，品牌估值达到768亿元。

美的早期经营模式以规模效益为核心，通过大规模资本投入，扩大产能以降低产品成本，依靠大规模低成本战略迅速占领市场，实现企业扩张。1990年美的销售规模1亿元，到2010年，其营业总收入突破1000亿元，跻身全球白色家电制造商前5名。进入2011年，家电行业普遍遭遇盈利困境。美的主营家电产品的业绩下滑明显，"大规模、低成本"的传统商业模式业已失效。此时，美的开始寻求自主战略转型，从"规模导向"转为"盈利导向"，再转为"价值导向"，提出"产品领先、效率驱动、全球经营"的三大战略核心。"产品领先"即通过加大技术的投入，进行产品研发创新，从而提高企业整体的产品层级；"效率驱动"则要求企业在成本管控方面用效率管理取代传统的要素管理模式；"全球经营"即在国内业务的基础上，重点推行自主品牌，通过资本手段，实现全球布局。

美的集团在战略转型和商业模式创新中，变追求低成本的效益目标为追求价值目标，立足价值链创新价值管理，成功开展了全价值链效率管理实践，助力美的创造出新的商业模式，并巩固扩大其竞争地位。其具体做法有：

第一，组织扁平化、问题数据化。美的集团精简法人、账套、账户，实现财务集中管理，建立以财务为核心的管控体系，实现财务信息在企业内部集约共享。财务团队以财务指标为准绳，实现业财一体化价值管理。针对价值链重构，财务团队积极对价值链上的投资、研发、采购、制造、营销、售后等核心环节进行分析，挖掘驱动因素，确定成本控制的关键点，通过协同不断挖潜业务价值，并使之最终转化为企业的财务价值。

第二，推行"T+3"价值链管理模式。自客户订单下达周期开始（T周期），经过生产物料组织周期（T+1周期），成品生产周期（T+2周期），物流发货到货周期（T+3周期），实现客户订单满足。其核心是：以客户订单为牵引，实现以销定产，倒逼研发、制造、供应链、品质各环节模式转变和效率提升，实现快速交货，优化价值链系统成本。

第三，全面实施"632"IT战略。即贯通六大业务系统、三大管理系统和两大技术平台，基于企业端到端核心流程和运营主数据管理的IT集成系统。使IT边界从只与管理信息系统相关，到与六大运营系统链接，支持研发、供应链计划、供应商关系管理、MES制造、客户管理和财务及人力资源管理。"632"项目拉通了创意到产品、线索到回款、采购到付款、计划到执行四大端到端的流程，实现全价值链数据拉通，也有力支持了财务推行业财一体化价值管控模式。

第四，推行"产融结合"的新阶段价值链管理。一方面，美的借助金融手段，盘活资金流，实现资金融通，最终提升整体产业链价值。另一方面，美的金融聚焦于产业金融发展与平台打造，发展产业链金融、互联网金融，提供多样化的金融服务，以实现产业与金融双驱动。

案例资料来源：郭晓梅，袁利群，李悦："'互联网+'的多维价值网络模型研究——以美的集团为例"[J]，《会计之友》，2018（03）：82-89。

讨论：

1. 美的集团2011年发起的战略转型和商业模式创新中，其财务团队立足价值链建立的全价值链效率管理实践是如何实现价值创造的？

2. 价值链理论如何解释其价值创造？是否需要更新？

【课后练习】

一、思考题

1. 什么是企业的战略管理？你怎样认识它在现代市场经济体系中的重要性？
2. 企业如何进行战略环境的分析？
3. 企业一般可以实行哪几种战略？应怎样正确制定最适合于本企业的竞争战略？
4. 什么是价值链？为什么说优化价值链是提高企业竞争优势的关键？
5. 什么是战略管理会计？你怎样认识它和企业战略管理的关系？
6. 战略管理会计有哪些特点？
7. 战略管理会计的基本内容包括哪些重要方面？
8. 如何对企业的竞争对手进行分析？
9. 你怎样认识顾客满意程度分析的重要性？对顾客满意程度应怎样进行具体分析？
10. 战略管理会计的分析与传统的管理会计分析有哪些区别？

二、单项选择题

1. 许多战略计划都是以（　　）为目标的。
   A. 成本领先　　　　　　　　B. 差异领先
   C. 成本集中　　　　　　　　D. 目标集中

2. （　　）是分析竞争优势的源泉。
   A. 价值链分析　　　　　　　B. 成本动因分析
   C. 战略定位分析　　　　　　D. 成本优势分析

3. （　　）重在创新。
   A. 成本领先战略　　　　　　B. 差异领先战略
   C. 目标聚集战略　　　　　　D. 所有战略

4. 下列有关价值链的说法中不正确的是（　　）。

A. 要优化价值链，首先要尽可能消除所有不增加价值的作业

B. 每个价值链既会产生价值，同时也要消耗资源

C. 企业内部价值链分析的目的从战略上明确企业在行业价值链中的位置

D. 价值链分析最重要的应用是揭示企业与竞争对手相比的相对成本地位

5. 生命周期成本管理的重点是（　　）。

A. 成本降低　　　　　　　　B. 成本控制

C. 成本分析　　　　　　　　D. 成本考核

6. 既决定了企业的产品成本，也会对企业的产品质量、人力资源、财务、生产经营等方面产生极其重要的影响的是（　　）。

A. 作业成本动因　　　　　　B. 结构性成本动因

C. 执行性成本动因　　　　　D. 经营性成本动因

7. 企业战略目标的确定，可以通过（　　）来进行。

A. 价值链分析　　　　　　　B. 成本动因分析

C. 战略定位分析　　　　　　D. 战略成本管理

8. 揭示企业与竞争对手的相对成本地位是（　　）最重要的应用。

A. 价值链分析　　　　　　　B. 成本动因分析

C. 战略定位分析　　　　　　D. 外部环境分析

9. 下列各项中表述错误的是（　　）。

A. 战略成本管理的目标就是在强化所选择的战略定位同时降低成本

B. 采用 SWOT 分析可初步确定企业战略目标

C. 采用产品生命周期进行分析是为了确保战略目标的合理性

D. 目标成本是获得预定的市场份额需要的销售价格与期望单位利润之间的差额

10. 如果购买者偏好的多样性太强，标准化的产品难以完全满足，那么，（　　）就成了一个很有吸引力的竞争战略。

A. 成本领先战略　　　　　　B. 差异化领先战略

C. 目标聚集战略　　　　　　D. 所有的战略

三、多项选择题

1. 战略成本管理的基本框架由（　　）等三个部分构成。

A. 价值链分析　　　　　　　B. 成本动因分析

C. 战略计划编制　　　　　　D. 战略定位分析

E. 成本领先战略

2. 下列各项中属于可增加价值的作业有（　　）。

A. 产品设计　　　　　　　　B. 加工制造

C. 存货储存　　　　　　　　D. 产品包装

E. 产品营销

3. 战略成本动因具有（　　）等特点。

A. 与企业战略密切相关

B. 对产品成本的影响更长期、更持久、更深远

C. 可塑性大

D. 形成与改变均较为困难

E. 常常被传统的成本管理所忽视

4. 下列各项中属于结构性成本动因的是（　　）。

A. 整合程度　　　　　　　　　B. 全面质量管理

C. 生产能力运用模式　　　　　D. 技术

E. 地理位置

5. 下列说法中正确的是（　　）。

A. 控制成本驱动因素和重构价值链是获取成本优势的两种主要方法

B. 成本领先是一种特别强调先发制人策略的战略

C. 成本领先意味着以成本为竞争的中心或先导

D. 成本优势的价值取决于它的持久性

E. 无论在什么情况下，采用成本领先战略都能取得竞争优势

四、业务分析题

习题一

（一）目的：了解顾客价值与企业内部价值链的关系。

（二）资料：银河公司正在考虑一个电动工具的两个新设计方案对顾客价值的影响。这两种设计方案都可降低电动工具的直接材料和直接人工。

1. 这两种设计的有关资料如下。

（1）按传统成本系统计算：

变动制造费用分配率：每直接人工小时 40 元

材料费用率：每个零件 8 元

（2）按作业基础成本法计算：

人工小时工资率：每直接人工小时 10 元

直接材料费用分配率：每个零件 8 元

机器加工成本：每机器小时元 28

采购作业成本：每采购定单元 60

设备调整作业成本：每调整小时元 1000

担保作业成本：每件退回产品元 200

顾客修理成本：每修理小时元 10

2. 有关作业和资源信息（按年估计）如表 11 - 2 所示。

表 11-2 作业和资源信息表

	A 方案	B 方案
产量（件）	10000	10000
直接材料用量（个）	100000	60000
人工加工（小时）	50000	80000
机器加工（小时）	25000	20000
采购订单（张）	300	200
设备调整（小时）	200	100
退回产品数量（件）	400	75
修理小时（顾客）	800	150

（三）要求：分别采用传统成本计算方法和作业基础成本法计算 A、B 方案的成本。

习题二

（一）目的：了解供应商关系的利用和开发。

（二）资料：众城公司生产甲产品的配件 X1Z 和 Y2Z 由奥托公司和三星公司供应。有关作业成本和两个供应商的供货情况如表 11-3 所示。

1. 作业成本（单位：元）

表 11-3 众城公司作业成本情况

作业	配件缺陷/滞后交货	程序缺陷/失误
产品返工	200000	40000
产品赶工	50000	10000

2. 供应商数据

如表 11-4 所示。

表 11-4 众城公司供应商情况

供应商	奥托公司		三星公司	
配件	X1Z	Y2Z	X1Z	Y2Z
单位采购价格（元）	10	26	12	28
采购数量（件）	40000	20000	5000	5000
缺陷配件数量（件）	800	190	5	5
误期到货（次）	30	20	0	0

现公司拟选定一名供应商作为战略合作伙伴。采购经理倾向于选择奥托公司作为其战略合作伙伴，因为其配件价格较低，但财务经理认为为了确保配件的可靠供应，应该选择三星公司作为战略合作伙伴。

（三）要求：你认为应该选择哪位供应商为战略合作伙伴？为什么？

【本章参考文献】

1. 王华：《管理会计学》[M]，武汉：湖北科学技术出版社 2014 年版。

2. 孙茂竹，文光伟，杨万贵：《管理会计学（第七版）》[M]，北京：中国人民大学出版社 2017 年版。

3. 吴大军：《管理会计（第三版）》[M]，大连：东北财经大学出版社 2013 年版。

4. 莫尔斯、戴维斯著，张鸣译：《管理会计：侧重于战略管理（第 3 版）》[M]，上海：上海财经大学出版社 2005 年版。

5. 罗伯特·S. 卡普兰、安东尼·A. 阿特金森著，丁友刚译：《高级管理会计（第 3 版）》[M]，大连：东北财经大学出版社 2011 年版。

6. 郭晓梅，袁利群，李悦，"'互联网＋'的多维价值网络模型研究——以美的集团为例"[J]，《会计之友》2018（3）：82-89。

附录：

关于印发《管理会计基本指引》的通知

财会〔2016〕10号

党中央有关部门，国务院各部委、各直属机构，全国人大常委会办公厅，全国政协办公厅，高法院，高检院，各省、自治区、直辖市、计划单列市财政厅（局），新疆生产建设兵团财务局，财政部驻各省、自治区、直辖市、计划单列市财政监察专员办事处：

为促进单位（包括企业和行政事业单位）加强管理会计工作，提升内部管理水平，促进经济转型升级，根据《中华人民共和国会计法》、《财政部关于全面推进管理会计体系建设的指导意见》等，我部制定了《管理会计基本指引》，现予印发，请各单位在开展管理会计工作中参照执行。

财政部
2016年6月22日

附件：

管理会计基本指引

第一章 总 则

第一条 为促进单位（包括企业和行政事业单位，下同）加强管理会计工作，提升内部管理水平，促进经济转型升级，根据《中华人民共和国会计法》、《财政部关于全面推进管理会计体系建设的指导意见》等，制定本指引。

第二条 基本指引在管理会计指引体系中起统领作用，是制定应用指引和建设案例库的基础。管理会计指引体系包括基本指引、应用指引和案例库，用以指导单位管理会计实践。

第三条 管理会计的目标是通过运用管理会计工具方法，参与单位规划、决策、控制、评价活动并为之提供有用信息，推动单位实现战略规划。

第四条　单位应用管理会计，应遵循下列原则：
（一）战略导向原则。管理会计的应用应以战略规划为导向，以持续创造价值为核心，促进单位可持续发展。
（二）融合性原则。管理会计应嵌入单位相关领域、层次、环节，以业务流程为基础，利用管理会计工具方法，将财务和业务等有机融合。
（三）适应性原则。管理会计的应用应与单位应用环境和自身特征相适应。单位自身特征包括单位性质、规模、发展阶段、管理模式、治理水平等。
（四）成本效益原则。管理会计的应用应权衡实施成本和预期效益，合理、有效地推进管理会计应用。
第五条　管理会计应用主体视管理决策主体确定，可以是单位整体，也可以是单位内部的责任中心。
第六条　单位应用管理会计，应包括应用环境、管理会计活动、工具方法、信息与报告等四要素。

第二章　应用环境

第七条　单位应用管理会计，应充分了解和分析其应用环境。管理会计应用环境，是单位应用管理会计的基础，包括内外部环境。
内部环境主要包括与管理会计建设和实施相关的价值创造模式、组织架构、管理模式、资源保障、信息系统等因素。
外部环境主要包括国内外经济、市场、法律、行业等因素。
第八条　单位应准确分析和把握价值创造模式，推动财务与业务等的有机融合。
第九条　单位应根据组织架构特点，建立健全能够满足管理会计活动所需的由财务、业务等相关人员组成的管理会计组织体系。有条件的单位可以设置管理会计机构，组织开展管理会计工作。
第十条　单位应根据管理模式确定责任主体，明确各层级以及各层级内的部门、岗位之间的管理会计责任权限，制定管理会计实施方案，以落实管理会计责任。
第十一条　单位应从人力、财力、物力等方面做好资源保障工作，加强资源整合，提高资源利用效率效果，确保管理会计工作顺利开展。
单位应注重管理会计理念、知识培训，加强管理会计人才培养。
第十二条　单位应将管理会计信息化需求纳入信息系统规划，通过信息系统整合、改造或新建等途径，及时、高效地提供和管理相关信息，推进管理会计实施。

第三章　管理会计活动

第十三条　管理会计活动是单位利用管理会计信息，运用管理会计工具方法，在规划、决策、控制、评价等方面服务于单位管理需要的相关活动。
第十四条　单位应用管理会计，应做好相关信息支持，参与战略规划拟定，从支持其定位、目标设定、实施方案选择等方面，为单位合理制定战略规划提供支撑。

第十五条　单位应用管理会计，应融合财务和业务等活动，及时充分提供和利用相关信息，支持单位各层级根据战略规划做出决策。

第十六条　单位应用管理会计，应设定定量定性标准，强化分析、沟通、协调、反馈等控制机制，支持和引导单位持续高质高效地实施单位战略规划。

第十七条　单位应用管理会计，应合理设计评价体系，基于管理会计信息等，评价单位战略规划实施情况，并以此为基础进行考核，完善激励机制；同时，对管理会计活动进行评估和完善，以持续改进管理会计应用。

第四章　工具方法

第十八条　管理会计工具方法是实现管理会计目标的具体手段。

第十九条　管理会计工具方法是单位应用管理会计时所采用的战略地图、滚动预算管理、作业成本管理、本量利分析、平衡计分卡等模型、技术、流程的统称。管理会计工具方法具有开放性，随着实践发展不断丰富完善。

第二十条　管理会计工具方法主要应用于以下领域：战略管理、预算管理、成本管理、营运管理、投融资管理、绩效管理、风险管理等。

（一）战略管理领域应用的管理会计工具方法包括但不限于战略地图、价值链管理等；

（二）预算管理领域应用的管理会计工具方法包括但不限于全面预算管理、滚动预算管理、作业预算管理、零基预算管理、弹性预算管理等；

（三）成本管理领域应用的管理会计工具方法包括但不限于目标成本管理、标准成本管理、变动成本管理、作业成本管理、生命周期成本管理等；

（四）营运管理领域应用的管理会计工具方法包括但不限于本量利分析、敏感性分析、边际分析、标杆管理等；

（五）投融资管理领域应用的管理会计工具方法包括但不限于贴现现金流法、项目管理、资本成本分析等；

（六）绩效管理领域应用的管理会计工具方法包括但不限于关键指标法、经济增加值、平衡计分卡等；

（七）风险管理领域应用的管理会计工具方法包括但不限于单位风险管理框架、风险矩阵模型等。

第二十一条　单位应用管理会计，应结合自身实际情况，根据管理特点和实践需要选择适用的管理会计工具方法，并加强管理会计工具方法的系统化、集成化应用。

第五章　信息与报告

第二十二条　管理会计信息包括管理会计应用过程中所使用和生成的财务信息和非财务信息。

第二十三条 单位应充分利用内外部各种渠道，通过采集、转换等多种方式，获得相关、可靠的管理会计基础信息。

第二十四条 单位应有效利用现代信息技术，对管理会计基础信息进行加工、整理、分析和传递，以满足管理会计应用需要。

第二十五条 单位生成的管理会计信息应相关、可靠、及时、可理解。

第二十六条 管理会计报告是管理会计活动成果的重要表现形式，旨在为报告使用者提供满足管理需要的信息。管理会计报告按期间可以分为定期报告和不定期报告，按内容可以分为综合性报告和专项报告等类别。

第二十七条 单位可以根据管理需要和管理会计活动性质设定报告期间。一般应以公历期间作为报告期间，也可以根据特定需要设定报告期间。

第六章 附 则

第二十八条 本指引由财政部负责解释。

第二十九条 本指引自印发之日起施行。